Kerner

KARL DER GROSSE

Über den Autor:
Max Kerner, Jahrgang 1940, studierte Geschichte und Latein in Köln und ist Professor für Mittlere und Neuere Geschichte an der Rheinisch-Westfälischen Technischen Hochschule in Aachen.

Max Kerner

KARL DER GROSSE

Leben und Mythos

FOCUS EDITION

Diederichs

Focus-Edition
Biographien

Bibliografische Information der Deutschen Bibliothek

Die Deutsche Bibliothek verzeichnet diese Publikation
in der Deutschen Nationalbibliografie; detaillierte bibliografische
Daten sind im Internet unter http://dnb.ddb.de abrufbar.

Die Originalausgabe erschien mit Bildteil unter dem Titel
»Karl der Große. Entschleierung eines Mythos«.

Umschlaggestaltung: ZERO Werbeagentur München
unter Verwendung einer Abbildung von Yorckproject
Satz: EDV-Fotosatz Huber / Verlagsservice G. Pfeifer, Germering
Druck und Bindung: GGP Media GmbH, Pößneck
Printed in Germany 2006

ISBN-10: 3-7205-2863-4
ISBN-13: 978-3-7205-2863-4

Inhalt

Für Erdmute Karola

Vorwort

Das vorliegende Buch ist hervorgegangen aus einem zweijährigen Studienprojekt, das 1997–1999 zu »Karl dem Großen in Mythos und Wirklichkeit« am Historischen Institut der RWTH Aachen durchgeführt wurde. Die Ergebnisse dieses Projekts wurden in einem Werkbuch mit dem Titel »Der verschleierte Karl. Karl der Große zwischen Mythos und Wirklichkeit« (Aachen 1999) veröffentlicht und in einer kleinen Ausstellung visualisiert und präsentiert, die 1999/2000 in den Räumen der Aachener und Münchener Versicherungen in Aachen, Köln und Karlsruhe stattfand. Ohne deren Unterstützung wäre das gesamte Projekt der Buchfassung und Ausstellung nicht zustande gekommen. Ohne die Beiträge der Studierenden des Fachs »Geschichte« und ohne die interdisziplinäre Mitarbeit von Germanisten und Romanisten hätte dieses Buch nicht geschrieben werden können. Allen Beteiligten, insbesondere Herrn Dr. Michael Kalka, dem Vorstandsvorsitzenden der Aachener und Münchener Versicherungen, bin ich deshalb zu großem Dank verpflichtet.

Auf dem 43. Historikertag in Aachen widmete sich am 27. September 2000 eine Fachsektion dem Thema »Karl der Große zwischen Faktizität und Aktualität«. Dort referierten der Münchener Mittelalterforscher Rudolf Schieffer über die Intentionen und Wirkungen Karls des Großen und der Bonner Mediävist Matthias Becher über Karls römische Kaiserkrönung in der Sicht der Zeitgenossen. Zu Karls des Großen Nachleben sprachen dann die Geschichts- und Literaturwissenschaftler Knut Görich aus Tübingen, Frank Fürbeth aus Würzburg und Matthias Pape aus Karlsruhe: der eine über die Öffnung des Aachener Karlsgrabes durch Otto III., der andere über das Karlsbild in der deutschen Literatur des Hochmittelalters und der dritte über den Karlskult in der Bundesrepublik Deutschland nach 1945. Eingeleitet wurde diese Fachsektion durch den Pariser Historiker Michel Parisse. Das vorliegende Buch versucht, vor allem die jüngere Debatte des Themas zusammenzutragen und das Problem der zahlreichen Karlsbilder zu umreißen.

Aber nicht allein Historikerinnen und Historiker sollen Zielgruppe dieses Buches sein. Es richtet sich an alle interessierten Leserinnen und Leser, welche die Geschichte, das Mittelalter und nicht zuletzt auch Karl den Großen schätzen. Aus diesem Grund ist der Buchtext nicht mit begleitenden Anmerkungen versehen, sondern am Ende eines jeden Kapitels durch eine räsonierende Bibliographie ergänzt worden. Dort werden die nötigen Einzelbelege aufgelistet und in Kurzform die wichtigsten Literaturhinweise geliefert, die in Verbindung mit dem abschließenden Verzeichnis der Quellen und Darstellungen die jeweiligen Aussagen nachprüfen und vertiefen lassen.

Danken möchte ich Volker Caumanns, Gerda Forsch-Fücker, Annette Fusenig, Iris Gehrke, Georg Helg, Angelika Ivens, Karl Kegler, Lotte Kéry, Cornelia Kompe, Karin Krause, Silvinus Müller, Wolf Steinsieck sowie insbesondere Gabriele Meyer und Gunnar Heuschkel für ihre Mitwirkung. Sie alle haben mitgeholfen, daß dieses Buch über Karl den Großen und die Entschleierung seines Mythos verwirklicht werden konnte.

Aachen, im Oktober 2000 *Max Kerner*

Einführung

Karl der Große zwischen Geschichte und Gedächtnis

»Ist Karl der Große wieder interessant geworden, seit man ihm seine Existenz bestreitet?« – so fragte einleitend der Wissenschaftsredakteur der FAZ, Matthias Grässlin, als er das Leipziger Symposium des Mediävistenverbandes im März 1999 über »Karl den Großen und das Erbe der Kulturen« vorstellte. In der Tat scheinen die seltsamen Thesen des Münchener Privatgelehrten Heribert Illig aus den Jahren 1994 und 1996 über Karl den Fiktiven, über die historische Nichtexistenz der Aachener Marienkirche, über Einhards Karlsvita als Machwerk des 12. Jahrhunderts, kurz: über ein »Mittelalter ohne Karl den Großen« (R. Schieffer) das öffentliche Interesse stark bewegt zu haben. Illigs aberwitzige Kalenderreform, seine »neue« Theorie des Gregorianischen Kalenders von 1582, das von ihm behauptete Streichungsintervall von drei Jahrhunderten (614–911), die Unterstellung einer Vielzahl gefälschter Quellen, die scheinbar widersprüchliche Karlsbiographie oder auch die vermeintlichen Anachronismen in Karls Marienkirche sind von den Medien breit diskutiert worden. »Die größte Zeitfälschung der Geschichte« (H. Illig) dürfte jedenfalls eine größere Resonanz erfahren haben als die zahlreichen wissenschaftlichen Ergebnisse, die in den letzten Jahren zu Karl dem Großen und seiner Epoche wie auch zu seinem Nachleben in Mittelalter und Neuzeit erarbeitet wurden.

Neben dem »erfundenen Mittelalter« eines Heribert Illig war es der öffentlich erinnerte Karl, der eine große Aufmerksamkeit auf sich zog. Dies belegen die beiden bedeutenden »Karlsausstellungen« 1999 in Paderborn und 2000 in Aachen. Die erste war der »Kunst und Kultur der

Karolingerzeit« gewidmet und erinnerte an das Paderborner Treffen zwischen Karl dem Großen und Papst Leo III. im Sommer 799. Die zweite Ausstellung behandelte aus Anlaß der 1200. Wiederkehr der römischen Kaiserkrönung Karls des Großen am Weihnachtstag 800 die Geschichte und den Mythos der Aachener Königskrönungen von 936 bis 1531. Die Paderborner Ausstellung war zudem Teil des europäischen Projektes »Charlemagne. The Making of Europe«, das im spanischen Barcelona, im italienischen Brescia, im kroatischen Split und im englischen York weitergeführt wurde und noch seine Fortsetzung findet.

Ergänzt wurden diese Ausstellungen durch verschiedene wissenschaftliche Kolloquien und Vortragsreihen wie etwa das genannte Leipziger Mediävistensymposium oder auch die Veranstaltungen des Aachener Geschichtsvereins von 1999–2001, die dem Nachleben Karls des Großen in Geschichte, Kunst und Literatur nachzugehen suchen. Schließlich gab es ein vielstimmiges Medienecho zum Karlsthema. Karl der Große diente als Titelgeschichte historischer Magazine (History 4/99 und Damals 8/99), als Einstiegsstory einer mittelalterlichen Geschichtsserie (Stern 17/2000), als Beispielfall eines geschichtlichen Lebenspanoramas (Zeit 13/2000), als Titel der wöchentlichen Kolumne im «Economist« (seit Januar 1998), als Sammelbegriff verschiedener Aachener Kunstaktivitäten im Sommer 2000 (»Charlemagne 2000«), als gewünschter Name der Euregio »Maas-Rhein« (Euri Artes 2/2000). Als Beispiel dieser Medienresonanz sei der Beitrag von Matthias Schulze im Vorfeld der Paderborner Ausstellung herausgegriffen, der dem »Weltherrscher im Klappstuhl« (Spiegel 10/99) galt. Der Frankenkönig sei eine mythisch überladene Gestalt gewesen: der Leuchtturm Europas, ein neuer Augustus, ein Heiliger und Gründerheld, ein Vollstrecker der Weltgeschichte – um vom Karlsepos des 9. Jahrhunderts bis hin zu Leopold von Ranke einige Einschätzungen des großen Karolingers zu nennen. Nach Ansicht von Matthias Schulze könne man diesem »Supermann« in Aachen, in Karls »schmucker Altersresidenz« begegnen – an dessen Thron, dem »schauererregendsten Nationaldenkmal der Deutschen« (Th. Haecker) genauso wie an dem spätantiken Proserpinasarkophag, »der Totenkiste Karls«. Ob allerdings eine solche »Tonlage« geeignet ist, einer breiteren Öffentlichkeit Karl den Großen zu vermitteln, mag dahinstehen.

Von den aktuellen Forschungsbemühungen zu unserem Thema sei hier zunächst nur das nicht unumstrittene Karlsbuch von Robert Morrissey, Professor für französische Kulturgeschichte in Chicago, vorgestellt, das 1997 bei Gallimard erschien: »L'empereur à la barbe fleurie. Charlemagne dans la mythologie et l'histoire de France«. Morrissey versucht, Charlemagne als Identifikationsfigur der französischen Nation aufzuzeigen, dessen Mythologisierung bereits in den zeitgenössischen Quellen des 9. Jahrhunderts begonnen habe – in den Reichsannalen, bei Einhard oder Notker von St. Gallen. Karls Legendenbildung könne in den literarischen Zeugnissen des hohen Mittelalters wie dem altfranzösischen Rolandslied oder dem lateinischen Pseudo-Turpin genauso aufgezeigt werden wie in den spätmittelalterlichen und neuzeitlichen Nachweisen. Zu den letzteren zählen ein Charles VIII, König von Frankreich (1483–1498), der als neuer Charlemagne galt, sowie die Zeugnisse eines Gaguin, eines Montesquieu und eines Voltaire – der großen Denker des humanistischen und klassischen Zeitalters. Schließlich gehören zu diesen Beispielen auch ein Napoleon und verschiedene Repräsentanten des geistigen Lebens im Frankreich des 19. Jahrhunderts. Karl der Große hat in dieser langen Entwicklungslinie die unterschiedlichsten Zuordnungen erfahren: er wurde als Begründer der Pariser Universität (R. Gaguin), als Reformer der französischen Monarchie (Ch. Montesquieu), als großes Vorbild (Napoleon), als bedeutender Europäer (G. Guizot) verstanden, aber auch als Barbar und Usurpator (Voltaire) beschrieben. Im 19. Jahrhundert erreichte diese Karlstradition ihren Höhe- und Schlußpunkt zugleich, als der Geschichtsschreiber Simonde de Sismondi 1821 in seiner »Histoire des Français« den Frankenherrscher als einen großen König der Franzosen pries, als Victor Hugo 1842 in seiner »Rheinreise« (»Le Rhin«) Karl den Großen als beispielhaften Gründungsvater feierte und als Gaston Paris 1865 in seiner »Histoire poétique de Charlemagne« formulierte: »seine Figur, so wie sie die nationale Poesie gesehen hat, bleibt für immer das vollkommene Symbol des Genius des Volkes, die Summe seiner Sehnsüchte, die Inkarnation seines Ideals«. Ein halbes Jahrzehnt später aber war in Frankreich nach der Niederlage Napoleons III. gegen Preußen 1871 aus dem großen französischen König und Kaiser Charlemagne ein deutscher Karl der Große geworden, ein Feind der französischen Republik, der seine Vorbildrolle und seinen Spitzenplatz im nationalen Gedächtnis immer mehr an Jeanne d'Arc verlor.

Für Morrissey hat die mehr als 1000jährige Geschichte des Karlsmythos in Frankreich nicht nur eine Identifikationsfigur, sondern auch eine Projektionsfläche der französischen Nation und eine Legitimationsquelle ihrer Institutionen geschaffen – ihres Königtums, ihrer Gerichte und ihrer Schulen. Aber in diesem Prozeß wurde zunehmend auch das reale Bild des Herrschers bis zur Unkenntlichkeit überlagert und häufig auch verdrängt.

Es geht demnach in Morrisseys Überlegungen um eine »mythistoire«, um eine Mythengeschichte, die vor der Geschichte der Fakten Vorrang hat: um die Geschichte des Karlsmythos als eine eigenständige Historie. Für diesen verschleierten Karl, dessen historisches Antlitz man unter dem Schleier nur schemenhaft erkennt, hat Morrissey zwei Texte und ein Bildzeugnis als Metapher gewählt: die Geschichte des toten Karolingers in seinem Grab nach der Chronik von Novalese aus dem frühen 11. Jahrhundert – eine Szene, die von Alfred Rethel 1847 in einem seiner Karlsfresken bildlich dargestellt ist – und Chateaubriands »Mémoires d'outre tombe« (1845/50 postum erschienen), wonach das Kapitel der Aachener Marienkirche um 1450 die Graböffnung veranlaßt haben soll. Für Morrissey zeigt diese Geschichte vom toten und verschleierten Karl in dem geöffneten Grab das, was bleibt:

> »eine symbolische Gegenwart und der Schatten eines menschlichen Antlitzes. Man ist versucht, in diesem Schleier eine Leinwand zu sehen, auf die sich die verschiedenen Gesichter Charlemagnes projizieren lassen, eine Leinwand, auf der die vielfältigen Gesichter des Helden wieder erstehen können. Dem Betrachter spiegeln sie vor, was er nicht sein kann. Beginnend vielleicht mit der 'barbe fleurie', die Charlemagne wahrscheinlich nie getragen hat, ein Bart, der ihm sozusagen erst nach seinem Tod gewachsen ist«.

Wie ist dieser Versuch, die französische Karlstradition als eine »zurecht gezimmerte Realität« zu beschreiben, zu beurteilen? Morrissey unterscheidet eine narrative und eine akkumulative Überlieferung: die narrative erzählt in einer horizontalen Achse die diachrone Tradition, die andere entwickelt sich in einer vertikalen Linie und speist sich aus den Archiven und Registern, ist also der synchronen Perspektive verpflichtet. Daraus ergeben sich zwei verschiedene Textarten: die des »on-dit« (des »man sagt«) und die des »on pourrait dire« (des »sagen könnens«), wobei die Heranziehung der zweiten Textart von Morrissey zugunsten der ersten vernachlässigt wird, weil er die moderne Deutung von Charlemagne verstehen will. Auf das 9. Jahrhundert angewandt, bedeutet dies, daß Einhard, Hinkmar von Reims oder Notker von St. Gallen bzw. die Reichsannalen als »Magie der Anfänge« für den verschleierten Karl den Vorzug vor den Urkunden, den Kapitularien oder auch den Briefen der Karolingerzeit erhalten. Dadurch entsteht eine »Schieflage« zugunsten der Wirkungsgeschichte; der historisch wahrscheinliche Frankenherrscher verliert sich im Hintergrund.

Will man die verschiedenen aktuellen Formen einer Erinnerungsgeschichte an Karl den Großen vom erfundenen zum verschleierten Karl, von Heribert Illigs These der »Karlslüge« (J. Fried) über die von Robert Morrissey nachgezeichnete »mythistoire« Charlemagnes in Frankreich bis zu den großen »Karlsausstellungen« 1999/2000, den wissenschaftlichen Kolloquien und publizistischen Zeugnissen für unser Thema zusammenfassen und einschätzen, dann kann man dies mit den Überlegungen von Johannes Fried zu »Wissenschaft und Phantasie« tun, die er in einem Vortrag anläßlich der Verleihung des Preises des Historischen Kollegs am 17. November 1995 in München dargestellt hat.

Nach Ansicht Frieds ist Illigs Rede von der Karlslüge, von einem »mittelalterlichen Märchen«, dem die professionellen Historiker aufgesessen seien, absurd und provokativ zugleich: »eine in die Irre führende Illusion«. Fried betont: »Karl der Große hat (...) gelebt, er ist kein Produkt einiger, ihre Fehler kaschierender mittelalterlicher Komputisten. [Andererseits] aber [ist] seine Geschichte, wie sie Hi-storiker konstruieren (...), von einigen Fakten und Daten abgesehen, alles andere als gewiß«. Auch die von der Wissenschaft erschlossene Realität sei ein Konstrukt, das mit der Wirklichkeit partiell korrespondiere oder partiell »episodenhafte Momentaufnahmen« wiedergebe – »gleichsam [als] Ansichtskarten aus der Vergangenheit«. Auch die positivistischste Karlsbiographie sei eine Utopie, in der sich Karl der Große ebenso wenig wiedererkennen würde wie seine Zeitgenossen. »Keine noch so beflissene Regesten- und Protokollsprache [kann] die Realität herbeischreiben«. Die stets klaffenden Lücken der Überlieferung seien deshalb »mit Wahrscheinlichkeiten, Analogieschlüssen und Hypothesen« zu schließen, die mit den kritischen Methoden einer historischen Anthropologie oder einer Kultursoziologie gewonnen werden könnten. Der historisch wahrscheinliche Karl läßt sich demnach nur mit Hilfe eines komplizierten wissenschaftlichen Verfahrens erschließen. Im ersten Hauptteil des vorliegenden Buches werden dazu einige Ausgangspunkte festgehalten: mit den Konturen eines Lebensbildes, mit den Wegen der Karlsforschung, mit den ausgewählten Problemen der Quellen – mit einer Wissenschaftsgeschichte und Quellenkritik, die aufzeigen wollen, daß Karl der Große in seiner Zeit wie auch in seiner Nachwirkung nur von einer Mittelalterforschung erschlossen werden kann, die ihrerseits immer auch zeitgebunden ist.

Zum Nachleben Karls des Großen hat kürzlich der Berliner Literaturwissenschaftler Werner Röcke einige Grundgedanken zu dessen Wirkungsgeschichte formuliert, die für die weiteren rezeptionsgeschichtlichen Studien von Bedeutung sind. Danach ist Karl der Große wie kaum eine andere Gestalt der mittelalterlichen Welt instrumentalisiert worden. Er stehe »im Mittelpunkt einer politischen Publizistik und Historiographie, die an Herrschaftsansprüchen und politischen Interessen, an rechtlichen Verpflichtungen und ethischen Normen, an praktisch-politischen Notwendigkeiten und militärischen Handlungszwängen orientiert ist«. Auf diese Weise werde der Frankenherrscher »zum Träger unterschiedlicher Karlsbilder (...), die für den jeweiligen Funktionszusammenhang dieser Bilder höchst aufschlußreich sind, mit dem historischen Karl aber immer weniger zu tun haben«. Karl der Große entwickle sich »zu einer zeitlosen Herrscherfigur, die ihre historische Besonderheit immer mehr verliert und für ganz verschiedene historische und politische Konstellationen verfügbar wird«: für die Deutung als idealer Herrscher genauso wie für das Negativbild eines machtbesessenen, autokratischen oder auch sündhaften Königs. Dieser Geschichte von »Fama und Memoria« (O. G. Oexle) gilt es im zweiten Hauptteil unserer Überlegungen nachzugehen: bei der Suche nach den Spuren von Karls kultisch-politischer Verehrung, bei der Frage nach den Formen seiner mythisch-literarischen Überhöhung, bei der Analyse von Beispielen zur ideologischen Instrumentalisierung.

Karl der Große als Thema der Gedächtnisgeschichte ist keine Erfindung unserer Tage. In den letzten 150 Jahren hat es hierzu immer wieder bedeutsame Arbeiten gegeben, sie werden in den späteren Ausführungen verschiedentlich zu nennen sein – so etwa die Bücher von Gaston Paris (1865) zum literarischen Karlsbild, von Robert Folz (1950/51) zum Karlskult, von Frantisek Graus (1975) und von Karl Ferdinand Werner (1995 und 2000) zur französisch-deutschen Tradition von Charlemagne und Karl dem Großen und schließlich von Arno Borst (1967) zum Karlsbild der neuzeitlichen Geschichtswissenschaft. Das kulturelle Gedächtnis ist aber in den letzten Jahrzehnten zu einer Art Modethema der modernen Geschichtsforschung geworden. Dazu hat das mehrbändige Sammelwerk des Pierre Nora zum nationalen Gedächtnis Frankreichs (»Lieux de mémoire«, 1984–1992) entscheidend beigetragen. In diesem historischen Großunternehmen hatte Robert Morrissey vor seiner Buchpublikation auch »Charlemagne« behandelt: in dem Band »Les France«, dessen dritter Teil von »de l'archive à l'emblème« handelt (1992).

In Anlehnung an dieses französische Vorbild gibt es jetzt auch einen ersten Versuch, »Deutsche Erinnerungsorte« zusammenzustellen. Hagen Schulze von der Freien Universität Berlin und Étienne François vom Berliner Centre Marc Bloch haben für eine solche deutsche Topologie erste Stichworte vorgelegt. Sie reichen von der »Bildung« bis zur »Zerrissenheit«, von den »Dichtern und Denkern« bis zum »Volk« und umfassen mancherlei deutsche Eigenheiten wie »Disziplin«, »Gemüt«, »Heimat«, »Leistung« und »Romantik«. Unter diesen vermeintlichen oder wirklichen Stereotypen des Deutschen findet sich auch das Schlüsselwort »Reich«, das als Unterthemen neben dem »Kampf um Rom«, neben »Canossa« und dem »Westfälischen Frieden«, neben »Nürnberg« und dem »Wiener Heldenplatz«, neben dem »Reichstag« und dem »Führerbunker« auch »Charlemagne und Karl den Großen« assoziiert. Das Karlsthema ist hier zu einem Teil der deutschen Reichstradition geworden, zu einem Selbstbild des Deutschen mit antifranzösischem Akzent, zu einem Gemeinplatz von gestern.

Eine solche »Mythenschau« (A. Brackmann) paßt gut in eine Gedächtnisgeschichte, wie sie seit einigen Jahren von dem Ägyptologen Jan Assmann entworfen und gestaltet wird. Nach Assmann geht es der Gedächtnisgeschichte nicht um die Vergangenheit als solche, sondern um die Vergangenheit, wie sie erinnert wird, um »die Pfade der Überlieferung, die Netze der Intertextualität, die diachronen Kontinuitäten und Diskontinuitäten in der Lektüre der Vergangenheit«. Eine solche Gedächtnisgeschichte stehe nicht im Gegensatz zur Geschichtswissenschaft, sondern bilde einen ihrer Zweige wie die Ideen-, Mentalitäts- oder Alltagsgeschichte. Die synchronen Aspekte würden zugunsten der diachronen Linien der Erinnerung abgeblendet. Es handle sich nicht darum, die mögliche Wahrheit von Überlieferungen herauszufinden, sondern die Überlieferung als Phänomene des kollektiven bzw. kulturellen Gedächtnisses zu studieren. »Für den Mnemohistoriker liegt die Wahrheit einer Erinnerung weniger in ihrer Faktizität als in ihrer Aktualität«. Die Gedächtnisgeschichte analysiere die Bedeutung, die eine Gegenwart der Vergangenheit zuschreibe. In Anlehnung und in Ergänzung dieses Ansatzes wird das vorliegende Buch dem karolingischen, dem wirkungsgeschichtlichen und dem Aachener Karlsbild nachgehen und dabei die Geschichte im engeren Verständnis von der Gedächtnishistorie zu unterscheiden suchen – die Vergangenheit, wie sie gewesen ist, von jener abzuheben haben, wie sie erinnert wird, die Ereignisgeschichte also von der Erinnerungsgeschichte zu trennen haben.

Für Jan Assmann spielt beim Verständnis der Gedächtnisgeschichte »die wichtige, aber verhängnisvolle Unterscheidung zwischen Geschichte und Mythos« eine große Rolle. Zu dieser Frage hat soeben Michael Borgolte eine kleine, für unser Thema anregende Studie vorgelegt. Mythos und Historie stellen für ihn zwei unterschiedliche Formen geschichtlichen Erzählens dar, die seit altersher in Konkurrenz zueinander stehen. Bereits die griechischen Geschichtsschreiber Herodot und Thukydides hatten versucht, vom Mythos zum Logos zu führen, die Mythen zu überwinden und gegen die Sagen und Erfindungen der Dichter anzugehen. Später hätten dann die Kirchenväter diesen Weg fortgesetzt und »im Namen von Monotheismus und Heilsgeschichte« die Mythen der alten Götterwelt »als Fabeln, Fiktionen und Widervernunft verworfen«. Schließlich sei dieser Prozeß der Entmythologisierung in den Jahrhunderten des Humanismus, der Aufklärung und des Historismus weiter geführt worden. Heute dagegen herrsche so etwas wie die Koexistenz von Historie und Mythos vor, als jeweils besondere Formen des Wissens von der Vergangenheit, »der Pluralität der Mythen [entspreche] die Relativität, also prinzipielle Multiplizität, der wissenschaftlichen Erkenntnis«.

Nach Michael Borgolte läßt sich dieses Zerfließen der »Grenze von der Historie zum Mythos« an der Wirkungsgeschichte Karls des Großen verdeutlichen. In der Aachener Karlsausstellung 1965 sei Karl der Große durch den renommierten Mittelalterforscher François Louis Ganshof als »der erste Baumeister Europas« gefeiert worden. Der Europarat als Veranstalter der Ausstellung habe damit dem von ihm geförderten Konzept der »Eurohistorie« dienen wollen – als »Ausdruck und Stimulans der europäischen Einigungsbewegung (...), für die Karl der Große als Vaterfigur in Anspruch genommen wurde«. Demgegenüber habe die Mediävistik die europäischen Einschätzungen und Auszeichnungen Karls des Großen stark relativiert – als panegyrische Dichterworte, nicht aber als offiziöse Äußerungen oder gar als urkundliche Wiedergabe des zeitgenössischen Sprachgebrauchs. Borgolte konstatiert:

> »Es steht aber fest, daß der Europabegriff im Mittelalter nicht klar umrissen war und insgesamt wenig gebraucht wurde; von einer klaren Vorstellung über Europa kann weder in der Zeit Karls des Großen noch in den späteren Jahrhunderten die Rede sein. Wenn manche Historiker trotzdem heute noch Karl als »Vater Europas« bezeichnen oder dem großen Franken gar attestieren, für ihn sei »Eu-

ropa« schon Realität gewesen, erzählen sie den alten Mythos weiter, ohne die Forschungsentwicklung zu berücksichtigen. ›Wird hier‹ – so muß man mit Michael Borgolte fragen – ›kritisches Denken suspendiert, um den gesellschaftlichen oder politischen Mythenbedarf zu befriedigen?‹«

In der Reihe der Karlsbilder in Vergangenheit und Gegenwart ist das Bild des großen Europäers das jüngste und aktuellste. Daneben stehen jene religiösen Überhöhungen und politischen Indienstnahmen, jene symbolischen Verformungen und interessegeleiteten Inszenierungen, die Karl den Großen zum idealen Herrscher des Mittelalters machten und ihn als heiligen Bekenner des christlichen Glaubens, als antimuslimischen Heros und als germanischen Recken zeigen. Daneben wird er zum Gründungsvater Frankreichs und zu einer nationalen Heilsfigur, aber auch zu einem Sachsenschlächter und undeutschen Vorfahren stilisiert. Auch die bildlichen Darstellungen zu Karl dem Großen können eine solche »Wanderstraße der Erinnerung« (Aby Warburg) belegen und verdeutlichen, beginnend mit der Metzer Reiterstatuette um 870, sich fortsetzend in der Karlsfigur des Aachener Karlsschreins um 1200, der Karlsbüste aus der Mitte des 14. Jahrhunderts und dem Karlsbild Dürers von 1512, um nur einige Beispiele zu nennen.

Diesen vielfältigen Karlsbildern versucht das vorliegende Buch möglichst forschungsnah nachzugehen. Es gilt dabei, Karl dem Großen zwischen Faktizität und Aktualität, zwischen Mythos und Wirklichkeit, zwischen Geschichte und Gedächtnis gerecht zu werden, um am Ende zu fragen, ob der große Karolinger, der eine Schlüsselfigur der europäischen Geschichte gewesen ist, in Wissenschaft und Unterricht, in Literatur und Legende, in Kult und Politik noch eine Zukunft hat und wie diese aussehen dürfte. Es geht nicht nur um den Versuch, den Karlsmythos zu entschleiern, die verschiedenen Karlsbilder aneinanderzureihen und gleichsam zu inventarisieren, sondern auch darum, unterschiedliche Lesarten der jeweiligen Zeit herauszuarbeiten: als Karlsbilder und Zeitzeichen zugleich.

Anmerkungen zur Literatur

Der eingangs zitierte Artikel von M. Grässlin ist in der FAZ vom 5.05.1999 erschienen. Bei den beiden Büchern von H. Illig handelt es sich um »Hat Karl der Große je gelebt?« (1994) und um »Das erfundene Mittelalter« (1996); U. Topper (»Erfundene Geschichte«, 1999) hat Illigs Phantomzeittheorien erneut aufgenommen und weitergeführt. Die Mediävistik hat dazu verschiedentlich Stellung bezogen, so etwa R. Schieffer (GWU 10, 1997) und A. Fößel (Das Ma. 4, 1999 u.

Damals 8, 1999); hier werden die vermeintlichen Einwände gegen Karls Existenz, die Art des Vorgehens, die verschiedenen Einzelzeugnisse, die Frage nach der Person und dem Motiv des Zeitfälschers und vieles mehr behandelt. Bei R. Schieffer heißt es abschließend: »Die historische Erforschung des Frühmittelalters hat fraglos mit vielen quellenkritischen Problemen zu kämpfen und wird immer Stückwerk bleiben. Sie hat gewiß auch Irrwege eingeschlagen und beschreitet sie womöglich noch immer, bedarf also der ständigen kritischen Nachprüfung, doch bewegt sie sich nicht auf haltlosem Grund. Illig hat viel darüber gelesen und exzerpiert, ohne allerdings zwischen seriöser und populärer, zwischen veralteter und aktueller Literatur zu unterscheiden«. – Zu den beiden »Karlsausstellungen« in Paderborn 1999 und Aachen 2000 sind umfangreiche Text- und Katalogbände erschienen, die im Literaturverzeichnis dieses Buches verzeichnet sind. Von dem Leipziger Symposium des Mediävistenverbandes (15. bis 18. März 1999) zu »Karl dem Großen und dem Erbe der Kulturen« sind die Beiträge der Sektion über »Karl der Große in Renaissance und Moderne« vorab publiziert worden (Das Ma. 4, 1999). – Zu R. Morrisseys Karlsbuch (1997) hat G. Helg eine Zusammenfassung und Bewertung geschrieben (in: Verschleierter Karl 1999, S. 17–54). J. Frieds Münchener Vortrag von 1995 über »Wissenschaft und Phantasie« ist abgedruckt in der HZ 263 (1996), W. Röckes Beitrag zur spätmittelalterlichen und frühneuzeitlichen Rezeptionsgeschichte Karls des Großen findet sich in der zitierten Zeitschrift des Mediävistenverbandes (Das Ma. 4, 1999). Der Hinweis auf O.G. Oexles Begriffspaar von »Fama und Memoria« bezieht sich auf dessen Studie zu den »Legitimationen fürstlicher Herrschaft im 12. Jahrhundert« (in: Heinrich d. L. u. seine Zeit, Katalog der Braunschweiger Ausstellung 2, 1995); dort heißt es: »Herrschaft braucht Erinnerung; denn durch die Erinnerung an Geschichte wird Herrschaft legitimiert. Herrschaft braucht aber auch Zukunft, sie braucht die Erwartung, ja die Gewißheit künftiger Herrschaft. Auf diese Zukunft richtet sich die Fama, die Rühmung dessen, was war und was ist. Memoria und Fama sind deshalb in gleicher Weise Dimensionen der Herrschaftslegitimation«. – Die angeführten Beispiele der älteren gedächtnisgeschichtlichen Arbeiten zu Karl dem Großen, also die Arbeiten von G. Paris, R. Folz, Fr. Graus, K.F. Werner und A. Borst, sind im Literaturverzeichnis näher bibliographiert. Das Sammelwerk von P. Nora zu den französischen Erinnerungsorten (»Les lieux de mémoire«) ist in drei Teilen publiziert worden: »La République« (1984), »La Nation« (3 Bde., 1986) und »Les France« (3 Bde., 1992); einige ausgewählte Stücke aus diesem »historischen Großunternehmen« (H. Ritter, FAZ 2.09.1998) sind in deutscher Übersetzung erschienen: P. Nora (Fischer 12295, 1998); der Titel dieser kleinen Auswahlsammlung »Zwischen Geschichte und Gedächtnis« ist als Überschrift für die Einleitung des vorliegenden Buches übernommen, bei Nora diente er als Thema seiner Einführung in das Gesamtwerk, in der die allgemeine Problemstellung und der Gesamtaufbau seiner französischen Gedächtnisgeschichte vorgestellt wurden. Der Begriff »lieu de mémoire« (Gedächtnisort), der im Französischen unbekannt ist, stammt aus dem Buch von F. Yates über die Gedächtniskunst (The Art of Memory, 1966), die ihrerseits in der römischen Rhetorik bei Cicero und Quintilian geschult wurde. Das geplante Pendant und Projekt zur deutschen Erinnerungskultur ist in der FAZ vom 2.09.1998 von E. François und H. Schulze präsentiert worden. Von J. Assmanns Arbeiten zum kulturellen Gedächtnis sind die beiden großen

Monographien zu »Schrift, Erinnerung und politische Identität in den frühen Hochkulturen« (1992) und sein Mosesbuch (1998) herangezogen worden; in dem letzteren hat Assmann die Ziele der Gedächtnisgeschichte und das Verhältnis der letzteren zur Diskursgeschichte prägnant zusammengefaßt (S. 26–37); Assmanns Ausführungen können als eine Leitlinie gedächtnisgeschichtlicher Versuche angesehen werden. M. Borgoltes Beitrag findet sich als Ausblick des Text- und Katalogbandes der Aachener Krönungsausstellung (Könige in Aachen 2, 2000). Vgl. zu Karl dem Großen in der Bildenden Kunst A. Wening, (in: Verschleierter Karl 1999, S. 355–366).

Der zeitgenössische Karl

Karl der Große in seinem Jahrhundert

Wer heute eine mittelalterliche Herrscherpersönlichkeit und deren Lebenswerk nachzuzeichnen versucht, wird sich an jener methodischen Angangsweise orientieren müssen, die vor einigen Jahren der Altmeister der französischen Mediävistik, Jacques Le Goff, in seiner großen Biographie über Ludwig den Heiligen (Louis IX 1226–1270) vorgegeben hat. Le Goff verband die chronologisch erzählte Lebensgeschichte Ludwigs des Heiligen mit einer quellentypologischen Befragung nach dem Herrscherbild der offiziellen und erzählenden Quellen und verknüpfte diese mit einer Darstellung der idealgeschichtlichen Nachwirkung: als Endkaiser, als Thaumaturg, als Volkskönig, aber auch als Judenverfolger. Ludwig der Heilige war am Ende »das, was die Welt in ihm sah« (P.E. Schramm). Dieses Konzept einer Gesamtbiographie, einer »biographie totale«, wird auch bei einer Annäherung an Karl den Großen, an seine Person und seine Lebensleistung zu beachten sein.

Im ersten Schritt des vorliegenden Buches sollen die Konturen des Lebensbildes Karls des Großen herausgearbeitet werden: die wichtigsten Phasen und Perspektiven seiner Politik, die inneren und äußeren Reformen seiner Herrschaft, sein Kaisertum als Beginn einer neuen welthistorischen Epoche, aber auch die Frage nach der Auflösung des Reiches im letzten Jahrzehnt vor seinem Tod 814. Dabei geht es nicht um eine ausführliche Auseinandersetzung mit allen Details und eine auf Vollständigkeit ausgerichtete Ereignisgeschichte, wie dies in den umfassenden Karlsbiographien allein der letzten beiden Jahre

1999/2000 und in zahlreichen jüngeren Einzelstudien geleistet wurde. Die Ergebnisse dieser Forschungsarbeiten bezogen sich auf die Frage nach dem Geburtsdatum Karls des Großen, auf dessen Auseinandersetzung mit seinem jüngeren Bruder Karlmann 768–771, auf die Italienpolitik im ausgehenden 8. Jahrhundert, auf das Herrschaftsende des letzten Langobardenkönigs Desiderius 774, auf das fränkisch-päpstliche Bündnis vor 800, auf das Verhältnis zu Byzanz und auf Karls Spanienfeldzug 778.

Hier sollen dagegen – neben Karls »innerem Regiment« (R. Schieffer) – allein drei Schwerpunkte seiner äußeren Politik dargelegt werden: zunächst die Gewichtsverlagerung des Karolingerreiches durch die umstrittenen Sachsenkriege Karls 772–804 und durch das Ende des Herzogtums Bayern 788, dann Karls Kaiserkrönung 800 als Höhepunkt seiner Herrschaft sowie die ältere Dekompositionsthese der Auflösung des Karlsreiches, wie sie der belgische Mediävist François Louis Ganshof vertreten hat und die kürzlich von dem Frankfurter Mittelalterforscher Johannes Fried in Zweifel gezogen worden ist. Es wird sich bereits an diesen Vertiefungsbeispielen zeigen, daß die Konturen eines Karlsbildes nur quellenkritisch zu gewinnen sind, wobei neben einer näheren Quellenkritik auch die – jeweils zeitgebundene – Wissenschaftsgeschichte zu Karl dem Großen zu beachten ist.

Konturen eines Lebensbildes

1200 Jahre trennen uns heute von der Herrschaftszeit Karls des Großen (768–814), von seiner Persönlichkeit, die einer ganzen Epoche Gestalt und Namen gegeben hat. Trotz dieser weiten zeitlichen Distanz ist die Erinnerung an sein Lebenswerk, an die geschichtliche Bedeutung seines Reiches niemals verlorengegangen. Dafür haben die zeitgenössischen Quellen genauso gesorgt wie die späteren Legenden oder auch die vielfältigen Formen politischen, literarischen und kultischen Nachlebens. In diesem geschichtlich gewachsenen Karlsbild überwiegen naturgemäß die stolze Anerkennung, die staunende Bewunderung, ja die glühende Verehrung. Seltener dagegen sind die Vorbehalte und Zweifel. Aber hier wie dort gibt es mancherlei Verzerrung und Übersteigerung. Eine historisch-kritische Betrachtung über Karl den Großen wird dies zu beachten und sich in strenger Anbindung an die verläßlichen Ergebnisse der historischen Forschung um ein möglichst glaubwürdiges Geschichtsbild zu bemühen haben.

Den Ausgangspunkt für eine solche historische Annäherung bilden die karolingischen Quellen und deren Kritik, also genauer Karls des Großen Königs- und Kaiserurkunden, seine Reichsgesetze, die von ihm verschriftlichten Volksrechte, die offiziösen Reichsannalen sowie die Vielzahl weiterer erzählender Quellen, zeitgenössischer Briefe und panegyrischer Texte, die alle auf Karl den Großen und seinen leitenden wie prägenden Gestaltungswillen bezogen sind.

Das diesbezüglich berühmteste literarische Zeugnis ist wohl Einhards *Vita Karoli Magni* aus den 20er Jahren des 9. Jahrhunderts. Einhard – ein enger Vertrauter und Berater Karls des Großen – wollte nach eigener Aussage die Taten Karls des Großen erzählen. Wie man weiß, tat er dies in formaler Abhängigkeit von den antiken Kaiserbiographien Suetons und insbesondere von dessen *Vita Augusti.* Während noch Leopold von Ranke darüber geklagt hatte, daß Einhard auf diese Weise den Frankenherrscher Karl zu einem römischen Imperator entstellt habe, ist man heute davon überzeugt, daß Einhard – trotz dieses antikischen Schimmers, der dadurch über Karls Gestalt gekommen sei (P. Lehmann) – ein insgesamt eigenständiges, lebendiges und weitgehend auch wahrheitsgetreues Lebensbild Karls gezeichnet habe: zunächst über dessen äußere wie innere Politik und danach über dessen

Lebensgewohnheiten. Karl sollte der eigenen Gegenwart wie der Nachwelt als ein bewunderter Herrscher vor Augen geführt werden, der in seinem Denken und Handeln eine besondere Großherzigkeit gezeigt und einen stets unerschütterlichen Gleichmut bewiesen habe.

An der geschichtlichen Bedeutung der Karlsvita Einhards ist nicht zu zweifeln – nicht nur weil sie im Mittelalter die Herrscherbiographie als Literaturgattung begründete und zu den sprachlich hervorragenden Denkmälern der karolingischen Bildungsreform gehören dürfte, sondern weil sie vor allem das literarische Bild Karls des Großen auf Jahrhunderte hin entscheidend bestimmte. Andere Ansätze und Vorbehalte wurden auf diese Weise zurückgedrängt, so etwa die in der klösterlichen Welt verbreitete Vorstellung von Karls menschlichen Schwächen, von der ihm unterstellten sündhaften Sinnlichkeit, für die er nach Auffassung der fast gleichzeitig um 825/26 auf der Reichenau entstandenen *Visio Wettini*, einer dichterischen Jenseitsschau Walahfrid Strabos, im Fegefeuer zu büßen hatte.

Für ein idealisierendes Karlsbild sind aber neben Einhard auch die *Gesta Karoli Magni* des Notker von St. Gallen vom Ende des 9. Jahrhunderts wichtig geworden. Hier wird ebenfalls ausführlich und nicht ohne Kritik an der eigenen Zeit von Karls Feldzügen, von seinen Bemühungen um Kirche und Geistlichkeit, von seinen Bildungsbestrebungen berichtet, dieses und anderes aber mehr in farbigen Anekdoten dargeboten. Die in gleicher Weise unterhaltenden wie belehrenden Erzählungen Notkers haben im Ergebnis – so hat es Paul Lehmann ausgedrückt – Karl den Großen unversehens in eine märchenhafte Ferne versetzt bzw. das Karlsbild Einhards in eine verklärende und trivialisierende Perspektive gerückt: Karl ist damit nicht nur zum überragenden Staatsmann und Kulturpolitiker stilisiert worden, sondern auch zum hausbackenen Schulmeister und fürsorglichen Hausvater – in dem einen wie anderen Fall zu einer legendären Gestalt. Erinnert sei an die bekannte Geschichte von Karls Schulvisitation, über die noch unsere Vor- und Großväter zu rezitieren wußten: »Als Kaiser Karl zur Schule kam und wollte visitieren / da prüft er scharf das kleine Volk, ihr Schreiben, Buchstabieren« (Ballade von Karl Gerok).

Vor diesem Hintergrund verwundert es nicht, daß bereits das genaue Aussehen Karls des Großen wenig gesichert ist. Für diese Frage wird man aus den von ihm erhaltenen Münzbildern oder Mosaikdarstellungen kaum etwas gewinnen können, da diese entsprechenden Konstantinmünzen nachgebildet sind und mehr auf eine bildliche Typisierung als auf ein individuelles Porträt abheben. Im Maßstab sind diese zu klein geraten bzw. jene nur in späteren kopialen Skizzen überliefert. Auch die heute im Louvre aufbewahrte Reiterstatuette, die um 870 in Metz gegossen worden sein dürfte und die einen hünenhaften Reiter ohne Steigbügel mit Lilienkrone und rundem Gesicht, mit Schnurrbart und Reitermantel darstellt, wird in jüngerer Zeit bestenfalls als ein Erinnerungsbild an Karl den Großen in Anspruch genommen. Dieses hatte sich dessen Enkel, der westfränkische König Karl der Kahle, zum Andenken an seinen Großvater herstellen lassen: auch hier mehr im Sinne einer idealisierten Herrschergestalt mit nur wenig spezifischen Zügen einer konkreten Einzelperson. Ein persönliches Bild bietet vielleicht Einhards Beschreibung in der Karlsvita, in der zahlreiche Einzelheiten über Karls äußere Erscheinung zusammengetragen sind, die sich sonst so nirgendwo finden und deswegen hier im Wortlaut zitiert werden sollen:

> »Er war von breitem und kräftigem Körperbau, von hervorragender Größe, die jedoch das richtige Maß nicht überschritt – denn seine Länge betrug, wie man weiß, sieben seiner Füße –, das Oberteil seines Kopfes war rund, seine Augen sehr groß und lebhaft, die Nase ging etwas über das Mittelmaß, er hatte schönes graues Haar und ein freundliches, heiteres Gesicht. So bot seine Gestalt im Stehen wie im Sitzen eine höchst würdige und stattliche Erscheinung, wiewohl sein Nacken feist und zu kurz und sein Bauch etwas hervorzutreten schien; das Ebenmaß der anderen Glieder aber verdeckte dies. Er hatte einen festen Gang, eine durchaus männliche Haltung des Körpers und eine helle Stimme, die jedoch zu der ganzen Gestalt nicht recht passen wollte.« (Vita Karoli Magni c. 22)

Man hat diese in ihrer Art und Zeit einmalige Personenschilderung auf den alternden Kaiser bezogen und unter dieser Einschränkung auch als zutreffend bezeichnet, nicht zuletzt wegen der weniger schönen körperlichen Attribute, die hier nicht verschwiegen werden: die leichte Korpulenz, die übergroße Nase, der kurze Hals und die helle Stimme.

Die anthropologischen Untersuchungen, die man 1843, 1945 und 1988 an den im Karlsschrein verbliebenen Gebeinen Karls vorgenommen und protokollarisch festgehalten hat, haben zuletzt eine Körpergröße von 1,82 Meter ergeben und damit Einhards Aussage in etwa bestätigt.

Wichtige Phasen und Perspektiven

Es gehört zu den wohl augenfälligsten und gewaltigsten Leistungen des 748 geborenen und 768 zur Macht gelangten Karls des Großen, daß er das in der Zeit der Völkerwanderung zwischen 400 und 700 entstandene romanische und germanische Europa zu einer neuen karolingisch geführten und fränkisch geprägten Einheit zusammengefaßt hat. Dazu bedurfte es einer ausgreifenden und heute mitunter umstrittenen Expansionspolitik, die sich gegen die Langobarden in Italien, gegen die Sachsen zwischen Weser und Elbe, gegen die Bayern südlich der Donau, gegen die christlichen Basken und heidnischen Sarazenen im Pyrenäenraum sowie schließlich gegen die verschiedenen Grenzvölker von den Dänen im Norden bis zu den Awaren im Südosten des Reiches richtete. Die historische Bedeutung dieser robusten Machtpolitik lag in Italien darin, den byzantinischen Einfluß zurückgedrängt, ein lateinisch-germanisches Zusammenleben in Oberitalien entwickelt und den päpstlichen Kirchenstaat in Mittelitalien gefestigt zu haben. Im nördlichen Spanien wurde mit einer fränkischen Grenzmark der Kern des späteren Katalonien und Aragon geschaffen bzw. der Grundstein für die hochmittelalterliche Reconquista, für die Rückeroberung des islamischen Spanien gelegt. Zu dieser ausgreifenden Expansionspolitik gehören auch die Sachsenkriege Karls des Großen sowie sein gewaltsames Vorgehen gegen Tassilo III., den letzten der bayrischen Herzöge aus der Familie der Agilolfinger. Beide Vorgänge – die Einbeziehung der Sachsen wie der Bayern ins Frankenreich – haben die Gewichte der Karolingerherrschaft von der romanischen zur germanischen Welt hin verlagert und die spätere Entstehung Deutschlands zur Folge gehabt und deshalb Geschichte gemacht.

Eine solche Eingliederung mußte aber bei den Sachsen größere Schwierigkeiten bereiten als im christianisierten Bayern, das zudem bereits als Teil des Frankenreiches galt. Denn bei den Sachsen hatte sich eine noch archaische Verfassung in Politik und Gesellschaft erhalten. Bei ihrer nur kurzen Wanderung während der Spätantike von Holstein in das Gebiet des heutigen Niedersachsen bedurften sie keiner geschlossenen Führungsgewalt, die sich zu einem Königtum hätte ausbilden können. Ihnen genügte der politische Zusammenschluß in einer Gauverfassung mit einer jährlichen Stammesversammlung in Marklo an der Weser. Auch in ihrer gesellschaftlichen Ordnung hatten sie die alte Sozialstruktur bewahrt und unterschieden zwischen einem grundherrlichen Geburtsadel (Edelinge), den schollengebundenen, aber freien Bauern (den waffenfähigen Frilingen) sowie den unfreien Hörigen (Lazzen). Die strenge und fast kastenmäßige Abgrenzung der einzelnen Stände führte während der Sachsenkriege zu einem merkwürdigen politischen Verhalten: während die Edelinge sich bis auf wenige Ausnahmen schnell zum Anschluß an das Frankenreich und zum Christentum bereitfanden, haben sich die beiden unteren Stände zäh und anhaltend der fränkischen Herrschaft widersetzt, aber auf der anderen Seite wegen ihrer Rivalität untereinander auch nicht gegen den sich absetzenden Adel opponiert. Eine Ausnahme in diesem inneren Standeszwist bildet Widukind, einer der Vornehmen Westfalens, der sich auf die Seite der unteren Stände geschlagen hatte, deren Anführer wurde und die siebenjährige Hauptauseinandersetzung der Sachsen mit Karl dem Großen (778–785) entscheidend geprägt hat.

Karls erste Feldzüge hatten 772 zur Eroberung der Eresburg an der Weser und zur Zerstörung der Irminsul, eines altsächsischen Heiligtums, geführt und waren 775/76 für die karolingische Seite mit ersten Massentaufen erfolgreich gewesen. 778 war Widukinds Aufstand bis an den Rhein getragen worden. Mit zwei militärischen Antworten – 779 bis zur Weserlinie, 780 bis zur Elbe – hatte Karl auf diesen Aufruhr reagiert und auch die Missionsordnung wiederherstellen bzw. neu regeln können. In jenen Jahren wurden auch die ersten Missionsklöster Gandersheim, Hameln, Vechta und Meppen gegründet und durch den sächsischen Adel Grundbesitz und Unfreie an das Kloster Fulda übertragen. Auf einer Reichsversammlung in Lippspringe hat Karl dann 782 das Sachsenland auch formell in den Verband des Reiches einbezogen, indem er dort fränkische Grafschaften errichten ließ, die er außer an Franken auch an sächsische Edelinge übertrug, so etwa an Hessi, den früheren Anführer der Ostfalen. Vielleicht hat Karl auch damals schon und nicht erst 785 das harte System der *Capitulatio de partibus Saxoniae* eingeführt, Gesetzgebungsmaßnahmen, welche die neuen gräflichen Institutionen und deren Vertreter, aber auch die kirchlichen Amtsträger unter einen besonderen Schutz stellten und bei Gewalttaten gegen Geistliche und Kirchen oder bei Festhalten an den heidnischen Gebräuchen, wie z. B. der Leichenverbrennung, die Todesstrafe verhängten sowie andererseits die Zwangstaufe, das Zehntgebot und den Königsbann vorschrieben. Auf diese Gewaltbestimmungen mit ihren tiefen Eingriffen in die überkommenen Gewohnheiten, auf dieses »brutale Besatzungsrecht« (M. Becher) scheint noch 782 ein neuer Aufstand Widukinds zurückzugehen, bei dem eine fränkische Heeresabteilung am Süntel vernichtet und zahlreiche fränkische Missionare und Grafen ermordet wurden. Karls Gegenmaßnahme führte dann ihrerseits zu dem vielbesprochenen ‚Blutbad' in Verden an der Aller 782, bei dem Karl nach dem Bericht der Reichsannalen 4500 Rebellen als Hochverräter hingerichtet haben soll: »und sie [die Sachsen] lieferten all jene Übeltäter aus, die diesen Aufstand vor allem durchgeführt hatten, zur Bestrafung mit dem Tod, 4500, und dies ist auch so geschehen«. Ob man nun die Zahlenangabe von 4500 (IIII D) für einen späteren Zusatz, für eine falsche Lesart oder für eine der nicht seltenen Zahlenübertreibungen mittelalterlicher Quellen halten mag, an dem Vorgang selbst ist nicht zu zweifeln und an seiner bewegten Debatte für ein glaubwürdiges Karlsbild nicht vorbeizugehen. Denn das Verdener Geschehen konnte erneute Aufstände und Widerstände genausowenig verhindern wie entsprechende militärische Gegenaktionen Karls während der Jahre 783/85, etwa bei Detmold und an der Hase bzw. im Weserraum und an der unteren Elbe.

Erst drei Jahre nach der drakonischen Bestrafung der aufständischen Sachsen in Verden wurde der sächsische Widerstand gebrochen und Widukind zum Friedensschluß bewogen. Gegen die Stellung fränkischer Geiseln ließ er sich in die Pfalz nach Attigny bringen und dort – wohl am Weihnachtsfest 785 – taufen. Für die Zeitgenossen waren damit die Sachsenkriege beendet. Die Reichsannalen sprachen von der Unterwerfung des ganzen Landes und Papst Hadrian I. (772–795) von dessen Bereitschaft zum Christentum. Die Lorscher Annalen verglichen diese sächsische Christianisierung sogar mit jener der Angelsachsen zur Zeit Gregors des Großen knapp zweihundert Jahre zuvor.

Über das weitere Schicksal Widukinds gehen die Nachrichten auseinander. Nach einer Notiz in der späteren Lebensbeschreibung der sächsischen Königin Mathilde, der Gemahlin König Heinrichs I., die eine Nachfahrin Herzog Widukinds gewesen sein soll, scheint letzterer nach seiner Taufe wieder in seine sächsische Heimat entlassen worden zu sein. Dort soll er dann bei der Verbreitung des Christentums mitgeholfen und Gotteshäuser gegründet haben, so etwa in Enger, wo er auch begraben sein dürfte. Dieser Vorstellung ist man in der jüngeren Forschung entgegengetreten. Nach Ansicht von Gerd Althoff ist Widukind entsprechend der damaligen Herrschaftspraxis in das Bodenseekloster auf der Reichenau als Klosterhäftling eingewiesen worden, wo er bis etwa 825 gelebt habe und damit nach dem Verständnis der Zeit für seine heidnischen Untaten auch ausreichend Buße leisten konnte. Fortgelebt hat Widukind vor allem in der Legende und im Mythos: als heidnischer Volksheld genauso wie als christlicher Heiliger. In einer

Bearbeitung der *Vita Liudgeri* aus der Mitte des 9. Jahrhunderts kann man beispielsweise lesen, daß »der Sachse Widukind (...) – wenn er auch Heide war – zu den größten Führergestalten zu rechnen ist«. In besonders verzerrender Weise ist dieses Bild dann in unserem Jahrhundert entstellt worden, als etwa Alfred Rosenberg in seinem »Mythus des 20. Jahrhunderts« (1930) Widukind als ein ewiges Symbol heldenhaften Widerstandes gegen die fremde Unterdrückung in der deutschen Geschichte feierte, als ein Beispiel für Mannestreue und Volksverbundenheit.

Auch in den Jahren nach 785 gab es nach einer kurzen Ruhepause immer wieder vereinzelten Aufruhr, vor allem bei den nördlichen Teilstämmen. Darauf wurde mit erneuten Kriegszügen geantwortet, in die teilweise sogar die benachbarten Slawen einbezogen waren. Insgesamt aber verlagerten sich die Aktionen Karls von dem militärischen Feld auf die politische und gesellschaftliche Neuorganisation Sachsens sowie auf die Christianisierung Norddeutschlands. Das grausame Gesetz der *Capitulatio de partibus Saxoniae* von 782/85 wurde durch das mildere *Capitulare Saxonicum* von 797 ersetzt, die harten Strafbestimmungen wurden abgeschwächt, und für die anzusetzenden Geldbußen wurde die unterschiedliche Wirtschaftskraft der einzelnen sächsischen Landesteile berücksichtigt. Abgeschlossen wurde diese rechtliche Einbeziehung der Sachsen dann 802, als Karl das sächsische Stammesrecht, die *Lex Saxonum,* aufzeichnen und damit große Teile der alten sächsischen Rechts- und Ständeordnung für die Sachsen in ihren angestammten, aber auch in ihren zugewiesenen Gebieten gültig werden ließ. Umfassend eingegliedert wurden die Sachsen aber schließlich durch ihre Christianisierung, die nach ersten Ansätzen und vernichtenden Rückschlägen jetzt nach 785 zu einer neuen und zunehmend festeren Kirchenordnung und Bistumsorganisation führte. Mögen auch die Einzelheiten in der Entstehungsgeschichte der sächsischen Bistümer unter Karl dem Großen aufgrund unscharfer Überlieferung und zahlreicher Urkundenfälschungen weitgehend im Dunkeln liegen, so enthält doch bereits ihre gesicherte Liste große Namen wie Münster, Paderborn, Osnabrück, Minden oder auch Bremen.

Will man nun diese hier in ihren Grundzügen geschilderte Sachsenpolitik Karls des Großen insgesamt beurteilen, dann mag man in der Nachfolge Voltaires oder seiner geistigen Nachfahren manches daran kritisieren und anderes vielleicht sogar verurteilen. Eines wird man am Ende allerdings nicht bestreiten können: Erst die durch Karl geschaffene Einbeziehung der Sachsen hat die für das Mittelalter zentrale

Symbiose der germanischen und romanischen Welt vollendet. Bekanntlich waren es 911 neben den Franken, Schwaben und Bayern die Sachsen, welche die Anfänge der deutschen Geschichte begründeten und schon bald dessen frühe Herrscher stellten. Als in den ersten Jahren des Hitlerregimes Karl der Große nicht zuletzt wegen seiner Sachsenpolitik – wie es das böse Wort vom »Sachsenschlächter« belegt – aus der deutschen Geschichte verdrängt werden sollte und acht deutsche Mediävisten diesem Angriff 1935 in einer Streitschrift über »Karl den Großen oder Charlemagne« begegneten, fand einer von ihnen, Martin Lintzel, zu Karls Sachsenkriegen eine kritische Antwort, die hier in ihrem Ergebnis wörtlich angeführt und an späterer Stelle näher behandelt werden soll:

> »Wir wollen den tragischen Freiheitskampf des sächsischen Volkes und seines Herzogs achten und ehren, und wir haben auch Grund, manche von den Handlungen Karls zu bedauern. Aber wir dürfen darüber nicht vergessen, daß die Entstehung des Deutschen Reiches ihren Ausgang nicht von Widukind, sondern von Karl genommen hat.«

Martin Lintzel ist es auch gewesen, der die ältere Diskussion um die historische Bedeutung von Karls Sachsenpolitik entscheidend bestimmte bzw. bei der Suche nach den Gründen für das karolingische Interesse an der Sachsenfrage überzeugende Antworten fand. Dieses karolingische Interesse hatte für Lintzel viel mit den konkurrierenden Missionsbemühungen der angelsächsischen Missionare zu tun, die im Erfolgsfalle auch die hegemoniale Stellung in Westeuropa hätten verändern können. Mit anderen Worten: die Christianisierung der Sachsen und die karolingische Machtbereichserweiterung sind nach Ansicht Lintzels immer zusammen zu sehen. Weiterhin ist Martin Lintzel auch der Frage nachgegangen, warum es nach den verschiedenen Vertragsschlüssen immer wieder zu sächsischen Aufständen gekommen ist. Der Grund dafür müsse darin gesehen werden, daß offenbar die sächsischen Vertragspartner Karls nicht immer mit der großen Masse der Aufständischen identisch waren. Die Eingliederung der Sachsen in das Frankenreich wird man demnach als die Durchsetzung einer Machtposition Karls des Großen und des mit ihm verbündeten sächsischen Adels zu betrachten haben. Dies hat in jüngerer Zeit Hans Dietrich Kahl erneut betont und von einer wechselseitigen Eskalation zwischen den Franken und den Sachsen gesprochen, von einer machtpolitischen und einer religionsgeschichtlichen Ebene dieser Auseinandersetzung. Die sächsische Zwangschristianisierung habe eine ausreichende Vorbereitung auf das Christentum kaum zugelassen und häufig zu einem Rückfall in den traditionellen Polytheismus geführt. Ein solcher Abfall vom Christentum habe aber als Religionsfrevel gegolten, als ein Apostatentum, als ein schweres Vergehen, gegen das Karl mit drakonischen Strafen habe vorgehen müssen.

In den 80er Jahren des 8. Jahrhunderts war neben der sächsischen Frage auch die bayerische offen. Dort, im Südosten des Reiches, herrschte Tassilo III. als selbständiger Herzog, der sich nach der älteren Forschungsmeinung 757 durch Treueid Karls Vater Pippin verpflichtet, dann aber 763 diesem bei dessen aquitanischem Feldzug die militärische Unterstützung verweigert hatte. Trotz dieser Heeresflucht hatte Karl zu Beginn seiner Herrschaft auf Betreiben seiner Mutter Bertrada hin jenem Tassilo eine weitgehende politische Autonomie nach innen wie nach außen zugebilligt, die dieser auch zu den verschwägerten Langobarden genauso zu nutzen wußte wie zum Papst nach Rom oder auch zu den benachbarten Karantanen. Eigenständigkeit bewies er zudem in eigenen Kapitularien und Stammessynoden. 781 hatte sich Karl dann Tassilos Treueid noch einmal erneuern und 787 zu einem Vasalleneid bzw. zu einer Lehnsübergabe Bayerns ausweiten lassen. Aber auch diese vasallitische Bindung schien dem Frankenkönig noch nicht zu genügen. Denn auf einem Hoftag in Ingelheim 788 ließ er den bayerischen Herzog vor Gericht stellen und vor allem wegen der unterstellten Heeresflucht von 763 verurteilen, die jetzt als lehnrechtliche Verletzung des gerade erst Vasall gewordenen Tassilo gewertet wurde (was heute als glatte Fälschung der Reichsannalen gesehen wird). Das Urteil in diesem politischen Prozeß lautete auf Todesstrafe und wurde von Karl in einem persönlichen Gnadenakt zu einer lebenslangen Klosterhaft abgemildert. Alle Güter und Rechte des Herzogs wurden fiskalisiert, das Stammesgebiet unter einem Militärpräfekten zusammengefaßt und Gerold, dem Schwager Karls, als erstem Präfekten übergeben. 794 hat Tassilo dann auf der Frankfurter Synode für sich und seine Familie auf seinen Besitz und sein Stammesherzogtum verzichtet. Damit war das letzte Stammesherzogtum älterer Art aufgelöst und das Ende der bayerischen Agilolfinger gegeben. Karl selbst ergriff von seinem neuen Reichsteil Besitz, indem er sich von 791 bis 793 für mehr als zwei Jahre in der ehemaligen Herzogsstadt Regensburg, die jetzt zur Königspfalz wurde, aufhielt – länger als an jedem anderen Platz seiner bisherigen Herrschaft. Das mag mit den feindlichen Awaren zusammenhängen, die im Donauraum seine unmittelbaren Gegner geworden waren und mancherlei Gegenmaßnahmen – so vielleicht auch Karls Kanalplan zwischen Donau und Main, die *Fossa Carolina* – erforderten. Aber auch die innere Verwaltung des Landes verlangte seine ordnende Hand, nicht zuletzt wegen der stammesrechtlichen und später auch kirchlich-organisatorischen Eigenständigkeit (Metropolitanverfassung von 798), die Bayern nach wie vor behielt und die sich unter den Enkeln und Urenkeln Karls auch wieder politisch manifestieren sollte.

Innere und äußere Reformen

Karls politische Leistung der Jahre bis 800 bestand offenkundig darin, fast den ganzen Westen des europäischen Kontinents mit Ausnahme Englands, Süditaliens, Siziliens und der iberischen Halbinsel unter seine Hoheit gebracht zu haben. Die Gewichte des Frankenreiches hatten sich verschoben. Die Rheinachse mit den Pfalzen Straßburg, Worms, Mainz, Ingelheim und Frankfurt war zur Mitte des karolingischen Imperiums geworden und Aachen ab 794/95 zur häufig aufgesuchten Winterpfalz bzw. ab 806 zur ständigen Residenz, zur *prima sedes Franciae* (Nithard) ausgebaut worden. Diese engere »imperialistische« Perspektive übersieht allerdings Karls Aktivitäten im Inneren seines Reiches, wo er nicht nur die Gerichtsverfassung verbesserte, sondern auch kirchliche, kulturelle und wirtschaftliche Reformen in Gang setzte. Das hier wichtigste Zeugnis ist die *Admonitio generalis* von 789. Nach dieser allgemeinen Weisung wollte Karl, wie es heißt, »das Fehlerhafte verbessern, das Unnütze beseitigen und das Richtige bekräftigen« und im Sinne dieses Zieles die kirchliche Ordnung jenem Kirchenrecht anpassen, das ihm Papst Hadrian I. in Form der Kanonessammlung *Collectio Dionysio-Hadriana* 774 hatte zukommen lassen (cc. 1–59 der *Admonitio generalis*). Auch durch praktische Vorschläge wollte er dieses Ziel zu erreichen suchen, wenn er etwa forderte, daß die geistlichen und weltlichen Gewalten einträchtig zusammenwirken sollten (c. 62) oder an den Bischofskirchen und in den Abteien Schulen errichtet und mit Sorgfalt biblische und liturgische Texte kopiert bzw. emendiert werden sollten (c. 72). Karls kirchlicher Erneuerungswille scheint auf eine vereinheitlichende und nach Rom hin orientierte Kirchenordnung ausgerichtet gewesen zu sein. Zu diesem Zweck hatte er sich bereits um 785/86 die römische Form der Liturgie, genauer die Meßtexte des gregorianischen Sakramentars, übersenden lassen. Aus dieser Absicht heraus ließ er 787 in Monte Cassino den authentischen Text der benediktinischen Klosterregel abschreiben, und mit diesem Ziel hat er vielleicht auch später (791) die Korrespondenz der Päpste mit den Karolingern, den *Codex Carolinus*, zusammentragen lassen.

Über diese Linie einer bereits durch Bonifatius begründeten und jetzt durch Karl intensivierten Romverbundenheit der fränkischen Kirche gehen die kirchlichen Reformbemühungen aber noch entscheidend hinaus, indem sie in ihrer Sorge um Schrift und Sprache die karolingische Minuskel und damit die Grundlage unserer heutigen Schrift geschaffen sowie über eine an den Kirchenvätern orientierte Latinität zur literarischen Hochsprache des Mittelalters geführt haben. Wie groß der persönliche Anteil Karls an all diesen Reformen gewesen ist, läßt sich heute nicht mehr genau ausmachen. Daß dieser aber über die bloße Weisung und den allein anordnenden Anstoß hinausging, belegen verschiedene Hinweise. Einmal die Bemerkung Einhards, daß Karl zu lesen und sich lateinisch wie fränkisch auszudrücken verstand, ja sogar etwas Griechisch konnte (*Vita Karoli Magni* c. 25). Auch Karls Bücherwünsche, seine Augustinuslektüre sowie die von ihm veranlaßte Aachener Hofbibliothek lassen sich als Hinweise für das geistige Interesse des Herrschers deuten. Auch daß Karl sich mit seinen Beratern und gelehrten Freunden literarisch und theologisch auszutauschen pflegte, spricht für eine aktive und mitgestaltende Anteilnahme. Der hier deutlichste Beleg findet sich 791 in den Randnotizen der fränkisch-theologischen Stellungnahme (*Libri Carolini*) zum VII. Ökumenischen Konzil von Nikäa 787 bzw. zu dem dort debattierten Bilderstreit: Nach Ansicht der Forschung gehen diese Randnotizen auf persönliche Äußerungen Karls zurück und dokumentieren damit sein sachkundiges Interesse. Andererseits aber wäre das gewaltige Werk der karolingischen Bildungsreform, die sich neben den bereits genannten Inhalten auch um eine breite Überlieferung der lateinischen Autoren – der heidnischen und christlichen Klassiker, der literarischen (Cicero, Vergil, Ovid) und technischen (Plinius der Ältere und Vitruv) Texte – bemühte, niemals ohne die entscheidende Mithilfe zahlreicher Lehrmeister und Mitstreiter aus Literatur und Wissenschaft gelungen, die wir im übrigen – ganz im Gegensatz zu Karls politischen oder auch militärischen Helfern – recht gut kennen. Im einzelnen sind dies die italienischen Grammatiker Petrus von Pisa († spätestens 799) und Paulinus von Aquileja († 802), der langobardische Geschichtsschreiber Paulus Diaconus († um 799), der westgotische Theologe Theodulf († 821) und vor allem der angelsächsische Universalgelehrte Alkuin († 804), Leiter der damals im christlichen Europa berühmten Kathedralschule von York. Karl hatte diesen Yorker Lehrmeister 781 in Parma während seiner zweiten Italienfahrt kennengelernt und von dort an seinen Hof berufen. Alkuin wurde der führende Vertreter seiner Hofschule, ja nach einem Wort von Paul Lehmann der ›Kultusminister‹ des Frankenreiches. Diese beherrschende Gestalt unter den Gelehrten und Lehrern des Aachener Karlshofes, der einen großen Einfluß auf den Herrscher selbst ausübte, hat uns eine Vielzahl von Schriften und Werken hinterlassen. Von keinem anderen sind so viele Briefe (mehr als 300) erhalten, allen voran etwa drei Dutzend Briefe, die unmittelbar an Karl den Großen gerichtet sind. Als wissenschaftliches Werk Alkuins sind dessen Arbeiten über das genaue und sorgfältige Schreiben (*de orthographia*), über das korrekte Sprechen, das richtige Reden, das vernünftige Fragen (über Grammatik, Rhetorik und Dialektik) zu nennen, aber auch seine Ausführungen zur Astronomie, der das besondere Interesse des Herrschers galt. Alkuins mathematische Neigung belegen die arithmetischen Scherzfragen, die er an Einhard, seinen Nachfolger und späteren Karlsbiographen, richtete, oder die älteste mathematische Aufgabensammlung in lateinischer Sprache, die unter seinem Namen überliefert ist. Er war es auch, der das Latein der Kirchenväter, insbesondere Papst Gregors des Großen, zum Vorbild erhob und der in der Hofschule sowie später auch in Tours, wo er 796 Abt des angesehenen Klosters St. Martin wurde, an der Entwicklung der karolingischen Minuskel mitwirkte und die sprachliche Revision des Bibeltextes auf den Weg brachte. Das Programm der karolingischen Bildungsreform, wie es uns in der *Admonitio generalis* von 789 greifbar wird, dürfte zu großen Teilen auf diesen offenkundig einflußreichsten Berater des Königs in allen kirchlichen und pädagogischen Fragen zurückgehen. Mit Alkuin und den anderen Hofgelehrten, die aus Italien, Spanien, Irland und England kamen, ist allerdings der fränkische Anteil an dieser frühen Erneuerung des geistigen Lebens deutlich unterrepräsentiert. Denn von den Franken sind hier eigentlich nur der Dichter Angilbert oder auch Karls späterer Biograph Einhard zu nennen, der zwar Nachfolger Alkuins in der Leitung der Hofschule wurde bzw. die Bauten in der Aachener Pfalz zu beaufsichtigen hatte, der aber mit seinen heute erhaltenen literarischen Arbeiten schon mehr der Zeit nach Karls Tod zuzurechnen ist.

Was Alkuin und die anderen Gelehrten um Karl den Großen mit diesen geistigen Bemühungen auf den Weg brachten, hat mit einem »Latein-Europa« (J. Fried) zu tun, das sich an den heidnischen Autoren, an den spätantiken Kirchenvätern, an den christlichen Dichtern sprachlich und inhaltlich schulte und das mit den Sieben Freien Künsten (*septem artes liberales*) von der Grammatik bis zur Arithmetik lernte, Ordnungskriterien zu finden, Handlungsprogramme zu entwerfen, kurz: die eigene Umwelt anders als bisher wahrzunehmen und handelnd zu verändern. Diese Veränderung der Welt durch Wissen betraf die äußere Ordnung der Herrschaft genauso wie die innere des Glaubens: den königlichen Hof, die Amtsführung der Grafen, die Wirtschaftsgüter, die Kirche, ihr Recht, ihre Theologie wie Liturgie.

Neben Karls kirchlicher und kultureller Reform im ausgehenden 8. Jahrhundert ist auch sein kirchen- und wirtschaftspolitisches Handeln hervorzuheben. Das erstere verbindet sich mit der theologischen Frage nach der religiösen Verehrung geistlicher Bilder. In dieser Frage hatte Kaiserin Irene 787 auf dem von päpstlichen Legaten geleiteten Konzil von Nikäa dem langen theologischen Streit um die Verehrung der Bilder ein Ende gesetzt und verkünden lassen, daß diesen Bildern zwar keine Anbetung (*latreia*), wohl aber eine Verehrung (*proskynesis*) entgegengebracht werden dürfe. Die fränkische Reichskirche war an dieser Entscheidung nicht beteiligt worden. Sie fühlte sich übergangen und reagierte zunächst in einer gereizten und abweisenden Streitschrift, den *Libri Carolini*, als deren Verfasser heute in der Regel Theodulf, der spätere Bischof von Orleans, betrachtet wird. In dieser karolingischen Antwort werden nicht nur das Kaisertum Irenes verspottet, der ökumenische Rang von Nikäa bezweifelt und die Bilderverehrung generell in Frage gestellt, sondern vor allem die den Karolingern verbundene römische Kirche und deren Glaubensprimat besonders hervorgehoben. Diese eindeutige Hinwendung zum Papsttum mußte aber dessen Amtsinhaber in große Verlegenheit bringen, hatten doch seine Legaten in Nikäa mitgewirkt und Papst und Kaiserin dort in der Tradition der spätantiken Reichskirche zusammengearbeitet. Hadrian I. aber wußte nur zu gut, daß sein politisches und damit auch kirchliches Schicksal nicht von Byzanz aus, sondern allein durch die Karolinger zu sichern war. Er hat deswegen versucht, einen Mittelweg zwischen dem seit der Spätantike tradierten Primatsverständnis und seiner realpolitischen Lage in Italien zu finden. Dies ist ihm dadurch gelungen, daß er weder die Konzilsbeschlüsse von Nikäa widerrufen noch gar unter der Leitung des Frankenkönigs ein Ökumenisches Konzil des lateinischen Westens einberufen mußte. Nicht verhindern konnte er dagegen eine fränkische Reichssynode, die 794 in Frankfurt stattfand und die neben den theologischen Fragen über die göttliche Natur Jesu Christi (Adoptianismus und *filioque*-Streit) vor allem das Bilderproblem behandelte. Die hier gefundene Lösung, jegliche Adoration zu verurteilen, konnte der Papst allerdings um so eher bejahen, als sich dieses Verbot – zumindest in seiner sprachlichen Fassung bzw. in deren griechisch-lateinischer Ambivalenz – durchaus mit den Beschlüssen von Nikäa vereinbaren ließ. Als politisches Fazit ist daher festzuhalten, daß Karl der Große mit der Frankfurter Synode seine staatskirchliche Rolle unterstreichen konnte und daß es für den Papst auf längere Sicht wohl nicht mehr möglich war, den Primat Petri im Osten wie im Westen gleichzeitig wahrzunehmen.

Ähnlich erfolgreich handelte Karl der Große auf wirtschaftlichem Felde. 792 hatte eine große Hungersnot die Mißstände der königlichen Domänen deutlich werden lassen und ernsthafte Versorgungsrisiken für den Königshof wie für das fränkische Heer erbracht. Um diesen materiellen Gefahren in Zukunft besser begegnen zu können, erließ Karl 795 das *Capitulare de villis* – eine Landgüterordnung, die in der älteren Forschung von all seinen Reichsgesetzen am meisten diskutiert wurde: nicht nur bezüglich ihrer Entstehung und Geltung, sondern auch was Alter und Herkunft ihrer Überlieferung betrifft. Früher hatte vor allem Alfred Dopsch angenommen, daß Ludwig der Fromme als Unterkönig von Aquitanien das *Capitulare de villis* erlassen habe, um Mißstände in der dortigen Verwaltung der königlichen Tafelgüter zu beheben, und daß das heutige handschriftliche Unikat des Textes von einem Reichenauer Mönch zu Beginn des 9. Jahrhunderts in Aachen erstellt worden sei. Heute ist man weitgehend der Auffassung, daß Karl der Große dieses Wirtschaftsgesetz für alle Krongüter seines Reiches – mit Ausnahme Italiens – verkündet hat und daß die heutige Helmstedter Handschrift wohl erst um die Mitte des 9. Jahrhunderts in Fulda oder in den Rheinlanden entstanden sein dürfte. Trifft dies zu, dann hatte man in Zukunft auf den königlichen Domänen des Frankenreiches das Personal besser zu schützen, dessen Aufsicht wirksamer zu regeln, die Ausstattung mit Tieren, insbesondere mit Pferden und Hunden, ausreichender zu gewährleisten, vor allem aber die Lieferungen an den Königshof bzw. die entsprechenden Abrechnungen konkreter durchzuführen. Karl wollte auf diese Weise den materiellen Unterhalt des Hofes und der königlichen Güter sicherstellen.

Folgt man einer jüngeren These zur Entstehung des *Capitulare de villis*, dann könnte sich Karl mit seinen agrarwirtschaftlichen Vorschriften insbesondere auf das Rheinland im Köln-Aachener Raum bezogen haben. Für Aachen würde dies bedeuten, daß vielleicht vor allem jener Krongutbezirk gemeint war, der nach den Forschungen der letzten Jahre, nicht zuletzt von Dietmar Flach, durch verschiedene benachbarte Königshöfe (Gemmenich, Walhorn, Konzen (?) und Eschweiler, aber auch Kornelimünster, Gressenich und Eilendorf) von außen abgegrenzt sowie in einem zentralen Wirtschaftshof nahe der engeren Pfalz und in verschiedenen Nebenhöfen (Seffent, Richterich, Laurensberg, Orsbach, Vaals (?), Würselen (?), Haaren und Weiden) deutlich gefaßt werden kann.

Karls Kaisertum – Ausdruck einer neuen Weltordnung

Das fränkische Großreich Karls des Großen hatte am Ende des 8. Jahrhunderts nach innen wie nach außen eine politische und kulturelle Einheit erhalten, eine weithin sichtbare Vormachtstellung, die aus den frühmittelalterlichen Stammesreichen erwachsen war. Diese beispiellose Machtausdehnung hatte Karls Reich gleichrangig neben die beiden anderen Weltmächte treten lassen: neben das östliche Kaisertum in Byzanz und neben die abassidische Kalifenherrschaft in Bagdad. In Byzanz regierte die griechische Kaiserin Irene, die zunächst seit 780 die Herrschaft ihres minderjährigen Sohnes Konstantin VI. führte (für den sie eine kurze Zeit lang ein Verlöbnis mit Karls Tochter Rotrud anstrebte), dann aber ihren inzwischen erwachsenen Sohn 797 vom Thron stieß und blenden ließ. 798 suchte Irene einen erneuten Ausgleich mit Karl, worauf eine Kölner Notiz zum gleichen Jahr hinzuweisen scheint: *et quando missi venerunt de Grecia ut traderent ei imperium* (Kölner Dombibliothek, Hs. 83 »und damals kamen Gesandte aus Griechenland, um ihm die Kaiserherrschaft zu übertragen«). Auch mit dem Kalifen Harun al-Raschid hatte Karl 797 Gesandtschaften getauscht. Später sollte er von dort nicht nur den vielbestaunten Elefanten »Abulabaz« erhalten, sondern auch die Schutzzusage für die Christen in Jerusalem, deren Patriarch sich an Karl gewandt hatte.

Ganz im Sinne dieser Großmachtstellung war es, wenn sich Karl in der Denkschrift zur Frankfurter Synode, in den *Libri Carolini*, als »Frankenkönig titulieren ließ, der Gallien, Germanien, Italien und die angrenzenden Provinzen regiert«, oder wenn Alkuin im Sommer 799 in einem Brief an Karl den Großen diesen zu den »drei höchsten Personen auf der Welt« zählte, von denen nach Papst und byzantinischem Kaiser nur er [Karl] noch übrig geblieben sei, um die Situation der christlichen Welt zu regeln: »Auf dir allein beruht das ganze Wohl der Kirche Christi«.

Um dieser neuen Stellung in einer auch förmlichen Kaiserwürde einen sichtbaren Ausdruck zu verleihen, bedurfte es lediglich eines äußeren, hier eines stadtrömischen Anstoßes, der dann jene Ereignisse auslöste, die am Weihnachtstage 800 in der römischen Peterskirche zur Kaiserkrönung Karls führten. In Rom war nach dem Tode Papst Hadrians I. 795 ein Außenseiter zum Pontifikat gekommen: der wahrscheinlich nichtadlige und aus dem Vestiarium des Lateran – d.h. aus der päpstlichen Güterverwaltung – hervorgegangene Leo III. (795–816), der bereits von dieser Herkunft und Laufbahn her in einen Gegensatz zu den stadtrömischen und innerkurialen Adelsvertretern geraten mußte, welche die einflußreichen Ämter in der päpstlichen Kurie und vor allem in der dortigen Finanzverwaltung innehatten. Die Führer der Opposition gegen Leo III. sind uns bekannt: Campulus, der Schatzmeister im Lateran (*sacellarius*), oder Paschalis, der Vorsteher der päpstlichen Kanzlei (*primicerius notariorum*). Ob diese aristokratische und kuriale Opposition auch eine politische Verbindung nach Byzanz besaß, wird heute eher bezweifelt. Was immer diese Gegner dem neuen Papst vorzuwerfen hatten, die fränkischen Quellen sprechen von Meineid und moralischen Vergehen. Am 25. April 799 kam es in der Nähe des Griechenklosters San Silvestro in Capite zu einem Attentatsversuch auf Leo III., bei dem man ihn zu blenden und zu verstümmeln sowie nach dieser Form der Amtsentsetzung in dem griechischen Kloster San Erasmo auf dem Monte Celio einzukerkern suchte. Aus dieser Haft konnte sich der Papst allerdings mit Hilfe seines Kämmerers Albinus befreien und über Spoleto ins Frankenreich zu Karl fliehen, der sich zu dieser Zeit in Paderborn aufhielt. Hierhin kamen im Sommer 799 auch die römischen Gegner Leos III., die den Papst offenbar mit Hilfe des Frankenkönigs zum Amtsverzicht bewegen wollten. Eine solche päpstliche Autodeposition lehnte aber vor allem Alkuin ab, für den nach kirchenrechtlicher Tradition der römische Bischof von niemandem gerichtet werden durfte (*papa a nemine iudicari potest*). Trotz Alkuins grundsätzlicher Bedenken entschloß sich Karl jedoch zu einer näheren Untersuchung des päpstlichen Streitfalles. Eine Kommission unter Leitung der Erzbischöfe Hildebald von Köln und Arn von Salzburg, die den Papst im Spätherbst 799 nach Rom geleiteten, begann hier im römischen Lateran, genauer in dessen wichtigstem Repräsentationssaal (*Triklinium*), ein Informativverfahren, an dessen Ende die Gegner Leos III. verurteilt und ins Frankenreich abgeführt wurden.

Aber auch nach dieser römischen Untersuchung kam die Sache nicht zur Ruhe, so daß sich Karl ein Jahr später im August 800 entschloß, selbst nach Rom zu ziehen und dort unter seinem Vorsitz auf einer Synodalversammlung Anfang Dezember in der Peterskirche die Vorwürfe gegen den Papst behandeln zu lassen. Über diese vieldiskutierten Dezemberereignisse des Jahres 800 sind uns vor allem drei zeitgenössische Quellen erhalten, die den Hergang des Geschehens gut rekonstruieren, die allerdings genaue Absichten und leitende Ideen der Hauptbeteiligten nur mit Schwierigkeiten erfassen lassen. Es sind dies: die papstfreundliche *Vita Leonis III.* im *Liber Pontificalis*, dann die offiziösen Reichsannalen mit dem Standpunkt des Hofes und schließlich die *Annales Laureshamenses* (Lorscher Annalen), die früher mit Erzbischof Richbod von Trier, vormals Abt von Lorsch, Freund und Schüler Alkuins, in Zusammenhang gebracht wurden, heute aber aufgrund jüngerer paläographischer Befunde in dieser Provenienz nicht mehr als gesichert gelten können.

Nach dem Bericht der Reichsannalen war Karl in Rom vom Papst am 12. Meilenstein in Mentana (*apud Nomentum*) empfangen worden. Eine solche Aufwartung pflegte der römische Bischof nur einem Kaiser zu machen. Ein Patrizius wurde wesentlich bescheidener in die Stadt geleitet, wie Karl es 774 selbst erlebt hatte, als ihn die Regionsrichter und später auch die Miliz mit der Schuljugend vor der Stadt erwartet, der Papst ihn aber erst vor der Peterskirche empfangen hatte. Jetzt, Ende November 800, wurde Karl offenkundig als kaisergleicher Vertreter begrüßt und behandelt. Die Grenze zwischen dem bisherigen königlichen Patrizius und dem zukünftigen Kaiser schien nun – jedenfalls im Zeremoniell – überschritten zu werden.

Aber trotz aller zeremoniellen Feierlichkeit galt es, die Vorwürfe gegen Leo III. ernsthaft zu prüfen. Dies war schon in der Frage des Vorgehens ein schwieriges Unterfangen, da sich die Gegner und Befürworter eines förmlichen Verfahrens gegen den Papst unversöhnlich gegenüberstanden. Die Prozeßgegner beriefen sich nach Aussage des *Liber Pontificalis* auf die für sie von alters her tradierte Nichtjudizierbarkeit des römischen Bischofs und waren lediglich zu einem Reinigungsverfahren bereit, in dem sich Leo III. nach Art seiner Vorgänger von den falschen Vorwürfen freischwören sollte. Die Befürworter eines Papstprozesses strebten dagegen – so die Lorscher Annalen – eine förmliche und ausdrückliche Verurteilung des Papstes an, die sie jedoch nicht erreichen konnten, da Karl – wie es heißt – erkannte, daß nicht wirkliche Rechtsgründe, sondern mißgünstige Absichten ihr Handeln bestimmten. Da nach dem Text der Reichsannalen aber »niemand als Erhärter der Anklagen auftreten wollte«, kam die römische Synode in ihren wochenlangen Beratungen über eine außerprozessuale Untersuchung nicht hinaus und konnte am Ende ihre Verhandlungen lediglich durch einen Reinigungseid beenden, den Leo III. am 23. Dezember 800 auf dem Ambo der Peterskirche ablegte und dessen Text uns in inhaltlich unterschiedlichen Fassungen erhalten ist, was wiederum zeigt, wie schwer offenbar die rechtliche Immunität des Papstes und die konkrete Anklagesituation gegen Leo III. in Übereinstimmung zu bringen waren.

Folgt man den Lorscher Annalen, dann ist es dieses römische Konzil gewesen, das nach dem Ende des Papstverfahrens beschloß, »Karl, den König der Franken, Kaiser zu nennen«. Daraufhin habe dieser – so der Lorscher Bericht – in aller Demut vor Gott und auf Bitten des Klerus und des ganzen christlichen Volkes am Tage der Geburt des Herrn Jesus Christus mit der Weihe durch den Papst den Kaisernamen angenommen. Die Lorscher Annalen deuten ebenfalls die Motive für diesen Beschluß an: in Konstantinopel sei das *nomen imperatoris* durch das ›Weiberkaisertum‹ Irenes als vakant anzusehen und deswegen auf jenen Herrscher zu übertragen, der Rom und die übrigen Kaisersitze in Italien, Gallien und Germanien innehabe, also nach der heute gängigen Deutung Mailand, Ravenna, Arles und Trier besitze. Ob es sich bei diesen Motivüberlegungen der Lorscher Annalen – die im übrigen in keiner anderen Quelle eine Bestätigung oder Ergänzung finden und zudem bezüglich der germanischen Kaisersitze, die es bekanntlich nicht gegeben hat, Deutungsschwierigkeiten bereiten – um ein Räsonnement des fränkischen Hofes oder um eine persönliche Einschätzung des unbekannten Annalisten handelt, wird man bei der angedeuteten Herkunftsunsicherheit der *Annales Laureshamenses* nur schwer ausmachen können; der jüngeren Forschung jedenfalls gilt die Lorscher Argumentation als glaubwürdig und unverdächtig.

Zwei Tage nach der Aufforderung durch die römisch-fränkische Synode kam es dann während der Weihnachtsmesse in St. Peter zur Kaiserkrönung. Der Papst setzte dem Frankenkönig die Krone auf, das römische Volk akklamierte dem neuen Kaiser der Römer (*imperator Romanorum*), und der römische Bischof erwies nach den Lobrufen dem neuen Herrn in antiker Art (*more antiquorum principum*) die Proskynese, d.h. einen Kniefall oder eine tiefe Verbeugung – so berichten es die Reichsannalen. Was sie mit diesen wenigen Bemerkungen andeuteten, betraf inhaltlich die Ausrufung eines uneingeschränkten römischen Kaisertums und damit die endgültige politische Emanzipation des lateinischen Westens von Byzanz. Dieses westliche Kaisertum hatte eine neue Akzentuierung erhalten, indem nämlich gegenüber der byzantinischen Vorlage die Krönung in ihrem zeitlichen Ablauf wie offenbar auch in ihrem inhaltlichen Gewicht der Akklamation vorgezogen und diese ihrerseits mit der Tradition der fränkischen Königslaudes verbunden worden war. Papst Leo III. schien der eigentliche »Kaisermacher« zu sein, wenn er auch in der Proskynese seine Unterordnung deutlich bekundete – eine Geste der Unterwürfigkeit, die der *Liber Pontificalis* allerdings schweigend überging und die auch später bei den päpstlichen Kaisererhebungen nie wiederholt wurde. Mit dieser Krönungs- und Erhebungszeremonie hängt wohl auch Einhards bekanntes Wort vom anfänglichen Unwillen Karls gegen das *nomen imperatoris* zusammen. Karl hätte – so Einhard (c. 28) – an diesem Tage, obgleich es ein hohes Fest war, die Kirche nicht betreten, wenn er von des Papstes Absicht vorher gewußt hätte. Mißfiel dem neuen Kaiser die übereilte Vorgehensweise des Papstes oder die Abfolge der einzelnen Erhebungsakte oder die für ihn vielleicht peinliche Proskynese oder aber die bestimmende Rolle des römischen (und nicht etwa fränkischen) Reichsvolkes? Wir wissen es nicht. Sicherlich wird man den hier berichteten Unmut Karls über den Papst auch nicht einfach als literarischen Bescheidenheitstopos Einhards abtun dürfen. Ein »Kaiser wider Willen« ist Karl weder im literarischen noch im politischen Sinne gewesen.

Dies belegt auch Karls Kaisertitel. Während der *Liber Pontificalis* und die fränkischen Reichsannalen überliefern, daß Karl am Weihnachtstage zum *imperator Romanorum* gekrönt worden sei, hat der neue Kaiser selbst vom Frühjahr 801 bis zum Ende seiner Herrschaft in seinen Urkunden eine andere Formulierung gewählt: Karolus (...) *imperator Romanum gubernans imperium, qui et per misericordiam Dei rex Francorum atque Langobardorum*. Vor den fränkischen und langobardischen Königstitel ist eine Kaiserbezeichnung gesetzt, welche die Stadtrömer als Reichsvolk offenkundig auszuschließen suchte, andererseits aber die römische Wurzel dieses Kaisertums in Anlehnung an eine entsprechende spätantike Formel aus dem römisch-byzantinischen Italien durchaus herausstellen wollte.

Karls Kaisertitel, der die übergreifende Institution des römischen Reiches mit dem Personenverband der Franken und Langobarden verbinden sollte, mußte allerdings in Byzanz als Usurpation und Provokation aufgefaßt werden, weil in diesem Kaisertitel für byzantinische Ansprüche kein Platz mehr blieb. Karl beanspruchte nämlich in seinen Urkundenprotokollen wie in seinen Bullenumschriften (*Renovatio impe-*

rii Romani) das *imperium Romanum* ohne jede Einschränkung. Man kann deshalb gut verstehen, daß in Byzanz Karls Kaiserkrönung nicht ernst genommen, ja lächerlich gemacht wurde, wenn beispielsweise in der einzigen größeren erzählenden Geschichtsquelle dieser Zeit, in der Chronographie des Mönches Theophanes, Karls Kaiserkrönung in Anlehnung an die Letzte Ölung als eine Salbung von Kopf bis Fuß geschildert und von der im byzantinischen Zeremoniell konstitutiven Akklamation erst gar nicht gesprochen wird.

Ganz im Gegensatz zu dieser byzantinischen Einschätzung steht Karls eigene Auffassung vom Kaisertum. Er hatte durch Krönung und Akklamation das *nomen imperatoris* erhalten, was sicherlich mehr bedeutete als einen bloßen neuen Titel. Wie schon bei seinem Vater Pippin ein halbes Jahrhundert vorher durch die Königserhebung die Diastase von *nomen* und *potestas* aufgehoben und die rechte Ordnung wiederhergestellt worden war, so jetzt auch bei Karl selbst. Seine Herrschaft über Italien, Gallien und Germanien, über die kaiserlichen Sitze in Ravenna und Mailand, in Trier und Arles – so hatten es die Lorscher Annalen angedeutet – bedurfte eines entsprechenden *nomen*, um auch hier Namen und Sache in Übereinstimmung zu bringen. Die nächsten Jahre mußten allerdings beweisen, ob sich diese Übereinstimmung in ihrem rechtlichen Anspruch wie in ihrer politischen Realität auch wirklich durchhalten ließ und damit in Karls letzter Herrschaftsphase zum leitenden Gestaltungsprinzip werden konnte.

Bereits wenige Tage nach Karls Kaiserkrönung sind die Papstattentäter von 799 als Majestätsverbrecher zum Tode verurteilt und auf päpstliche Fürsprache hin begnadigt worden. So berichten es jedenfalls die fränkischen Quellen, die von einem Hochverratsprozeß und einem römischrechtlich begründeten Vorgehen, vom *crimen laesae maiestatis* als der für Karl entscheidenden juristischen Grundlage sprechen. Für sie schien offenbar gerade das neue Kaisertum diese Rechtsgrundlage geschaffen zu haben. Ganz anders sah es die päpstliche Seite, die an einer römischrechtlich begründeten Gerichtshoheit des neuen Frankenkaisers nicht sonderlich interessiert gewesen sein dürfte, mochte sich eine solche im Augenblick auch im Kampf gegen die eigene Opposition als günstig erweisen. Nach einer jüngeren Deutung über den Zusammenhang von Karls Kaiserkrönung und Attentäterprozeß scheint nämlich nicht so sehr Leo III. der aktive Teil bei Karls Majestätsverfahren gewesen zu sein, sondern vielmehr der gerade erhobene Kaiser selbst, der auf diese Weise seine Hoheit über die Stadt Rom zu dokumentieren und wohl auch für die Zukunft aufrecht zu erhalten gedachte.

Das neu erworbene Kaiserrecht ist es dann augenscheinlich auch gewesen, das Karl eine weitere Rechtsmaßnahme ins Auge fassen ließ. Einhard erwähnt in seiner Karlsvita (c. 29), daß Karl nach der Annahme des Kaisertitels, als er sah, wie viele Mängel den Gesetzen seines Volkes anhafteten, sich vorgenommen habe, »Fehlendes zu ergänzen, Abweichendes in Übereinstimmung zu bringen und Verkehrtes wie Unbrauchbares zu verbessern«. Einhard stellt demnach einen Zusammenhang zwischen der Erlangung der Kaiserwürde und jener Revision der Stammesrechte her, die wir in der Tat für die Jahre 802/03 festmachen können, als Karl die *Lex Saxonum* und auch fränkisches wie thüringisches Recht schriftlich fixieren bzw. ältere Stammesrechte überarbeiten ließ. Wenn man jedoch Einhard folgt, scheint Karl der Große mit solchen gesetzlichen Maßnahmen nicht weit gekommen zu sein.

Ganz im Sinne des neuen kaiserlichen Herrschaftsverständnisses hat Karl zur gleichen Zeit (802) auch angeordnet, daß von seinen Untertanen ein Treueid geleistet werden sollte, dessen Formel dem Treueschwur der Vasallen nachgebildet wurde. In Verbindung mit diesem Treueid wird ein umfangreiches kirchliches und moralisches Programm verkündet: über die Lebensweise der Bischöfe und Äbte, über die Beachtung der klösterlichen Regeln, über Verstöße gegen die guten Sitten oder auch über die Mißbräuche der staatlichen Vertreter. Karl schien demnach in seiner Kaiserherrschaft die verschiedensten Elemente zusammenfügen zu wollen, vor allem christliche, aber auch römische. Vielleicht war ihm dabei insbesondere das Kaisertum der christlichen Spätantike ein Vorbild, auf das er sich in seinen Münzdarstellungen jetzt bezog und auf das er sich berief, als er dem Papst sein Reichsteilungsgesetz von 806, die *Divisio regnorum*, durch Einhard überbringen ließ und dabei einen Herrschertitel im urkundlichen Protokoll benutzte, der in der Forschung etwa von Walter Schlesinger sogar mit dem des gefälschten *Constitutum Constantini* in Verbindung gebracht wurde.

Aber all diese Ausdrucksformen von Karls Kaisertum mußten solange ohne durchschlagenden Erfolg bleiben, wie das Verhältnis zu Byzanz nicht geklärt war. Die Lösung gerade dieser Frage zog sich jedoch lange hin. Da man offenbar eine militärische Auseinandersetzung vermeiden wollte, wählte man die verschiedensten diplomatischen Wege und Möglichkeiten: 801/02 zur Kaiserin Irene (Heiratsangebot?), 803 zum neuen Kaiser Nikephoros (Vertragsentwurf für ein legalisiertes Doppelkaisertum) und schließlich ab 810 mit Hilfe neuer Gesandtschaften, die dann im Sommer 812 den Erfolg brachten und im Auftrag Kaiser Michaels I. dem Frankenherrscher Karl als Basileus akklamierten. Mit dieser Anerkennung akzeptierte Byzanz ein westliches Kaisertum, das selbständig und dem eigenen gleichrangig war und das faktisch auch die Herrschaft über Rom besaß, wofür Karl als Ausgleich den Byzantinern Venetien und Dalmatien überlassen mußte. Der Römertitel (*imperator Romanorum*), den Karl ohnehin gemieden hatte, wurde jetzt Teil des byzantinischen Kaisernamens.

Nach diesem Ausgleich mit Byzanz konnte Karl auch darüber befinden, wie es nach seinem Tode mit dem Kaisertum weitergehen sollte. Da seine beiden Söhne Pippin (810) und Karl (811) gestorben waren, konnte und mußte das Reich als Königtum wie auch als Kaisertum an seinen einzigen überlebenden Sohn Ludwig, den Unterkönig von Aquitanien, übergehen, dem Karl dann auch im September 813 mit Zustimmung der Großen das *nomen imperatoris* übertrug und den er danach (11. Sept.) in der Aachener Marienkirche zum Mitkaiser erhob – ein Vorgang, der sich nicht nur im Zeremoniell weit von dem päpstlich-römischen Zusammenhang des Jahres 800 gelöst hatte und wohl eher einem byzantinischen Brauch entsprach.

Zeit der Dekomposition?

Trotz dieser kaiserlichen Ausrichtung der letzten Herrschaftsphase Karls des Großen darf man den politischen Wert seines Kaisertums vor allem für die innere Struktur und Organisation des Reiches, aber auch für dessen Verteidigung nach außen nicht überschätzen. Bekannt ist das überzeugende Urteil von François Louis Ganshof über die allmähliche Auflösung des Reiches am Ende von Karls Regierung. Nach außen habe er das Reich ohne durchschlagenden Erfolg gegen verschiedene Gegner schützen müssen: gegen die Dänen im Norden, welche die Küsten Frieslands und die Sachsen bedrohten, gegen die Slawen an der Elbe und in Böhmen, gegen die Bretonen sowie gegen die Langobarden im südlichen Benevent. Nirgendwo – so Ganshof – habe sich wie früher der Eindruck überragender Macht eingestellt, und im Innern habe es noch schlimmer ausgesehen. Die Mißbräuche in Staat und Kirche hätten zugenommen und dem Kriegsdienst hätten sich selbst die königlichen Vasallen zu entziehen gesucht. Man brauche nur in die Kapitularien dieser Jahre zu sehen, die immer wieder die gleichen Vorschriften gegen die öffentliche Unsicherheit und Unzuverlässigkeit bzw. für eine bessere Administration wiederholten, um den bedauernswerten Zustand des Reiches zu erkennen. Hierhin gehört vielleicht auch die frühe Bemerkung Alkuins, der bereits 802 an Erzbischof Arn von Salzburg schrieb:

> »Über den guten Willen unseres Herrn und Kaisers bin ich mir sicher, daß er in dem ihm von Gott übertragenen Reich alles nach der Norm der Richtigkeit anzuordnen sucht, daß er aber mehr solche Mitarbeiter hat, die die Gerechtigkeit unterminieren, als daß sie sie unterstützen, mehr Diebe [praedatores] der Gerechtigkeit als deren Fürsprecher [praedicatores], mehr solche, die ihren eigenen Nutzen als den Gottes suchen.«(Ep. 254)

Ähnlich urteilten später dann auch die Konzilsväter, als sie 813 an verschiedenen Orten – in Arles, Mainz, Chalon-sur-Saône und in Tours – die allgemeinen Mißbräuche im Reich beklagten. Im gleichen Jahr mußte Karl sogar bei der dänischen Bedrohung im Nordosten des Reiches den Ungehorsam seiner eigenen Leute zugeben.

Wie ist nun diese Auflösung des Karlsreiches zu erklären? Sicherlich mit dem zunehmenden Alter des Kaisers und seiner eingeschränkten Beweglichkeit. In seinen jüngeren Jahren hatte Karl durch ein vielfach wechselndes und breit angesetztes Itinerar manche Schwäche einer schlecht funktionierenden öffentlichen Verwaltung oder die verschiedenen Formen individueller und kollektiver Gewalt auffangen können. Jetzt vermochte der etwa 60jährige Karl dies nicht mehr zu leisten, und es paßt gut in dieses Bild, daß der alternde Herrscher seine Pfalz in Aachen kaum noch verlassen hat.

Eine solche Begründung zeigt aber auch, wie weitgehend die Institutionen der fränkischen Monarchie auf die Person des Herrschers und dessen Vertreter zugeschnitten waren. Am deutlichsten kann dies an den Königsboten, den *missi dominici,* aufgewiesen werden, die zwischen dem zentralen Herrscherhof und den regionalen Institutionen des Reiches – den Graf- und Hundertschaften, den Grenzmarken und Unterkönigtümern – die Verknüpfung herstellen sollten und die in Karls Kaiserjahren, genauer ab 802, in einem bestimmten Bezirk (*missaticum*) als Vertreter des Herrschers für die Rechtspflege und das Gerichtswesen, für die Verwaltung und die sonstigen staatlichen Hoheitsaufgaben kontrollierend tätig waren. An diesen *missi dominici* zeigt sich die abnehmende Organisation und Integration des Reiches. Wegen ihrer Käuflichkeit konnte Karl sie oft nicht mehr einsetzen, so berichten es jedenfalls die Lorscher Annalen für 802. Und ein Jahr später muß der Herrscher sie in einem Kapitular ausdrücklich an ihre Standfestigkeit und Klugheit erinnern. Die Vasallität, die Karl für das Funktionieren der öffentlichen Autorität aufgebaut hatte, begann ihre Bindungskraft zu verlieren. Als er am Ende seiner Regierung darauf mit zentralisierenden Maßnahmen zu antworten begann, hat ihm dies mehr Konfusion als Effizienz eingebracht, was an dem *Capitulare de iustitiis faciendis* von 811 über die Kompetenz der Pfalzgrafen abgelesen werden kann. Dies müssen auch manche Zeitgenossen Karls so gesehen haben; als nämlich Einhard seine *Vita Karoli Magni* schrieb, hat er darin nur ein einziges Kapitel (c. 29) der Reichsverwaltung gewidmet. Einhard – so hat es François Louis Ganshof gesagt – muß wohl den Kontrast gespürt haben, der sich hier auftat zwischen der karlischen und der augustäischen Administration, die Einhard bei seinem Vorbild Sueton nachlesen konnte.

An einer wichtigen Stelle hat jüngst Johannes Fried der These von Ganshof über die Dekomposition des Karlsreiches, über dessen innere Auflösung am Ende der Herrschaft Karls des Großen, widersprochen: in der Bewertung der Nachfolgeordnung vom Jahre 813. Fried geht von einem erst kürzlich entdeckten Kapitular aus, das Karl der Große wahrscheinlich im September 813 verkünden ließ und das in Verbindung mit den verschiedenen Einzelsynoden des gleichen Jahres ein umfassendes Friedensprogramm beinhaltete, »eine Friedensvision in Gebetsform«. Fried wörtlich: »Warum aber diese einhämmernde Friedensmahnung, diese reichsweite Beschwörung von Eintracht und Liebe im Zeichen der Einheit Gottes, der Kirche und des Glaubens? Warum diese aufwendigen Synoden zu dem einen Thema?« Es gehe um die Ordnung der Nachfolge Karls, des alten und kränklichen Kaisers, um die Ernennung seines Enkels Bernhard, Sohn seines verstorbenen Sohnes Pippin, zum Unterkönig von Italien sowie um die Erhebung seines einzigen überlebenden Sohnes Ludwig zum Mitkaiser und Erben im Gesamtreich. Um diese Nachfolgeordnung durchzusetzen, habe es jenes einzigartigen Friedensgebotes bedurft, das uns die Kapitularien und Synoden zum Jahre 813 überliefern. Aber der hier angestrebte *consensus fidelium* – für Fried vielleicht der größte Erfolg des großen Karl – sei drei Jahre nach dem Tod des Kaisers durch Bernhards Zwangstonsurierung und Exil, durch dessen Blendung und Tod hinweggefegt und in fürchterlichen Bruderkriegen ins Gegenteil verkehrt worden. Man muß nach Ansicht von Fried die Nachfolgeordnung von 813 mit der *Ordinatio imperii* von 817 zusammensehen, also mit jener Regelung verbinden, in der das Königtum Italien Ludwigs Sohn Lothar I. übertragen wurde, Bernhard dagegen leer ausging. Nach einer Verschwörung gegen Ludwig den Frommen habe sich Bernhard unterwerfen müssen, sei dann zum Tode verurteilt bzw. vom Kaiser zur Blendung begnadigt worden, an deren Folgen er jedoch kurz darauf gestorben sei. Für Fried liegt das Besondere der Nachfolgeregelung Karls des Großen von 813 darin, daß dieser seinen Enkel nicht vom Erbe ausgeschlossen und damit gegen das fränkische Erbrecht verstoßen hatte. Mehr noch: Bernhard hatte wohl seit 812 als König von Italien regiert und war folglich eingesetzt worden, bevor Ludwig der Fromme 813 Mitkaiser geworden war, womit Karl der Große ein allzu großes Übergewicht des jungen Kaisers über den jugendlichen König Italiens vermeiden und dieses Ziel durch die angesprochene Friedensordnung erreichen wollte. Die erzählenden Quellen haben nach Karls Tod im Jahre 814 – wenn sie überhaupt über die Nachfolgeregelung berichten – diese in einem entscheidenden Punkt geändert. Sie haben, wie etwa die offiziösen Reichsannalen, die Einsetzung Bernhards zum König von Italien der Mitkaiserkrönung Ludwig des Frommen nachgeordnet, ja »geradezu als Ausfluß des ludowizischen Mitkaisertums« (J. Fried) deklariert. Bernhards Königtum war damit in eine größere Abhängigkeit von Ludwigs Kaisergewalt gerückt, als sie Karl der Große gewollt hatte. Der Bericht zu 813 – so Fried – legitimierte nun das Verfahren des Jahres 817; das sei mehr als eine bloße Deutung der Vergangenheit; es sei deren Neuschöpfung. Ob diese quellenkritische Deutung Frieds die ältere Dekompositionsthese Ganshofs endgültig revidiert hat, wird die künftige Forschungsdiskussion zu entscheiden haben.

Tod und Grablegung

Am 28. Januar 814 ist Karl der Große im Alter von noch nicht 66 Jahren in Aachen gestorben und noch am gleichen Tag in der bei seiner Pfalz errichteten Marienkirche beigesetzt worden. Einhard berichtet uns im 31. Kapitel seiner Karlsvita, daß man anfangs uneinig war, wo man ihn beisetzen sollte, da er selbst zu seinen Lebzeiten nichts darüber bestimmt hatte. Schließlich jedoch seien alle der Auffassung gewesen, daß er nirgendwo eine würdigere Grabstätte hätte finden können als in jener Basilika, die er aus Liebe zu Gott und zu unserem Herrn Jesus und zu Ehren der heiligen Gottesmutter Maria mit eigenem Aufwand an eben diesem Ort erbaut hatte. Wo aber Karl dort genau sein Grab gefunden hat, ist bis heute strittig. Nach allen uns verfügbaren Nachrichten dürfte dieses Karlsgrab nicht im engeren Innenraum der Marienkirche, sondern an deren Schwelle, im vorgelagerten Atrium, zu suchen sein, wo spätestens in ottonischer Zeit auch ein »Karlsthron« gestanden haben dürfte.

In dieser Aachener Marienkirche ist auch die geschichtliche Erinnerung an ihren Gründer am stärksten erhalten geblieben. Hier waren nicht nur die Kanoniker des gleichnamigen Stiftes gehalten, für Karls Seelenheil zu beten, hier haben sich aus Reverenz vor dessen Thron und Grab auch mehr als 30 deutsche Könige des Mittelalters krönen lassen. Hier ließ sich Kaiser Otto III. aus Verehrung für Karl im Jahre 1002 beisetzen, und hier hat schließlich Kaiser Friedrich I. Barbarossa 1165 in demonstrativer Weise seinen fernen Vorgänger heiligsprechen lassen. Bei dieser Kanonisation sind dann auch Karls Gebeine erhoben und ein halbes Jahrhundert später in jenen kostbaren Schrein gelegt worden, der 1215 feierlich aufgestellt und von Friedrich II. verschlossen wurde.

In der Aachener Marienkirche lassen sich demnach bis heute die verschiedenen Aspekte der Gestalt Karls des Großen – sein Leben, sein Kult und sein Schrein – aufs beste miteinander verbinden, und es ist von daher gut zu erklären, daß sich an dieser *capella, quae Aquis est sita*, an dieser Kirche, die in Aachen liegt – wie es in einem Diplom Kaiser Lothars I. von 855 heißt (DLo I, 136) – auch die französische Namensform Aachens (Aix-la-Chapelle) orientiert hat.

Karlsbilder gestern und heute

Was hat die Mythographie der letzten 1200 Jahre nicht alles aus Karl dem Großen gemacht? Die Zeitgenossen priesen ihn als den Vater Europas, als einen großen König, als einen *magnus atque orthodoxus imperator*. Das Hochmittelalter verehrte ihn als Kreuzfahrer und heiligen Bekenner. Die spätmittelalterlichen Jahrhunderte machten ihn zum Gründer der Pariser Universität und des deutschen Kurfürstenkollegs, zum Idealtyp eines mittelalterlichen Herrschers. Seit der frühen Neuzeit schwanken die wissenschaftlichen und politischen Urteile über diesen großen Karolinger: die einen preisen ihn als Begründer und Wegbereiter der karolingischen Bildungsreform oder auch als Mustergermanen, andere beschimpfen ihn als »Sachsenschlächter«, als einen halbgebildeten Analphabeten mit kümmerlichen Lateinkenntnissen, als einen erfolgreichen Bandenchef. Was aber ist Karl der Große am

Ende wirklich und wahrscheinlich gewesen – ein bedeutender Europäer, das Monument eines germanischen Helden, ein antimuslimischer Heros? Die wissenschaftliche Forschung unseres Jahrhunderts hat trotz der brüchigen Quellenlage und trotz der immer wieder spürbaren Tendenz zu inhaltlichen Überhöhungen ein kritisches Karlsbild zu erschließen und die Frage nach Karls historischer Größe zu beantworten gesucht. In Verbindung mit der Aachener Karlsausstellung von 1965 wurde ein vierbändiges Karlswerk publiziert, das eine wichtige Bilanz gezogen und danach zahlreiche Weiterungen erfahren hat. Dabei ist das Einmalige und Besondere von Karls geschichtlicher Leistung, etwa die Schaffung eines mündlichen und auch eines schriftlichen Kommunikationssystems, bestätigt worden. Aber auch manche Grenze, manches Unfertige und Brüchige ist erkannt worden, beispielsweise bei der Frage über die Eingliederung der Sachsen ins Frankenreich oder bei der Debatte über die Auflösung des Karlsreiches vor 814. Aber selbst diese Grenzziehung hat am Ende den Eindruck nicht zu mindern vermocht, »daß Karl der Große das Fundament jener Geschichte gelegt [hat], um die sich die moderne Historie Europas bis heute bemüht: die Geschichte europäischer Gemeinsamkeit und nationaler Sonderung, staatlicher Ordnung und gesellschaftlicher Gliederung, christlicher Sittlichkeit und antiker Bildung, verpflichtender Überlieferung und lockender Freiheit« (A. Borst).

Anmerkungen zur Literatur

Aufgelistet sind die wichtigsten Darstellungen zu Karl dem Großen und seinem Lebenswerk sowie die zentralen karolingischen Quellen und deren Kritik in dem abschließenden Literaturverzeichnis sowie im Anschluß an die beiden folgenden Kapitel (»Wege der Forschung« und »Probleme der Quellen«). Eine ältere ausführliche Bibliographie findet sich bei M. Kerner, Persönlichkeit und Lebenswerk, in: H. Müllejans (Hg.), Karl der Große und sein Schrein (1988), S. 33 – 36. Genannt seien deswegen hier nur die jüngsten Übersichten und Synthesen: R. Collins, Charlemagne (1998), J. Favier, Charlemagne (1999), M. Becher, Karl der Große (1999) und D. Hägermann, Karl der Große. Herrscher des Abendlandes (2000). Der Titel dieses Kapitels »Karl der Große in seinem Jahrhundert« ist entnommen dem gleichnamigen Beitrag von K. Hauck (FMSt 9, 1979). – Zu den zitierten Quellen ist zu verweisen auf die lat.-dt. Ausgabe von Einhards Karlsvita, die E. Scherabon-Firchow (reclam 1996, 1997) vorgelegt hat (vgl. zu den kritischen Editionen unten, S. 83) sowie auf die *Gesta Karoli Magni* Notkers des Stammlers aus St. Gallen, die sich in einer lat.-dt. Fassung (Frh. v. Stein Gedächtnisausg. 7, 1960, bearb. v. R. Rau) finden. Walahfrid Strabos *Visio Wettini* hat nach der Edition von E. Dümmler (MGH Poet. Lat. 2, 1884) H. Knittel herausgebracht, übersetzt sowie mit einer Einführung und Erläuterung versehen (1986). Die skizzierten Quellen zu Karls Kaisertum sind bei P. Classen (1965 u. ö) ausführlich besprochen; vgl. zu Einhard auch unten S. 75–83 sowie zur Kölner Notiz den Aufsatz von H. Löwe (RhVjbl 14, 1949). – Die oben im Text namentlich angeführten Autoren beziehen sich in der Reihenfolge ihrer Nennung auf folgende Arbeiten: auf P. Lehmanns bei der Bayerischen Akademie der Wissenschaften vorgelegte Studie über das literarische Bild Karls des Großen (SB München 9, 1934 = ders., Erforschung d. Ma. 1941), auf G. Althoffs Überlegungen zum Sachsenherzog Widukind als einem auf der Reichenau nachweisbaren Mönch (FMSt 17, 1983) sowie auf M. Lintzels mutigen Text über die Sachsenkriege (in: K. Hampe u.a., Karl der Große oder Charlemagne?, 1935) und schließlich auf H.D. Kahls Kennzeichnung der historischen Eskalation in der Auseinandersetzung zwischen Karl dem Großen und den Sachsen, zu deren Stufen und Motiven (Fs. Fr. Graus 1982). Zur Aachener Pfalz und deren Fiskalgut wurden die Studien von D. Flach (Veröff. M. Planck Inst. f. Gesch. 46, 1976 u. ZAGV 98/99, 1992/93) genannt. Zu Karls Landgüterordnung, dem *Capitulare de villis* (795), ist im Text auf die ältere Monographie von A. Dopsch zur Wirtschaftsentwicklung der Karolingerzeit (1912/13) hingewiesen worden. Zum Herrschertitel der *Divisio regnorum* wurde der Beitrag von W. Schlesinger (Fs. Fr. Hartung, 1958 = WdF 38, 1972) angeführt. – Zur Auflösung des Karlsreiches und zu der damit verbundenen Dekompositionsthese von F.L. Ganshof (1947 u. 1948, engl. 1971 mit allen näheren Belegen) sind die kritischen Überlegungen von J. Fried (Centre d'Histoire de l'Europe du Nord-Ouest 17, 1998) zitiert worden. Das Schlußzitat von A. Borst stammt aus dessen Beitrag in: KdG 4, 1967, S. 402. – Soeben erschienen ist die Kurzskizze zu Karl dem Großen von R. Schieffer, RGA 16, 2000.

Wege der Forschung

Nach dieser biographischen Skizze stellt sich die Frage nach dem wissenschaftlichen Karlsbild. Dazu sollen hier die Stationen der Karlsforschung, deren klassische Leitbilder sowie die französisch-deutsche Karlsdebatte gestern und heute nachgezeichnet werden. Für die Zeit nach 1945 stößt man zunächst auf die kritischen Arbeiten eines Louis Halphen (1947), der vor einer Überschätzung Karls des Großen warnte oder eines Heinrich Fichtenau (1949), der die dunklen Seiten der Karlszeit stärker betonte, und vieler anderer mehr, die sich wie der belgische Mediävist François Louis Ganshof (1949) um ein wissenschaftlich adäquates Karlsbild bemühten. Knapp zwanzig Jahre nach dieser ersten historischen Orientierung kam es in Verbindung mit der großen Aachener Karlsausstellung von 1965 zu einer mehrbändigen Publikation zu Lebenswerk und Nachleben Karls des Großen, zu seiner Persönlichkeit, zum geistigen und künstlerischen Leben seiner Zeit. Karls politisches, kulturelles und kultisches Nachleben wurde dabei an seinem Grab und Thron in der Aachener Marienkirche aufgezeigt, an der hochmittelalterlichen Karlsfälschung für Aachen, an der architektonischen Nachfolge des Aachener Münsters, an dem liturgischen Karlskult in Frankreich, an der Nachwirkung in Literatur und Kunst, an den Schwerpunkten und Ausrichtungen der neuzeitlichen Geschichtswissenschaft und damit an jenen Aspekten und Hinsichten, auf die in den späteren Überlegungen des vorliegenden Buches zurückzukommen ist.

Seit der Mitte der 60er Jahre begegnet man einer Vielzahl von ereignisgeschichtlichen Übersichten, von opulenten Erzählwerken, von forschungsorientierten Überblicken – gelehrten Studien über die Epoche der Karolinger, über deren materielle Kultur genauso wie über deren politische und gesellschaftliche Ordnung und über deren geistiges Leben. In diesen verschiedenen Synthesen über die geschichtlichen Räume, über die strukturellen Grundzüge, über die politischen Vorgänge der karolingischen Jahrhunderte trifft man in vielfältiger Weise auf Karl den Großen und sein Lebenswerk.

Will man aus dieser fast unübersehbaren Menge von Quellenforschungen, Detailstudien und Überblicksdarstellungen einige wenige Klassiker herausgreifen, dann ergibt sich eine Namensreihe, die die letzten 150 Jahre überspannt: von dem großen Handbuch zum literarischen

Bild Karls des Großen, das Gaston Paris in seiner »Histoire poétique de Charlemagne« (1865) entworfen hat, über die immer noch grundlegende Studie von Paul Clemen zu den Porträtdarstellungen Karls des Großen (1889/90) bis hin zu den materialreichen Arbeiten von Robert Folz (1950/51) über das kultische Nachleben Karls und dessen liturgische Verehrung im mittelalterlichen Deutschland. Am Ende dieser »Klassikerliste« steht das vortreffliche Buch von Peter Classen über das Kaisertum Karls des Großen (1965 u.ö.).

Wer die gelehrten Einschätzungen zu Karl dem Großen und seiner Zeit in einem großrahmigen wissenschaftsgeschichtlichen Überblick nachvollziehen möchte, sei auf den Konstanzer Mittelalterforscher Arno Borst verwiesen, der das Karlsbild in der Geschichtswissenschaft von der frühen Neuzeit bis heute virtuos nachgezeichnet hat. Aus dessen beeindruckender Synthese sei hier exemplarisch der Anteil Frankreichs an der geschichtswissenschaftlichen Karlsforschung ausgewählt und ein wenig näher beschrieben. Charlemagne gehört in Geschichte und Mythos zu den Schlüsselfiguren der französischen Gedächtniskultur.

Am Anfang dieser französischen Wissenschaftsbemühungen stehen verschiedene frühneuzeitliche Editionen wichtiger karolingischer Quellen: 1549 gab Jean du Tillet, der spätere Bischof von Meaux, die *Libri Carolini* mit ihrem theologischen Gutachten zum Bilderstreit auf der Frankfurter Synode 794 heraus, 1588 edierte der gallikanische Rechtsgelehrte Pierre Pithou die gesetzlichen Erlasse, die Kapitularien Karls des Großen, die dann knapp 100 Jahre später (1677) Etienne Baluze, Bibliothekar Colberts, auf der Basis einer kritischen Handschriftenauswahl erneut herausbrachte. Hinzu kam die Urkundenkritik Jean Mabillons, eines gelehrten Maurinermönches, der seit 1681 manche Einzelheit der karolingischen Zeitrechnung, Gesetzgebung und Kirchenpolitik klärte. Mit dieser Urkundenkritik sowie mit den wissenschaftlich erschlossenen Hauptquellen der Karolingerzeit – den Kapitularien, den Reichsannalen und Einhards Karlsvita – lernte man, Karl den Großen historisch einzuordnen: als herrscherliche Persönlichkeit, als Repräsentanten seiner Zeit und ihrer Werte.

Einer solchen Einordnung diente selbst die aufgeklärte Kritik an Karl dem Großen, die in der Mitte des 18. Jahrhunderts Voltaire in seinem Essay über die Sitten und den Geist der Nationen »genial zusammenfaßte und maliziös auf die Spitze trieb«. Borst wörtlich:

»Mit genauer Kenntnis der Quellen, aber unter souveräner Mißachtung von Mabillons und Baluzes Methoden führte er [Voltaire] einen Generalangriff nicht so sehr gegen Karls Person als gegen das Bündnis zwischen Thron und Altar (...) Nicht einmal seinen Namen konnte er [Karl] schreiben und ging doch als Förderer der Wissenschaft in die Geschichte ein. In Wahrheit überragte ihn sein Zeitgenosse Harun-al-Raschid an Gerechtigkeit, Bildung und Menschlichkeit bei weitem. Voltaire sah in Karl den Repräsentanten des finsteren Mittelalters, seiner barbarischen Gesellschaftsordnung und seiner unsauberen Verbindung von Staat und Religion, von Politik und Dogma, von Sklaverei und Christentum.«

Im 19. Jahrhundert war es dann Guillaume Guizot in seiner »Histoire de la civilisation en France« (vol. 2, ^{9}1864), der als protestantischer Staatsmann des Bürgerkönigtums seit 1830 Karl den Großen zu einem »zeitnahen Symbol« erhob, zu einem fernen Begründer des modernen Europa, zu einem politischen Leitbild für die französische Gegenwart und europäische Zukunft – nicht so sehr wegen Karls politisch-militärischer Leistung, sondern wegen der kulturellen Aktivitäten »dieses barbarischen Germanen, der von der römischen Zivilisation schwärmte« (A. Borst). Guizots demokratischer Gegenspieler war der Historiker Jules Michelet, der sich in seiner »Histoire de France« (vol. 1, 1833) gegen eine solche Sicht verwahrt und Karl in das ferne Mittelalter zurückverwiesen hatte. In diese Jahrzehnte fällt auch die literarische Übermalung des mittelalterlichen Karlsbildes, die der bereits zitierte Philologe Gaston Paris 1865 in seiner »Histoire poétique de Charlemagne« untersuchte. Nach Auffassung von Arno Borst fand Paris hinter den hochmittelalterlichen Dichtungen »die Wirklichkeit eines großen Gedankens, die Vision nämlich eines christlichen, gebildeten und politisch geordneten Europa«. Das habe sowohl zur »nationalitätenfreundlichen Kaiserpolitik« Napoleons III. wie auch zur französischen Eigenart gepaßt, die europäische Einheit nicht so sehr in der Machtsphäre als vielmehr in der Verfassung zu suchen, was noch 1876 die Arbeiten des Pariser Rechtshistorikers Denis Fustel de Coulanges belegen könnten. Fast gleichzeitig schrieb der Archivar Alphonse Vétault 1877 ein religiöses und patriotisches Karlsbuch, das kostbar ausgestattet und preisgekrönt wurde. Hier gilt Karl der Große als Vater der modernen Welt, der eine christliche Republik gegründet und mit seiner Kirchentreue das Kaisertum verdient habe, der als »homme providentiel«, als Mann der Vorsehung, das Abendland vor der sächsischen und islamischen Barbarei bewahrt und schließlich die lateinische Bildung und die monarchische Ordnung gerettet habe. Gegen diese Jubelhymne wandte sich 1881 empört der Belletrist Lucien Double, für den Karl der Große der machttrunkene deutsche Kaiser war, der Frankreichs Geist unterdrückt habe, der seine germanische Kraft mißbraucht und gegen das Recht nur brutale Gewalt eingesetzt habe. Borsts Fazit: »Niemand in Frankreich nahm [diesen] Fehdehandschuh auf; selbst die Professoren hatten dringendere Sorgen, als Karl dem Großen ein Denkmal zu errichten.«

Zu dieser wissenschaftlichen Auseinandersetzung kam es erst wieder im 20. Jahrhundert durch drei gelehrte Werke französischer Mediävisten: durch Louis Halphen, Geschichtsprofessor in Bordeaux, der Karls Herrschaft durch keinen Gesamtplan gelenkt, sondern von den unmittelbar aktuellen Ereignissen und Widerständen bestimmt sah und der das bei Karl fehlende Gesamtkonzept erst der nachträglichen Stilisierung der fränkischen Geschichtsschreibung zuschrieb, so etwa bei deren Deutung von Karls Kaisertum, das nichts anderes als eine persönliche Apotheose des Herrschers gewesen sei (1921 und 1949). Noch 1944 wollte Halphen keine Biographie Karls des Großen schreiben, sondern nur die Strukturen und Zustände seines Zeitalters herausarbeiten, die der Kaiser offenbar nicht durchschaut habe. Gegen diese Karlsdeutung wandte sich bereits 1934 der Lyoner Mediävist Arthur Kleinclausz: Karl sei nicht den Umständen, sondern seinem eigenen Programm gefolgt – als ›chef de la chretienté universelle‹ sowie als ›homme de l'humanité‹, d.h. als Lenker und Leiter einer christlichen Humanität. Ähnlich äußerte sich der südfranzösische Mittelalterforscher Joseph Calmette, der in den 40er Jahren Karl den Großen zum Begründer Europas machte, zu einem »Heroen, der Europa in einer wahren Renaissance mit antikem Geist durchdrungen« (A. Borst) und zugleich Italien, Gallien und Germanien christlich zusammengefaßt habe. Dieser Rettungsversuch abendländischer Humanität und Politik durch Karl den Großen passe allerdings – so Arno Borst – eher in die geistige und politische Lage des 20. als des 9. Jahrhunderts.

Will man mit Borst diese Vielzahl von französischen Namen, Titeln und wissenschaftsgeschichtlichen Einschätzungen zu Charlemagne in einer Gesamtbewertung zusammenfassen, dann ergibt sich zum einen, daß die größten Wandlungen im neuzeitlichen Karlsbild auch der französischen Geschichtswissenschaft nicht so sehr von den quellengebundenen Monographien fleißiger Fachleute bewirkt wurden (ob sie nun Guizot, Michelet, Vétault, Halphen oder Calmette hießen), sondern häufig eher von den Randbemerkungen genialer Außenseiter des Faches, wie etwa von Voltaire, und daß es zum anderen bei den zahllosen Annäherungen an Charlemagne vom 16. bis zum 20. Jahrhundert »keine einzige klassische Biographie [gegeben hat], die den Besten der Zeit genügt oder den Stand der Forschung gespiegelt hätte«.

An diese von Arno Borst nachgezeichnete Entwicklungslinie der französischen Geschichtswissenschaft in den letzten Jahrhunderten lassen sich die beiden jüngsten französischen Beispiele der dortigen Karls-Diskussion anschließen: die bereits in der Einleitung skizzierte Arbeit des Kulturhistorikers Robert Morrissey über Charlemagne in der Mythologie und Geschichte Frankreichs (1997) sowie das beeindruckende Karlsbuch von Jean Favier (1999). Für Favier ist Charlemagne – wie er in einem Interview des Figaro vom 28.08.1999 erklärte – durch Christianisierung und Eroberung zum entscheidenden Begründer eines kontinentalen Europas geworden, zum gewichtigen Organisator einer politischen Welt, zum bedeutsamen Administrator, der Gewichts- und Maßeinheiten geschaffen habe, der eine einheitliche Münze auf den Weg gebracht, ja eine wirksame Gerichtsverfassung begründet habe: eine faszinierende Persönlichkeit, die zunächst als Analphabet begann, dann lateinisch zu lesen und zu schreiben lernte und am Ende seines Lebens sogar ein wenig Griechisch verstand. Von Hause aus war er sicherlich kein Intellektueller, aber ein Kulturpolitiker, der theologische Fragen wie etwa den Bilderstreit klären ließ und der den Laien den wichtigen Zugang zu einer Wissenskultur ermöglichte. Charlemagne ist nach Ansicht von Jean Favier eine Ausnahmeerscheinung gewesen, weil er es verstanden habe, sich mit kompetenten Leuten zu umgeben und diese an sich zu binden. Die Alternative – ein großer Mann, der von Strohmännern umgeben ist, oder die großen Ratgeber, die sich um eine Marionette scharen – habe er zu vermeiden gewußt. Schließlich habe Charlemagne als literarische und legendarische Gestalt die Jahrhunderte überdauert – in der Heldenepik des Hochmittelalters sei er zu einer mythischen Figur geworden, zum König der Franzosen, später zum Gründer ihrer Schulen, ja zum Gegenstand von Auseinandersetzungen zwischen den Franzosen und den Deutschen.

Dieser französischen Debatte über Charlemagne seien am Ende unserer Forschungsskizze zwei deutsche Beispiele der aktuellen Karlsdiskussion gegenübergestellt: Zum einen die nachdenklichen Überlegungen Karl Ferdinand Werners, des langjährigen Leiters des Deutschen Historischen Institutes in Paris, zu der offenbar immer noch aktuellen Frage »Charlemagne oder Karl der Große?« sowie zum anderen die kritischen Äußerungen, die Rudolf Schieffer auf dem 8. Symposium des Mediävisten-Verbandes im März 1999 in Leipzig zu den Intentionen und Wirkungen im politischen Handeln Karls des Großen formuliert hat. Für Karl Ferdinand Werner betrifft die Frage nach Charlemagne oder Karl den Großen eine weit zurückreichende deutsch-französische Tradition, die den Frankenherrscher für die Franzosen seit dem 11. Jahrhundert zu einem französischen Charlemagne, für die Deutschen seit dem 12. Jahrhundert zu einem deutschen Karl den Großen habe werden lassen. Franzosen wie Deutsche hätten ihn als den jeweiligen Begründer ihres Reiches, seiner Macht und seines Ranges in Europa verstanden. Karl der Große sei aber weder Deutscher noch Franzose gewesen, sondern ein fränkischer Herrscher, ein Franke. Diese geschichtliche Evidenz sei bis vor wenigen Jahrzehnten von den jeweiligen nationalen Historikern bezweifelt oder sogar geleugnet worden. Sie hätten in Charlemagne bzw. in Karl dem Großen nicht nur ihren jeweiligen Gründungsvater gesehen, sondern auch den durch ihn begründeten europäischen Vorrang ihres *regnum Francorum* bzw. ihres *imperium Romanorum.* Für diesen nationalen Streit gebe es signifikante Beispiele, die im hochmittelalterlichen Frankreich mit dem Rolandslied beginnen, dann Charlemagne zu einem Kreuzfahrer und Jerusalem-Pilger machen, ja zu einem Ahnherrn der Kapetinger hochstilisieren. Die französischen Könige seien auf diese Weise zu ausgewiesenen Karlserben geworden, als die sich später auch noch Ludwig XIV. und sogar Napoleon gesehen hätten. Ähnlich sei die Entwicklung bei den Saliern und bei den Staufern verlaufen. Auch hier hätten sich die Herrscher als dynastische Nachfahren Karls des Großen verstanden, der durch Friedrich Barbarossa 1165 sogar zu einem Heiligen gemacht wurde, zum Begründer der staufischen Reichsidee eines *sacrum imperium.* Karl der Große als Ahnherr der Staufer, ja als Kaiser der Deutschen – zu dieser Einschätzung ließen sich nach Meinung von Karl Ferdinand Werner die verschiedensten Stimmen zusammentragen, so etwa die von Papst Innozenz III. (1198–1216) zu Beginn des 13. Jahrhunderts im deutschen Thronstreit oder auch die einzelner hochmittelalterlicher Geschichtsschreiber wie etwa eines Gottfried von Viterbo oder eines Alexander von Roes. Letzterer brachte im späten 13. Jahrhundert die Meinung zum Ausdruck, daß es keinen Zweifel darüber geben könne, daß Karl der Große ein Deutscher, ein *teutonicus,* gewesen sei, selbst wenn man in Rechnung stelle, daß er über die Gallier geherrscht habe.

Dieser Streit zwischen Franzosen und Deutschen über Charlemagne habe sich zu Beginn der Neuzeit fortgesetzt. Am Ende des 15. Jahrhunderts feierte man Charlemagne in Frankreich als Begründer der

Nation, während für den humanistischen Abt Johannes Trithemius († 1516) Karl der Große ein Deutscher war: in Ingelheim geboren, ein Herrscher *natione Alemannus*. Und in ähnlicher Weise stritten sich im Elsaß der Schlettstädter Humanist Jakob Wimpfeling mit dem Straßburger Franziskanermönch Thomas Murner: Für den einen ist Karl der Große der erste Kaiser der Deutschen, für den anderen ein Franzose und das linke Rheinufer entsprechend französisch.

Das berühmteste Beispiel dieser deutsch-französischen Debatte um Charlemagne oder Karl den Großen ist für Karl Ferdinand Werner die gleichlautende Streitschrift namhafter deutscher Historiker und Mittelalterforscher, die sich 1935 gegen die Verunglimpfungen Karls des Großen durch die Nationalsozialisten wandten, gegen Karl den Großen als undeutschen Herrscher und Sachsenschlächter, als römischen Christenmenschen, der die Überfremdung des deutschen Wesens durch die Unterwerfung unter den römisch-orientalischen Christenglauben betrieben habe. In dieser völkischen Sicht wird der Sachsenherzog Widukind zum Helden gegen Karl den Großen, Hitler zu einer Reinkarnation Widukinds, die Sachsen zum deutschen Stamm par excellence, das karolingisch-christliche Mittelalter zu einem rassistischen Feindbild und Karl der Große schließlich zum Sachsenschlächter. Getarnt war diese Streitdebatte von 1935 als antifranzösische Kampagne, als eine frankreichfeindliche Unterstellung, die Franzosen würden den Deutschen »ihren« Karl wegnehmen.

Für Karl Ferdinand Werner sind Karl der Große wie Charlemagne demnach seit dem 11. und 12. Jahrhundert in unserem beiderseitigen Bewußtsein, in dem der Deutschen wie in dem der Franzosen gegenwärtig, ebenso wie in unserem heutigen Selbstverständnis. Beide Ahnherren blieben aktuell: jedoch nicht Karl *oder* Charlemagne, sondern vielmehr Karl *und* Charlemagne müsse es heißen. Jener Karl, der gelebt hat, für den Europa schon eine Realität gewesen sei, habe der Bildung und Ausbildung in Sprache und Form am Hof wie in seinem Reich einen herausragenden Platz zugewiesen, einen Platz, von dem wir heute nur träumen könnten. Europa hat für Karl Ferdinand Werner auch heute eine Aufgabe in der Welt. Es sollte dabei nicht allzusehr zurückstehen hinter jenem Mann des frühen Mittelalters und sich auf eine vielgestaltige Kultur besinnen, deren bewahrter und entfalteter Reichtum Europa Sinn und Inhalt verliehen habe.

Einer ganz anderen Fragestellung ist Rudolf Schieffer, der Präsident der bedeutendsten deutschsprachigen Institution der Mittelalterforschung, der Monumenta Germaniae Historica in München, nachgegangen, indem er nach Absicht und Wirklichkeit im politischen Denken und Handeln Karls des Großen gefragt hat. Karl der Große, der als Gründergestalt vielfach gewürdigt worden sei und werde und dessen politische und kulturelle Leistungen immer wieder herausgestellt würden, sei erneut auf sein eigenes Wollen hin zu befragen. Zu klären sei, in welchen Zeugnissen seine authentischen Ziele deutlich würden: in seinen Urkunden und Kapitularien oder auch in jenen Briefen, die in seinem Umfeld entstanden seien, oder vielleicht sogar in der biographischen Geschichtsschreibung seiner Zeit, also insbesondere in Einhards Karlsvita. Bewußte Planungen oder gezielte Politikentwürfe sind für Rudolf Schieffer kaum in der äußeren Expansion des Frankenreiches zu erkennen – weder bei der Eroberung des Langobardenreiches noch bei den Sachsenkriegen, die als Strafexpedition begannen, weder bei dem glücklosen Spanienfeldzug, der ohne Konzept durchgeführt wurde, noch bei Tassilos Sturz, der ebenfalls nicht langfristig geplant war und erst in der Darstellung der Reichsannalen zu einem konsequenten Verhalten des Herrschers umgedeutet wurde. Dieser Grundzug fehlender oder geringer Planung gelte auch für Karls Kaisertum, das erst im Laufe der 90er Jahre und am Ende nicht zuletzt durch die stadtrömischen Ereignisse zur konkreten Politik geworden sei. Gewiß könne man Karl dem Großen einen robusten Machtwillen unterstellen, müsse aber seine Politik eher als eine fortgesetzte Improvisation denn als ein durchdachtes Programm verstehen. Ganz anders verhalte es sich beim »inneren Regiment« Karls des Großen, bei seiner gesetzgeberischen Tätigkeit, bei seinen Nachfolgeordnungen 806 und 813 oder auch bei seiner Bildungsreform. Insbesondere auf der letzteren beruhe Karls große historische Leistung – d.h. auf einer Schul- und Bildungsreform, deren wichtigste Kennzeichen, deren Vorläufer und Vorbilder, deren Formen und Eigenarten wir gut kennen und die in der Vergangenheit häufig mit dem mißverständlichen Begriff der karolingischen Renaissance gekennzeichnet worden ist. Ihre bedeutendsten Ausprägungen lassen sich bekanntlich mit der Reform von Schrift und Sprache, genauer mit der karolingischen Minuskel, mit einer an der patristischen Latinität orientierten Sprachkultur, mit den nachweisbaren Anfängen unserer Muttersprachen, mit der Rezeption wichtiger antiker Autoren, mit den noch heute erhaltenen Bauwerken wie der Lorscher Torhalle oder auch der Aachener Marienkirche und schließlich mit den weiteren kulturellen Überresten in Form der Buchmalerei oder des kostbaren Kirchengerätes gut belegen.

Für Rudolf Schieffer liegt auf diesem kulturellen Feld die große historische Leistung Karls bzw. seine geschichtliche Fernwirkung. Ihm sei es gelungen, daß sich eine gehobene Wissenskultur durchsetzte und daß diese auch der fränkischen Führungsschicht, also einer weitgehend ungebildeten Adelsgesellschaft, vermittelt werden konnte. Man wird deswegen die Frage, ob Karl der Große als ein erfolgreicher Herrscher angesehen werden kann, nicht bloß als eine solche »unserer, sondern auch seiner Maßstäbe« verstehen müssen.

Die Frage nach der grundlegenden Ausrichtung Karls des Großen hat auch Karl Ferdinand Werner zu beantworten gesucht. Für ihn war Karl der Große ein fränkischer Herrscher, der aus Austrasien, jener zweisprachigen gallischen Mittelzone kam, die in den Landen zwischen Maas und Rhein liegt und bis heute in den Benelux-Ländern zu erkennen ist. Hier lagen die Kerngebiete der Karolinger und vielleicht auch der Geburtsort Karls des Großen. Von diesem Austrasien aus bemächtigten sich die frühen Karolinger im 7. und 8. Jahrhundert des Westens der *Gallia*, genauer der Gebiete Chlodwigs sowie der fränkischen Merowinger. Und auf dieses fränkische Gallien verweisen schließlich die karolingischen Reichs- und Hausheiligen wie Martin in Tours, Dionysius in Paris und Remigius in Reims oder auch die ersten Herrschaftszentren wie St. Denis, Noyon und Soissons (Krönungsorte Karls und Karlmanns), Attigny (Taufort Widukinds) und schließlich Ponthion an der oberen Marne, wo sich 754 Pippin, der Vater Karls des Großen, mit Papst Stephan II. (752–757) traf. 765 gründete dieser Pippin die königliche Domäne und Landpfalz in Aachen (*Aquis villa*) als Etappenzentrum für die Auseinandersetzung mit den Sachsen. Karl der Große machte dann diese Aachener Zwischenstation ab 794/95 zunehmend zu seiner Winterpfalz sowie ab 806 bis zu seinem Tode immer mehr zu seiner festen Residenz und damit zu einem Reichszentrum. Die Rheinachse wurde zur Mitte des Imperiums. Wie schließlich Karls Reichsvorstellung am Ende seiner Herrschaftszeit aussah, kann nach Ansicht von Karl Ferdinand Werner gut das Testament Karls des Großen von 811 belegen, das uns Einhard in seiner Karlsvita (c. 33) überliefert. Nach Karls Tod sollten die Erzbistümer die Säulen des Reiches bilden. Alles, was sich in seiner Schatzkammer an Gold, Silber und Edelsteinen fand, sollte den Metropolitan-Sitzen in versiegelten Kisten übergeben werden, die dann zu einem Drittel den Metropolitan-, zu den anderen zwei Dritteln den Suffragan-Bistümern zugedacht waren. Die Liste dieser Erzbistümer ist aufschlußreich: von den 21 Metropolitan-Kirchen gehören nur ein gutes Drittel dem späten Kapetinger-Reich an, die anderen verweisen nach Deutschland und Italien. Für Karl Ferdinand Werner war Karl der Große eben kein König von Frankreich oder Deutschland, sondern ein Herrscher Europas. Nicht Karls Reich habe einen Teil der Geschichte Frankreichs oder Deutschlands gebildet, wie es häufig späteren Historikern erschienen ist, sondern umgekehrt sei das spätere Frankreich und Deutschland jeweils nur ein Teil des Karlsreiches gewesen.

Mit Einhard läßt sich nach Ansicht Werners auch der geschichtliche Rang Karls des Großen andeuten. Denn in seiner Karlsvita (c. 31) berichte er uns von einer Inschrift, die das Grab Karls geziert und Karl als einen »großen und rechtgläubigen Kaiser« bezeichnet habe, als einen *magnus atque orthodoxus imperator*. Die Bezeichnung der historischen Größe Karls ist hier noch nicht zur Form eines historischen Beinamens (Karl der Große) oder gar zum Teil des historischen Namens (Charlemagne) geworden. Diese heute gängige Namensform hat sich erst um 1000 durchgesetzt und 100 Jahre später – nicht zuletzt durch das Rolandslied – immer mehr verbreitet. Dieser im heutigen Karlsnamen bereits enthaltenen geschichtlichen Größe ist die bisherige Forschung immer wieder und stets konkreter bzw. differenzierter nachgegangen, der Frage also, ob es sich bei diesem Frankenherrscher wirklich um eine europäische Schlüsselfigur handelt. Der hier kurz skizzierte Forschungsüberblick hat dies ein wenig nachzuzeichnen versucht und dabei deutlich werden lassen, daß eine solche Frage sich am Ende nur aus den Quellen und deren Kritik wird beantworten lassen. Es dürfte sich deshalb anbieten, einige Probleme dieser karolingischen Quellen etwas näher zu beschreiben.

Anmerkungen zur Literatur

Ausführliche Literaturverzeichnisse zu Karl dem Großen, zu seiner Persönlichkeit und seinem Lebenswerk finden sich – meist nach Quellen und Darstellungen getrennt – in den jüngsten Monographien zu Karl dem Großen: bei R. Collins, Charlemagne (1998), S. 214–223, bei J. Favier, Charlemagne (1999), S. 725–742 (nach Sachgesichtspunkten geordnet), bei D. Hägermann, Karl der Große (2000), S. 690–722. Die gängigen Gesamtdarstellungen sowie die Literatur zu ausgewählten Einzelaspekten hat M. Becher, Karl der Große (1999), S. 122f. zusammengestellt. Kritische Forschungsberichte zur Geschichte Karls des Großen haben vor 30 Jahren D.A. Bullough (EHR 85, 1970) sowie vor 20 bzw. 10 Jahren R. Schneider, Frankenreich (1982, [2]1990) erstellt; letzterer hat zwischen der ersten und zweiten Auflage seines Grundrisses nicht nur seine Bibliographie um zahlreiche neue Titel, sondern auch seinen Literaturbericht um das Thema des kulturellen Lebens deutlich erweitert. – An beeindruckenden Gesamtübersichten sind zu nennen: das Karlswerk von 1965ff. (KdG Lebenswerk u. Nachleben, 4 Bde., hg. v. W. Braunfels 1965–67), dann die Zusammenschau von Th. Schieffer (HEG 1, 1976) und jene von R. McKitterick (New Cambr. Med. Hist. 1995). Hierin gehört auch das Karlsbild in der Geschichtswissenschaft, das A. Borst in den Facetten seines Wandels vom Humanismus bis heute zusammengetragen hat (KdG 4, 1967). Von den jüngeren Übersichten seien lediglich drei Beispiele herausgegriffen: P. Richés Studie über die Welt der Karolinger (1973, dt. 1981), R. Schieffers Überblick über die politische Ereignisgeschichte der elf karolingischen Generationen (1992) sowie schließlich J. Frieds Synthese über den Weg der Deutschen in die Geschichte (1994); Karl der Große bildet in diesen Arbeiten einen zentralen Ausgangs- und Bezugspunkt der jeweiligen Darstellung. – Die erwähnten »Klassiker« der Karlsliteratur beziehen sich auf G. Paris, Histoire poétique de Charlemagne (1865), eine »in ihrer Gesamtanlage unübertroffene Darstellung der französischen mittelalterlichen Karlssage« (Fr. Graus) sowie auf P. Clemens Dissertation über die Porträtdarstellungen Karls des Großen (ZAGV 11, 1889 u. 12, 1890; auch als Seperatum erschienen), die »noch immer [als] Grundlage für jede weitere Arbeit über das mittelalterliche Bild Karls des Großen« (D. Kötzsche) angesehen wird. Ähnlich steht es mit den kultgeschichtlichen Studien von R. Folz (1950/51), die »alles, was bisher über das Nachleben Karls des Großen in Deutschland geschrieben wurde, an Ausführlichkeit und Gründlichkeit (...) übertreffen« (DA 9, 1952). Abgeschlossen wurde die »Klassikerliste« mit P. Classens großartiger Arbeit zur Begründung des karolingischen Kaisertums (KdG 1, 1965, danach 1968 als Sonderausgabe u. schließlich in den Beitr. z. Gesch. u. Quellenkunde d. Ma. 9, ^{2}1988); im Vorwort der letzteren Ausgabe heißt es: »Gerade bei diesem bis zum Überdruß behandelten Stoff hatte sich Peter Classens unübertrefflicher Blick für das Wesentliche bewährt. Classens Fähigkeit, Aussagekraft und Charakter einer Quelle präzise einzuschätzen, Abwegiges zu erkennen und zurückzuweisen und mit strenger Entschiedenheit durch das Dickicht der widersprüchlichen Literatur zu führen, hat diesem Überblick einen Orientierungscharakter verliehen, den er bis heute nicht verloren hat« (H. Fuhrmann). – Die zitierten Beiträge zum Karlsbild im Nachkriegseuropa beziehen sich auf L. Halphens quellengebundene Studie (1947, ^{2}1968, die in mehrere Sprachen übersetzt wurde), auf H. Fichtenaus kontrastreiches Gesamtbild des karolingischen Imperiums (1949) sowie auf F.L. Ganshofs kritische Überlegungen (Speculum 24, 1949 u. ders. Imperial Coronation, 1949) zur Frage eines klaren politischen Programms und einer daraus resultierenden historischen Bedeutung. – Von den jüngsten Arbeiten der deutschen Mediävistik zu Karl dem Großen ist zunächst der noch ungedruckte Vortrag von R. Schieffer über Karls des Großen Intentionen und Wirklichkeit zu nennen (8. Leipziger Symposium des Mediävistenverbandes 1999). Bei den zitierten Arbeiten von K.F. Werner handelt es sich zum einen um dessen Akademieabhandlung zur Aktualität der Frage nach »Karl dem Großen oder Charlemagne?« (SB München 4, 1995) sowie um dessen Aachener Vortrag von 1995 über Karl den Großen in der Ideologie des Nationalsozialismus (ZAGV 101, 1997/98) bzw. um dessen Beitrag im Textband zur Aachener Krönungsausstellung (Könige in Aachen 1, 2000), der von der deutsch-französischen Tradition der unterschiedlichen Karlsbilder handelt. – Mit dem Hinweis auf die Aachener Krönungsausstellung lassen sich zwei Vorgängerunternehmen verbinden, die hier angeführt werden müssen: zum einen die Ausstellung zum 1200-Jahre-Jubiläum der Stadt Frankfurt (794 – Karl der Große in Frankfurt a.M. Ein König bei der Arbeit, 1994) sowie zum anderen die Paderborner »Karlsausstellung« (799 – Kunst und Kultur der Karolingerzeit, 1999), zu der es einen dreibändigen Katalog- und Textband gegeben hat. Ebenso haben in den letzten Jahren verschiedene wissenschaftliche Symposien zu Karls des Großen Herrschaftszeit stattgefunden, deren Beiträge inzwischen publiziert sind: Das Frankfurter Konzil von 794. Kristallisationspunkt karolingischer Kultur (hg. v. R. Berndt 1997) sowie Einhard. Studien zu Leben und Werk (hg. v. H. Schefers, Arb. d. Hess. Hist. Kom. N.F. 12, 1997) und schließlich Karl der Große und sein Nachwirken. 1200 Jahre Kultur und Wissenschaft in Europa (hg. v. P. Butzer u.a. 1997).

Probleme der Quellen

Um dem historisch wahrscheinlichen Karl nachzugehen, sein politisches Wollen und Handeln herauszufinden, seine wirtschaftlichen, gesellschaftlichen und kulturellen Ziele zu erörtern, bedarf es der genauen Analyse einer Vielzahl von urkundlichen und erzählenden Quellen sowie deren Kritik. Die zentralen erzählenden Quellen für die Zeit Karls des Großen sind zunächst die gewichtigen fränkischen Reichsannalen, die Kompilation der älteren Metzer Annalen, schließlich die kleineren Lorscher Annalen, die südgallische Chronik von Moissac sowie manch andere Erzählwerke mehr, die mit diesen hier beispielhaft genannten Quellen zusammenhängen, aber auch eigene Nachrichten überliefern. Hinzu kommen die biographischen Texte, so vor allem die berühmte Karlsvita Einhards, das römische Papstbuch (*Liber Pontificalis*) mit den Lebensbeschreibungen der Päpste Hadrian I. und Leo III., aber auch die Bischofsviten etwa eines Liudger von Münster († 809) oder eines Willehad von Bremen († 789). Anfügen lassen sich zudem die neu entstehenden Bistums- und Klostergeschichten, die uns für Metz, Le Mans, Ravenna oder auch für St. Wandrille aus der ersten Hälfte des 9. Jahrhunderts überliefert sind. Zu nennen sind schließlich auch das theologische und literarische Schrifttum sowie die Briefe der Päpste an die Karolinger (*Codex Carolinus*) oder auch die Briefe Alkuins und Einhards.

Neben diese im weitesten Sinne erzählenden Quellen treten die Rechtszeugnisse: die Königs- und Kaiserurkunden, die unter Karl verkündeten Volksrechte, die Kapitularien und die Konzilstexte. Die germanischen Stammesrechte, die auf dem Aachener Reichstag 802 mit der Verkündigung der *Lex Saxonum* einen Höhepunkt und einen vorläufigen Abschluß einer weiter zurückreichenden Tradition erreichten, verbinden die Rechtsweisungen der sogenannten Gesetzessprecher der jeweiligen Stämme mit einem königlichen Willensakt. Sie versuchten in erster Linie, den Sippenfehden, also einer organisierten Rache als Selbsthilfe entgegenzuwirken und damit den Frieden zu sichern. Diesem Ziel dienten in diesen Rechtstexten auch zahlreiche prozessuale Normen sowie Bußstrafen, die für die jeweiligen Delikte einzeln und genau festgesetzt wurden. Wir finden demnach in den Volksrechten lange Bußkataloge mit einer genauen Kasuistik.

Ergänzt werden diese Stammes- oder Volksrechte durch die staatlichen Erlasse Karls des Großen, durch die Kapitularien, die neben einer solchen Ergänzung Dienstanweisungen an die *missi dominici* oder auch allgemeine königliche Verwaltungsanordnungen enthalten. Von diesen lateinisch abgefaßten, aber volkssprachlich verkündeten Kapitularien für den weltlichen wie kirchlichen Bereich sind uns keine Originale mehr erhalten. Wir kennen ihre Texte allein aus einer verstreuten Einzelüberlieferung oder aus entsprechenden Sammlungen des 9. Jahrhunderts, etwa der eines Ghaerbald von Lüttich (806/807) oder der eines Abtes Ansegis von St. Wandrille in der Normandie (827) oder schließlich der eines Benedictus Levita. Letzterer war ein westfränkischer Fälscher, der vorgab, die Sammlung des Ansegis fortzusetzen, in Wirklichkeit aber kirchliche Rechtstexte fälschte, die er als Kapitularien ausgab und teilweise mit durchaus echten Kapitularientexten vermischte.

In der Forschung sind die Kapitularien immer wieder thematisiert worden: ihr Rechtsinhalt, ihre Tendenzen und politischen Ziele, ihre Entstehung und Veröffentlichung, ihre Aufbewahrung und ihre Überlieferung, kurz: alle formellen wie materiellen Rechtsfragen, die mit dieser wichtigen Quellengruppe zusammenhängen. Wenn auch Karl der Große keine großen Rechtskodifikationen hervorgebracht hat wie die spätantiken Kaiser Justinian und Theodosius II. oder die westgotischen Könige Alarich II. und Eurich, so sind doch unter seinem Namen zahlreiche und bedeutende Kapitularien erlassen worden wie etwa die bereits vorgestellte *Admonitio generalis* von 789. Die Überlieferung der Karlskapitularien bestätigt deren Bedeutung, wenn sie etwa Einhards Karlsvita und die Sammlung der Kapitularien Karls des Großen teilweise in einzelnen Handschriften miteinander verbindet, so z.B. in zwei Texten, die sich noch heute in der Pariser Nationalbibliothek befinden (Paris BN lat. 10755 entstanden in Reims, 9. Jh. oder Paris BN lat. 4628 aus Nordfrankreich 10./11. Jh.).

Zum Thema der Fälschungen gehören auch die zahlreichen unechten Urkunden, die unter dem Namen Karls des Großen überliefert sind. Man hat von den gut 260 erhaltenen Urkunden Karls 104 als gebzw. verfälschte Stücke identifiziert, die hauptsächlich aus dem 12. und 13. Jahrhundert stammen und zu einem großen Teil im Gebiet zwischen Loire und Rhein, aber auch südlich bzw. östlich dieser Flußgrenzen sowie in Italien hergestellt wurden. Aus dieser großen Zahl der Urkundenfälschungen auf Karl den Großen seien zwei Beispiele angeführt: zunächst seine angebliche Urkunde für St. Denis aus dem

Jahre 813 (DKar. 1, 286), die neuerdings als Fälschung des Abtes Suger aus dem 12. Jahrhundert hingestellt wird und die das Kloster St. Denis zum Haupt aller Kirchen des Reiches und zum alleinigen Krönungsort der fränkischen Könige macht, dessen Abt als Primas aller Prälaten bestimmt und weitere Privilegien definiert. Genannt sei auch das unechte Privileg Karls des Großen für die Aachener Marienkirche aus der Zeit vor 1158 (DKar. 1, 295); in diesem berichtet Karl der Große über die von ihm erbaute Marienkirche, über deren Weihe durch Papst Leo III., über die Aufstellung eines königlichen Sitzes in dieser Kirche sowie über die Erhebung des Ortes zum »Haupt Galliens jenseits der Alpen« (*caput Galliae trans Alpes*) – zur »Hauptstadt« des Frankenreiches (ohne Italien) – und schließlich über jene Freiheitsrechte, die er den Einwohnern Aachens gewährt habe.

Aus der Vielzahl von karolingischen Quellen sollen drei Beispiele – eine erzählende, eine biographische und eine literarische Quelle, genauer die Reichsannalen, die Karlsvita Einhards sowie das Aachener Karlsepos – herausgegriffen und jeweils mit einer zentralen Frage der Karlsgeschichte verbunden werden, um auf diese Weise die Möglichkeiten und Grenzen der wissenschaftlichen Quellenkritik aufzuweisen.

Anmerkungen zur Literatur

Eine prägnante Übersicht zu den urkundlichen wie erzählenden Quellen liefert Th. Schieffer (HEG 1, 1976, S. 541ff. mit weiterführenden Hinweisen). Zu den Urkundenfälschungen auf Karl den Großen sind heranzuziehen die Übersicht von D. Hägermann (MGH Schriften 33,3, 1988) sowie zwei Einzelstudien von M. Groten zu den gefälschten Karlsurkunden für Aachen (ZAGV 93, 1986) u. St. Denis (HJb 108, 1988). Die ältere wie jüngere Literatur zu den Kapitularien – angefangen von F.L. Ganshofs klassischer Studie (Was waren die Kapitularien, 1955 u.ö.) bis hin zu den neueren Arbeiten finden sich aufgelistet bei A. Bühler (AfD 32, 1986) u. R. McKitterick (MIÖG 101, 1993). Zuletzt handelte über diesen Gegenstand W. Hartmann (in: 1200 Jahre Kultur 1, 1997).

Glaubwürdigkeit der Reichsannalen? Tassilo III. und Karl der Große.

Die Reichsannalen stellen die wohl bedeutendste erzählende Quelle der frühen karolingischen Epoche dar, sie gelten als der offiziöse Bericht des Karlshofes. Ihr Verfasser ist uns weder namentlich noch sonst anderweitig bekannt, er dürfte aber wohl der Hofkapelle, also dem engeren Umfeld des Herrschers, zuzurechnen sein. Seine jahresmäßig verfaßten Berichte reichen von 741 bis 829, sie sind für die ersten Jahrzehnte (unter Verwendung älterer Texte) rückblickend angelegt und ab ca. 790 zeitgleich niedergeschrieben. Mehrfach scheint es einen Verfasserwechsel gegeben zu haben, der sich nicht zuletzt an einer zunehmend höheren Latinität festmachen läßt. In den ersten Jahren nach dem Tod Karls des Großen (814) ist der gesamte Bericht bis 801 noch einmal sprachlich, weniger allerdings inhaltlich überarbeitet worden, so daß uns für einen Großteil des Gesamtwerkes eine doppelte Fassung vorliegt. Für deren redigierte Form wurde früher häufig Einhard als Verfasser genannt (*Annales qui dicuntur Einhardi*), was allerdings wohl kaum zutreffen dürfte. Wie auch immer, die Reichsannalen sind das wohl wichtigste Zeugnis der karolingischen Hofannalistik, aus deren Nachrichten immer wieder einzelne Beispiele in der kritischen Quellenkunde ausführlich diskutiert wurden, um die geschichtliche Glaubwürdigkeit ihrer Berichterstattung zu überprüfen. Erwähnt seien hier nur das Blutgericht über die Sachsen bei Verden an der Aller 782 sowie der Prozeß gegen den Bayernfürsten Tassilo III. von 788 – das eine »ein brutaler Exzeß, das andere ein Paradebeispiel für einen politischen Schauprozeß« (W. Hartmann). Die quellenkritische Diskussion des Tassilo-Prozesses und das damit verbundene Ende des Stammesherzogtums Bayern bzw. die entsprechende Darstellung in den Reichsannalen sollen hier ein wenig ausführlicher dargelegt werden.

Tassilo III. (741 – nach 794), der letzte der bayerischen Herzöge aus dem Geschlecht der Agilolfinger, hatte 748 nach dem Tod seines Vaters Odilo die Herrschaft übernommen. Nach dem Bericht der Reichsannalen leistete Tassilo 757 auf dem Maifeld in Compiègne einen Vasalleneid gegenüber König Pippin, den er nach Aussage der gleichen Quelle 763 beim Zug des fränkischen Königs gegen die Aquitanier durch Heeresflucht (*harisliz*) brach. 781 habe sich Karl der Große – so die Reichsannalen – Tassilos Treueid noch einmal erneuern bzw. 787 zu einer Lehnsübergabe Bayerns ausweiten lassen. Im Jahr darauf (788) wurde Tassilo auf dem Hoftag in Ingelheim wegen der Fahnenflucht von 763, also wegen seiner Eidbrüchigkeit und wegen seiner konspirativen Verbindung zu den Awaren, vor Gericht gestellt und zum Tode verurteilt – eine Todesstrafe, die Karl in eine lebenslängliche Klosterhaft umwandelte. Soweit der Bericht der Reichsannalen. Der Auftritt Tassilos auf der Frankfurter Synode 794, als dieser für sich und seine Familie auf seinen Besitz und sein Stammesherzogtum verzichtete, findet in den Reichsannalen keinen Eintrag mehr.

Diese gängige Sicht der Dinge ist in jüngerer Zeit entscheidend revidiert worden, als Peter Classen (1977) den angeblich vasallitischen Eid Tassilos von 757, der bis dahin als der älteste überlieferte Vasalleneid angesehen wurde, lediglich als einen Treueid herausarbeitete und dessen vasallitische Ausrichtung als eine spätere Deutung der Reichsannalen nach dem Tassiloprozeß von 788 hinstellte. Auf diesem Weg sind Lothar Kolmer (1980) und Matthias Becher (1993) weiter gegangen. Heute gilt der Bericht der Reichsannalen zu Tassilos Heeresflucht von 763 als glatte Fälschung und die in den Reichsannalen nach 790 dargestellte Tassilogeschichte als der offiziöse Versuch, die Rechtmäßigkeit des Vorgehens Karls gegen Tassilo und die gewaltsame Übernahme des Stammesherzogtums Bayern als verfassungsgemäß erscheinen zu lassen. Mit anderen Worten: alle Berichte über Tassilo III. in den Reichsannalen sind ex post nach dessen Absetzung von 788 entstanden und in einer folgerichtigen Konstruktion aufeinander bezogen. Für Matthias Becher verfolgte der karolingische Annalist mit dieser verfälschenden Darstellung nicht allein das Ziel, die Usurpation des bayerischen Dukats durch Karl den Großen nachträglich zu rechtfertigen, sondern auch die Absicht, exemplarisch das Verhältnis zwischen König und Adel zu verdeutlichen. Der ereignisgeschichtliche Quellenwert der Reichsannalen erfährt mit diesem Forschungsergebnis zwar eine deutliche Minderung, gleichzeitig erhöht deren Bericht aber geradezu ihren Wert als verfassungsgeschichtlich bedeutsame Aussage, die etwas mit der Politik Karls des Großen am Ende des 8. Jahrhunderts zu tun hat. Trifft dies zu, dann ist es von untergeordneter Natur, ob dem Bericht der Reichsannalen eine Art Anklageschrift zugrunde lag, die das Urteil von 788 ausführlich begründete, oder ob der Text der Reichsannalen eine nachträgliche Rechtfertigung des Prozesses wiedergibt, die offenbar in den Hofkreisen zirkulierte.

Diese neuere Einschätzung der Tassilogeschichte sowie der fränkischen Reichsannalen als ihrer Hauptquelle – entsprechende agilolfingische Annalen sind nicht überliefert und eine Tassilo-Vita ist verloren gegangen – läßt sich noch präziser nachzeichnen. Die Reichsannalen erwähnen den letzten Bayernherzog Tassilo III. an sechs Stellen ihrer Jahresberichte: 748, 757, 763, 781, 787 und 788. Für das Jahr 748 sprechen sie von einer lehnrechtlichen Übertragung Bayerns durch den Frankenherrscher Pippin an den Bayernherzog Tassilo: *Tassilonem (...) conlocavit per suum beneficium*. Bedeutet *beneficium* hier Wohltat oder Lehen? Handelt es sich hier um einen unbewußten Anachronismus oder eine tendenziöse Verfälschung? Deutlicher werden die Reichsannalen in ihrem Bericht zu 757, indem sie eine lehnrechtliche Unterordnung Tassilos unter Pippin genauer schildern, ja eine vasallitische Kommendation in drei Schritten beschreiben: den Handgang, zahlreiche Treueide unter Handauflegung auf heiligen Reliquien und schließlich die Treueleistung für König Pippin und seine Söhne. Diese lehnsmäßige Unterwerfung Tassilos wird allein in den Reichsannalen bzw. in den sogenannten Einhardannalen erwähnt, die anderen fränkischen Quellen, wie beispielsweise die Metzer und die Lobbienser-Annalen oder auch das Chronicon Vedastinum, sprechen lediglich von einem Treueid Tassilos. Die sogenannte Fortsetzung Fredegars, verfaßt von Nibelung, einem Vetter König Pippins, weiß zu 757 von Tassilo überhaupt nichts zu berichten. Nimmt man noch hinzu, daß Tassilo am 9. Mai 757 eine in Freising ausgestellte Urkunde eigenhändig firmierte und die Wegstrecke von Freising nach Compiègne mehr als 1000 km betrug, für die Tassilo mit seinem Heer sicherlich weit über 20 Tage an Reisezeit brauchte, dann dürfte er die in der zweiten Maihälfte in Compiègne tagende Versammlung, die nach anderen Quellenzeugnissen bereits am 23. Mai beendet war, gar nicht mehr erreicht haben. Für Matthias Becher liegt es deshalb näher, daß der Bayernherzog Tassilo 757 in Compiègne weder einen Lehns- noch einen Treueid geleistet hat und wahrscheinlich überhaupt nicht dort anwesend war. Gegen eine vasallitische Kommendation sprechen nach Becher neben den »zeittechnischen« Gründen auch sachliche Überlegungen. Denn eine solche Lehnsunterwerfung hätte den gerade mündig gewordenen Tassilo vor den Großen seines Landes für alle sichtbar erniedrigt, der bayerische Dukat hätte eine andere staatsrechtliche Bindung an das Frankenreich bekommen und wäre zum Reichsgebiet geworden. Selbst ein eigener Treueid wäre völlig unnötig gewesen, weil der Bayernherzog nach seinem Stammesrecht, der *Lex Baiuvariorum,* zur Treue gegenüber dem Frankenkönig verpflichtet war.

Mit der nächsten Tassilo-Notiz zum Jahre 763 bezichtigen die Reichsannalen den Bayernherzog der Heeresflucht auf dem Feldzug Pippins gegen die Aquitanier in Nevers sowie eines Eidbruches (*postposuit sacramenta et omnia quae promiserat*). Bösartig und arglistig soll Tassilo gehandelt haben – Negativqualifizierungen, die später in die sogenannte Arglist-Klausel des ersten karolingischen Treueides im Jahr 789 eingegangen sind, den Karl der Große von allen seinen Untertanen ab dem 12. Lebensjahr verlangte. Eine Treueidaktion, die wohl mit dem Sturz Tassilos 788 in Zusammenhang stehen dürfte, wie wir noch sehen werden. Da die anderen Quellen – wie etwa die Fortsetzung Fredegars, die

Pippins Sieg über Aquitanien feiert, oder auch ein Brief Papst Pauls I. (757–767) an Pippin von ca. 766, der von einem päpstlichen Vermittlungsversuch zwischen Pippin und Tassilo spricht – keine näheren Informationen liefern, dürfte Tassilo nach heutiger Forschungsmeinung wohl kaum die ihm unterstellte Fahnenflucht begangen haben. Eher schon dürfte er die Heerfolge zum Aquitanienfeldzug verweigert haben, zu der er nach dem bayerischen Stammesrecht verpflichtet war, und in Bayern geblieben sein.

Nach 763 berichten die Reichsannalen, von zwei kurzen Bemerkungen zu 764 und 778 abgesehen, 18 Jahre lang nichts mehr von Tassilo III. Erst 781 mit der Eideswiederholung Tassilos in Worms, dann 787 mit dessen Eintritt in die Vasallität Karls des Großen und schließlich 788 mit dem Prozeß und der Verurteilung Tassilos in Ingelheim beginnt die zweite Berichtsstrecke über den letzten Bayernherzog, jetzt über dessen Auseinandersetzung mit Karl dem Großen.

781 schien dem Frankenkönig der Zeitpunkt gekommen, die Stellung des Stammesherzogtums Bayern innerhalb des Frankenreiches definitiv zu klären. Von Rom aus, wo seine beiden jüngeren Söhne Pippin und Ludwig der Fromme getauft und zu Königen von Aquitanien bzw. der Langobarden erhoben und andere politische Fragen geklärt worden waren, wurde eine päpstlich-fränkische Gesandtschaft an den herzoglichen Hof nach Regensburg geschickt, um Tassilo an die dem Frankenkönig seinerzeit geleisteten Eide zu erinnern. Der Bayernherzog kam diesem Eideswunsch auf dem Wormser Hoftag im gleichen Jahr auch nach, so berichten es jedenfalls die Reichsannalen und auch nur diese, allerdings nicht ohne am Ende zu bemerken, daß Tassilo die Eide, die er geschworen, nicht lange gehalten habe.

Die Beziehungen zwischen dem Frankenkönig und dem Bayernherzog müssen sich im Laufe der 80er Jahre deutlich verschlechtert haben. 787 erwähnen die Reichsannalen eine bayerische Delegation in Rom, wo sich auch Karl der Große befand. Hadrian I. sollte zwischen Tassilo und dem Frankenkönig vermitteln, konnte aber ein konkretes Friedensangebot nicht verwirklichen. Offenbar nicht autorisiert, wollten Tassilos Boten sich nicht auf das päpstliche Angebot einlassen, so daß der Papst den Bayernherzog bei weiterer Weigerung für alle Folgen verantwortlich machte. Für Peter Classen war dieses päpstliche Eingreifen in einen rein politischen Konflikt, der die Kirche nicht direkt betraf, ungewöhnlich und die Bannandrohung Hadrians I. an Tassilo der erkennbare Beginn seines Endes. Denn Karl konnte nunmehr schärfer gegen den Bayernherzog vorgehen, was er auch tat, indem er nach seiner Rückkehr aus Rom diesen wiederum zu einem Hoftag nach Worms einlud, Tassilo jedoch nicht erschien und Karl ihn militärisch angriff. Gegen Karls militärische Übermacht vermochte der Bayernherzog nicht zu bestehen, er unterwarf sich deshalb und kommendierte sich am 3. Oktober 787 in die Hände des Frankenkönigs, unter Rückgabe des einst von Pippin erhaltenen Stammesherzogtums: *Tassilo (...) tradens se manibus in manibus domni regis Caroli in vassaticum et reddens ducatum sibi commissum a domno Pippino rege.* Der Bayernherzog – so die Reichsannalen – habe seine Fehler eingesehen und eingestanden, den Treueid erneuert sowie zwölf Geiseln gestellt, mit seinem Sohn Theodo an der Spitze. Da mehrere unabhängige erzählende Quellen diese vasallitische Unterwerfung Tassilos ebenfalls berichten, dürfte die hier vollzogene Kommendation des Bayernherzogs tatsächlich stattgefunden haben, allerdings als erste Kommendation und nicht, wie man nach den Reichsannalen annehmen muß, als die zweite.

788 folgten dann der Prozeß und die Verurteilung Tassilos III. in Ingelheim, wo die eigenen Landsleute Anklage gegen ihn erhoben und ihm Treuebruch, Anstiftung zum Meineid sowie arglistiges Verhalten vorwarfen. Dazu – so die Reichsannalen – sei der Bayernherzog durch seine langobardische Frau Liutperg angestiftet worden. Auch habe Tassilo nicht leugnen können, Boten zu den Awaren geschickt und königlichen Vasallen nach dem Leben getrachtet zu haben. Schließlich erinnern sich die auf dem Ingelheimer Hoftag versammelten Franken, Bayern, Langobarden und Sachsen, daß der Bayernherzog 763 das Heer Pippins verlassen, also Heeresflucht (*quod theodisca lingua harisliz dicitur*) begangen habe, worauf er zum Tode verurteilt, dann aber auf Bitten Karls tonsuriert und in ein Kloster verwiesen wird. Auch hier ist die Quellenlage ähnlich wie bei den bisherigen Berichten: die Reichsannalen unterscheiden sich von den übrigen Nachrichten, den unabhängigen Annalen und Chroniken wie etwa den Murbacher Annalen aus dem Oberelsaß oder den alemannischen Zeugnissen wie den *Annales Nazariani*. Letztere sprechen von der Verurteilung, Begnadigung und Zwangstonsurierung Tassilos, nicht aber von dem Delikt der 763 angeblich begangenen Fahnenflucht. Eine Möglichkeit der Verteidigung scheint Tassilo nicht gehabt zu haben. Auch wurde nicht allein er geschoren und in das Kloster Jumièges nahe Rouen verbannt, sondern ebenfalls wurden seine Frau und seine Kinder in Klosterhaft genommen. Bayern war herrenlos geworden, und Karl der Große konnte das Herzogtum nunmehr scheinbar rechtmäßig in sein Frankenreich eingliedern.

Es ergibt sich demnach, daß die Jahresberichte der Reichsannalen zu 757 und 763 über Tassilos angebliche Kommendation und Fahnenflucht offensichtlich gefälscht sind und deren Berichte zu 781, 787 und 788 vom Prozeß und der Verurteilung Tassilos her gesehen und geschrieben wurden, um das Vorgehen des Frankenkönigs als rechtmäßig hinzustellen. Matthias Becher hat zeigen können, daß es bei dieser Sicht der Dinge nicht allein um Tassilo und Bayern ging, sondern um das Verhältnis des Herrschers zu den Großen des Reiches, das am Beispiel des Bayernherzogs verdeutlicht werden sollte. Der Adel des Reiches sollte dem Herrscher wie Tassilo als Vasall untergeben sein. Becher wörtlich: »Der Reichsannalist formulierte hier exemplarisch das Verhältnis zwischen König und Adel«, was sich an dem Treueidformular Karls des Großen von 789 zeige, das mit seiner Kommendationsformel und seiner Arglistklausel dem Vasalleneid Tassilos von 787 nachgebildet ist. Diese Eidesform ist dann um 790 von den Reichsannalen zum Zeitpunkt ihrer Abfassung für die Darstellung über den Bayernherzog in die Herrschaftszeit Pippins und in die Jahre 757 und 763 zurückverlegt worden, um von dort aus das Vorgehen Karls als gerecht erscheinen zu lassen. Vasallitische Verpflichtung, militärischer Gehorsam und eine daraus resultierende Unterordnung des Adels sind demnach die verbindenden Elemente, die den Sturz Tassilos III. und dessen rechtliche Begründung sowie die Treueidaktion von 789 innerlich miteinander verknüpfen. Eine wahrlich merkwürdige Umdeutung des Tassilo-Prozesses sowie des Endes vom Stammesherzogtum Bayern. Die Reichsannalen erweisen sich auf diese Weise als ein wirklich offiziöser Bericht des Karlshofes.

Anmerkungen zur Literatur

Für die erzählenden Quellen der Tassilogeschichte gelten die folgenden Hinweise: Die Reichsannalen als die hier wichtigste Quelle sind in der lat.-dt. Edition der Frh. v. Stein Gedächtnisausg. 5 (1955), hg. v. R. Rau, einzusehen. Für die Königszeit Pippins bietet der sog. Continuator Fredegarii eine von den Reichsannalen abweichende Sicht; auch für diese ebenfalls offiziöse Quelle gibt es eine zweisprachige Edition in den »Quellen z. Gesch. d. 7. u. 8. Jh.«, hg. v. H. Haupt (1982). Heranzuziehen sind auch die sog. Kleinen Annalen (MGH SS 1, 1826), von denen im Text die Murbacher Annalen (aus dem Oberelsaß) und die *Annales Nazariani* (alemannischer Herkunft) zitiert sind. Für die Papstbriefe der frühen Karolingerzeit ist wichtig der Codex Carolinus, den Karl der Große hatte zusammenstellen lassen (MGH Epp. Karol. 3,1, 1892). Wertvoll ist nicht zuletzt die bayerische Perspektive, erhalten etwa in der Vita des Abtes Sturmi von Fulda, die von seinem dritten Nachfolger Eigil um 800 verfaßt wurde (hg. v. P. Engelbertz 1968), oder auch in der frühnz. Bayerischen Chronik des Hofhistoriographen Johannes Turmair, genannt Aventinus († 1534), der ersten quellenmäßigen Darstellung der bayerischen Geschichte, die älteres, heute verlorenes Material enthält; vgl. dazu A. Kraus (Fs. U. Spindler, 1969). Den Anfang einer kritischen Betrachtung der Quellennachrichten in den Reichsannalen zum Prozeß Tassilos III. und zum Ende des Stammesherzogtums Bayern machte P. Classen (Ausgew. Aufsätze 1983, S. 231–248). Diesen kritischen Ansatz haben dann aufgenommen und weitergeführt L. Kolmer (ZBLG 43, 1980) und vor allem M. Becher in seiner Dissertation zum Herrschaftsethos Karls des Großen (1993). Eine prägnante Zusammenfassung des Tassiloprozesses und seiner Darstellung in den Reichsannalen liefert aufgrund der neuesten Forschungsergebnisse R. Schieffer (in: QAmrhKG 80, 1997). Eine eher herkömmliche Bewertung des Tassiloprozesses im Bericht der Reichsannalen hat Ph. Depreux (RH 293, 1995) vorgenommen. Jüngere Überblicksdarstellungen finden sich in den Frühgeschichten Österreichs bei H. Wolfram (1987), bei L. Kolmer (1990) sowie in der Habilitationsschrift von J. Jahn (1991). Dargestellt ist dieses Tassilothema auch in der ms. Aachener Magisterarbeit (1998) von B. v. Langen-Monheim zum Ende des Stammesherzogtums Bayern, deren Kurzfassung veröffentlicht ist (in: Verschleierter Karl 1999, S. 55–67).

Einhards »Vita Karoli Magni« und Karls ›Kaisertum wider Willen‹

Einhards Karlsvita aus dem frühen 9. Jahrhundert gilt heute immer noch als glaubwürdige Quelle und als ein bewundernder Rückblick, als ein berühmtes literarisches Denkmal. Für den Heidelberger Mittelalterforscher Walter Berschin ist sie »das einzige Stück mittelalterlicher Biographie, das bislang ›Weltliteratur‹ geworden ist: über den Kreis der Spezialisten hinaus ein geistiger Besitz vieler«. Trotz des »antikischen Schimmers« (P. Lehmann), der durch die enge Anlehnung an die Kaiserbiographien Suetons (Anfang 2. Jahrhundert) auf Einhards *Vita Karoli Magni* gefallen und über Karls Figur gekommen ist, dürfte es Einhard gelungen sein, gegenüber den bisher gängigen Heiligenviten ein neues Muster der Lebensbeschreibung gefunden und auf diese Weise die mittelalterliche Herrscherbiographie begründet zu haben. Auch kritische Untertöne gegenüber seiner eigenen Gegenwart sollen Einhards Karlsvita »in ihrer schlichten Diktion und konkreten Ausführlichkeit« (Th. Schieffer) nicht fremd sein. Man wird deshalb Leopold von Ranke zunächst zustimmen wollen, der meinte:

> »Einhard hatte das unschätzbare Glück, in seinem großen Zeitgenossen den würdigsten Gegenstand historischer Arbeit zu finden; indem er ihm, und zwar aus persönlicher Dankbarkeit für die gei-

stige Pflege, die er in seiner Jugend von ihm genossen, ein Denkmal stiftete, machte er sich selbst für alle Jahrhunderte unvergeßlich.«

Über das Leben und Werk dieses Karlsbiographen lassen sich die gesicherten Daten schnell zusammenstellen: Einhard wurde um 770 in der Maingegend geboren, im Kloster Fulda ausgebildet, vom dortigen Abt Baugolf (779–802) wohl 794 an den Hof Karls des Großen geschickt; er ist dort als Schüler Alkuins bezeugt und schon bald als Mitglied des engeren Hofkreises nachweisbar. Mit Alkuins Weggang nach Tours wurde Einhard »die beherrschende Figur der (Aachener) Hofschule« (J. Fleckenstein), ausgezeichnet durch *prudentia* (Klugheit) und *probitas* (Rechtschaffenheit). Belesen in den Autoren der lateinischen Antike, in Vergil genauso wie in Vitruv, bewandert in der Baukunst, erhielt er in Karls Gelehrtenkreis den Beinamen des Werkmeisters der biblischen Stiftshütte, »Beseleel«, und bekam die Bauleitung der Aachener Pfalz übertragen. 806 hatte er in Rom die päpstliche Zustimmung zur geplanten Reichsteilung (*divisio regnorum*) einzuholen und 813 war er der Wortführer der fränkischen Großen, die Karl den Großen aufforderten, seinen Sohn Ludwig zum Mitkaiser zu erheben. Möglicherweise war er auch an der Abfassung von Karls Testament beteiligt, das allein in seiner Karlsvita (c. 33) überliefert ist. Unter Ludwig dem Frommen wurde Einhard Erzieher und Berater von dessen ältestem Sohn Lothar I. und hat für diese Dienste bedeutende Abteien und Kirchen übertragen bekommen, so etwa St. Servaas in Maastricht. In der Auseinandersetzung um die Einheit des Reiches in den 20er Jahren hat er schließlich zwischen dem Vater und den Söhnen zu vermitteln versucht, sich dann aber wegen offenkundiger Erfolglosigkeit immer mehr aus den politischen Geschäften zurückgezogen. Zunächst ging er daraufhin in den Odenwald nach Michelstadt, wo er im nahegelegenen Steinbach eine noch heute erhaltene Basilika errichten ließ, die zu den wenigen unverfälscht erhaltenen karolingischen Kirchen gehört. Später wechselte er in den Maingau, wo er in Mühlheim am Main eine Abtei gründete, in der sich auch die von ihm selbst 827 in Rom besorgten Reliquien der Heiligen Marcellinus und Petrus befinden, deren Erwerb und Transport er in seiner *Translatio et miracula SS. Marcellini et Petri* beschrieben hat. In diesem Kloster Seligenstadt ist Einhard dann am 14. März des Jahres 840 gestorben.

Von den Werken Einhards – genauer von dem genannten Translationsbericht, von einigen kleineren spirituellen Schriften, von einer Briefsammlung aus den 20er und 30er Jahren sowie von der Karlsvita –

hat vor allem die letztere seinen späteren Ruhm als Historiograph begründet. Mit ihren gut 100 Textzeugen, von denen die ältesten bis in die zweite Hälfte des 9. Jahrhunderts zurückreichen, hat sie das Bild Karls des Großen in der Nachwelt weitgehend bestimmt und geprägt. Die Mittelalterforschung hat diese *Vita Karoli Magni* immer wieder analysiert und diskutiert: ihren Inhalt und ihre Überlieferung, ihre Vorlagen und ihre Quellen, ihre Entstehung und frühe Wirkung, ihre politische Gesamttendenz und ihre historische Bedeutung.

Der gelehrte Abt Lupus von Ferrières († nach 862), der sich um 830 als Gaststudent im Kloster Fulda aufhielt, hat in einem Brief an Einhard aus seiner Studienzeit dessen Karlsvita hoch gelobt, deren besondere Wortverbindungen (*raritas coniunctionum*) genauso wie deren elegante Bedeutungen (*elegantia sensuum*). Wenig später hat Walahfrid Strabo († 849), Benediktinermönch auf der Reichenau, Einhards Karlsbiographie in Kapitel eingeteilt, mit Überschriften versehen (*tituli et incisiones*) sowie mit einer Einleitung (*accessus ad auctorem*) ausgestattet. In dieser wird das Leben des an Statur kleinen Einhard (*homuncio*) kurz skizziert und dessen Karlsvita mit folgenden Worten charakterisiert: »man wisse nur, daß er der Liebe seines Förderers [Karl] ein besonderes Lob schuldete, der Wißbegier des Lesers aber die klare Wahrheit« (*veritas perspicua*). In diese Reihe einer frühen Wertschätzung gehören schließlich die beiden Biographen Kaiser Ludwigs des Frommen – Thegan und Astronomus – die noch in den 30er Jahren des 9. Jahrhunderts die *Vita Karoli Magni* benutzten, oder auch Notker von St. Gallen († 912), der 50 Jahre später in seinen Karlsgeschichten (*Gesta Karoli Magni*) Einhards Vorgabe belehrend und unterhaltend ergänzte. Hinzu kommt schließlich jener unbekannte sächsische Dichter des späten 9. Jahrhunderts, hinter dem man einen Mönch des Klosters Corvey vermutet und der in rund 2000 Hexametern Karl den Großen unter Vorlage von Einhards Text panegyrisch feierte, nicht zuletzt als Apostel der Sachsen.

Dieser bedeutende Rang ist der Karlsvita auch in der modernen Quellenkritik zugewiesen worden, wenn etwa Max Manitius von der »besten mittelalterlichen Biographie« oder Heinz Löwe von der »individuellen Treffsicherheit« eines »monumentalen Herrscherbildes« sprachen. Andererseits hat aber kein Geringerer als Leopold von Ranke auch deutliche Vorbehalte an der geschichtlichen Zuverlässigkeit von Einhards Karlsvita angemahnt, wenn er schrieb: »Das kleine Buch ist voll von historischen Fehlern (...). Nicht selten sind die Regierungsjahre falsch angegeben (...) Namen der Päpste werden verwechselt, die

Gemahlinnen sowohl wie die Kinder Karls des Großen nicht richtig aufgeführt; es sind so viele Verstöße zu bemerken, daß man oft an der Echtheit des Buches gezweifelt hat, obwohl sie über alle Zweifel erhaben ist«.

Dieses kompetente wie einschränkende Urteil Rankes ist immer wieder mit einem weiteren Vorbehalt verbunden worden, so vor allem mit der bis in den Wortlaut reichenden Übernahme von Suetonzitaten aus dessen Kaiserviten, insbesondere aus dessen Biographie des Kaisers Augustus. Von den drei Teilen der *Vita Karoli Magni* – dem Tatenbericht über die innere und äußere Politik (cc. 5–17), über Karls Lebenswandel und geistige Aktivitäten (cc. 18–25) sowie über Reichsverwaltung und Lebensende (cc. 26–33) – ist der zweite stark an Sueton angelehnt. Dies kann, wie bereits erwähnt, an Einhards Beschreibung von Karls äußerer Erscheinung leicht verdeutlicht werden: an seiner großen Statur, seinem grauen Haar, seinem runden Kopf, seinen lebhaften Augen, seiner langen Nase, seinem feisten und kurzen Nacken, seinem kleinen Bauch, seiner hellen Stimme (c. 22). Einzelne Kennzeichen sind den im Mittelalter häufig negativ eingeschätzten Tiberius-, Caligula-, Nero- und Titusviten entnommen. Bereits um 1600 ist die Suetonabhängigkeit von dem Genfer Altphilologen Isaac Casaubon aufgedeckt und danach oft thematisiert worden – Sueton als Vermittler biographischer Muster und Sichtweisen (Ph. Jaffé u. S. Hellmann) bzw. umgekehrt Einhards Karlsvita als »la treizième vie des Césars« (L. Halphen), als zwar exzellente Antikenimitation, aber weniger als authentische Biographie (W. Berschin).

Eine jüngere quellenkritische Äußerung stammt von dem Mediävisten Gunther Wolf, der vor dem Hintergrund der vielstimmigen Einharddebatte nochmals dessen »hofhistoriographischen Euphemismus«, dessen »beredtes Schweigen« an einigen ausgewählten Beispielen erläutert: an Einhards »gewollter Karikatur« der späten Merowingerkönige (c. 1), an Karlmanns des Älteren geschönter Resignation 748 (c. 2), an Einhards Schweigen über Karls Geburt und Jugend und an manchem anderen mehr.

> »In diesen Dingen erweist sich die *Vita Karoli Magni* Einhards als genuiner Teil der karolingischen Hofhistorie, die etwa seit der Mitte des 8. Jahrhunderts einsetzt und oft mit der Realität der historischen Abläufe zugunsten der Herrschenden recht ›großzügig‹ umgeht.« (G. Wolf)

Anders dagegen stehe es mit der eigentlichen Vita Karls, mit den Einzelbezügen zu seiner Person und Politik und nicht zuletzt mit Karls Äußerung zur Kaiserkrönung im Jahre 800, also mit jenen »Schlaglichtern, die einen Blick durch den Vorhang« erlauben würden und wohl als authentisch anzusehen seien. Hier liege der eigentliche Wert der Karlsvita.

Somit dürfte auch Einhards Einschätzung zum Kaisertum Karls des Großen, das vielzitierte und oft diskutierte Wort von Karls anfänglichem Widerwillen gegen das *nomen imperatoris*, einer besonderen Analyse wert sein. Beginnen wir mit der genauen Textstelle der Karlsvita (c. 28):

> »Seine letzte [Rom]reise hatte nicht allein darin [d.h. in der Verehrung und Fürsorge für die römische Kirche] ihren Grund, sondern sie wurde auch dadurch veranlaßt, daß Papst Leo durch die vielen Mißhandlungen, die er von seiten der Römer erlitten hatte, indem sie ihm nämlich die Augen ausrissen und die Zunge abschnitten, sich genötigt sah, den König um Schutz anzuflehen. Er kam also nach Rom und brauchte daselbst den ganzen Winter, um die Kirche aus der überaus großen Zerrüttung, in die sie verfallen war, zu reißen. Damals war es, daß er den Titel des Kaisers und Augustus [*imperatoris et augusti nomen*] empfing. Dieser war ihm zunächst so zuwider, daß er versicherte, er würde an jenem Tag, obwohl es ein hohes Fest war, die Kirche nicht betreten haben, wenn er des Papstes Absicht hätte ahnen können. Die Eifersucht der oströmischen Kaiser [*Romani imperatores*], die ihm die Annahme des Kaisertitels sehr verübelten, trug er mit erstaunlicher Gelassenheit [*patientia*], denn in dieser Beziehung stand er ohne jede Frage weit über ihnen, wußte er doch ihren Widerstand mit Großmut [*magnanimitas*] zu überwinden, indem er häufig durch Gesandtschaften mit ihnen verkehrte und sie in seinen Briefen als Brüder anredete.«

Für den Mediävisten Peter Classen, dem wir die heute gültige Deutung dieser Einhardpassage verdanken, stellte das berühmte 28. Kapitel von Einhards Karlsvita die Hauptschwierigkeit unter den schriftlichen Quellen zur Kaisererhebung im Jahre 800 dar. Lange nach den römischen Ereignissen abgefaßt, unbestritten in ihren Irrtümern wie in ihrer literarischen Qualität biete die *Vita Karoli Magni* alles andere als eine Erzählung der Vorgänge, sondern vielmehr die Hervorhebung bestimmter Gesichtspunkte, die aber gerade wegen des geistigen Ranges des

Autors und seiner persönlichen Nähe zum Herrscher ein besonderes Gewicht besäßen. Um diese Besonderheiten herauszufinden, muß man sich nach Ansicht Classens klarmachen, daß vom Kaisertum im ersten und weitgehend auch im zweiten Teil der Karlsvita keine Rede ist. Weder bei der Darstellung von Karls Politik noch bei seiner Vergrößerung des Reiches wird das *nomen imperatoris et augusti* erwähnt. Erst beim Übergang in den Schlußteil komme Einhard auf die römischen Vorgänge zu sprechen. Hier gehe es um Karls Einsatz für die *religio christiana* (c. 26), um seine Unterstützung der Armen und seine besondere Verehrung für die Kirche des hl. Petrus in Rom, um die Päpste und die Stadt Rom. Diese hohe Wertschätzung hat Karl nach Einhards Worten durch seinen viermaligen Rombesuch (774, 781, 787 und 800/801) bekundet. Bei dem letzten dieser Rombesuche hat er den *status ecclesiae* wieder hergestellt und den Kaisernamen angenommen, was in Byzanz eine große Mißgunst hervorrief, die Karl aber mit Geduld und hohem Sinn überwand. Classens Fazit: in der Königsbiographie Einhards dient Karls Kaisertum am Ende als Belegbeispiel für dessen große Herrschertugenden, als moralisches Exempel von *patientia* (Gelassenheit) und *magnanimitas* (Großmut).

Mit dieser Interpretation Classens rücken alle älteren Erklärungen von Karls angeblichem Kaisertum wider Willen in den Hintergrund. Diese hatten vom Überraschungseffekt gesprochen, vom zeremoniellen Bescheidenheitstopos, von dem Anstoß, den Karl an dem Kaisertitel (*imperator Romanorum*), an der Reihenfolge der Einzelhandlungen (Krönung, Akklamation und Laudes) und an dem Papst als Kaisermacher oder auch an dessen Adoration genommen habe – Hinweise, von denen Einhard schweigt. Entscheidender und wichtiger für dessen adäquates Verständnis ist der Gesamtcharakter seiner Karlsvita als Königsbiographie, der Ort seiner römischen Erzählung im Schlußteil der *Vita Karoli Magni* sowie die literarische Ausrichtung seiner Beschreibung. »Ein wohlgefügtes literarisches Bild, aber keine Schilderung der Vorgänge«, wie Classen abschließend meint.

Wenn man diese konsistente Deutung von Einhards 28. Kapitel, von Karls Kaisertum als einer mehr akzessorischen Würde, die insbesondere den Papst und die Stadtrömer in nachgeordneter Rolle sieht, nunmehr einbezieht in die Frage nach der Entstehung und politischen Tendenz der Einhardschen Karlsbiographie, dann schließt sich der Kreis unserer quellenkritischen Überlegung. Denn nach der jüngsten, von Karl Heinrich Krüger vertretenen Forschungsmeinung dürfte die Karlsvita in den frühen 20er Jahren des 9. Jahrhunderts bis spätestens

823 entstanden sein. War damit eine indirekte Kritik an Ludwig dem Frommen bzw. ein antiklerikales Programm gegen die monastische Überwucherung der herrscherlichen Eigenständigkeit formuliert, wie dies Martin Lintzel und Helmut Beumann bereits früher angenommen hatten – eine Kritik, die insbesondere gegen den geistlichen Mentor Ludwigs des Frommen, gegen Benedikt von Aniane († 821), den Abt von Kornelimünster bei Aachen, gerichtet war?

Überträgt man diesen Zeitansatz und diese Ausrichtungsthese auf die Frage nach dem »Kaisertum wider Willen«, dann ergeben sich aus der frühen Herrschaftszeit Ludwigs des Frommen mancherlei Bezugspunkte, die zu der geschilderten Zurückhaltung in Einhards Bericht über Karls Kaisertum gut passen bzw. diese gut erklären dürften. Als Beispiel diene etwa Ludwigs des Frommen frühe Beziehung zum Papsttum bis zum Jahre 817. Hier ging es einerseits um die rechtliche Stellung des Kaisers in Rom, die nach wie vor ein ungelöstes Problem darstellte, weil Karl der Große zum Leidwesen der Päpste Hadrian I. und Leo III. die politische Hoheit über Rom beansprucht hatte. Geregelt wurde diese Frage im *Pactum Ludovicianum*, in der Urkunde Ludwigs des Frommen für die römische Kirche, in der ersten erhaltenen Verbriefung des Kirchenstaates von 817. Der Kirchenstaat erhielt darin die volle Selbstregierung unter kaiserlichem Schutz zugestanden sowie die Unabhängigkeit gegenüber dem italischen Unterkönigtum der Karolinger verbrieft. Zum anderen hatte sich Ludwig der Fromme im Oktober 816 in Reims mit Papst Stephan IV. (816–817) getroffen, wo der Kaiser mit seiner Gemahlin Irmingard am Sonntag, dem 5. Oktober 816 gesalbt und gekrönt wurde. Der karolingische Dichter Ermoldus Nigellus berichtet uns um 830, daß die kostbare Krone, die der Papst mitgebracht und eingesetzt hätte, die alte Krone Konstantins gewesen sei, mit der wohl im Sinne der Konstantinischen Schenkung die päpstliche Oberhoheit über den lateinischen Westen angedeutet werden sollte. Wie immer man diese Vorgänge deuten will – als Rückzug des Kaisers aus Rom, als Ausdruck einer vergeistlichten Herrschaft, als weiteren Präzedenzfall eines papstabhängigen Kaisertums – entscheidend ist, daß diese Reimser Krönung in Ergänzung oder Gegensatz zu der Aachener Krönung vom 11. September 813 stand. Dort war Ludwig der Fromme durch seinen Vater Karl den Großen als Coronator nach byzantinischem Vorbild zum Mitkaiser erhoben worden, eine Mitregentschaft, die Einhard im Namen der fränkischen Großen angemahnt hatte. Der Papst jedenfalls spielte bei dieser Aachener Zeremonie keine Rolle, was offenbar ganz zu der Auffassung

Karls vom Kaisertum paßte und auch zu Einhards Darstellung von dessen Kaisererhebung im Jahre 800.

ANMERKUNGEN ZUR LITERATUR

Über Einhards Leben und Werk informiert präzise Wattenbach-Levison, Deutschlands Geschichtsquellen im Ma. 2, 1953, S. 266–280; ähnlich auch J. Fleckenstein, LMa 3 (1986) Sp. 1737 ff. Die jüngste Übersicht der aktuellen Einharddebatte liefert der Sammelband des Einhardkolloquiums von 1995 (hg. v. H. Schefers, 1997, mit einer umfangreichen weiterführenden Literaturliste, S. 341–414); darin auch der erwähnte quellenkritische Beitrag von G. Wolf (S. 311–321); vgl. dazu die Rezension DA 54 (1998), S. 765ff. Zu Einhards Karlsvita haben sich in jüngerer Zeit geäußert U. Penndorf, (Kröner 379, 1997) S. 135ff. sowie W. Berschin (Quellen u. Unters. z. lat. Philol. d. Ma. 10, 1991, S. 199–220); dort auch Hinweise auf die beiden kritischen Ausgaben der Karlsvita von O. Holder-Egger (^{6}1911) u. L. Halphen (^{3}1947); vgl. zudem die bereits angeführte lat.-dt. Edition von E. Scherabon-Firchow (reclam 1996, 1997). Die näheren bibliographischen Angaben zu den zitierten Autoren I. Casaubon, Ph. Jaffé und S. Hellmann finden sich in dem genannten Beitrag von W. Berschin (S. 216f.). Die wörtlichen Zitate von L. v. Ranke stehen in dessen Abhandlung zur Kritik fränkisch-deutscher Reichsannalisten (Werke 51/52, 1888, S. 95–149, insbes. S. 97). Zur Entstehungszeit der Karlsvita ist jetzt heranzuziehen K.H. Krüger (FMSt 32, 1998); zu deren politischer Tendenz hatten sich bereits M. Lintzel (Fs. R. Holtzmann, 1933 = ausgew. Schriften 2, 1961) und H. Beumann (in: ders., Ideengeschichtliche Studien 1962) geäußert. Vgl. zur Entstehungs- und Verbreitungsgeschichte der Karlsvita demnächst M. Tischler (MGH Schriften 48, im Druck). – Die Deutung des c. 28 der *Vita Karoli Magni* stammt aus P. Classens weiter oben zitiertem Buch zum Kaisertum Karls des Großen (^{2}1988); vgl. dazu auch die Zusammenfassung von D. Lindges (in: Verschleierter Karl 1999, S. 79–89). Die politischen Ereignisse der Anfangsjahre Ludwigs des Frommen sind jetzt dargestellt und gedeutet bei E. Boshof (Ludwig d. Fr. 1996).

Das Aachener Karlsepos und Aachen als »Roma secunda« – zur Frage literarischer Überhöhung

In der heute Züricher Sammelhandschrift (C. 78) des späten 9. Jahrhunderts, die ursprünglich aus St. Gallen stammt, ist ein episches Karlsgedicht von gut 500 Hexametern überliefert, das inhaltlich drei Teile enthält: einen panegyrischen Lobpreis auf Karl den Großen, eine reich ausgeschmückte Schilderung einer höfischen Jagd und einen ausführlichen Bericht über das Treffen Papst Leos III. mit Karl dem Großen in Paderborn im Sommer 799. Wegen dieses dritten Teils hat man früher von einem Paderborner Epos gesprochen, das unter dem unmittelbaren Eindruck des Papstbesuches entstanden sein soll. Heute hat man diese ältere Entstehungsthese aufgegeben und an ihre Stelle die Auffassung gesetzt, daß es sich um ein Fragment einer weitgehend verlorenen epischen Großdichtung handle: verfaßt nach Karls römischer Kaiserkrönung am Weihnachtsfest 800 in den Jahren bis zu seinem Tod 814, wahrscheinlich von keinem Geringeren als dem jungen Einhard.

Auffallend an diesem Karlsepos ist zunächst die Fülle und die Höhe des Herrscherlobs: Karl wird als gottgläubig und friedlich, als gerecht und maßvoll, als weise und stark, als scharfsinnig und kenntnisreich gepriesen. Er ist der Wahrer der Gerechtigkeit (*iustitiae cultor*, v. 32), Europas überragender Leuchtturm (*Europae quo celsa pharus cum luce coruscat*, v. 12), ein immerwährendes Gestirn (*Iste suam aeterno conservat sidere lucem*, v. 21), das Haupt der Welt, die Zierde des Volkes, der Gipfel Europas (*Rex Karolus, caput orbis, amor populique decusque / Europae venerandus apex, pater optimus, heros*, vv. 92f.). Diese Lobeshymne auf Karl den Großen gipfelt in einer hohen Wertschätzung für – das nicht ausdrücklich genannte, aber gemeinte – Aachen, das ein zweites Rom werden soll »mit seinen hohen Kuppelbauten«, »mit seinen ragenden Mauern«, mit seinem Theater und seinem Hafen. In der älteren Forschung wurde diese Kennzeichnung Aachens als *Roma secunda* (v. 94) oder auch als *Roma ventura* (v. 98) mit der Aachener Kaiseridee in Verbindung gebracht bzw. mit der Verlegung der Papstresidenz nach Aachen, als einem päpstlichen Haupt- oder Nebensitz. Ganz auf dieser Linie schrieb der Papsthistoriker Walter Ullmann:

»Karl der Große beabsichtigte, das ›Alte Rom‹ nach Aachen zu verlegen. Gab es doch neben dem Münster und dem ›sacrum palatium‹, in dem der fränkische König leben wollte, ein drittes Gebäude, den ›Lateran‹. Wie Konstantinopel, so sollte auch Aachen das zweite Rom sein; der Lateran ist nach der Beschreibung Einhards das Haus des Bischofs. Und ein Hofdichter besingt das ›kommende Rom‹ [*ventura Roma*], das Karl in Aachen errichtet. Aachen war die ›secunda Roma‹.«

Schauen wir uns zunächst den Wortlaut des Karlsepos über Aachen als *Roma secunda* etwas genauer an! Dort heißt es:

> »Er [Karl] ist aber auch Herr einer Stadt, wo sich ein zweites Rom in neuer Blüte mit großer, gewaltiger Masse zum Himmel erhebt, mit hohen Kuppelbauten bis an die Sterne reicht. Da steht in seiner Pfalz der huldreiche Karl, bezeichnet die einzelnen Plätze, bestimmt, wo die ragenden Mauern verlaufen des künftigen Roms. Hier soll das Forum erstehen, hier der ehrwürdige Senat, wo das Volk Recht und

Gesetz und heilige Weisungen empfangen soll. Eifrig bemüht sich die tätige Schar: die einen hauen den Marmor zurecht für hochragende Säulen und führen die Mauern der Burg auf; andere wälzen eifrig die Steinblöcke herbei. Dort gräbt man den Hafen, gründet tief die Fundamente des Theaters und wölbt mit hoher Kuppel die Halle. Hier bemühen sich andere, warme Heilquellen zu erschließen, fassen das von Natur kochende Wasser des Bades in Mauerwerk ein (...) unablässig sprudelt aus heißer Quelle siedendes Wasser, und es verteilt sich in Bächen nach allen Richtungen über die Stadt hin. Dort bauen wieder andere dem ewigen König mit gewaltiger Anstrengung einen herrlichen Tempel (...) es geht und kommt die tätige Schar, und verteilt über die Stadt hin schafft sie um die Wette Baumaterial herbei für das hohe Rom – so eilen geschäftig die Franken durch die große Stadt.«
(vv. 95–137; Übersetzung Fr. Brunhölzl)

Bereits Ernst Dümmler, der Herausgeber des Karlsepos in den Monumenta Germaniae historica und der dortigen Edition der lateinischen Gedichte der Karolingerzeit, hat bemerkt, daß der Dichter sich hier bis in den Wortlaut hinein an Vergils Aeneis angelehnt hat. Die dort beschriebene Erbauung Karthagos (I, 418–440) sei in der Nachahmung des Vorbildes so weit gegangen, »auch in Aachen einen Hafen entstehen zu lassen«. Der Mediävist Ludwig Falkenstein hat in seinem Buch über den Aachener »Lateran« 1966 diese Einschätzung Dümmlers aufgenommen und weiter vertieft:

»Bei der Schilderung der *Roma secunda* geht der Dichter gewiß von Dingen aus, die in Aachen tatsächlich vorhanden waren, so von den heißen Quellen, die sich als Thermen seinem Romvergleich besonders günstig erweisen konnten, oder der Kirche, die als *templum* figurierte, nicht ohne auch hier schon kräftige Farben aufzutragen. Aber gerade das, was die Gebäude der Pfalz erst eigentlich zur *urbs* macht, etwa den Senat, vor allem das Theater und erst recht den Hafen, entnimmt er seinem literarischen Vorbild für diese Stelle.«

Dies besage hinlänglich, was den Worten über die *Roma secunda* aus dem Epos vorsichtig entnommen werden dürfe:

»Sie sind ein beredtes Zeugnis dafür, wie sich ein Dichter, der vielleicht dem Hofe Karls des Großen nahestand, daran berauscht, daß

> die für ihre Zeit so umfangreiche Aachener Pfalz (...) mit großartigen Bauten ausgestattet war (...) daß sich diese Pfalz (...) zu einer Art Reichsmittelpunkt entwickelt hatte, der für ihn als Dichter zur neuen kommenden *Roma* wird, vergleichbar der alten *urbs Roma* oder der *Roma secunda* am Bosporus, Konstantinopel.«

Wer aus den Aachenbezügen folgere, Karl der Große habe in Aachen wirklich ein zweites Rom erbauen lassen, zwinge dieser Dichterstelle eine Aussage ab, die mit der literarischen Topik und der inhaltlichen Tendenz des Karlsepos nicht zusammenpasse. Keine andere Quelle – wenn man einmal von dem vom Karlsepos abhängigen Dichter Modoin von Autun absieht – weiß über »ein solch in der Tat erstaunliches Vorhaben Karls« (L. Falkenstein) zu berichten. Aachen als *Roma secunda* ist keine »bezeugte Tatsache für kaiserliche Architektur«, sondern eine »panegyrische Tendenz« nach literarischer Vorlage in einem epischen Text, mit dem man »Karl, der damals auf der Höhe seiner Macht stand, enthusiastisch preisen und [ihn] dabei in die Nähe all dessen rücken [will], was nach der Meinung des Dichters zu einem Herrscher dieses Ranges gehört«. (L. Falkenstein)

Im Sinne dieser rhetorisch-panegyrisch überhöhten Wirklichkeitszeichnung hat auch Christine Ratkowitsch 1997 die Aachenpassage des Karlsepos gedeutet. Aachen werde hier durch die Rezeption Vergils als neues Rom und Karl als ein anderer Aeneas hingestellt, der sein literarisches Vorbild jedoch moralisch übertreffe, weil Aeneas bei Vergil ja nicht den Bau Roms beobachtet, sondern den von Karthago (einem falschen Rom), wo er überdies seinen Götterauftrag, die Gründung Roms, durch die Liebe zu Dido vergaß, was später für das künftige römische Volk zum Unheil der Punischen Kriege geführt hat. Im Kontrast dazu stehe Karl, der Retter des bedrängten Papstes Leo III., der Führer des christlichen Europa, der in Aachen als Gegenstück zu dem karthagischen Tempel der heidnischen Göttin Juno die großartige Marienkirche errichtet habe: »dort bauen wieder andere dem ewigen König mit gewaltiger Anstrengung einen Tempel« (v. 112) – im übrigen ein Vers aus der spätantiken Evangelienharmonie des Juvencus, mit dem dort der Tempel Salomons in Jerusalem beschrieben werde. Karl aber übertrifft mit seiner Aachener Marienkirche offenbar nicht nur den biblischen König Salomon, sondern auch den oströmischen Kaiser Justin (518–527), den vermeintlichen Erbauer der Hagia Sophia. Dessen Herrschaftszeit wurde von dem lateinischen Schriftsteller Corippus in der Mitte des 6. Jahrhunderts in den *Laudes Iustini* gepriesen, die nun ihrerseits von dem Karlsepiker bei seinem Aachener Romvergleich und an vielen weiteren Stellen seines Karlsepos als Vorlage und Vorbild dienten. Christine Ratkowitsch wörtlich:

> »Somit erweist sich aufgrund der Bezüge auf Corippus, Vergil und die [spätantiken] christlichen Dichter Aachen als neues antik-heidnisches und christlich-päpstliches Rom ebenso wie als neues Byzanz in einem. Wenn man all diese Implikationen (...) erkannt hat, wird nun auch klar, weshalb sich in Aachen – entgegen der Realität – ein Hafen und ein Theater befinden (...) Aachen muß im Sinne der Gesamtintention des Epos einen Hafen und ein Theater besitzen, weil sowohl Rom mit Ostia und Kolosseum als auch Byzanz mit Bosporus und Hippodrom entsprechende Einrichtungen aufzuweisen haben.«

Da diese antiken wie spätantiken Dichtungen am Hofe Karls des Großen mit großer Wahrscheinlichkeit bekannt waren, wird die literarische Absicht des Karlsepikers auch über diese Texte zu erschließen sein, die nicht allein als Einzelzitate, sondern auch für ganze Szenenfolgen übernommen wurden. Nimmt man deswegen die breite Rezeption von Vergils Aeneis, von Coripps Iustinpanegyricus sowie des ebenfalls stark benutzten Epos des Venantius Fortunatus auf den heiligen Martin von Tours als Leitlinie einer adäquaten Deutung des Karlsepos, dann muß Karl der Große als neuer Aeneas, als neuer Justinus und als neuer Martin gesehen werden. Damit wurde er nicht nur als ein christlicher Idealherrscher herausgestellt, sondern auch als eine europäische Schlüsselfigur, die den römischen Ahnherrn Aeneas, den byzantinischen Kaiser Justin und den fränkischen Nationalheiligen Martin in sich verbindet und die durch die Kaiserkrönung 800 gewonnene Führungsrolle rechtfertigt. Das Karlsepos dürfte deswegen wohl kaum als ein politisches Zeugnis einer Aachener Kaiseridee oder als realistischer Beleg eines Aachener Rombezuges zu verstehen sein; eher schon als eine poetische Legitimierung von Karls Kaiserkrönung, die dann auch Aachen zu einer literarischen Überhöhung als *Roma secunda* brachte.

Anmerkungen zur Literatur

Als erste Orientierung über das Karlsepos und den heutigen Forschungsstand ist auf D. Schaller, Verfasserlexikon 4 (1983) Sp. 1041–1045 zu verweisen. Die heute meist benutzte Textedition findet sich bei E. Dümmler (MGH Poet. Lat. 1, 1881 bzw. in einer zweisprachigen Ausgabe bei F. Brunhölzl (Stud. u. Quellen z. Westf. Gesch. 8, 1966); vgl. dazu auch die Besprechung von L. Falkenstein (Erasmus 23, 1971, S. 105–109) und die Darstellung der Interpretationsfragen im Aachener Karlsepos bei D. Schaller (in: Quellen u. Unters. z. lat. Philol. d. Ma. 11, 1995, S. 164–183). Eine englische Übersetzung der ersten 200 Verse mit entsprechenden kommentierenden Bemerkungen findet sich in der Anthologie der karolingischen Dichtung von P. Godman (1985). Die im Karlsepos benutzten antiken Autoren hat bereits M. Manitius, NA 8 (1883) S. 11–45 und NA 9 (1884) S. 614–619 zusammengetragen; den Einfluß Vergils hat O. Zwierlein (Fs. K. Langosch, 1973) behandelt; die frühkarolingische Corippus-Rezeption ist von D. Schaller in seinen bereits zitierten Studien zur lateinischen Dichtung des Frühma. (in: wie oben, S. 346–360) beschrieben und die Wirkung des Venantius und seiner Martinsvita hat schließlich P. Godman (Charlemagne's Heir, hg. v. P. Godman und R. Collins, 1990) näher gekennzeichnet. Ausführlich ist diese Rezeptionsfrage des Karlsepos von Chr. Ratkowitsch (Wiener Studien, Beih. 24, 1997) dargestellt. In der Autoren- und Entstehungsfrage folgt Chr. Ratkowitsch weitgehend der heute gültigen und von D. Schaller erarbeiteten Forschungsthese (FMSt 10, 1976). Die politische Deutung dieses Karlsepos im Sinne einer Aachener Kaiseridee geht zurück auf C. Erdmann, Forschungen zur politischen Ideenwelt des Frühmittelalters (1951), auf H. Beumann, Studien zur Kaiseridee Karls des Großen (HZ 185, 1958) sowie auf W. Mohrs Skizze zum römischen Aufstand von 799 (ALMA 30, 1960); dazu kritisch L. Falkenstein in seinem »Lateran« Buch (Kölner Hist. Abh. 13, 1966) S. 93–112. Chr. Ratkowitsch hat kürzlich (in: Das Ma. 4, 1999) Spuren der verlorenen Bücher des Karlsepos beim humanistischen Dichter Ugolino Verino aus Florenz in dessen epischer Dichtung aufgespürt und damit die jüngere Forschungsposition bestätigt (jetzt auch ausführlich in: Wiener Studien, Beih. 25, 1999); vgl. insgesamt auch die Überblicksskizze mit räsonierender Bibliographie bei G. Feuster (in: Verschleierter Karl 1999, S. 91–113).

Der wirkungsgeschichtliche Karl

Karl der Große in der europäischen Geschichte und Kultur

Rezeptions- und Wirkungsgeschichte scheinen gegenwärtig sehr gefragt zu sein. Angesichts des Leipziger Mediävistenkongresses zu »Karl der Große und das Erbe der Kulturen« im März 1999 sprach Matthias Grässlin geradezu von einem Paradigmenwechsel. Heute seien nicht mehr die »eiserne Ration« der Reichsannalen oder die »geborgte Latinität« eines Einhard gefragt, mit denen sich kaum noch »große Geschichte« schreiben und erst recht kein bemerkenswerter »fränkischer Staat« mehr machen ließen. »In quellenarmer Zeit« gebreche es den Mittelalterforschern wohl »an nährendem Wort«, weshalb ihr launiges Lied heute laute: »Sage mir, Rezeptionsgeschichte, die Werke und Taten des großen Kaisers«. Dabei sei das legendäre, literarische oder ikonographische Nachleben Karls im europäischen Geschichtsgedächtnis bereits umfassend erschlossen – durch die großen Monographien eines Gaston Paris (1865), eines Robert Folz (1950/51), eines Robert Morrissey (1997) oder auch durch die gewichtige Studie eines Arno Borst (1967). Was dort auf einer halben Seite oder in einer Fußnote abgehandelt werde, ist nach Meinung Grässlins nunmehr Gegenstand langatmiger Traktate, wenn etwa die zwei Dutzend Nennungen Karls des Großen in der ottonischen und salischen Geschichtsschreibung aufgelistet und analysiert würden. Was fehle, sei der interdisziplinäre Zugriff.

Grässlins hartes Urteil dürfte dem heutigen Stand der wissenschaftlichen Bemühungen zur Entwicklung des Karlsbildes in Mittelalter und Neuzeit kaum gerecht werden. Erinnert sei an die perspektivischen Überlegungen von Frantisek Graus zu den unterschiedlichen politischen, literarischen und kultischen Traditionen Karls des Großen in Frankreich und in Deutschland, zu »Karl dem Großen – Charlemagne« (1975). Nach Ansicht von Graus ist Karl, »die wohl bekannteste Herrschergestalt des Mittelalters«, bereits von seinen Zeitgenossen nicht nur panegyrisch bejubelt und manchmal sogar »in plattester Lobhudelei« gepriesen, sondern vor allem von Einhard in seiner antikisierenden Karlsvita mit einem »einprägsamen und literarisch hochstehenden Bild« versehen worden, das die gelehrte Tradition der Nachwelt vielfach bestimmt habe. Auch die frühe Legendenbildung um Karl gehörte bereits in das 9. Jahrhundert. Festzumachen ist sie im Karlsbuch eines Notker von St. Gallen, welches mit weiteren anekdotischen Wandererzählungen dafür gesorgt hat, »daß im Mittelalter sowohl im Reich wie in Frankreich der Frankenkaiser selbst in volkstümlichen Schichten der Bevölkerung eine wohlbekannte Persönlichkeit war« (Fr. Graus). Aber es waren weniger diese volkstümliche Sagenbildung und auch nicht die klösterlichen Visionsberichte des 9. Jahrhunderts über Karls »unkeuschen Lebenswandel«, die dessen Bedeutung in der Folgezeit markierten. Entscheidender war wohl die gelehrte und epische Überlieferung, die das literarische und kultische Nachleben Karls bestimmte.

So dominierte beispielsweise die epische Tradition in Frankreich mit weitreichenden Auswirkungen auch auf die deutsche literarische Überlieferung. Das Rolandslied, um 1100 entstanden, und die zahlreichen anderen Karlsepen des Hochmittelalters haben mitbewirkt, daß Charlemagne in Frankreich »in erster Linie eine literarische Persönlichkeit [wurde], in breiten Kreisen wohlbekannt, jedoch weder ein Heiliger noch ein Repräsentant einer Staatslehre«, also weit entfernt von einem »politischen Idealbild« (Fr. Graus).

Ganz anders verlief die Entwicklung im Reich, wo es gelang, eine politische Karlstradition zu begründen – mit der Königs- und Kaiserkrönung Ottos I. 936 und 962, mit der Öffnung des Aachener Karlsgrabes durch Otto III. im Jahre 1000 und mit der Heiligsprechung Karls durch Barbarossa 1165. Aber auch hier hat der Karlskult am Ende zu keiner nationalen Verehrung geführt, ja bezogen auf die Heiligenverehrung ist Karl »in erster Linie ein Aachener Lokalheiliger [geblieben], dessen Verehrung auf andere Orte ausstrahlte« (Fr. Graus). Ob sich an dieser grundsätzlichen Linie auch in der Neuzeit nur wenig geändert hat, wie Graus vermutet, wird man in den folgenden Ausführungen zum politisch-kultischen, zum literarischen und zum ideologischen Karl zu überprüfen haben.

In eine solche Überprüfung sind dann auch jene »Stoffe, aus welchen der [Karls]mythos geschaffen wurde«, einzubeziehen, die vor einigen Jahren (1994) Lieselotte Saurma-Jeltsch zu Karl dem Großen als einem »vielberufenen Vorfahren« zusammengetragen hat. Bei dieser kritischen Nachzeichnung der Heroisierung und vielfältigen Deutbarkeit der Karlsgestalt geht es um den hochmittelalterlichen Reichsgründer, um den heiligen Karl des späteren Mittelalters, um Karl den Großen als »Heilsfigur« vielfältiger Art. Dies kann nicht zuletzt an dem bekannten Karlsbild Dürers von 1512 verdeutlicht werden, aber auch am Bildprogramm des Aachener Karlsschreins aus der Zeit um 1200 oder an den Illustrationen der mittelalterlichen Bilderhandschriften zum deutschen Rolandslied bzw. an anderen literarischen Karlsquellen des Hochmittelalters.

Diese vielfältige »Sehnsucht nach Karl dem Großen« läßt sich für Bernd Schneidmüller an zahlreichen Gedächtnis- und Erinnerungsorten in Europa verdeutlichen, die sich auf den großen Karolinger berufen: »von Bremen bis Zürich, von St. Denis bis Verdun, von Pavia bis Roncesvalles«. In der langen alphabetischen Liste von Aachen bis Worms findet sich beispielsweise auch das Fürstentum Andorra, das seinen Ursprung bis heute auf Karl den Großen zurückführt und diese Herkunft in seiner Nationalhymne besingt. Bekannt ist neben der älteren Vereinnahmung Karls für die französische und die deutsche Geschichte auch die jüngere europäische Karlsmemoria, die sich nicht zuletzt in den großen ›Karlsausstellungen‹ in Aachen 1965 und in Paderborn 1999 gezeigt hat. In dieser Gedächtnishistorie wandelte sich Karl der Große von einem germanischen Helden zu einem frühen Europäer. Der Perspektivenwechsel, der von Jahrzehnt zu Jahrzehnt bei gleicher Bewunderung einen anderen Karl zeigt, läßt für Bernd Schneidmüller die Frage aufkommen, ob bzw. wie wir diesen Kaiser ohne all seine späteren Vereinnahmungen fassen können: »[Karl der Große] tritt uns von Anfang an aus Perspektiven entgegen, seiner Zeitgenossen wie seiner Nachgeborenen. Zu diesem Kaiser gehören die Sehnsüchte seiner Umgebung, die sich die Idee eines fränkisch dominierten Europa schuf, wie die Sehnsüchte seiner Nachgeborenen, die den Kaiser für ihre jeweilige Gegenwart benötigten und Geschichte zum Argument werden ließen«. Die wichtigsten Bücher dieser Erinnerungsgeschichte wurden nicht von deutschen, sondern von französischen oder amerikanischen Mittelalterforschern geschrieben. Die deutschen Historiker würden sich mehr »um die Wahrhaftigkeiten, die Urkunden und Annalen, die Reisewege und Hoftage« kümmern und

Karls Nachleben bestenfalls in die »Appendix-Abteilung« ihrer Monographien verbannen. Die große Geschichte des europäischen Karlsbildes sei noch zu schreiben, deren mittelalterlichen Bausteine allerdings seien hinlänglich bekannt: von dem »pergamentenen Monumentalgemälde« Einhards über die namensgleichen Spätkarolinger Karl den Kahlen, Karl den Dicken und Karl den Einfältigen sowie über den »neuen Karl der Mündlichkeit« im 10. und 11. Jahrhundert bis hin zu Karl als einem »handfesten Toten«, der er in ottonischer und staufischer Zeit mit Aachen als Zentralort einer solchen Verehrung wurde.

Diesem »Nutzen eines toten Kaisers für die Nachgeborenen« (B. Schneidmüller) gilt es im folgenden an einigen ausgewählten Beispielen genauer nachzugehen. Dazu soll der wirkungsgeschichtliche Karl in der europäischen Geschichte und Kultur näher betrachtet werden: als Kultobjekt, als mythische Figur sowie als ideologisches Konstrukt. Festgemacht werden soll diese detaillierte Nachzeichnung an den vor allem jüngeren Forschungsergebnissen auf diesen Feldern: an den Überlegungen von Knut Görich zur Öffnung des Karlsgrabes im Jahre 1000, an den Studien von Erich Meuthen und Jürgen Petersohn zur Heiligsprechung Karls des Großen 1165, an den Skizzen von Marie Bláhová, von Frantisek Kavka und Jiri Fajt zu Karls Nachleben in der Zeit Karls IV., an der Recherche von Matthias Pape zum Karlskult um 1800 und nach 1945, an der Untersuchung von Sabine Tanz zur Karlsrezeption im Frankreich des 19. Jahrhunderts, an der Analyse von Frank Büttner zu den Karlsfresken Alfred Rethels und nicht zuletzt an den Arbeiten von Karl Ferdinand Werner und Rolf Köhn zu Karl dem Großen in der NS-Zeit. Begonnen werden soll diese vielfältige Wirkungsgeschichte mit der politisch-kultischen Bedeutung Karls des Großen im hohen und späteren Mittelalter.

Karl der Große als Kultobjekt

»ammirationis causa«? – Die Graböffnung durch Otto III.

Am Pfingstfest des Jahres 1000 ließ Kaiser Otto III. (983–1002) in der Aachener Marienkirche das Grab Karls des Großen öffnen. Darüber berichten mehrere zeitgenössische Quellen. Die älteste von ihnen ist die Chronik des Bischofs Thietmar von Merseburg († 1018). Sie wurde ein gutes Jahrzehnt nach dem Ereignis verfaßt und spricht von einem antiken Brauchtum, von einer *antiqua Romanorum consuetudo*, die Kaiser Otto III. hier habe wieder aufnehmen wollen. Ablehnend äußern sich dagegen in der Mitte des 11. Jahrhunderts die Hildesheimer Annalen. Sie stellen die Graböffnung als Verstoß gegen die kirchliche Ordnung hin, als einen Grabfrevel, für den Otto III. durch seinen frühzeitigen Tod (1002) büßen mußte. Nähere Einzelheiten dieser Graböffnung berichten schließlich um 1030 zwei weit entfernt entstandene Chroniken: im Westen Frankreichs die Historien des Ademar von Chabannes († 1034) sowie die in der Nähe des norditalienischen Pavia verfaßte Chronik des piemontesischen Klosters Novalesa bei Susa. Die ersteren sprechen von einem dreitägigen Fasten, von Zeichen und Wundern am Karlsgrab, von einem goldenen Thronsitz, auf dem der Kaiser bestattet worden sei; die letztere redet von einem Wohlgeruch des Grabes, von weißen Gewändern, in die Otto III. den Leichnam Karls eingekleidet habe, von Nägeln und Zähnen, die er dem toten Kaiser geschnitten bzw. genommen habe. Da beide Quellen zudem die Unversehrtheit des toten Herrschers betonen, habe man – so der Tübinger Historiker Knut Görich – von hagiographischen Topoi auszugehen, die andeuten, daß Otto III. offenbar einen Karlskult um 1000 in Aachen begründen wollte. Ludwig Falkenstein hat dies bezweifelt, weil weder ein feierliches Kultgedenken noch eine entsprechende Karlsvita noch vergleichbare andere hagiographische Schriften »einen regelrechten Kultus oder nur den Anfängen einer kultischen Verehrung vorgearbeitet hätten«. Zudem wisse man nichts von der Reaktion der zuständigen Ortsbischöfe in Köln und in Lüttich auf einen solchen Wunsch und schließlich sei es sehr eigenartig, daß die räumlich bzw. teilweise auch zeitlich näheren Quellen, wie die zitierten Hildesheimer Annalen und die Thietmar-Chronik, nichts von solchen kultischen Tendenzen erwähnten. Hinzu kommt auch, daß die bestinformierte und hofnahe Quelle der späten Ottonenzeit, die Quedlinburger Annalen, überhaupt nichts von einer Graböffnung wissen.

Daß diese vorerst nur eine Episode blieb, lag sicherlich zunächst an dem frühen und baldigen Tod Ottos III. (1002), vielleicht auch an kirchlichen Widerständen oder aber an der späteren Heiligsprechung Karls 1165 durch Friedrich I. Barbarossa, dem offenbar nur wenig von dem Totenbesuch seines Vorgängers bekannt war und diesen in Vergessenheit geraten ließ. Erst im Spätmittelalter – so hat es Matthias Grässlin formuliert – ist die ottonische Graböffnung, vermittelt durch Vinzenz von Beauvais, in die Karlsüberlieferung gelangt und von dort über entsprechende Zwischenstationen in die romantische Historienmalerei gekommen – beispielsweise 1849 zu einem Alfred Rethel oder 1859 zu einem Wilhelm Kaulbach. Auf diesen Historienbildern erscheinen die Reichsinsignien, die Wiener Reichskrone und das Zepter, der Reichsmantel, der antike Proserpinasarkophag, ein karolingisches Evangeliar und manches andere mehr, so daß der Eindruck entstehen könne, die gesamte deutsche Kaiserherrlichkeit stamme aus dem Grabe Karls des Großen. Nach Ansicht von Grässlin hat Knut Görich die bisherige verquere Quellenlage der ottonischen Zeit durchbrochen, mit der die Mediävisten bisher nur schwer umzugehen wußten, und es mit seiner Vermutung über eine frühe Heiligsprechung Karls des Großen um das Jahr 1000 verstanden, neues Licht in das Dunkel der Quellen zu werfen. Görich habe uns gezeigt, die in den Quellen berichtete Auffindung und Erhebung der heiligen Reliquien, den Wohlgeruch des Grabes, den unverweslichen Leichnam und die anderen Zeichen der Heiligkeit (*signa sanctitatis*) ernster zu nehmen, als dies bisher getan und gesehen worden ist. Entscheidend aber sei noch etwas anderes: Die Darstellungsabsichten der Chronisten seien das eine, die Motive der Handelnden das andere. Man müsse fragen, »welche spezifischen Gründe Otto III. gehabt habe, auf eine Heiligsprechung seines großen Vorgängers hinzuarbeiten« (M. Grässlin)? Habe er mit der beabsichtigten Kanonisierung Karls des Großen seine eigene Ostpolitik legitimieren oder gar seine Herrschaft insgesamt sakralisieren wollen? Oder habe er sich gar mit seinem Vorgehen dem französischen König Robert dem Frommen (996–1031) angleichen wollen, der als erster Kapetinger durch Handauflegung Kranke geheilt, also als wundertätiger König gehandelt habe. Wollte Otto III. durch eine ähnliche heilsame Berührung diesem Beispiel nachfolgen, um das Charisma seiner Herrschaft zu steigern? Zu fragen sei schließlich auch, warum Otto III. mit diesem frühen Versuch einer Heiligsprechung Karls des Großen gescheitert sei – dort, »wo Friedrich Barbarossa reüssierte«? Waren es Ottos III. früher Tod oder die veränderte Ostpolitik seines Nachfolgers, Heinrichs II., die eine solche Kanonisierung verhinderten? Gab es vielleicht sogar kirchliche Vorbehalte, die sich aus moralischen Gründen gegen die Person Karls des Großen richteten, oder gar grundsätzliche Bedenken, die gegen eine Sakralisierung des Königtums gerichtet waren und die eine Heiligsprechung Karls des Großen nicht zustande kommen ließen? Wie immer man sich hier entscheiden will, vielleicht – so Matthias Grässlin – formulierten die Hildesheimer Annalen prägnant einen Unterschied zwischen christlicher Heiligenverehrung und heidnischem Heroenkult, wenn sie in ihrem Bericht über Otto III. und dessen Besuch am Grab des heiligen Adalbert in Gnesen darauf verwiesen, der Kaiser habe dieses Grab zum Gebet (*causa orationis*) besucht, während er das Karlsgrab nur zur Bewunderung geöffnet habe (*ammirationis causa*). All diese Fragen werden sich besser beantworten lassen, wenn man die ausführlicheren Quellen zur Öffnung des Karlsgrabes durch Otto III. genauer konsultiert.

Quellenkritische Beschreibung

Nach Ansicht von Knut Görich wissen diesseits der Alpen überhaupt nur zwei sächsische Quellen von dem Geschehen der Graböffnung, die Hildesheimer Annalen mit ihrem Vorwurf vom Grabfrevel sowie Thietmar von Merseburg in seiner Chronik. Bei dem letzteren heißt es, daß der Kaiser, um das großenteils verfallene Brauchtum der Römer zu erneuern, die Ruhestätte der Gebeine Karls heimlich (*clam*) habe suchen lassen, bis man sie unter dem Königsstuhl (*in solio regio*) gefunden habe, um danach Karls goldenes Halskreuz sowie einige der noch nicht vermoderten Gewänder zu entnehmen, alles andere aber wieder zurückzulegen (IV, 47). Die hier von Thietmar betonte Heimlichkeit der Graböffnung deutet nach Görich darauf hin, daß diese »vielleicht nachts, sicher aber vor nur wenigen Zeugen« durchgeführt wurde und nach Görichs Ansicht als ein bewußter »Verzicht auf demonstrative Öffentlichkeit« zu sehen ist, möglicherweise wegen des damit verbundenen »Regelverstoßes Ottos III.«. Eine solche Störung der Totenruhe galt als grundsätzlich problematisch und konnte als ein möglicher Grabraub gedeutet werden. Vielleicht aber ist es nicht einmal »der Anstrich eines frevelhaften Unternehmens«, der hier im Vordergrund steht. Die Heimlichkeit könnte auch in der Furcht begründet sein, die Gebeine des Heiligen am Ende nicht zu finden oder aber an ihnen keine Zeichen der Heiligkeit zu entdecken. Görich wörtlich: »Die Suche nach einem Grab und seine Öffnung war also eine Suche mit ungewissem Ausgang; sie hielt Überraschungen bereit, die die Intentionen des Suchenden zunichte machen konnten (...) [Thietmars] *clam* muß nicht den schuldbewußten Versuch Ottos III. tadeln, [um] eine Tabuverletzung vor den Augen seiner Zeitgenossen zu verbergen, die Heimlichkeit war vielmehr ein häufig üblicher Begleitumstand der Suche nach heiligen Gräbern und ihrer Öffnung.«

Ähnlich läßt sich der von dem Merseburger Bischof angeführte Erklärungsversuch interpretieren, Otto III. habe mit der Graböffnung ein antikes Brauchtum und eine römische Sitte erneuern, also ein unkirchliches Motiv verfolgen wollen. Als Leser Lukans – so hat es Helmut Beumann gesehen – wußte Thietmar, daß Cäsar, als er in Alexandria war, zunächst das Grab Alexanders des Großen aufgesucht hatte. Bei Sueton konnte er nachlesen, daß Augustus dieses Alexander-Grab nicht nur besucht, sondern auch hatte öffnen lassen. Deutet sich hier an, daß Otto III. einen antiken Kaisergedanken aufnehmen bzw. mit einer solchen Nachahmung diese Imitatio in die zeitgemäße Form eines christlichen Heiligenkultes übertragen wollte? Wahrscheinlicher ist die Vermutung, daß der Merseburger Bischof das Aachener Ereignis am Ende nicht zu erklären wußte, daß er offenbar nicht verstanden hat, was Otto III. eigentlich beabsichtigte. Trifft dies zu, dann dürfte es sich bei der hier berichteten Erneuerung eines antiken Brauchtums weniger um die Aussage über die tatsächliche Absicht des Kaisers handeln, sondern eher um Thietmars Vermutung über ein mögliches Motiv Ottos III. Wie dem auch sei, die Forschung hat dem Bericht des Merseburger Bischofs über die Graböffnung Ottos III. bisher »am meisten Vertrauen geschenkt« (K. Görich). Dies gilt nicht nur für die Frage der Graböffnung und deren Motive, sondern auch für die Lokalisierung des Karlsgrabes im Atrium der Aachener Marienkirche – *in solio regio*, unter dem königlichen Stuhl – sowie für die Kennzeichnung des Karlsgrabes als ein Erdgrab und für den Hinweis, daß Otto III. nach der Öffnung des Grabes den alten Zustand habe wiederherstellen lassen.

Etwa zwei Jahrzehnte nach Thietmar und gut 30 Jahre nach der Graböffnung gibt es zwei weitere Textzeugnisse, die beide räumlich und zeitlich entfernter sind. In ihren Aussagen gehen sie weit über die bisherigen Quellenberichte hinaus: es sind die Chronik des Ademar von Chabannes sowie die Chronik von Novalese, die den Augenzeugenbericht des italienischen Pfalzgrafen Otto von Lomello wiedergibt. Dessen Text liest sich im Wortlaut wie folgt:

> »Wir traten bei Karl ein. Denn er lag nicht wie die Körper anderer Verstorbener, sondern er saß auf einem Hochsitz als lebe er. Er war mit goldener Krone gekrönt, hielt das Zepter in den Händen mit angezogenen Handschuhen, durch die bereits die Fingernägel durchbohrend herausgekommen waren. Über ihm war eine Decke aus Kalk und Marmorstein gefertigt. Als wir an sie kamen, brachen wir gleich ein Loch in sie hinein. Als wir dann zu ihm hereinkamen, empfanden wir einen sehr starken Geruch. Wir richteten sofort ein Gebet an ihn mit gebeugten Kniekehlen. Dann bekleidete ihn Kaiser Otto mit weißen Gewändern, schnitt ihm die Nägel und stellte alles Fehlende um ihn wieder her. Von seinen Gliedern war bis dahin nichts durch Verwesung vernichtet, außer daß von seiner Nasenspitze ein weniges fehlte, was der Kaiser aus Gold ergänzen ließ. Aus seinem Munde zog er einen Zahn, dann ließ er die Decke wieder herstellen und ging weg.« (Übersetzung R. Holtzmann)

Für Knut Görich kommen die hier berichteten Details in der Schilderung Ottos von Lomello – den wir aus anderen Quellen als Teilnehmer der Gnesenfahrt Ottos III. sowie des anschließenden Aachenbesuchs kennen – den Einzelheiten eines Translationsberichtes nahe bzw. der Typologie einer *inventio* bei der Auffindung eines Heiligengrabes. Der Wohlgeruch (*odor permaximus*), die betende Ehrfurcht als Reaktion, die Bekleidung des Leichnams mit weißen Kleidern, das Phänomen des unverwesten Körpers, die dem Grab entnommenen Körperreliquien und manches andere mehr würden typische Kennzeichen bzw. hagiographische Topoi darstellen, die das Karlsgrab als ein Heiligengrab erscheinen lassen. Selbst wenn die Einzelheiten dieser Graböffnung oder am Ende sogar die unmittelbare Augenzeugenschaft eines Otto von Lomello erfunden sein sollten, ermögliche das Bild Karls des Großen als ein heiliger Herrscher in der Chronik von Novalese den Zugang zu jener Vorstellung, die in der Umgebung Ottos III. offenbar lebendig war. Es besteht für Knut Görich kein Grund, an der Kernaussage dieses Berichtes zu zweifeln, daß nämlich Otto III. die Gebeine Karls des Großen tatsächlich wie die eines Heiligen behandelt habe. Erstaunlich sei nur, daß in der Chronik von Novalese das Karlsgrab nach der Auffindung der Gebeine wieder geschlossen worden sei und daß man die Gebeine nicht – wie sonst bei heiligen Gräbern üblich – erhoben bzw. bei einem Altar oder gar in demselben niedergelegt habe. Dadurch ist der Heiligkeit Karls des Großen »ihre gleichsam offizielle Anerkennung« (K. Görich) versagt geblieben und sein Kult nicht in das liturgische Geschehen innerhalb des Kirchenraumes einbezogen worden. Für Knut Görich enden deshalb die hagiographischen Analogien in der Chronik von Novalese mit der Schließung des Karlsgrabes.

Ganz anders verhält es sich bei dem zweiten ausführlichen Bericht zur Aachener Graböffnung, den die Chronik des Ademar von Chabannes aus dem fernen Aquitanien überliefert. Dort heißt es:

> »Zu jener Zeit wurde der Kaiser Otto in einem Traum dazu ermahnt, er möge den Leib Karls des Großen erheben, der in Aachen begraben war, wo aber aufgrund der langen Zeit der genaue Ort der Bestattung in Vergessenheit geraten war. Nach dreitägigem Fasten wurde er an jenem Ort gefunden, den der Kaiser aus seinem Traumgesicht kannte: In einer Gruft innerhalb der Marienkirche wurde er auf einem goldenen Thron sitzend und von einer mit Edelsteinen besetzten goldenen Krone gekrönt gefunden; er hielt ein Zepter und ein Schwert aus purem Gold und der Körper selbst wurde unverwest gefunden. Nach seiner Erhebung wurde er dem Volk gezeigt. (...) Der Leib Karls wurde in das rechte Schiff der Kirche beim Altar des heiligen Johannes des Täufers gebracht, eine wunderbare goldene Krypta wurde über ihn hergestellt und begann durch viele Zeichen und Wunder zu erstrahlen. Dennoch wurde ihm außer des üblichen Gedenkens am Todestag Verstorbener keine Feier erwiesen. Den goldenen Thron schickte der Kaiser Otto dem König Boleslaw für Reliquien des heiligen Märtyrers Adalbert. König Boleslaw aber schickte dem Kaiser, nachdem er das Geschenk angenommen hatte, einen Arm vom Leib jenes Heiligen, den der Kaiser freudig empfing.«
>
> (Übersetzung K. Görich)

An diesem Ademar-Text sind verschiedene Aspekte bemerkenswert, dies insbesondere auch deshalb, weil man ihn in der vorliegenden Redaktion lange Zeit für ein Machwerk des 12. Jahrhunderts gehalten hat, in jüngerer Zeit allerdings in die Jahre um 1030 verlegt, also eine Generation nach der Aachener Graböffnung ansetzt und in ihm sogar den Schimmer eines zeitgenössischen Wissens enthalten sieht. Von Ademar wird die Graböffnung als ein liturgischer Akt geschildert: Die genaue

Lage des Grabes wird im Traum geoffenbart, und ein dreitägiges Fasten geht der Suche voraus. Dann wird der Leichnam Karls des Großen als auf einem goldenen Thron sitzend dargestellt, ähnlich wie in der Chronik von Novalese und später in der romantischen Historienmalerei des 19. Jahrhunderts. Da heute angenommen wird, daß Karl der Große nicht sitzend, sondern in einem Sarkophag, genauer im Proserpinasarkophag liegend beigesetzt wurde, ist mit Knut Görich zu fragen, wie ein solches Motiv des sitzend bestatteten Kaisers Eingang in so weit auseinanderliegenden Quellen finden konnte. Dies hat zu tun mit der Herrscher-Repräsentation, deren bildliche Darstellungen häufig auf das Thronmotiv zurückgreifen, wie es an den Thronsiegeln oder aber auch in den Buchmalereien gut ausgewiesen werden kann. Ademar von Chabannes geht aber, wie angedeutet, über die bloße Auffindung des Grabes deutlich hinaus. Nach seinem Bericht werden die Karlsgebeine nicht nur feierlich erhoben und öffentlich gezeigt, sondern anschließend auch in der rechten Seite der Kirche hinter dem Johannes-Altar erneut bestattet. Für Ademar scheint die Auffindung der Karlsgebeine mit deren Erhebung und Übertragung verbunden gewesen zu sein. Wäre dies wirklich geschehen, hätte dies eine Anerkennung Karls als eines Heiligen bedeutet.

Gegen eine solche Vermutung sprechen allerdings mindestens zwei Überlegungen: zum einen der ausdrückliche Hinweis Ademars, in Aachen sei Karl dem Großen »außer des üblichen Gedenkens am Todestag der Verstorbenen keine Feier (*sollempnitas*) erwiesen worden«, das heißt außer dem jährlichen Totengedächtnis sei kein besonderer Karlskult oder eine entsprechende Karlsliturgie entwickelt worden. Zum anderen hat sich in einer Handschrift der Ademar-Chronik aus der ersten Hälfte des 11. Jahrhunderts eine Federzeichnung erhalten, die das Aachener Münster und das Karlsgrab zeigt, letzteres als eine mit Edelsteinen verzierte Tumba mit der Aufschrift »Hier ruht Kaiser Karl« (*Hic requiescit Karolus imperator*). Nach Helmut Beumann handelt es sich um eine perspektivisch gezeichnete und überdimensionierte Darstellung des Karlsgrabes vor der Schwelle der Aachener Marienkirche, um eine Federzeichnung, die nicht nur von der Hand Ademars selbst stammen dürfte, sondern die Lage des Karlsgrabes deutlich vor und nicht in der Marienkirche belegt, also nichts von einem zweiten Grab innerhalb der Kirche andeutet. Eine widerspruchsfreie Erklärung des Ademar-Textes erscheint demnach schwierig.

Am Ende seines Berichtes spricht Ademar von einem goldenen Thronsitz aus dem Karlsgrab, der als Geschenk an Boleslaw Chrobry nach Polen gegangen sein soll. Im Gegenzug soll Boleslaw von dort eine Armreliquie des heiligen Adalbert nach Aachen gebracht haben. Mag auch die Reihenfolge dieses »Reliquientausches« umgekehrt erfolgt sein, in der heutigen Forschung wird er insgesamt als durchaus nicht unwahrscheinlich hingestellt. In unserem Zusammenhang deutet dieser »Reliquientausch« einen historisch-politischen Kontext an, der Aachen und Gnesen miteinander verbindet bzw. Adalbert von Prag und Karl den Großen als zwei mögliche Reichsheilige erscheinen läßt – ein Kontext, den es hier näher darzustellen gilt.

Dem Aachen-Aufenthalt Ottos III. war die winterliche Wallfahrt zum Grab des heiligen Märtyrers Adalbert in Gnesen vorausgegangen. Damit war die Erhebung Gnesens zum Erzbistum und vielleicht auch die Ernennung Boleslaw Chrobrys zum *rex et amicus populi Romani* verbunden, das heißt die kirchliche Verselbständigung Polens sowie dessen Einbeziehung in das abendländische Universalreich Ottos III. Der Akt von Gnesen wird heute verschiedentlich sogar als Geburtsstunde des polnischen Königtums gesehen, ja als ein »wahrhaft welthistorisches Ereignis« (J. Fried). Für Knut Görich ist diese Gnesen-Reise von der konzeptionellen Idee her mit Karl dem Großen und Aachen zu verbinden: »Wie der Karolinger, der im Gedächtnis des 10. Jahrhunderts als großer Heidenbekehrer lebendig und besonders den Sachsen als *apostolus Saxonum* in Erinnerung war, verpflichtete sich der Ottone zur Bekehrung der Heiden«. Die Glaubensverbreitung sei das Ziel der Gnesen-Fahrt gewesen, die Aachener Graböffnung dagegen eine ausdrückliche Inanspruchnahme des »Apostel-Kaisers« durch Otto III. Der Ottone in der Nachfolge des heiligen Reichsgründers und Bekehrer-Kaisers Karl – in dieser vorbildhaften Tradition sieht Görich eine zusätzliche Legitimation des ottonischen Herrschers. Was dieser Karlskult für das Reich um das Jahr 1000 wirklich besage, könne nicht zuletzt der von Otto III. geförderte Kult des heiligen Adalbert von Prag andeuten, dessen Reliquien durch ihn nach Aachen, Ravenna und Rom, nach Lüttich und zu den Benediktinern auf die Insel Reichenau gelangt seien. Eine solche Rolle eines ottonischen Reichsheiligen – so Görich – wird man wohl auch dem heiligen Karl in der Sicht Ottos III. zubilligen dürfen, mit einer Verehrung nicht nur in Aachen, sondern vielleicht auch in den alten Kaiserstädten Rom und Ravenna, mit politischen Auswirkungen vielleicht auch auf das jetzt kapetingische Frankenreich oder auch auf das päpstliche Rom, wo eine auf Karl den Großen zurückgeführte und nunmehr durch den Karlskult verstärkte Tradition als ein politischer Anspruch verstanden werden mußte, als ein römischer Erneuerungsgedanke Aachener Prägung. Zu einem solchen Karlskult ist es bekanntlich nicht gekommen. Sicherlich und hauptsächlich wegen des frühen Todes Ottos III. 1002, vielleicht aber auch deshalb, weil eine Kanonisierung bei Lage der Dinge nicht nur die stiftsgeistliche und ortsbischöfliche Unterstützung benötigt hätte, sondern vielleicht auch die päpstliche Autorisierung. Eine legitimierende Begründung war geboten, weil Karl der Große eben kein Märtyrer war und deswegen für eine Heiligsprechung der besonderen kirchlichen Unterstützung bedurfte.

Folgerungen und Fragen

Abschließend stellten sich für Knut Görich zwei wichtige Fragen: zum einen, warum das Karlsgrab überhaupt geöffnet wurde und zum anderen, weshalb die versuchte Kultetablierung keine schriftlichen Spuren, etwa in der Gestalt einer Karlsvita, hinterlassen hat. Die Frage nach dem Warum hat mit dem ersten Schritt einer Kultbegründung zu tun, mit der Auffindung des Grabes und der Gebeine des Heiligen. Das Grab mit dem Leib war gewissermaßen die »dingliche Voraussetzung« (J. Petersohn), einen Karlskult einzurichten. Es war »die wichtigste irdische Quelle, aus der das Heil des Heiligen« (A. Angenendt) floß. Die zweite Frage nach den fehlenden Schriftquellen eines Karlskultes um das Jahr 1000 beantwortet Görich im Vergleich mit der Heiligsprechung Karls des Großen 1165. Auch hier dauerte es eine gewisse Zeit, bis auf Anordnung von Friedrich I. Barbarossa die Aachener Karlsvita entstand – jene Karlsbiographie, die das Bild Karls als eines siegreichen Kriegers gegen die Heiden entwarf und bei der bereits auf literarische Vorlagen zurückgegriffen werden konnte. Weder in der zweiten Hälfte des 12. Jahrhunderts noch um die Jahrtausendwende reichte offenbar die Herrscherbiographie Einhards aus, eine kultische Verehrung Karls des Großen zu begründen bzw. eine Heiligenvita zu gestalten. Dazu bedurfte es einer ganz anderen Ausrichtung, die eben seit der Mitte des 12. Jahrhunderts mit dem Pseudo-Turpin gegeben war, der Karl den Großen als den heldenhaften Glaubenskämpfer darstellte und beglaubigte. Knut Görich wörtlich: »Literarische Produktion nahm Zeit in Anspruch. Mit dem Tod Ottos III. mag ein wichtiger Antrieb zur Erstellung einer Karlsvita verloren gegangen sein.«

Was aber bedeutet am Ende diese Graböffnung Ottos III. für sein Verhältnis zu Aachen und zu Karl dem Großen? In den Annalen des Kanonissenstiftes Quedlinburg findet sich zum Jahre 1000 die Notiz, daß Otto III. sich bemüht habe, »Aachen nach Rom vor allen anderen Städten den Vorzug zu geben«. Eine solch deutliche Bevorzugung Aachens läßt sich in der Tat durch mancherlei Zeugnisse belegen: durch die häufigen Herrscheraufenthalte Ottos III. in der Pfalz Aachen, der er wieder den alten Rang einer *sedes* zurückgeben wollte. Nördlich der Alpen steht Aachen vor Ingelheim und Magdeburg an der Spitze aller Pfalzen; eine solche Bevorzugung hatte es seit den Tagen Ludwigs des Frommen nicht mehr gegeben. Weiter zeichnete Otto III. Aachen durch drei neue Kirchengründungen aus, durch die Gründung des Frauenklosters auf dem Salvatorberg, des Kanonikerstiftes St. Adalbert sowie der Mönchsabtei in Burtscheid, die aus der bisherigen Pfarrhoheit des Marienstiftes gelöst und nicht zuletzt durch eine vermögensrechtliche Ausstattung eigenständig werden sollten. Schließlich wurde das Aachener Marienstift erhöht, dessen Kirche er ausmalen ließ und mit Schenkungen bedachte, dessen Erlöseraltar er mit einem Sondervermögen versah und für dessen Marienaltar er bei Papst Gregor V. in Anlehnung an die stadtrömische Liturgie eine Rangerhöhung erwirkte: daß hier außer dem Kölner Erzbischof und dem Bischof von Lüttich nur sieben eigens bestellte Kardinalpriester und Kardinaldiakone den geistlichen Dienst versehen durften. Ob zu dieser Bevorzugung Aachens auch dessen Bistumsgründung gehörte, ist heute umstritten und eher unwahrscheinlich. Was Otto III. mit all diesen Maßnahmen für Aachen wollte, hat zu tun mit der »residenzartigen Ausgestaltung« dieses Ortes, mit seiner »kirchlichen Verstädterung« (L. Falkenstein) sowie mit einer kirchlichen Rangerhöhung des Marienstiftes. Diese Marienkirche war die *sacrosancta ecclesia Aquensis*, in welcher der Herrschersitz von Karl dem Großen eingesetzt und eingerichtet worden war (DO. III 347) und in der sich Otto III. nach seinem Tod Ende Januar 1002 *in medio choro* (Thietmar IV, 53) auch beisetzen ließ. Für Knut Görich ist das »die abschließende Dokumentation seines [Ottos III.] fundamentalen politischen Lebenszieles«.

Die Absicht Ottos III. war es, die Aachener *sedes* in einem neuen städtischen Rahmen wiederherzustellen und gleichzeitig Karl den Großen zu ehren – so hat es Ludwig Falkenstein gesehen, der hierzu meint:

> »[es] ist ein wenig übersehen worden, daß Otto III. mit geradezu persönlicher Emphase zu allererst das Ansehen Karls des Großen zu erhöhen suchte. Dies zeigt sich darin, daß der Kaiser zuerst und vor

allem die von Karl dem Großen gegründete Kirche, ihren Stiftsabt und ihre Kanoniker in einem solchen Ausmaß beschenkte und ihr Ansehen erhöhte, daß dahinter stark emotionale Bindungen an das einzigartige Bauwerk und seinen Gründer erkennbar werden, dessen Grab sich im Inneren dieser Kirche befand.«

Vielleicht gehört zu dieser Wertschätzung Ottos auch das von ihm der Aachener Marienkirche geschenkte Lotharkreuz sowie das Liuthar-Evangeliar mit seinem viel diskutierten Widmungsbild. Wie auch immer, in einen solchen Aachener Kontext dürfte dann auch gut die Öffnung des Karlsgrabes passen. Ob diese Graböffnung mehr ist als eine herrscherliche Totenpflege, mehr als eine mystische Handlung, die den Wünschen des Toten gerecht zu werden versucht (R. Folz), steht dahin. Ob sie gar als der Beginn einer geplanten Heiligsprechung Karls des Großen gesehen werden kann, als der tastende Begründungsversuch eines politischen Heiligenkultes (K. Görich) – durch die Lokalisierung des Grabes, durch die Auffindung der Gebeine, durch das Unversehrtlassen des Körpers – darüber wird in der Forschung sicherlich weiter diskutiert werden. Knut Görich hat sich für eine solche Ehrung Karls des Großen als eines Heiligen und als eines Vorbildes in der Glaubensverbreitung ausgesprochen. Für ihn ist Karl der Große damit um 1000 vom Apostel der Sachsen zum geplanten Heiligen geworden, dessen Graböffnung dann gut 150 Jahre später zum Wegweiser für die Karlskanonisation 1165 wurde. An diese Vorläuferfunktion erinnere nicht zuletzt das von Friedrich Barbarossa gestiftete Armreliquiar Karls des Großen, das nach dessen Heiligsprechung entstand und dessen rechte Schmalseite eine Halbfigur Ottos III. mit der Umschrift *Otto Mirabilia Mundi* (»Otto, Wunder der Welt«) darstellt. Görich wörtlich: »in ihm [versuchte] Barbarossa jenen Amtsvorgänger zu ehren, der seinerseits die Karlsverehrung gefördert, ja der Heiligsprechung mit der unvergessenen Graböffnung im Jahr 1000 geradezu den Weg gewiesen hatte.«

Grabbesuche haben zu allen Zeiten der Legitimation und der symbolischen Beglaubigung politischer Programmatik gedient. Als inszenierte Rituale an symbolischen Orten versuchen sie mit der Verehrung vielleicht auch die mythische Kraft der Toten auf sich zu lenken. Das war gestern nicht anders als heute.

Anmerkungen zur Literatur

Argumentative Grundlage der vorangegangenen Ausführungen ist die Studie von K. Görich zur Öffnung des Karlsgrabes durch Otto III. (VF 46, 1998). Vom gleichen Autor stammt eine Kurzfassung seiner Karls- und Aachenthese, die im Textband zur Aachener Krönungsausstellung (Könige in Aachen 1, 2000) erschienen ist. Zu einem von Otto III. begründeten Karlskult äußert sich kritisch L. Falkenstein in seinem Buch über Otto III. und Aachen (MGH Stud. u. Texte 22, 1998). Nach wie vor grundlegend sind auch die älteren Überlegungen von H. Beumann zu Grab und Thron Karls des Großen (KdG 4, 1967 = ausgew. Aufs. 1972); vgl. dazu auch den kurzen Forschungsüberblick von H. Nelsen (in: Verschleierter Karl 1999, S. 253–256). – Die wichtigsten Quellen zur Aachener Karlsgraböffnung, deren einschlägige Textstellen (mit Übersetzung) sowie die quellenkundlichen Hinweise finden sich bei K. Görich (VF 46, 1998, S. 328–386) aufgelistet; lediglich zu Ademar von Chabannes ist jetzt eine neue Edition von P. Bourgain (CC 139, 1999) sowie die einschlägige Ademar-Monographie von R. Landes (1995) nachzutragen. Zu beachten ist auch A. Angenendts Studie zur Idee der körperlichen Unversehrtheit in der ma. Reliquienverehrung (Saeculum 42, 1991). Die Übersetzung der Textstelle aus der Chronik von Novalese ist entnommen der Geschichte der sächsischen Kaiserzeit von R. Holtzmann (^{5}1967) – Zum historisch-politischen Kontext sind heranzuziehen J. Frieds Arbeiten zu Otto III. und Boleslaw Chrobry (Frankf. Hist. Abh. 30, 1989) sowie zum heiligen Adalbert (AmrhKG 50, 1998) u. E.-D. Hehls Überlegungen zu Herrscher, Kirche und Kirchenrecht im spätottonischen Reich (in: B. Schneidmüller u. St. Weinfurter, Hg., Mittelalter-Forschungen 1, 1997), dazu kritisch L. Falkenstein (MGH Stud. u. Texte 22, 1998, S. 91–97). Zur Wertschätzung Ottos III. gegenüber Karl dem Großen und dessen Marienkirche vgl. M. Exner (VF 46, 1998) und J. Ehlers (in: Mittelalter-Forschungen 1, 1997, insbes. S. 59f.). – Zum Adalbertskult in Aachen, im Bistum Lüttich und darüber hinaus ist das hier zitierte Buch von L. Falkenstein (S. 119–124 mit weiterführender Literatur) einzusehen. J. Fried hat auf einem Kolloquium der Humboldt-Universität Berlin (»Polen und Deutschland vor tausend Jahren«) Ende Januar 2000 in seinem Referat über »Gnesen, Aachen, Rom, Otto III. und der Kult des heiligen Adalbert« aufzuzeigen versucht, daß die Diözese Lüttich den Ausgangspunkt für den ottonischen Adalbertskult darstellen dürfte; dies hat auch zu tun mit der ältesten Überlieferung der sog. röm. Adalbertsvita; vgl. dazu J. Hoffmann, Kaiser Otto III., Adalbert von Prag und Aachen (in: Könige in Aachen 1, 2000). Noch im Todesjahr Adalberts 997, als dieser in der Nähe von Königsberg bei den heidnischen Preußen den Märtyrertod gefunden hatte, ist das Aachener Kollegiatstift nach dem neuen Heiligen benannt worden, für L. Falkenstein (S. 122) die erste Kirche überhaupt, die das Adalbertspatrozinium übernahm. – Zum römischen Erneuerungsgedanken, d.h. zu Ottos III. Herrschaftsprogramm der *Renovatio imperii Romanorum* (= Siegelumschrift mit dem Bild Karls des Großen), das Karls Kaiseridee und dessen christliches Universalreich mit der römischen Imperiumstradition zu verbinden suchte und das von Percy Ernst Schramm als Herrschaftskonzept Ottos III. herausgearbeitet wurde, ist die ältere und jüngere kritische Diskussion von G. Althoff (1996) ausführlich beschrieben und diskutiert worden. – Zu Ademar von Chabannes' Federzeichnung der Aachener Marienkirche und des Grabes Karls des Großen, zum Liuthar-Evangeliar und dessen Widmungsbild sowie zum Lotharkreuz der Aachener Domschatzkammer sind jetzt die entsprechenden Kurztexte und Abbildungen im Text- und Katalogband der Aachener Krönungsausstellung einzusehen (Könige in Aachen, 1, 2000, S. 261, 277, 329, 342 u. 344).

Der heilige Karl – Karl der Große und Friedrich I. Barbarossa

In der Weihnachtsoktav, am 29. Dezember 1165, am Kirchenfest des biblischen Königs David, des Gesalbten des Herrn und Stammvaters Christi, des »Archetypen mittelalterlicher Herrschaft« (O. Engels) ist Karl der Große heilig gesprochen worden. Diese Kanonisation fiel in die Zeit des kaiserlichen Schismas von 1159 bis 1179, als sich nach dem Tod Papst Hadrians IV. 1159 das Kardinalskollegium nicht auf einen Nachfolger verständigen konnte, sondern eine Mehrheit der Kardinäle den bisherigen Kanzler der römischen Kirche, den Sieneser Rolandus Bandinelli (Alexander III.) wählte, während die Minderheit dem kaisertreuen Oktavian von Monticello (Viktor IV.) die Stimme gab. Da diese Doppelwahl und deren weitere Geschichte stark durch die Parteinahme Kaiser Friedrichs I. Barbarossa (1152–1190) geprägt war, spricht man von einem kaiserlichen Schisma.

Die kaiserliche Parteinahme zeigte sich bereits auf der Synode von Pavia im Februar 1160, welche die beiden Kardinäle Roland und Oktavian eingeladen hatte, dann den nicht erscheinenden Roland verurteilte und Oktavian als Viktor IV. anerkannte. Noch im gleichen Jahr sprachen sich Frankreich und England für Alexander III. aus, es folgten Sizilien, die meisten italienischen Städte, aber auch die Salzburger Kirchenprovinz. Viktor IV. dagegen verlor schon bald an Autorität und konnte sich lediglich in Deutschland, Dänemark und Polen sowie im kaiserlichen Reichsitalien halten. Hier kam es auch zur ersten machtpolitischen Auseinandersetzung, in der sich das stolze Mailand 1162 ergeben und die anderen verbündeten lombardischen Städte sich dem kaiserlichen Podestà unterwerfen mußten.

Papst Alexander III. war inzwischen nach Frankreich geflohen, wo im Sommer 1162 an der Saônebrücke bei St. Jean-de-Losne in Burgund der französische König Ludwig VII. (1137–1180) mit ihm und Friedrich Barbarossa mit Viktor IV. zu einem Schiedsgericht erscheinen sollten, was jedoch am Widerstand Alexanders scheiterte. Das alexandrinische Frankreich schien dem Kaiser und seinem hegemonialen Anspruch die

Gefolgschaft versagen zu wollen. Als dann Papst Viktor IV. am 20. April 1164 in Lucca starb, kam es ebenfalls nicht zu dem vielleicht möglichen Ausgleich, weil Rainald von Dassel – seit 1156 Reichskanzler, spätestens seit 1157 Vertreter einer papstfeindlichen Politik und seit 1159 gewählter Erzbischof von Köln – unverzüglich Guido von Crema, Kardinalpriester von San Callisto, als neuen kaiserlichen Papst hatte wählen lassen. Der Kaiser hat Guido von Crema, der sich Paschalis III. nannte, nachträglich gebilligt, aber mit dieser Zustimmung auch mancherlei Widerstand erfahren – so etwa bei den Erzbischöfen Konrad von Mainz, Wichmann von Magdeburg und Eberhard von Salzburg und vielleicht auch bei den Großen Burgunds am Südrand der Vogesen, die zur Fortsetzung des Schismas nicht bereit waren. Die alexandrinische Anhängerschaft nahm zu. Die Erzbischöfe Konrad von Mainz und Hillin von Trier traten ihr bei und in Reichsitalien entwickelte sich unter der Führung Venedigs der Veroneser Bund, der gegen die Politik des Kaisers opponierte.

In dieser Situation kam es Barbarossa durchaus gelegen, daß der englische König Heinrich II. (1154–1189) aus dem Hause Plantagenet – mit großen Lehen auf dem Kontinent von Rouen bis nach Bordeaux ausgestattet – zu Papst Alexander III. in Gegensatz geriet. Anlaß waren die Konstitutionen von Clarendon (1163), derentwegen sich der englische König mit dem Erzbischof von Canterbury, Thomas Becket, dessen Interessen Alexander III. vertrat, in einen Kirchenstreit verwickelte. Barbarossa nutzte diese Spannungen aus, ließ im April 1165 in Rouen und Westminster durch Rainald von Dassel ein Bündnis aushandeln, das Pfingsten 1165 auf dem Würzburger Reichstag zu einer eidlichen Versicherung der englischen Gesandten zugunsten Paschalis III. führte. Der Kaiser leistete ebenfalls den Eid, niemals »Roland« (Alexander III.) oder seinem Nachfolger die Anerkennung zu gewähren, und verlangte eine solche Zusicherung auch von den Reichsfürsten. Die Anhänger Alexanders wurden aus der Reichskirche verdrängt und durch kaisertreue Kandidaten ersetzt, wie etwa der Mainzer Erzbischof Konrad von Wittelsbach, an dessen Stelle Barbarossas Kanzler Christian trat. Mitten in dieser heftigen Auseinandersetzung ließ Barbarossa dann nach Zustimmung durch Paschalis III. Ende Dezember 1165 Karl den Großen in Aachen zur Ehre der Altäre erheben, was nicht nur als Höhepunkt staufischer Machtentfaltung oder als Ausrichtung der Reichspolitik auf England (F. Opll) gedeutet wurde, sondern auch als ein unfreundlicher Akt und eine politische Demonstration gegen das mit Alexander III. befreundete Frankreich (E. Otto, K. Jordan, H. Fuhrmann). Diese Heiligsprechung Karls gilt es nun, als eine politische und persönliche Schöpfung Friedrichs I. Barbarossa im Lichte der Quellen näher zu untersuchen.

Kanonisierung 1165 – eine Herrschaftsidee Barbarossas?

Die beiden Hauptquellen für die feierliche Erhebung der Gebeine Karls des Großen finden sich in der Barbarossaurkunde vom 8. Januar 1166 (DF. I, 502 u. AU Nr. 2) und in dem darin eingebundenen und gefälschten Karlsdekret aus der Zeit vor 1158 (DKar.1, 295 u. AU Nr. 1). In dieser Karlsfälschung berichtet Karl der Große einer Reichsversammlung über die von ihm erbaute Aachener Marienkirche, über deren Weihe durch Papst Leo III., über die Aufstellung der *sedes regia* in der Kirche sowie über die Erhebung des Ortes »zum Haupt Galliens jenseits der Alpen« (*caput Gallie trans Alpes*). Im Anschluß an diesen Bericht erhalten die Einwohner Aachens die volle Freiheit verliehen. Wo immer und wann genau diese Karlsfälschung entstanden ist – ob im Umkreis des Marienstiftes oder am Hofe Barbarossas, vor 1158 oder über die Mitte des 12. Jahrhunderts zurückweisend –für das Aachener Münster galt sie als eine Art »Gründungsurkunde« (C. Brühl, Th. Kölzer), die auszugsweise auf dem Aachener Karlsschrein Aufnahme fand und in die legendarische Aachener Karlsvita übernommen wurde. Sie ist zudem in der vielleicht berühmtesten Handschrift der Aachener Marienkirche überliefert, einem heute in der Bonner Universitätsbibliothek aufbewahrten Manuskript (UB S 1559), wo sie zusammen mit der sie tradierenden Barbarossaurkunde vom 8. Januar 1166 und weiteren wichtigen Dokumenten des Aachener Marienstiftes zu finden ist. Bedeutsam ist diese Bonner Handschrift aus der Zeit um 1170 auch, weil sie jene Aachener Urkunden enthält, die getrennt vom Stiftsarchiv in einer besonderen Holzlade (*theca*) beim Hochaltar der Marienkirche aufbewahrt wurden.

Bei dieser hohen Bedeutung von Karls- und Barbarossaurkunde wird man sich beide Texte, deren Inhalt und Ausrichtung näher anschauen wollen. Beginnen wir mit der Karlsfälschung, in der Karl der Große berichtet, auf der Jagd zufällig die Paläste und Thermen entdeckt zu haben, die einst Granus, der Bruder Neros und Agrippas, erbaut hätte. An dieser Stelle habe er der Gottesmutter Maria eine Kirche errichtet und Reliquien aus verschiedenen Ländern, insbesondere von den Griechen, beschafft. Die herausragende Stellung dieser Kirche sei in der Weihe durch Papst Leo III. bekundet worden, der mit den Großen des Reiches die Aufstellung der *regia sedes* in dieser Kirche erlaubt und die Erhebung Aachens zu einem königlichen Ort und zum Haupt des Frankenreiches nördlich der Alpen gewährt hätte. Abschließend hätten die Fürsten der Übertragung der vollen Freiheit an die Bewohner des Ortes zugestimmt.

Diese Vorrechte des gefälschten Karlsdekrets an Stift und Stadt Aachen werden im Diplom Barbarossas vom 8. Januar 1166, das uns nur abschriftlich bzw. in einem Transsumpt Kaiser Friedrichs II. von 1244 überliefert ist, nicht nur bestätigt, sondern auch in einen urkundlichen Text eingerahmt, der die Heiligsprechung Karls begründet und bekanntgibt sowie die Erhöhung Aachens (*Aquisgranum caput civitatum*) genauer erläutert. In der Narratio dieser Barbarossaurkunde heißt es:

> »Bestimmt durch die ruhmreichen Taten und Verdienste des allerheiligsten Kaisers Karl haben wir auf inständiges Bitten unseres lieben Freundes, des Königs Heinrich von England, und mit Zustimmung und kraft der Autorität des Papstes Paschalis die Auffindung, Erhebung und Heiligsprechung von Karls Gebeinen [*pro relevatione et exaltatione atque canonizatione sanctissimi corporis eius*] vorgenommen sowie auf Rat aller unserer Fürsten, sowohl der weltlichen als auch der geistlichen, gehandelt und Karls sterbliche Überreste, die aus Furcht vor äußeren und inneren Feinden sorgfältig verborgen waren, aber durch göttliche Offenbarung wiedergefunden wurden, (...) in Anwesenheit zahlreicher Fürsten und einer großen Menge von Geistlichen und Laien unter Hymnen und frommen Gesängen mit Furcht und Ehrerbietung am 29. Dezember erhoben und erhöht«.
>
> (Übersetzung J. Petersohn)

Mit diesen gedrängten Worten wird die urkundliche Bekanntgabe von Karls Heiligsprechung vollzogen, der Erhebungsakt seiner Gebeine beschrieben sowie die autorisierende Zustimmung von Papst Paschalis betont und die Unterstützung durch den englischen König Heinrich II. kenntlich gemacht.

Begründet wird Karls Kanonisierung in der einleitenden Arenga der Barbarossaurkunde mit dessen Verdiensten für Kirche und Glauben: Er habe zahlreiche Bischofssitze, Abteien und Kirchen errichtet, er habe die Heiden bekehrt und den christlichen Glauben in Sachsen und in Friesland, in Westfalen, bei den Vandalen und Spaniern ausgebreitet, er sei ein *fortis athleta et verus apostolus*, »ein starker Kämpfer und wahrer

Apostel«. Wegen seiner täglichen Bereitschaft, bei der Bekehrung der Ungläubigen zu sterben, sei er als Märtyrer anzusehen (*voluntas moriendi cotidiana pro convertendis incredulis eum martyrem fecit*). Alle diese Verdienste würden Karl zu einem auserwählten und heiligen Bekenner machen, der im Himmel für seine Lebensleistung gekrönt wurde (*verum confessorem credimus coronatum in celis*).

Nach dieser Begründung und urkundlichen Bekanntgabe von Karls Heiligsprechung erfolgt die Erhöhung des Ortes: zum einen durch die Inserierung des erwähnten Karlsdekretes aus der Zeit vor 1158, das die Kanoniker des Marienstiftes Barbarossa vorgelegt hatten und das dieser mit kaiserlicher Autorität erneuerte, damit es wegen seines Alters nicht untergehe oder in Vergessenheit gerate, zum anderen durch dessen ausdrückliche Bestätigung in der Barbarossaurkunde:

> »Es freue sich also und frohlocke in unsagbarem Jubel dieses Aachen, das Haupt der Städte, sein ehrwürdiger Klerus mit seinem frommen Volk, daß es (...) sich jenes einzigartigen und körperlich anwesenden Patrons Karl erfreuen darf, der im Lichte christlichen Glaubens und Gesetzes, unter dem jeder leben muß, dem Römischen Reich zur Zierde gereicht. Das eben ist der Wandel, den die Hand des Höchsten bewirkt hat, daß [dieses Aachen] anstelle von Granus, dem Bruder Neros, nun den heiligen Karl zum Gründer hat, anstelle eines heidnischen Frevlers einen katholischen Kaiser [*pro pagano et scelesto imperatorem catholicum*]«. (Übersetzung W. Kaemmerer)

An diesem Urkundentext fällt auf, daß der zitierte Wortlaut durchsetzt ist mit textlichen Anklängen an die Meßliturgie des Sonntags *Laetare*, des Krönungstages Barbarossas, und mit Anspielungen an das irdische und himmlische Jerusalem, was später in den Inschriften des Barbarossaleuchters wiederholt werden sollte, und daß die Hinweise auf die antike Tradition Aachens unter Nero und Granus offenbar typologisch zu verstehen sind. Dem heidnischen Römerfürsten steht Karl der Große als neuer Stadtgründer gegenüber. Ausgezeichnet durch die Präsenz des heiligen Karl, der hier begraben liegt und auf den die Gründung Aachens als Sitz und Haupt des Reiches zurückgeht (*civitas Aquisgranum, que caput et sedes regni Theutonici est*), werden alle Rechte und Freiheiten, insbesondere die Zoll- und Abgabefreiheiten der handeltreibenden Bürger der Stadt im ganzen Reich bestätigt.

Sieht man schließlich das Karls- und Barbarossaprivileg zusammen, dann ergibt sich eine Verbindungslinie zwischen der Heiligkeit Karls und der Auszeichnung von Stift und Stadt: Karl erscheint als heiliger Herrscher und Reichsheiliger, Aachen als heiliger Ort und Barbarossa als ein neuer Karl, als jemand – wie es in den ersten Zeilen der Barbarossaurkunde heißt –, der Karl als Vorbild für sein Leben und seine Herrschaft gewählt hat: als *maximum et gloriosum imperatorem Karolum quasi formam vivendi atque subditos regendi.*

Dieser persönliche Bezug läßt sich auch daran aufweisen, daß Barbarossa die Heiligsprechung Karls nicht allein zum Ruhm Christi und zur Festigung des Reiches, sondern auch zum Heil seiner Gattin Beatrix sowie seiner Söhne Friedrich und Heinrich vollzog: *ad laudem et gloriam nominis Christi et ad corroborationem Romani imperii et salutem dilecte consortis nostre Beatricis imperatricis et filiorum nostrorum Frederici et Heinrici.* Ganz auf dieser Linie liegt die spätere Bemerkung des kaiserlichen Hofkapellans und Geschichtsschreibers Gottfried von Viterbo († 1192/1200), wonach Friedrich Barbarossa aus dem berühmten Geschlecht der Karolinger stamme (*natus ex clarissima progenie Karulorum*). In diese persönliche Ausrichtung der Karlskanonisation gehört schließlich auch jenes Armreliquiar Karls des Großen, das Barbarossa anläßlich der Heiligsprechung in Auftrag gab und das sich bis 1794 im Aachener Domschatz befand und heute im Pariser Louvre zu sehen ist. Es zeigt auf der Vorderseite in der Mittelarkade die Gottesmutter Maria, die Patronin der Aachener Kirche, eingerahmt von zwei Erzengeln und Barbarossa mit seiner Gemahlin Beatrix. Auf der Innenseite des Deckels steht die Inschrift: *Brachium Sancti et Gloriosissimi Imperatoris Karoli.* Dieses Armreliquiar – eine rhein-maasländische Goldschmiedearbeit aus der Zeit um 1165 – gilt als ein erstes bildhaftes Zeugnis der liturgischen Verehrung Karls, als ein sprechendes Reliquiar, welches das politische wie persönliche Karlsbild Barbarossas gut verdeutlichen kann.

Aber es sind nicht allein diese persönlichen Aspekte, die sich aus dem Barbarossaprivileg vom 8. Januar 1166 schließen lassen. Hinzu kommen verschiedene rechtliche und auf Aachen bezogene Perspektiven, die zu klären sind: so etwa der kirchenrechtliche Bezug, die autoritative Zustimmung des Papstes Paschalis III. zur Heiligsprechung, von der die Barbarossaurkunde spricht: *assensu et auctoritate domni pape Paschalis.* Ist diese päpstliche Autorisierung »eine mehr oder weniger inhaltslose Phrase« oder vielmehr »eine scharf umrissene Aussage« (J. Petersohn)? Die ältere Forschung hatte diese Frage im Sinne der ersteren Variante beantwortet, ja sogar von einem irregulären und widerrechtlichen Verfahren gesprochen, von der »merkwürdigsten

Heiligsprechung, welche die Kirchengeschichte zu verzeichnen hat«, von einem »mit kühner Hand gewagten unberechtigten Eingriff in das innere Heiligtum der Kirche«, von einer »Vergewaltigung« gegenüber Rom (E. Pauls). Heute geht man von einer päpstlich delegierten Kanonisation aus, von einer durch Papst Paschalis III. autorisierten Heiligsprechung Karls des Großen. Diese ist nach formalem Ablauf und rechtlichem Gehalt durchaus vergleichbar mit der päpstlichen Kanonisationsdelegation, die Thomas Becket zwei Jahre zuvor 1163 bei Alexander III. für die Heiligsprechung des Erzbischofs Anselm von Canterbury erwirkt hatte. Die förmliche Delegation für die Heiligsprechung Karls des Großen dürfte deshalb – wenn sie uns auch durch kein offizielles Schriftstück, durch kein päpstliches Mandat oder durch eine andere Überlieferungsnotiz erhalten ist – von Paschalis III. wahrscheinlich an den Kölner Erzbischof und Metropoliten, an Rainald von Dassel, und vielleicht auch an Bischof Alexander von Lüttich erfolgt sein. Die Karlskanonisation war demnach als kirchenrechtlicher Akt weder formwidrig noch außergewöhnlich. Der einzige Makel, wenn man alexandrinisch dachte, bestand darin, daß es der Gegenpapst Paschalis III. war, der diese delegierte Heiligsprechung autorisiert hatte.

St. Denis und Westminster als Vorbild

»Auffällig und scheinbar ungewöhnlich mutet allein« – so hat es der Marburger Mediävist Jürgen Petersohn formuliert, dem wir hier die entscheidenden neueren Erkenntnisse verdanken – »die persönliche Rolle Kaiser Friedrichs I. bei [der Aachener Kanonisations]feier an«. Denn nach der Aussage der Barbarossaurkunde vom 8. Januar 1166 wie auch nach fast allen anderen zeitlich wie örtlich nahestehenden Quellen (Kölner Königschronik, Annalen von Cambrai, Chronik des Gaufred von Bruil) ist es allein Barbarossa gewesen, der die Translation der Gebeine Karls vorgenommen und aus dem bisherigen (Proserpina)sarkophag in ein neues Reliquiar gelegt hat: *ubi corpus eius sanctissimum (...) cum timore et reverentia elevavimus et exaltavimus IIII°kal. ianuarii* (»dort haben wir seinen heiligen Leib (...) mit Ehrfurcht und Ehrerbietung am 29. Dezember zur Ehre der Altäre erhoben«). Die Zeitgenossen haben in diesem »einseitigen« Handeln des Kaisers offenbar keinen unzulässigen Übergriff gesehen, zumal es für dieses Herrscherverhalten im zeitlichen Umfeld des 12. Jahrhunderts zwei bekannte zeremonielle

Vorbilder gab: zum einen 1163 in der Edward–Translatio in Westminster, bei der Heinrich II. von England die Gebeine König Edwards des Bekenners erhoben hat, und zum anderen 1144 bei der von Abt Suger in St. Denis gestalteten und von König Ludwig VII. von Frankreich vorgenommenen Übertragung der sterblichen Überreste des heiligen Dionysius, des Hauptheiligen des Klosters, aus der karolingischen Krypta in den neu errichteten Chorbau der Klosterkirche. Die »wesentlichen Vorbilder und Verhaltensmuster für die scheinbar singuläre Rolle Friedrich Barbarossas« (J. Petersohn) liegen offenbar in Westminster und St. Denis, zumal die Bekanntmachung der Edward–Kanonisation durch ein Schreiben Papst Alexanders III. vom 7. Februar 1161 sowie eine entsprechende Urkunde Ludwigs VII. von 1144/45 für St. Denis in Inhalt und Wortlaut der Aachener Karlskanonisation als Vorlage gedient haben könnten. Man versteht jetzt vielleicht auch besser, wie weit das von Barbarossa erwähnte inständige Bitten des englischen Königs für die Heiligsprechung Karls reichte (*sedula peticione karissimi amici nostri Heinrici illustris regis Anglie inducti*): Möglicherweise hatte Rainald von Dassel anläßlich seines Besuches beim englischen König im April 1165 oder auch die englischen Kleriker beim Würzburger Hoftag wenige Wochen später die Edward-Translatio als geeignetes Vorbild für das Aachener Vorgehen kennengelernt oder vorgeschlagen bzw. ein damit verbundenes politisches Vorgehen verabredet.

Wie dem auch sei, in Westminster, St. Denis und Aachen handelte es sich jeweils

> »um einen liturgischen Vorgang von eindrucksvoller symbolischer Aussage, in dessen Ablauf ein Monarch den entscheidenden Akt der Translation eines als Patron von Herrscher und Reich geltenden Heiligen allein vollzog« (J. Petersohn).

Zwischen diesen drei Orten gibt es auffällige Gemeinsamkeiten. Westminster ist Krönungsort der englischen Könige, dort werden wie in St. Denis die Krönungsinsignien aufbewahrt. Beide beanspruchen, das Haupt ihrer jeweiligen Kirche zu sein. St. Denis war darüber hinaus Aufbewahrungsort des königlichen Archivs und vornehmste Grablege der Könige Frankreichs. Der heilige Dionysius war Patron und Apostel ganz Frankreichs, die Lehnsfahne des Vexin wurde als Karlsfahne, als die berühmte *Oriflamme* des Rolandsliedes angesehen, das hier aufbewahrte Krönungsschwert hielt man für das Schwert Karls des Großen. In einer nach 1165 entstandenen Karlsfälschung (DKar.1, 286) hatte

Karl der Große urkundlich verfügt, daß St. Denis nicht nur das *caput omnium ecclesiarum regni nostri* sein solle, sondern auch ausschließlicher Krönungsort für alle seine Nachfolger. Und in St. Denis war um 1050 die Legende von Karls Pilgerfahrt ins Heilige Land verfaßt worden, die Geschichte von seiner Orientreise nach Jerusalem und Konstantinopel (*Descriptio*). Hier wird von den kostbaren Reliquien berichtet wie etwa der Dornenkrone Christi, die Karl vom Kaiser in Konstantinopel erhalten und nach Aachen gebracht habe, von wo sie später sein Enkel, Karl der Kahle, nach St. Denis habe überführen lassen. All diese St. Denis-Hinweise erhalten bei der Aachener Karlskanonisation eine auffallende Entsprechung: so etwa in dem eingangs gekennzeichneten gefälschten Aachener Karlsdekret oder auch in der sogenannten Aachener Karlsvita von ca. 1170, in welche die *Descriptio* genauso eingegangen ist wie ein Auszug aus dem Pseudo–Turpin, von dem die Aachener Karlsvita sagt, daß man diesen literarischen Text »in den Chroniken der Franken beim heiligen Dionysius in Franzien gefunden habe« (*in cronicis Francorum apud sanctum Dyonisium in Francia repperimus,* Prol. III). St. Denis scheint neben Westminster eine Art »Zuliefererwerkstatt für die Aachener Karlskanonisation« (J. Petersohn) gewesen zu sein, der »Maßstab des eigenen Tuns«, der »avisierte Gegenpol«, das »nachgeahmte Vorbild«. Wenn man danach fragt, wer diese *imitatio sancti Dionysii* von St. Denis nach Aachen vermittelt habe, dann wird häufig Rainald von Dassel genannt, der in der ersten Hälfte der 40er Jahre in Paris studierte und vielleicht sogar Augenzeuge des Translationsaktes von 1144 gewesen sein könnte. Verwiesen wird aber auch auf Gottfried von Spitzenberg, den möglichen Verfasser der Aachener Karlsvita und deswegen vielleicht vertraut mit der Karlstradition von St. Denis. Gottfried war von 1172 bis 1186 kaiserlicher Hofkanzler, in den frühen 80er Jahren Aachener Propst und später Bischof von Würzburg (1186–1190), wohin er Reliquien *de sacrofago Karoli imperatoris* mitgenommen hatte. Nimmt man am Ende alles zusammen – die Übernahme des Zeremoniells von St. Denis in Westminster und Aachen, den »Wettlauf um die politische Ausnutzung der Karlstradition für das eigene Staatsdenken« (J. Petersohn) in St. Denis wie in Aachen, die Rezeption von urkundlichen und literarischen Texten von der französischen in die deutsche Sakralstätte, dann wird man Robert Folz zustimmen können, der meinte: »Canoniser Charlemagne (...) c'est grandir Aix aux dépens de St. Denis« bzw. »Aix devait être le Saint Denis de l'Allemagne«, Karl den Großen heilig zu sprechen bedeutet, Aachen auf Kosten von St. Denis zu erheben. Aachen sollte das St. Denis Deutschlands werden.

Bezüge zu Aachen

Bei all diesen rechtlichen, politischen und persönlichen Bezügen der Aachener Karlskanonisation und ihrer beiden Hauptquellen – dem Barbarossa- und dem Karlsdekret – steht noch die engere Aachener Ausrichtung des Geschehens und deren nähere Kennzeichnung aus. Aachen bildet als *sedes regia* und als *locus regalis* gewissermaßen den Mittelpunkt des Barbarossaprivilegs vom 8. Januar 1166 und des darin inserierten gefälschten Karlsdekretes. In diesen urkundlichen Zeugnissen werden die antike Tradition des Ortes (Granuslegende), die Gründung als Sitz und Haupt des Reiches durch Karl den Großen, die Auszeichnung durch dessen Grablege, die verfassungsrechtliche Bedeutung als Krönungsort sowie die außerordentlichen Rechtsfreiheiten der Aachener Bürger betont. Mit einem Wort: »Aachen soll Hauptstadt des Reiches sein« (E. Meuthen). Eine ähnliche Vorzugsstellung für Aachen hatte bereits Kaiser Otto I. 966 formuliert, als er in einer Urkunde für das Aachener Marienstift (DO I, 316) – die nach Meuthen als Formulierungsgrundlage für das Karlsdekret diente – diesem nicht nur verschiedene Besitztümer und Rechte übertrug, sondern auch von der Pfalz Aachen als einer *precipua cis Alpes regia sedes*, als einem besonderen königlichen Sitz diesseits der Alpen, sprach. Barbarossa hatte im zeitlichen Umfeld von 1165 in entsprechenden Privilegien Monza zum »Haupt der Lombardei« (1159) und Arles zum »Haupt der Provence« (1164) erklärt.

Wenn nun im Karlsprivileg von Aachen als dem *caput Gallie trans Alpes* bzw. in der Barbarossaurkunde vom *caput et sedes regni Theutonici* die Rede ist, dann fällt nicht allein die begriffliche Unterscheidung in den beiden Texten zwischen *caput Gallie* und *caput regni Theutonici* bzw. die eigenartige, vielleicht auf einen italienischen Ursprung hinweisende Formulierung *trans Alpes* auf, sondern auch die weitreichende Bedeutung dieser Auszeichnung Aachens als Haupt Galliens nördlich der Alpen. Durch die Heiligsprechung Karls ist Aachen der sakrale Mittelpunkt des Reiches (*sacra civitas*) und die Aachener Marienkirche als »Verwahrraum des Thrones« (E. Meuthen) zur ersten Kirche im ganzen Reich geworden. Die Aachener Gemeinde wurde durch besondere Vorrechte ausgezeichnet, die allerdings nicht in einer eigenen Urkunde, sondern in einem für die Marienkirche ausgestellten Privileg verliehen wurden. Wie auf Aachens ältestem »Stadtsiegel« (1134/58) ist Karl der Große die Rechtsperson dieses Ortes, und seine Bürger sind solche des königlichen Stuhles in Aachen (*cives regalis sedis Aquensis*, Aachener Regesten 1, Nr. 265).

Der Kreis schließt sich, wenn alle genannten Aspekte der Heiligsprechung Karls des Großen mit der Idee des staufischen Kaisertums verknüpft werden: mit dem Gedanken einer von Gott direkt geschaffenen Weltherrschaft, mit der Vorstellung eines *sacrum imperium*, eines heiligen Reiches, das seit 1157 in den kaiserlichen Urkunden und Texten als Dauerformel benutzt wird und das im Kaiserhymnus des Archipoeta aus der Zeit um 1160/65 (»Kaiser unser sei gegrüßt, Herrscher hier auf Erden! Allen Guten sei dein Joch sanft und ohn' Beschwerden«) gefeiert wurde. In dieses imperiale Ordnungsverständnis Barbarossas gehört die Karlskanonisation. Sie ist seine persönliche und politische Schöpfung. Der heilige Karl ist vieles zugleich: die Schlüsselfigur von Stift und Stadt Aachen, »des heiligen Reiches Gründer« (O. Engels) sowie schließlich der Maßstab für Barbarossas herrscherliches Handeln.

Auf dem Weg zum Karlskult

Barbarossa schien an der Jahreswende 1165/66 in der Frage des Schismas auf der Höhe seiner Macht zu stehen. Da jedoch Alexander III. nach Rom zurückgekehrt war und die lombardischen Städte gegen die kaiserlichen Beamten opponierten, zog Barbarossa im Herbst 1166 mit einem großen Ritterheer nach Italien, um dort die Frage von Reichsherrschaft und Schisma militärisch zu klären. Ende Mai 1167 konnte der Kaiser bei Tusculum die römische Miliz besiegen, in die ewige Stadt einziehen, dort Paschalis III. feierlich inthronisieren und seine Gemahlin Beatrix zur Kaiserin krönen lassen (1. August 1167). Der Kaiser schien am Ziel seiner Wünsche zu sein und Rainald von Dassels energische wie robuste Politik bestätigt zu werden. In dieser erfolgreichen Situation konnte jedoch Alexander III. als Pilger verkleidet (*in habitu peregrini*) entkommen. Zudem wurde das in der sumpfigen Tiberebene lagernde kaiserliche Heer von einer schlimmen Epidemie erfaßt. 2000 Soldaten sollen während weniger Tage gestorben sein, darunter auch mehrere Bischöfe und Fürsten, insbesondere Rainald von Dassel. Damit hatte Barbarossa die Leitfigur seines bisherigen Handelns, seinen – wie er ihn nannte – »treuesten Fürst Rainald« verloren. Die Gegenseite sah in dem militärischen Zusammenbruch des Kaisers ein Gottesurteil und formierte sich in einer piemontesischen Burg, der man den Namen Alessandria gab, benannt nach der Symbolgestalt des kaiserfeindlichen Widerstandes, nach Alexander III. Hinzu kam, daß sich Heinrich II. von England mit Thomas Becket in der Streitfrage des klerikalen Gerichtsstandes arrangierte, so daß der Erzbischof von Canterbury 1170 nach England zurückkehren konnte, dort aber am Ende des gleichen Jahres von königlichen Gefolgsleuten erschlagen wurde. Diesen Märtyrertod Beckets nutzten die Anhänger Alexanders III., um den englischen König ins Unrecht zu setzen, der schließlich öffentlich Buße tat und die Konstitutionen von Clarendon zurücknahm.

Vor diesem veränderten politischen Hintergrund muß die kultische Karlsverehrung und deren Ausbreitung gesehen und beurteilt werden: in ihren wichtigsten Ausprägungen, in den liturgischen und literarischen Texten genauso wie in ihren kultischen und künstlerischen Zeugnissen. Dies bedeutet konkret, sich die Aachener Karlsvita, die achteckige Lichterkrone der Aachener Marienkirche (den Barbarossaleuchter), den dortigen Karlsschrein sowie die engere liturgische Karlsverehrung der frühen Karlsoffizien, die sich in den alten Brevieren und Meßbüchern finden, genauer anzusehen, um dann am Ende zu fragen, wie sich der Weg von der Karlskanonisation zum Karlskult insgesamt beurteilen läßt – in seiner Ausrichtung und Veränderung zugleich.

Beginnen wir mit der Aachener Karlslegende, die um 1170 entstanden ist. Sie wurde von einem Aachener Kanoniker verfaßt und ist heute in 34, teilweise auch unvollständigen Textzeugen überliefert. Der Urtext dieser Aachener Karlsvita scheint sich nicht erhalten zu haben. Ihre Aachener Herkunft läßt sich an der Übernahme des bereits ausführlich vorgestellten gefälschten Karlsdekrets aufweisen. Ihre staufische Zuordnung kann man an dem in dieser Karlsvita angedeuteten Herrschaftsverständnis (Karl als *ventilator utriusque gladii*, I,13) und an dem Barbarossa verwandten Ordnungsdenken gegenüber Papst und Kirche aufzeigen. Nach Ausweis eines der ältesten Textzeugen ist die Vita *iussu Frederici augusti consripta* (Explicitformel vor I,1), auf Anweisung Kaiser Friedrichs I. Barbarossa verfaßt worden, der im Prolog als »neuer Karl« (*alter Karolus*) bezeichnet wird und der mit seinem Schreibauftrag sowie als Veranlasser der Kanonisation (*huius canonizationis auctor*) die Heiligkeit Karls deutlicher und dessen Heiligsprechung begründeter erscheinen lassen wollte: *certior de sanctitate morum et vite beatissimi Karoli magni in amplius et perfectius gaudeat*. Inhaltlich behandelt die Aachener Karlslegende in ihren drei Büchern die kirchlichen Verdienste Karls des Großen, seinen Zug nach Jerusalem und Konstantinopel (aus der *Descriptio*) sowie die von ihm bewirkten Wunder: während seines Spanienfeldzuges (aus dem Pseudo-Turpin), nach seinem Tod und anläßlich seiner Kanonisation. Neben den Quellen der *Descriptio* und des Pseudo-Turpin, die eine Verbindung des Verfassers nach St.

Denis erkennen lassen und Karl den Großen zu einer Klammer der beiden großen Pilgerziele der hochmittelalterlichen Christenheit, d.h. Jerusalems und Santiagos de Compostela machen, benutzt der Autor alle einschlägige »Karlsliteratur«, so etwa Einhards Karlsvita, Thegans Geschichte Ludwigs des Frommen, die Chronik von Aniane, das *Chronicon* Reginos von Prüm und anderes mehr.

In pathetischer Sprache – so hat es Paul Lehmann ausgedrückt – wird alles zusammengetragen, was den *insignia virtutum* und der *gloriosa miraculorum series*, was der Tugend- und Wundergeschichte des *piissimus imperator* Karl diente. Karl der Große ist der Patron und Schützer der Kirche, der siegreiche christliche Held, der Bekämpfer und Besieger der Ungläubigen, der Glaubensstreiter in Spanien, der Apostel der Sachsen, Friesen und Wenden, der Märtyrer und heilige Bekenner, der Wundertäter, kurz: der *imperator christianissimus*. Das religiöse Moment stehe im Vordergrund, alles werde in den Dienst eines Gedankens gestellt – den des Christentums, der Ausbreitung und Befestigung des Glaubens, des kirchlichen Schutzes, der persönlichen Frömmigkeit. Der weltliche Frankenherrscher, bei dem die Frömmigkeit keineswegs die Grundfarbe bildete, was Einhard belegt, bleibt weitgehend unerwähnt, die *triumphalis bellorum eius historia*, die triumphale Geschichte seiner Kriege, wird ausdrücklich ausgespart. Betont wird allein die christliche und kirchliche Seite des Herrschers, der von Gott geleitet und gesegnet wird. Für Paul Lehmann ist die Aachener Karlslegende deswegen auch völlig belanglos für die tatsächliche Geschichte Karls, andererseits aber auch mehr als ein beliebiges hagiographisches Heiligenleben: Sie sei bei aller Panegyrik und Geschichtsklitterung ein emphatisches pastorales Zeugnis, nicht zuletzt für das Aachener Karlsbild. Dies läßt sich nicht allein an den Dachreliefs des Aachener Karlsschreins aufweisen, die Motive dieser Karlslegende zeigen, sondern auch an mancherlei spezifischen Aachener Bezügen: an der angeblichen Weihe der Marienkirche durch Papst Leo III. (Karlsvita I, 16), an der auf Karl den Großen zurückgehenden Herkunft der großen Textilreliquien Aachens, der berühmten Heiligtümer der Marienkirche (Karlsvita II, 24) sowie schließlich an der vermeintlichen Gründung der Aachener Jakobskirche durch Karl den Großen: *et fabricavit ecclesiam scilicet beate virginis Marie que est Aquisgrani et basilicam sancti Iacobi que in eadem villa* (»er errichtete die Kirche der seligen Jungfrau Maria in Aachen und die Basilika des heiligen Jakobus, die sich am gleichen Ort befindet«, III, 5). Nicht zuletzt mit Hilfe der Wirkungsgeschichte dieser Aachener Karlslegende wird man auch sagen können, an welchen

Orten Karl der Große als Heiliger verehrt wurde, da ihr Text vielfach in die entsprechenden liturgischen Handschriften einbezogen wurde. Die Karlslegende wird eine liturgische Quelle, die bei der kirchlichen Feier von Karls Todestag (28. Januar) sogar als Lesungstext diente.

Als ein bedeutendes Zeugnis der Karlsverehrung ist auch der Aachener Barbarossaleuchter anzusehen, die achteckige Lichterkrone der dortigen Marienkirche, die sich der oktogonalen Gestalt dieser Kirche anpaßt und als Lichtspender und Lichtträger die Herrlichkeit des himmlischen Jerusalem symbolisiert. Entstanden sein dürfte der Barbarossaleuchter fast gleichzeitig mit der Aachener Karlslegende, also um 1170, genauer vor 1184, dem Todesjahr der Kaiserin Beatrix und Gemahlin Barbarossas, die in der Inschrift dieses Leuchters als Mitherrscherin (*conregnatrix*) ausdrücklich genannt wird. Zu Barbarossa heißt es in der Leuchterinschrift, er habe als Stifter der Aachener Lichterkrone diese in Anlehnung an die oktogonale Struktur der Kirche (*istius octogone donum regale corone*) gestaltet sehen wollen. Auch die Zahl der 16 Türme sollten sich nach des Tempels (d.h. der Kirche) Norm richten (*ad templi normam*), so daß zwischen dem Leuchter und dem karolingischen acht- bzw. sechzehneckigen Zentralbau in Zahl, Maß und Form eine große Kongruenz bestand, die hier als Stifterwille deutlich wird.

Dies darf man sicherlich auch für den ersten Teil der Inschrift des Barbarossaleuchters annehmen, der die Vision des Evangelisten Johannes vom himmlischen Jerusalem (Apk. 21) übernimmt und als Titulus des gesamten Bildwerks (*celica Iherusalem*) aufzufassen ist. Dabei werden die ursprünglich hebräischen Begriffe und Namen nach der spätantiken Vorgabe des Hieronymus und Isidors von Sevilla latinisiert: Das hebräische Jerusalem wird lateinisch zur *visio pacis*, zur Erscheinung des Friedens, die hebräische Namensform des Johannes zur lateinischen Form der *gracia Christi*, des Wohlgefallens Christi. Wegen ihrer hohen theologischen Bedeutung seien die ersten Verse der Inschrift hier im Wortlaut zitiert:

Celica Iherusalem signatur imagine tali
visio pacis: certa quietis spes ibi nobis
ille Johannes, Gracia Christi, preco salutis
quam patriarche quamque prophete denique virtus
lucis apostolice fundavit dogmate vita
urbem siderea labentem vidit ab aetthra
auro ridentem mundo gemmisque nitentem
qua nos in patria precibus pia siste Maria

> »Das Himmlische Jerusalem wird durch dieses Bild bezeichnet,
> die ›Erscheinung des Friedens‹: Dort ist sichere Hoffnung auf Ruhe
> für uns.
> Jener Johannes, ›Christi Wohlgefallen‹, der Herold des Heils,
> sah die Stadt, strahlend vor lauterem Gold und von Edelsteinen
> gleißend, vom gestirnten Himmel herabschweben,
> die Stadt, die die Patriarchen und die Propheten, schließlich
> die Macht
> des apostolischen Lichtes gegründet hat durch Lehre und Leben.
> In diese Heimat bringe uns durch deine Fürbitte, gütige Maria!«
> (Übersetzung Cl. Bayer)

Über diese Inschrift hinaus läßt sich der goldglänzende Radleuchter mit seiner reichen Ornamentik, mit seinem figürlichen Schmuck, mit seinen acht kleinen und acht mehrgeschossigen Türmen, mit seinen Bodenplatten noch ein wenig genauer in seiner Ausrichtung und Bedeutung charakterisieren – etwa an den kupfervergoldeten, gravierten und ziselierten Bodenplatten, die die Türme des Leuchters von unten abschließen. Die acht kleinen Rundtürme zeigen in ihren Bodenplatten christologische Themen und Szenen: die Verkündigung, die Geburt Christi, die Anbetung der Könige, die Kreuzigung, die Frauen am Grabe, die Himmelfahrt, Pfingsten und die *Maiestas Domini*. Die quadratischen und vierpaßförmigen Bodenplatten der acht großen Türme beschreiben dagegen die acht Seligpreisungen der Bergpredigt: die Armen im Geiste, die Trauernden, die Machtlosen, die nach Gerechtigkeit Hungernden und Dürstenden, die Barmherzigen, die reinen Herzens sind, die Friedfertigen und die um der Gerechtigkeit willen Verfolgten, kurz: Sie »personifizieren die Seligpreisungen als christliche Tugenden, die das Fundament des Himmelreiches bilden« (G. Minkenberg), sie demonstrieren als Tugendpersonifikationen den verbindlichen Kanon der christlichen Ethik. Georg Minkenberg, der Leiter der Aachener Domschatzkammer, wörtlich:

> »Die Leuchterkrone Barbarossas im Dom zu Aachen ist ein Sinnbild Christi und des lichtstrahlenden himmlischen Jerusalem in Form jener Krone, die den Christen verheißen ist. Sie ist ein Sinnbild der Kirche und christlicher Herrschaft. Sie erinnert an die Lehre Christi, die den Weg zum Himmel weist. Sie ist ein einzigartiges *signum sanctitatis*.«

Auf Karl den Großen, auf den heiligen Bekenner und Reichsheiligen, dessen Gebeine Ende 1165 durch Barbarossa in einen Holzsarg gelegt wurden, der mitten in der Marienkirche (*in medio ecclesiae*) unter dem Barbarossaleuchter stand, auf diesen *sanctus Karolus* war demnach das inschriftliche und ikonographische Programm des Barbarossaleuchters bezogen. Für den staufischen Kaiser und seine Zeitgenossen hatte Karl der Große in der Schar der Heiligen seinen Platz gefunden und war in das himmlische Jerusalem gelangt. Diese religiös ausgerichtete Aussage ist nach der Aachener Lichterkrone und der zuvor skizzierten Aachener Karlslegende auch an dem dritten bedeutenden Kultzeugnis des heiligen Karl, am Aachener Karlsschrein, abzulesen und in ihrer politisch-kultischen Erweiterung zu beschreiben.

Die Entstehung des Karlsschreins wird heute meist auf die Zeit um 1200 gesetzt, also weit nach dem Tod Barbarossas († 1190). Dendrochronologische Untersuchungen zum Holzkern haben jedoch ergeben, daß das dafür benutzte Eichenholz im Jahre 1182 geschlagen und »frischsaftig« für den Schreinskasten verarbeitet worden sein dürfte. Friedrich I. Barbarossa könnte demnach den Goldschrein noch in Auftrag gegeben haben, so daß dieser hier in den von Barbarossa und dem Aachener Marienstift bestimmten Karlskult mit einbezogen werden darf.

Der Schrein hat die Form einer einschiffigen Kirche. Sein mehr als zwei Meter langer Eichenholzkasten ist mit vergoldetem Silber und Kupfer, mit Filigranen und Edelsteinen, mit Emails und Braunfirnisplatten bedeckt. Die beiden Langseiten zeigen je acht auf emaillierten Dachsäulen ruhende Arkaden, unter denen Kaiser und Könige thronen. Die Auswahl dieser Herrscher, die von Ludwig dem Frommen († 840) bis zu Friedrich II. († 1250) reichen, geht vermutlich auf eine Liste der königlichen Stifter für das Aachener Marienstift zurück. Die Anordnung ist weitgehend chronologisch. Jede Figur ist bis auf eine Ausnahme namentlich bezeichnet. Es ist jedoch nicht auszuschließen, daß bei früheren Ausbesserungen und Restaurierungen Figuren oder deren Namen in ihren Positionen am Schrein vertauscht wurden. In der heutigen Reihenfolge sind es auf der linken Langseite die Herrscher Ludwig der Fromme, Lothar I. († 855), Heinrich I. († 936), Otto IV. († 1218), Heinrich IV. († 1106), Heinrich V. († 1125), Zwentibold († 900) und Heinrich III. († 1056) sowie auf der rechten Langseite Heinrich II. († 1024), Otto III. († 1002), Otto I. († 973), Otto II. († 983), Karl III. († 888), dann ein namenloser Herrscher, schließlich Heinrich VI. († 1197) und Friedrich II. Man hat diese Herrscherabfolge auf den beiden Langseiten des Karlsschreins als ein »geradezu enervierendes Durcheinander« bezeichnet. Was soll – so fragt die Münchner Kunsthistorikerin Renate Kroos – der lotharingische Teilkönig Zwentibold, was der ungesalbte König Heinrich I. in der Reihe? Warum fehlen der Staufer Konrad III. (der Onkel Friedrichs I. Barbarossa), dieser selbst und sein Sohn Philipp von Schwaben, der Propst des Aachener Marienstiftes war? Gerade das Fehlen Friedrichs I. Barbarossa muß besonders auffallen. Verbirgt er sich hinter der namenlosen Herrscherfigur? Ist er gar auf der Schmalseite in der Figur Karls des Großen mit dargestellt, als *Karolus redivivus*, als ein Karl-Friedrich, weil die Karlsfigur des Karlsschreins und die Bronzebüste des Cappenberger Barbarossakopfes eine vermeintliche Ähnlichkeit besitzen, wie der Aachener Kunsthistoriker Ernst Günther Grimme annimmt. Karl der Große als Kryptoporträt Barbarossas? Man weiß es nicht.

Wahrscheinlicher ist eine andere Erklärung für diese gesamte Herrscherauswahl: daß hier die *reges fundatores ac dotatores huius basilicae*, die königlichen Schenker und Stifter der Aachener Marienkirche dargestellt sind, da auch in den hochmittelalterlichen Kopialbüchern dieser Kirche die Kaiserurkunden mit den »Aachenstiftungen« in einer völlig unchronologischen Abfolge aufgelistet sind. Hinzu kommt, daß die meisten der am Karlsschrein dargestellten Könige und Kaiser auch in Aachen gekrönt wurden. Aachen als privilegierter Krönungsort, als die *regia sedes*, auf der die Könige als Nachfolger und Erben des Reiches (*reges successores et heredes regni*) ihre Herrschaft antreten, wurde aus dem Text des Karlsdekrets auf den Karlsschrein als Inschrift übertragen. Mit anderen Worten: Das Programm der Herrscherfiguren am Karlsschrein dürfte weniger als Abbild staufischen Selbstverständnisses, weniger als »strahlende Apotheose staufischer Herrscherlegitimation« (E. G. Grimme) zu verstehen sein, sondern eher als Ausdruck stiftischer Dankbarkeit der hochmittelalterlichen Kanoniker des Aachener Marienstiftes und von diesem Schenkungsgedanken her als »ehrwürdiges Denkmal der Huldigung von vier Kaisergeschlechtern an die Krönungsstadt Aachen« (P. Clemen).

Leichter zu deuten sind die beiden Schmalseiten des Karlsschreins. Die vordere, die Giebelseite, zeigt den thronenden Karl mit Papst Leo III. (rechts) und Erzbischof Turpin von Reims (links), die stehend neben dem sitzenden und sie überragenden Karl dargestellt sind. Der Papst schaut zu Boden, hat in der Hand einen kurzgestielten, blütenartigen Gegenstand, vielleicht einen Weihwedel, während der gleichfalls zu Boden blickende Erzbischof Turpin neben dem Bischofsstab ein

Buch in seiner Linken hält, das wohl kaum etwas mit der von ihm angeblich verfaßten Chronik über Karl den Großen und Roland zu tun hat, sondern eher mit einem liturgischen Buch. Ein Sakralbuch, das vielleicht auf die Aachener Kirchweihe hinweist, die nach der Aachener Karlslegende von Papst Leo III. unter Assistenz des Reimser Erzbischofs vorgenommen worden sein soll. Über dem thronenden Karl – ausgestattet mit dem Zepter und einem Modell der Aachener Marienkirche – befindet sich in einem Medaillon die Halbfigur Christi als Pantokrator. Und vielleicht befanden sich in den beiden heute leeren Medaillons Petrus und Paulus. Über dem Papst würde sich damit der Apostelführer Petrus, gewissermaßen als Amtsvorgänger zeigen und über Turpin, der in Spanien die Mauren bekehrt haben soll, der *doctor gentium* Paulus. Nimmt man noch die rückwärtige Giebelwand hinzu, auf der die Gottesmutter Maria, die *mater misericordiae* mit den Erzengeln Michael, dem *praepositus paradisi* und dem Verkündigungsengel Gabriel sowie den darüber dargestellten Personifikationen von Glaube, Liebe und Hoffnung zu sehen ist, dann wird man zugeben müssen, daß hier ein wohldurchdachtes theologisches Programm ins Bild gesetzt wurde, in das Karl der Große und die Aachener Marienkirche auf glanzvolle Weise einbezogen sind.

Die Dachflächen des Schreins zeigen acht Reliefszenen, die im wesentlichen der Karlslegende entnommen sind. Diese stammen vor allem aus dem Pseudo-Turpin, der Geschichte Karls des Großen und Rolands, die angeblich von Erzbischof Turpin von Reims (748–794), in Wirklichkeit aber von einem hochmittelalterlichen Kleriker verfaßt wurde, um Karls Größe und Herrlichkeit zu unterstreichen. Mit diesem fingierten Autorennamen Turpin sollte gleichsam ein Augenzeuge Karls legendäre Taten in Spanien dokumentieren und legitimieren. Aus dieser nach 1140 entstandenen *Historia Karoli Magni et Rotholandi*, die in Aachen Karls Heiligsprechung mitbegründen und verbreiten half, sind auf dem Karlsschrein die folgenden Dachreliefs zu Karls Spanienunternehmen entlehnt: die Berufung durch den heiligen Jakobus, die Eroberung Pamplonas, das Kreuzwunder und das Wunder der blühenden Lanzen sowie die Reiterschlacht. Aus der Aegidiuslegende stammt das Relief über Karls Sünde und Beichte. Aus der *Descriptio* über Karls vermeintliche Pilgerfahrt nach Jerusalem und Konstantinopel ist das Relief über den Erhalt der Dornenkrone mit dem sogenannten Handschuhwunder entnommen. Hinzu kommt schließlich noch das Widmungsrelief, das Karl in Begleitung Erzbischof Turpins von Reims vor der Gottesmutter Maria zeigt, der er kniend das Modell der Aachener Münsterkirche überreicht. Estaunlich bleibt allerdings das Fehlen jeglicher szenischer Hinweise auf die Aachener Heiligtümer.

Der Aachener Karlsschrein stellt also ein Zeugnis stiftischer Dankbarkeit und herrschaftlicher Huldigung an die Krönungsstadt Aachen dar und eine Verherrlichung Karls als eines heiligen Bekenners. Auch kaiserliches, staufisches Selbstverständnis könnte hier einen entsprechenden Ausdruck erfahren haben: in dem segnenden Pantokrator Christus, der den zu Thron sitzenden Karl als seinen Stellvertreter einsetzt und Papst und Bischof als dessen Thronassistenten fungieren läßt, einen Karl den Großen, der nach Aachener Lesart vielleicht sogar am Ende Friedrich I. Barbarossa als *Karolus redivivus* erscheinen läßt.

Kaiser Friedrich II. hat diesen kostbaren Karlsschrein am 27. Juli 1215 – zwei Tage nach seiner Aachener Königskrönung – feierlich verschlossen, am Jahrestag der Schlacht von Bouvines, in der der französische König Philipp August den welfischen Kaiser Otto IV. besiegt und den Reichsadler dem Staufer Friedrich übergeben hatte. Reiner von Lüttich berichtet uns darüber in seinen zeitgenössischen Annalen:

> »Am Montag, nachdem die Messe feierlich zelebriert war, ließ der König den Leib des heiligen Karl, den sein Großvater Kaiser Friedrich aus dem Staube erhoben hatte, in einen prachtvollen Sarkophag, den die Aachener aus Gold und Silber gefügt hergestellt hatten, einschließen. Nachdem er einen Hammer genommen und den Königsmantel abgelegt hatte, bestieg er mit dem Handwerker das Gerüst und klopfte vor aller Augen mit dem Werkmeister die in den Schrein gesteckten Nägel fest.«
>
> (Übersetzung J. Petersohn)

Diese »eindrucksvolle Szene« (J. Petersohn) eines königlichen Kultaktes hat dazu geführt, daß sich der 27. Juli in den liturgischen Quellen Aachens und dort, wo man den Karlskult übernahm, als kirchliches Fest der *Translatio sancti Karoli* durchsetzte. Die ältere Feier des Erhebungsaktes durch Barbarossa am 29. Dezember wurde dadurch verdrängt. 50 Jahre nach der Heiligsprechung war aber Friedrich anders als noch sein Großvater an der eigentlichen Erhebung der Karlsgebeine nicht mehr beteiligt. Das Verschließen des Schreines war zu einem »demutsvollen Akt«, insgesamt aber zu einer »überbelichteten Randszene« (J. Petersohn) abgesunken. Der Karlsschrein, der vielleicht von Barbarossa, dem Hauptakteur der Heiligsprechung von 1165, noch in Auftrag gegeben worden war, hatte bei seiner Fertigstellung die Akzente der Karlsverehrung verschoben. Das Kultische hatte das Politische in eine andere Richtung gedrängt, das Liturgische hatte das Literarische vereinnahmt, das Stiftische das Staufische überformt.

Liturgische Karlsverehrung

Im Lichte dieser Akzentverschiebung gilt es nun abschließend, in einigen Grundzügen die engere liturgische Karlsverehrung zu skizzieren. Dies hat Robert Folz bereits 1951 ausführlich geleistet, als er die zum Alten Reich gehörenden Kirchen auf ihren Karlskult hin untersuchte. Anhand von Handschriften und alten Drucken aus Brevieren und Meßbüchern hat Folz viele unbekannte und schwer zugängliche Texte entdeckt, Karlsoffizien und -lektionen, Karlsgebete und -predigten. Zudem hat er die Daten und Formen der Karlsfeste aller wichtigen Kirchen und Klöster aufgelistet. Deutlich wird dabei die Karlsverehrung in Aachen, im Erzbistum Köln, im Bereich des heutigen Belgien und in den Niederlanden, in Frankfurt und in Zürich, in den Bistümern des alten Herzogtums Sachsen und Österreich. Bayern ist in dieser Karlsverehrung weitgehend ausgespart. Zeitlich reicht der Karlskult bis weit in die Neuzeit, allerdings auch in dieser zeitlichen Achse mit signifikanten Unterschieden: in den später protestantischen Ländern bis in die Zeit der Reformation, sonst meist bis zur Säkularisierung, in einzelnen Diözesen wie Münster bis 1885, in Osnabrück und Paderborn bis nach 1900 und in Hildesheim bis nach 1927, im Bistum Aachen bis heute. Wir verfügen durch Matthias Zender und Dieter Kötzsche über eine genaue Liste der Kultorte im mittelalterlichen Reich sowie über eine Zusammenschau der bildlichen Darstellungen in der lokalen Verehrung Karls des Großen im Mittelalter.

In Frankreich hat die kirchliche Verehrung Karls nur »schüchterne Spuren« (H. Hoffmann) hinterlassen. Der erste französische König, der den illustren Vorfahren in seiner Kapelle als Heiligen verehren ließ, war Karl V. in der zweiten Hälfte des 14. Jahrhunderts. 100 Jahre später nahm sich dann Ludwig XI. (1461–1483) dieses Kultes an, von dem noch heute erhaltene kostbare Geschenke zeugen, wie beispielsweise ein Armreliquiar an die Aachener Marienkirche. Doch schon zu Beginn des 16. Jahrhunderts verschwand die offiziell nie gebilligte Verehrung wieder aus den Pariser Kirchen. Dort feierten allein die Pariser Universität, das Parlament sowie einige wenige dortige Kirchen den Karlstag. Belegt ist das Karlsfest meist erst im späteren Mittelalter und in der frühen Neuzeit, so in den Erzbistümern Reims, Rouen, Albi und Narbonne, im Bistum Sarlat (Périgord) und in der Stiftskirche in St. Quentin. Die Texte, derer sich die Kirchen dabei bedienten, haben einen spezifischen Wandel durchgemacht. Spielte zunächst noch die legendarische Tradition eine große Rolle, so ist es bei den Karlsfesten ab dem 17. Jahrhundert der historische Karl, der im Vordergrund steht: der Begründer der Christenheit, der Schutzherr der römischen Kirche, der Erneuerer des geistigen und religiösen Lebens, der König David als Prototyp des *fortissimus et sanctissimus imperator,* wie es in einer Lesung aus Reims heißt.

Aus diesem breiten kultischen Spektrum soll hier allein und am Ende eine der ältesten und bedeutendsten liturgischen Karlsdichtungen vorgestellt werden, die Karlssequenz *Urbs Aquensis, urbs regalis*. Nach Robert Folz ist sie »ein literarisches Kleinod des Aachener kirchlichen Offiziums, ein wahrhaft lyrischer Ausdruck der Heiligsprechung Karls, eine Ode des städtischen Patriotismus«. In Aachen wird sie jährlich beim Karlsfest in doppelter musikalischer Form gesungen: zum einen in der mittelalterlichen Fassung als Zwischengesang zwischen Lesung und Evangelium, zum anderen in einer Fassung des 19. Jahrhunderts am Ende der Karlsmesse. In der letzteren Form ist sie immer auch Teil der Aachener Karlspreisverleihung.

Entstanden sein dürfte diese Karlsdichtung schon bald nach 1165, da ihr frühester Textbeleg in die 70er bis 90er Jahre des 12. Jahrhunderts zurückreicht. Überliefert ist sie im sogenannten *Codex Arnoldi,* einem liturgischen Gesangbuch, dem Lütticher Graduale, und bekannt ist sie schließlich auch als Bauinschrift des Aachener Grashauses von 1267 – des ersten Rathauses und heutigen Stadtarchivs – die ihre ersten Worte zitiert. Für ihre Entstehung hat man vereinzelt auf eine Verbindung nach St. Viktor in Paris verwiesen, einem hochmittelalterlichen Zentrum der Sequenzenliteratur.

Für Paul Lehmann lag das Leitmotiv dieser Karlssequenz in deren vierter Strophe: *Hic est Christi miles fortis* (»dieser Karl ist Christi tapferer Krieger«). Die Verdienste, die dieser Streiter Christi sich erworben hat, werden aufgezählt: der unbesiegte Heerführer, der Tausende unterworfen hat (Strophe 4), der große Kaiser, der die Ungläubigen bekehrt hat, die Götzenbilder zertrümmert, die fremden Götter vertrieben (Strophe 5) und der die stolzen Könige gezähmt hat (Strophe 6). Verehrung – so Paul Lehmann – habe die Feder des Dichters geführt, aber in den schwungvollen Strichen seien die Hauptzüge noch zutreffend.

Mit der ersten Strophe dieser Karlssequenz soll unser weiter Weg zum heiligen Karl abgeschlossen werden. Ein Weg, der die Karlskanonisation als eine persönlich-politische Schöpfung Barbarossas erscheinen ließ, als

Ausdruck der staufischen Reichsidee, als Konkurrenz zwischen St. Denis und Aachen, als Beleg des Aachener »Hauptstadt«gedankens, als Ausgangs- und Höhepunkt von Karlsdichtung und Karlskult. Im Sinne mancher dieser Facetten heißt es als Einleitung der Karlssequenz:

Urbs Aquensis, urbs regalis,
Regni sedes principalis,
Prima regum curia,
Regi regum pange laudes,
Quae de magni regis gaudes,
Karoli praesentia

»Aachen'sche Stadt, königliche Stadt,
des Reiches Königssitz vornehmlichst,
erster Hof der Könige.
Dem König der Könige pflanze Loblied jeder Art,
die du im Herzen dich freust über des großen König
Karls Gegenwart« (Übersetzung H. Zowislo-Wolf)

ANMERKUNGEN ZUR LITERATUR

Den historischen Hintergrund der Karlskanonisation, das kaiserliche Schisma in den Jahren 1159 bis 1179, insbesondere die Politik Kaiser Friedrich Barbarossas nach dem Tod Papst Viktors IV. 1164 hat mit den entsprechenden weiterführenden Quellen- und Literaturhinweisen J. Laudage (1997) ausführlich beschrieben. Ein kurzer Überblick findet sich bei H. Fuhrmann (Dt. Gesch. 2, ^{3}1993); von ihm stammt ebenfalls eine kurze aktualisierende Skizze zu Barbarossa (in: ders., Überall ist Mittelalter, 1996). Heranzuziehen ist auch die ältere Biographie von K. Jordan (1978). Das Urteil der europäischen Zeitgenossen zu Barbarossas Papstpolitik, insbesondere die Aussagen eines Arnulf v. Lisieux, eines John of Salisbury oder auch eines Walter v. Chatillon sind zusammengefaßt bei O. Engels in dessen Stauferstudien (^{2}1996). Zum Becketkonflikt sowie zu Beckets Märtyrertod und seinen politischen Folgen informieren die Standardwerke von D. Knowles (1970), F. Barlow (1997) u. W. L. Warren (1973). Die beiden Hauptquellen für die feierliche Erhebung der Gebeine Karls stellen das Barbarossadiplom vom 8.1.1166 und darin inseriert die gefälschte Karlsurkunde aus der Zeit vor 1158 dar; herausgegeben sind diese beiden Texte in E. Meuthens Edition der Aachener Urkunden (Publ. Rhein. Geschichtskunde 58, 1972) sowie teilweise in H. Appelts kritischer Ausgabe der Barbarossa-Urkunden (MGH Urkunden d. dt. Könige u. Kaiser 10, 2, 1979). Eine weitgehende Übersetzung findet sich bei W. Kaemmerer, Aachener Quellentexte (Veröff. d. Stadtarchivs Aachen 1, 1980). Die Überlieferung dieser beiden Urkundentexte in der Bonner Handschrift (UB S 1559) haben C. Brühl, Th. Kölzer (1979) sowie E. Eisenlohr (ZAGV 92, 1985) in ihren Arbeiten zum Tafelgüterverzeichnis des Römischen Königs näher beschrieben. Zu einer ausführlichen Interpretation dieser beiden Hauptquellen wie den entsprechenden politischen, rechtlichen und stadt- und geistesgeschichtlichen Folgerungen der Heiligsprechung Karls des Großen sind heranzuziehen: E. Meuthen (KdG 4, 1967 u. RhVjbl 39, 1975), J. Petersohn (DA 31, 1975, MIC Subs. 5, 1976 u. VF 42, 1994; hier auch die Übersetzung der zitierten Quellen) sowie O. Engels (in: H. Müllejans (Hg.), Schrein in Aachen, 1988 u. Könige in Aachen 1, 2000); eine knappe Zusammenfassung von Karls Heiligsprechung und seinem Karlsdekret findet sich bei G. Heuschkel (in: Verschleierter Karl 1999, S. 257–276). Vgl. zur Frage Aachens als einem *caput Gallie trans Alpes* die Studie von M. Lugge über die geographisch-historischen Begriffe Gallia und Francia im Mittelalter (BHF 15, 1960). Die ältere und heute überholte Auffassung zur Karlskanonisation findet sich bei E. Pauls (ZAGV 25, 1903). Wichtig ist die erwähnte Monographie von R. Folz zur Karlslegende (1950). Zur Reichsidee des *sacrum imperium* sind die beiden Studien von G. Koch zur staufischen Herrschaftsideologie zu berücksichtigen (ZfG 16, 1968 u. dessen gleichnamiges Buch v. 1972). – Zur Aachener Karlslegende gibt eine prägnante Kurzinformation K.E. Geith, (Verfasserlexikon 1, 1978). Ediert hat diese Karlslegende G. Rauschen (Publ. Rhein. Geschichtskunde 7, 1890); die in der Karlslegende herangezogene *Descriptio* ist von G. Rauschen (HJb 15, 1894) bezüglich ihrer Bedeutung für die großen Aachener Reliquien untersucht worden; zur *Descriptio* ist jetzt auch A. Lombard-Jourdan (BECh 145, 1987) einzusehen; dazu demnächst auch die Habilitationsschrift von R. Große über »Saint-Denis zwischen Adel und König. Die Zeit vor Suger (1053–1122)«. Zur Karlstradition von St. Denis vgl. auch J. Ehlers (in: Ausg. Aufs. 1996). Die handschriftliche Verbreitung der Karlslegende hat E. Meuthen in seiner zitierten Aachener Urkundenedition (S. 81–89) beschrieben. Deren Entstehungszeit diskutierten M. Buchner (ZAGV 47, 1925) u. A. Hämel (QF 32, 1942). Das Karlsbild der Karlslegende hat souverän skizziert P. Lehmann (SB München 9, 1934 = ders., Erforschung d. Ma. 1941). Die engeren Aachener Bezüge haben analysiert H. Disselnkötter (AHVN 121, 1932), E. Teichmann (ZAGV 32, 1910) u. O. Dresemann (1888); vgl. zur Aachener Jakobskirche jetzt auch A. Brecher (1995). Zu besonderem Dank bin ich Dr. Helmut Deutz (Aachen) verbunden, der die Aachener Karlsvita übersetzt und mit einer ausführlichen Einleitung versehen hat. Herr Deutz hat mir sein Manuskript freundlicherweise bereits vor dessen Publikation überlassen. – Zum Aachener Barbarossaleuchter ist kürzlich ein Text- und Bildband von H. Lepie, L. Schmitt (1998) erschienen. Zu den inhaltlichen Fragen dieses Radleuchters, zu seinen Inschriften und Bodenplatten sind zu benutzen Cl. Bayer (Fs. E. Stephany, 1986), G. Minkenberg (ZAGV 96, 1989), H. Giersiepen (Die Inschriften des Aachener Domes, 1992) u. B. Andernahr (Diss. Aachen 1994). – Zum Aachener Karlsschrein finden sich in dem von H. Müllejans hg. Sammelband (1988) eine Bilddokumentation v. A. Münchow u. H. Lepie, eine Beschreibung des Bildprogramms von E.G. Grimme sowie die nähere Konservierungsgeschichte des Schreins, dargestellt von H. Lepie; vgl. jetzt auch den vom Aachener Domkapitel hg. u. v. F. Mütherich, D. Kötzsche bearbeiteten Bild- und Textband zum Schrein Karls des Großen, zu dessen Bestand und Sicherung (1998). Die Inschriften des Karlsschreins sind näher erläutert und kommentiert in der älteren Arbeit v. E. Arens (ZAGV 43, 1921) sowie bei H. Giersiepen (Die Inschriften des Aachener Doms 1992, S. 29–39) u. zuletzt v. Cl. Bayer (Abh. München 117, 1999). Zum Karlsschrein insgesamt sind nachzulesen die im Text genannte Skizze von

P. Clemen (in: Dt. Kultur am Rhein, hg. v. A. Schulte, 1925) sowie die neuere Forschungsmeinung v. R. Kroos (in: Vielberufener Vorfahr, hg. v. L. E. Saurma-Jeltsch, 1994); zur Karlsfigur des Schreins jetzt auch U. Nilgen (in: Könige in Aachen 1, 2000); vgl. zur Ikonographie des Karlsschreins auch das Resumée von A. Groß (in: Verschleierter Karl 1999, S. 323–342). – Zum Karlskult sind die Studien von R. Folz (1951 u. KdG 4, 1967) grundlegend; am gleichen Ort (KdG 4, 1967, S. 100–112) haben M. Zender das erwähnte Verzeichnis der Verehrung des heiligen Karl im Gebiet des mittelalterlichen Reiches zusammengestellt und D. Kötzsche die bildlichen Darstellungen in der lokalen Verehrung Karls im Ma. aufgelistet (KdG 4, 1967, S. 157–21). Eine Zusammenfassung dieser breiten Karlsverehrung liefert A. Brecher (in: H. Müllejans (Hg.): Schrein in Aachen, S. 151–164, mit ausführlicher Literaturliste); vgl. auch M.-L. Vicktor u. H. Nelsen (in: Verschleierter Karl 1999, S. 284–288). Zur Karlsverehrung in Frankfurt a. M. sei zusätzlich verwiesen auf H.-J. Jacobs (in: L. Saurma-Jeltsch (Hg.), Vielberufener Vorfahr 1994) sowie M. Th. Kloft (Geschichte im Bistum Aachen 4, 1997/98). – Die Karlssequenz haben in ihrer ältesten Niederschrift beschrieben, in ihrem Text kommentiert und in ihrer Bedeutung analysiert B. J. Lermen (in: H. Müllejans (Hg.), Schrein in Aachen, S. 167–186), E. Eisenlohr (ZAGV 96, 1989) sowie H. Zowislo-Wolf (in: Verschleierter Karl 1999, S. 289–320). Von letzterer stammt auch eine Übersetzung und geschichtliche Erklärung dieser Karlssequenz, die als Faksimileausgabe einer Meßhandschrift des späten 15. Jahrhunderts kürzlich herausgegeben wurde (in: *In festo beati Karoli imperatoris* hg. v. der Mayerschen Buchhandlung Aachen, 1999); diese Messhandschrift ist eine Aachener Auftragsarbeit, die im Kölner Skriptorium der Fraterherren angefertigt wurde.

Karlskult mit Fragezeichen – Karl der Große und Karl IV.

Die Herrschaftszeit Karls IV. (1346–1378) hat das Europa des 14. Jahrhunderts entscheidend geprägt. Die äußeren Daten zu seiner Person und Herrschaft lassen sich wie folgt anführen: 1316 in Prag geboren, getauft auf den premyslidischen Namen »Wenzel« (Karls Mutter Elisabeth war eine Premyslidin), in den Jahren 1323 bis 1330 am französischen Königshof erzogen, unter anderem von Pierre Roger, dem späteren Papst Clemens VI. (1342–1352), dort auf den Namen »Karl« gefirmt, 1346 in Rhens zum deutschen König gewählt und in Bonn gekrönt, drei Jahre später erneut gewählt und gekrönt, dieses Mal in Frankfurt bzw. in Aachen, 1355 König von Italien und römischer Kaiser, 1365 König von Burgund und schließlich 1378 in Prag gestorben. Karl IV. gilt als »der erfolgreichste Hausmachtpolitiker des deutschen Spätmittelalters« (P. Moraw), wie der Erwerb der Niederlausitz, der Mark Brandenburg oder auch Schlesiens zeigen. Er war ein großer Förderer von Kunst und Literatur. In Prag gründete er 1348 eine der frühen Universitäten nördlich der Alpen. Der dortige Burgneubau, der Veitsdom und die Karlsbrücke machten die Stadt zum strahlenden Mittelpunkt Europas. Bekannt sind seine Gespräche und Briefe mit dem römischen Tribunen und humanistischen Staatsmann Cola di Rienzo, dessen Rhetorik der lateinisch sprechende und schreibende Karl IV. bewunderte, dessen schwärmerische Romerneuerung er aber eher mißbilligte. Hierhin gehört dann auch der Briefwechsel mit dem italienischen Humanisten Petrarca.

Politisch versuchte Karl IV. die staatliche Ordnung des Reiches nachhaltig zu gestalten, die Reichsstädte als Partner zu gewinnen, in Italien dagegen sich weitgehend zurückzuhalten. Dies gelang ihm durch Zugeständnisse an die Kurfürsten vor allem in der »Goldenen Bulle« von 1356, einem Reichsgesetz über die Wahl des deutschen Königs sowie über die Kurfürstenrechte. Man hat Karl IV. aus all diesen Gründen als »die größte Herrscherfigur des deutschen Spätmittelalters« bezeichnet, als den »ersten unter den großen europäischen Königen des 14. Jahrhunderts« (P. Moraw). Man würde Karl IV. allerdings nicht gerecht werden, wenn man in eine historische Bewertung und Bedeutung seiner Herrschaftszeit nicht seine tiefe Frömmigkeit miteinbezöge – eine religiöse Ausrichtung, die sich an zahlreichen kirchlichen Stiftungen sowie an der ausgeprägten Heiligenverehrung aufweisen läßt. Verbunden damit war ein starker Reliquienkult, der dem hl. Wenzel in Böhmen, aber auch Karl dem Großen in Aachen galt. Daran erinnern hier noch heute die Karlsbüste und das Karlsreliquiar, die nach 1349 in Köln oder Aachen entstanden sein dürften und mit Karl IV. als Stifter in Verbindung gebracht werden: als Ausdruck seiner Verehrung gegenüber dem großen Vorgänger. Ob diese Stiftung letztlich gesichert ist, steht allerdings dahin. Es bietet sich deswegen an, mit diesen beiden Aachener Glanzstücken die Frage nach dem Verhältnis von Karl IV. zu Karl dem Großen zu eröffnen bzw. Inhalt und Ausrichtung seiner Karlsverehrung kritisch zu beschreiben.

Zunächst zur Karlsbüste, genauer zu dem Büstenreliquiar Karls des Großen, das dessen Schädelkalotte enthält und das als sprechendes Reliquiar den Königen, die in die Krönungsstadt Aachen einzogen, entgegengetragen wurde. Die wichtigsten Kennzeichen dieser Karlsbüste sind wie folgt zu beschreiben: Ihre Augen sind weit geöffnet, die Frisur und Haartracht stilisiert, das Gesicht durchmodelliert, die Nase groß und wuchtig, der Bart durch eine Scheitellinie mit dem Vertikalstreifen des Brustgewandes verbunden, so daß eine Art Symmetrieachse der ganzen Figur entsteht. Adlersymbole zieren die Büste, Liliensymbole deren oktogonalen hölzernen Untersatz. Nach einer lokalen Tradition, die auch weitgehend in die wissenschaftliche Lehrmeinung eingegangen ist, handelt es sich bei dieser Karlsbüste um ein Krönungsgeschenk Karls IV. nach 1349. Vielleicht ist deren Krone sogar jene gewesen, die Karl IV. bei seiner Aachener Krönung getragen hat. Jedenfalls wurde diese Karlskrone bei einigen späteren Krönungen in Aachen nachweislich eingesetzt, so bei den Königskrönungen 1414 von Sigismund, 1442 von Friedrich III. und schließlich 1531 von Ferdinand I. Sicher ist, daß diese Krone nicht ausschließlich für die Karlsbüste gefertigt wurde. Darauf weisen einige ihrer Besonderheiten hin: seitliche Löcher für Pendilien oder innere Ösen für die Anbringung eines Trägertextils.

Man hat gemeint, daß die Karlsbüste in Analogie zum Kopfreliquiar des hl. Wenzel im Prager Veitsdom gestaltet worden und wegen der Krönungskrone Karls IV. als ein Abbild dieses Herrschers in der Gestalt Karls des Großen zu sehen sei. Fragt man nach der Bedeutung des römischen Adlers auf der Büste bzw. der goldenen Lilie auf deren Sockel, dann wird darauf verwiesen, daß es sich hier um das vermutete Wappen Karls des Großen gehandelt habe. In jüngster Zeit sind allerdings auch zwei andere Erklärungen vorgeschlagen worden. Die eine stammt von Jiri Fajt, der die Entstehung der Büste mit dem dritten Aachenbesuch Karls IV. 1357 in Verbindung bringt. Als dieser in Begleitung seiner Frau Anna von Schweidnitz und deren Mutter, der ungarischen Königin Elisabeth, seine guten Beziehungen zu dem ungarischen König Ludwig I. bekunden wollte, verband er den Reichsadler mit der Lilie des ungarischen Königshauses der Anjou. Eine andere Auffassung vertritt Georg Minkenberg, der die Wappensymbole der Karlsbüste in deren Funktion beim Begrüßungszeremoniell des Krönungsanwärters als Epiphanie des Herrschers interpretiert und in diesem Zusammenhang auf den Büstenuntersatz hinweist, der eine durchlaufende Öffnung zum Tragen dieser Büste aufweise. In einem solchen Verständnis erscheinen die Wappenelemente der Karlsbüste nicht als Herrschaftszeichen Karls des Großen oder als solche des deutsch-römischen und ungarischen Königs, sondern als Wappen der Aachener Marienkirche, das vor 1400 eingeführt wurde und es bis heute geblieben ist.

Wann immer auch die Karlsbüste entstanden sein mag, nach der Krönung 1349, anläßlich des Aachenbesuchs Karls IV. 1357 oder 1361 in Verbindung mit dem Goldgeschenk Karls IV. an die Marienkirche zur Geburt seines Sohnes Wenzel, und wie immer ihre einzelnen Elemente zu deuten sein mögen, in unserem Zusammenhang ist etwas anderes entscheidend. Die Frage nämlich, ob Karl IV. als Stifter der Karlsbüste anzusprechen ist, und wenn ja, was diese Karlsbüste für das politisch-religiöse Selbstverständnis Karls IV. bedeutet. Ist sie ein kostbares Reliquiar oder ein eindrucksvolles Herrschaftszeichen, das eine oder andere als ein Ausdruck der großen Verehrung Karls IV. für Karl den Großen? Statt einer definitiven Antwort sei zunächst der Prager Historiker Frantisek Kavka zitiert:

»Weder die schriftlichen Quellen noch die heraldischen Zeichen (...) auf der Büste belegen, daß Karl IV. sie anfertigen ließ. Auf Karl IV. nicht nur als Stifter, sondern als Initiator des Werkes könnte allerdings die Verbindung der Krone mit der Reliquienbüste hindeuten. Dafür spricht die Analogie mit der Prager Büste des heiligen Wenzel, bei der die böhmische Krone auf dem Schädel des heiligen Wenzel sitzt. Eine solche Gestaltung symbolisierte, daß die Krone auf dem Karlsreliquiar jene Karls des Großen war, so wie die böhmische Krone als Krone des heiligen Wenzel betrachtet wurde.«

Hinzu kommt nach Ansicht Kavkas die reiche Verwendung der antiken Gemmen und Kameen, die eine Anknüpfung des römisch-deutschen an das römische Kaisertum zum Ausdruck bringt, kurz: die Nachfolge des römischen Kaisertums als eine Grundidee des Mittelalters andeutet. Demnach wird bei der Karlsbüste von einem Herrschaftszeichen Karls IV. zu sprechen sein.

Ähnlich steht es mit dem Aachener Karlsreliquiar, jener silbervergoldeten Reliquienkapelle, die aus derselben Werkstatt wie die Karlsbüste stammt und die mit dem Reliquienkult Karls IV. in Verbindung gebracht wird. In einem kastenförmigen, durchfensterten Schrein, getragen von Papst Leo III. und Erzbischof Turpin sowie von Roland und Olivier, flankiert von jeweils zwei Engeln, wird eine als solche verehrte Armreliquie Karls des Großen aufbewahrt. Darüber befindet sich in einer gotischen Dachkonstruktion eine Architektur aus drei Arkaden, in denen Karl der Große mit dem Münstermodell, die Gottesmutter Maria mit dem Kind und die hl. Katharina stehen. Über dieser Mittelzone befinden sich schließlich drei Turmtabernakel mit Christus und zwei Engeln, jeweils Passionsreliquien haltend. Am Sockel dieses Kapellenreliquiars ist ein umlaufendes Schriftband zu lesen, das einen lateinischen Wortlaut hat und hier in deutscher Übersetzung angeführt wird:

»Dies sind die Reliquien, die in diesem Reliquiar verschlossen sind: vom Nagel des Herrn, von der Dornenkrone, vom Kreuzesholz, vom Schwamm desselben, ein Arm, drei Zähne, verschiedene kleine Knochen des heiligen Kaisers Karls des Großen, von den Haaren Johannes des Täufers, von der Asche des heiligen Evangelisten Johannes, vom Arm des heiligen Nikolaus, ein Zahn der seligen Katharina«.
(Übersetzung H. Giersiepen)

Nach Georg Minkenberg ist Karl IV. immer wieder als Stifter dieses turmartigen Reliquiars angesehen worden, zumal die Katharinenstatue und die Zähne Karls des Großen in diesem Kapellenreliquiar auf ihn verweisen. Denn Karl IV. ist es gewesen, der bei seiner Krönung in Aachen drei Zahnreliquien als Geschenk erhielt und der andererseits an einem Katharinentag 1332 einen Sieg bei San Felice in der Nähe von Modena errang, von daher hatte er eine besondere Verbindung zur hl. Katharina, der in Aachen keine eigene herausgehobene Verehrung galt. Die Beziehung des Aachener Karlsreliquiars zu Karl IV. ist demnach vor allem aus dessen Symbolgehalt zu schließen, aus dem für Karl IV. typischen Kult von Passionsreliquien und aus seiner besonderen Verehrung zur hl. Katharina. Frantisek Kavka meint deswegen zu Recht:

»Auf Karl IV. als Auftraggeber dieses Werkes (entstanden 1357), über dessen Entstehungsort die Kunsthistoriker uneins sind, weisen nicht nur einige Reliquien aus seinem Besitz, sondern vor allem die Gesamtkonzeption des Reliquiars hin. Abgesehen von einer Statuette der heiligen Katharina, einer von Karl IV. besonders geschätzten Heiligen, handelt es sich beim Karlsreliquiar um eine Variante des für den Kaiser typischen Kultes der Passionsreliquien.«

Fragt man vor dem Hintergrund dieser beiden ersten wichtigen Zeugnisse einer engen (wenn auch nicht in jeder Weise gesicherten) Verbindung von Karl IV. zu Karl dem Großen nach weiteren Anknüpfungspunkten, dann ergibt sich eine stattliche Reihe: der bereits erwähnte Pariser Namenswechsel von Wenzel zu Karl 1323, die Aachener Königskrönung Karls IV. 1349, die Rolle Karls des Großen bei der Neugestaltung Prags (Karlshof und Karlstein), die Zeugnisse, die sich in Nürnberg, Ingelheim und Frankfurt finden lassen, sowie schließlich jene Aachener Belege, die ebenfalls immer wieder für eine besondere Beziehung zwischen dem karolingischen und spätmittelalterlichen Karl angeführt werden. Zu nennen sind hier Karls IV. Aachenbesuch im Januar und Februar 1357, als er auf dem Karlsthron sitzend, angetan mit der *corona Karoli*, an der Messe teilnahm, oder auch Karls IV. Stiftung eines Wenzel-Altars für die Aachener Marienkirche, dessen Altarpfründe für einen böhmischen Vikar zur Betreuung seiner Landsleute bzw. für entsprechende Liturgie- und Memorialaufgaben gedacht war. Und schließlich ist an die spätgotische Chorhalle zu erinnern, die immer wieder mit Karl IV. in Verbindung gebracht wird, obwohl auch hier entsprechende schriftliche oder sonstige Belege fehlen. Aus dieser beziehungsreichen Liste von Karls IV. Bezügen zu Aachen und Karl dem Großen seien einige etwas näher gekennzeichnet.

Beginnen wir mit dem Namenswechsel Karls IV. Bei seiner Taufe hatte der 1316 geborene Sohn des böhmischen Königs Johann von Luxemburg und der Premyslidin Elisabeth im Sinne der böhmischen Tradition den Namen Wenzel erhalten. Zu Beginn seiner Erziehung am französischen Königshof nahm der spätere Karl IV. bei seiner Firmung 1323 aber den Namen seines Firmpaten, König Karls IV. von Frankreich an. In seiner Autobiographie hat uns der spätere römisch-deutsche König und Kaiser diesen Namenswechsel näher beschrieben:

> »Dieser König [Johann von Luxemburg] hatte zwei verheiratete Schwestern: Die eine hatte er König Karl I. von Ungarn zur Frau gegeben, sie starb kinderlos. Die zweite vermählte er 1323 mit dem französischen König, als dieser bereits die Herrschaft angetreten hatte. Zu diesem König schickte mich mein Vater, als ich sieben Jahre alt war. Der französische König ließ mich durch einen Bischof firmen und gab mir seinen eigenen Namen Karl«.
>
> (Übersetzung E. Hillenbrand)

Näher begründet wird dieser Namenswechsel nicht, erst recht nicht mit einem Hinweis auf Karl den Großen und seinen kirchlichen Kult. Wollte Karl IV. mit einer solchen fehlenden Begründung antiböhmische Tendenzen vermeiden, da der aufgegebene Name Wenzel auf den böhmischen Nationalheiligen verwies? Andererseits hatte es bereits wenige Jahre vor der 1350 entstandenen Autobiographie Karls IV. einige eindeutige Hinweise auf Karl den Großen in Verbindung mit der ersten Königserhebung Karls IV. von 1346 gegeben. Karl IV. hatte nach seiner Wahl in Rhens eine Delegation unter Leitung des Prager Erzbischofs Ernst von Padubitz an den päpstlichen Hof nach Avignon geschickt, wo der ehemalige Lehrer Karls IV., Petrus Rogerii, inzwischen als Clemens VI. residierte. In dessen *Collatio* vom 6. November 1346 wird mehrfach auf die

Namensgleichheit mit Karl dem Großen angespielt. In einer ausführlichen Homilie über das biblische Thema von Salomons Bitte um Weisheit (1 Könige, 3) verweist der Papst auf die Frömmigkeit und Freigebigkeit Karls des Großen, auf dessen Kaiserkrönung im Jahre 800 und die damit verbundene Translation des Imperiums durch den Papst. Schließlich betont er noch einmal die Religiösität des Frankenherrschers, der mehr durch sein Beten als durch seine kriegerischen Handlungen selbst die Mauern einer sarazenischen Stadt überwunden habe. Karl der Große erscheint hier nicht nur als der gute und fromme Kaiser, sondern auch als der treue Diener des Papstes und in dieser Rolle auch als Vorbild für Karl IV., der mit seinem Namenswechsel dafür gesorgt hatte, daß zum ersten Mal seit dem 9. Jahrhundert ein Herrscher dieses Namens an der Spitze des Reiches stand, ohne daß allerdings seine Verbindung zu Karl dem Großen von ihm selbst deutlich herausgestellt wurde.

Neben dem Namenswechsel von Wenzel zu Karl gibt es verschiedene ortsgebundene Hinweise, die auf eine besondere Verehrung Karls des Großen schließen lassen. Diese Orte sind Nürnberg, Frankfurt, Ingelheim, Prag und nicht zuletzt Aachen. In Nürnberg ließ Karl IV. kurz nach seiner Kaiserkrönung (1355) »zu Lob und Ruhm [seines] Kaisertums sowie zur Verherrlichung der Gottesmutter Maria und des Herrn Jesus Christus und zu [seinem] Seelenheil und dem [seiner] Vorfahren« die Frauenkirche errichten, die der Aachener Marienkirche nachgebildet ist – nicht nur in ihrer oktogonalen Gestalt, sondern auch in der Übernahme des gleichen Patroziniums. In Frankfurt – einer durch Karl den Großen begründeten Pfalz – sind die Karlsbezüge noch deutlicher. Nicht nur, daß die dortige Bartholomäus-Kirche eine Karlsskulptur schmückt (1353), die Karl den Großen als deren Gründer zeigt. Karl IV. hat dieser Kirche in einer Urkunde vom 18. Januar 1359 alle Privilegien bestätigt, die seinerzeit »von Karl dem Großen, in heiligem Angedenken, und seinen Nachfolgern« verliehen wurden. Nachdem Frankfurt 1356 in der Goldenen Bulle zum festen Wahlort der deutschen Königswahl bestimmt worden war, fand in dieser Bartholomäus-Kirche, die ebenfalls auf Karl den Großen zurückgeführt wird, die *exaltatio* des Gewählten statt, ein zeremonieller Vorgang, der seit Karl IV. zur ständigen Tradition der Königswahl wurde. Für Robert Folz bedeutete die Altarsetzung in dieser Kirche, daß nicht nur die spätmittelalterliche Krönung des neuen Königs in Aachen unter die Schutzherrschaft Karls des Großen gestellt werden sollte, sondern auch dessen Wahl in Frankfurt. Als weiterer Karlsbezug kommt hinzu, daß in der Frankfurter Bartholomäus-Kirche die hochmittelalterliche Karlssequenz bei der Karlsmesse gesungen und deren erste Zeile ortsgebunden verändert wurde: *Franckenfurdensis urbs regalis* (»Frankfurt, königliche Stadt«). In Ingelheim schließlich hat Karl IV. in der dortigen Pfalz ein Augustinerstift mit vier böhmischen Regularkanonikern des Prager Karlshofes einrichten lassen, dessen Erlöseroratorium dem hl. Wenzel und Karl dem Großen geweiht war – der Verehrung des *beatus Wenzelaus Martyr* sowie der Kommemorierung Karls des Großen, der *commemoratio Karoli Magni*. Eine offenbar nicht zufällige Reihen- und Rangfolge, wie Frantisek Kavka meint.

In Prag hat Karl IV. mit der dortigen Neustadt eines der großen Bauplanungsprojekte des Mittelalters verwirklicht. An einer erhöhten Stelle errichtete er den Karlshof und ein Stift der Augustiner-Chorherren, mit einer Marienkirche, die Karl dem Großen geweiht, als Oktogon gebaut und mit den Zahnreliquien Karls ausgestattet war. Für Robert Folz handelt es sich hier um ein Zentrum des Karlskultes in Böhmen, mit einem Wappen (Adler und Lilie), das dem vermeintlichen Wappen Karls des Großen nachgebildet war. Das böhmische und deutsche Königtum sollte unter einem solchen Schutz stärker miteinander verbunden werden.

Knapp 30 km von Prag entfernt liegt in südwestlicher Richtung die Burg Karlstein, eine weltabgeschiedene Zufluchtsstätte Karls IV. und der Aufbewahrungsort seiner Reliquien und seiner Reichsinsignien, die aufgrund dieser Verbindung gleichsam sakralisiert wurden. Auf der Burg Karlstein befanden sich berühmte Passionsreliquien: ein Partikel vom Holz des Kreuzes, ein Kreuzesnagel, ein Bruchstück der heiligen Lanze, Teile der Dornenkrone, des Schwammes Christi und andere Reliquien mehr, von denen es insgesamt in einem Ablaßbrief vom 21. Dezember 1357 heißt, daß sie »als wertvollstes Kleinod des Königreiches Böhmen und der böhmischen Könige aufbewahrt würden«. Für Jiri Fajt verdeutlicht die Kombination dieser Passionsreliquien mit den Reichsinsignien die geistlichen Fundamente des böhmischen wie des römisch-deutschen Reiches Karls IV., aber auch dessen persönliche Frömmigkeit. Wenn dies so ist, dann wird man zu beachten haben, daß Karl der Große auf der Burg Karlstein an zwei Stellen besonders herausgehoben ist: zum einen unter den Vorgängern Karls IV. in der Audienzhalle des Burgschlosses, zum anderen in der dortigen Kreuzkapelle unter den herrscherlichen Vertretern der *milites christi*. Die genealogische Darstellung zeigt in der Abfolge den Luxemburger Stammbaum, der Karls IV. Familie mit den Karolingern und über diese mit den trojanischen Königen und biblischen Erzvätern verbindet. Die

Fresken dieses Stammbaums sind heute nur noch in handschriftlichen Kopien des 16. Jahrhunderts erhalten. Aus dieser kopialen Überlieferung läßt sich in Anlehnung an Robert Folz die Karlsfigur wie folgt beschreiben: ein alter, majestätisch dreinschauender Mann mit faltigem Gesicht, mit grauen, warmen Augen und einem wallenden weißen Bart. Bekleidet ist er mit einer blauen Dalmatika und einer goldenen Stola, auf der schwarze Adler auszumachen sind. Auf seinem Kopf die Kaiserkrone, die der spätmittelalterlichen Reichskrone sehr ähnelt; in der Rechten hält er den Reichsapfel, in der Linken das Zepter. Man hat bemerkt, daß die Kronenform dieses traditionellen Karlsbildes nur dreimal in der ganzen Reihe von den gut 50 Figuren auftaucht: neben Karl dem Großen bei Heinrich VII., dem Großvater Karls IV., sowie bei ihm selbst.

Ähnlich erscheint Karl der Große auf dem zweiten Bild der Burg Karlstein. An der Westwand der dortigen Heiligkreuzkapelle ist Karl der Große frontal dargestellt. Als einziger trägt er eine Krone auf dem Haupt. Außerordentlich sei auch die Farbkomposition seines Bildes, wo Grau mit Lachsrosa und Gold »effektvoll harmonieren« (J. Fajt). Karl der Große tritt hier als besonderer Schutzpatron an die Spitze der heiligen Herrscher, er ist der Inbegriff des von ihm vorgelebten Herrscherideals. Gemalt hat dieses Bild der Hofmaler Karls IV., der Magister Theodoricus, ein virtuoser Kolorist, ein Vollender eines neuen geradezu giottesken Stils. Wie man gemeint hat, ist Karlstein:

> »Karls IV. repräsentativste und zugleich persönlichste Stiftung (...) gleichsam eine Illustrierung seines Bekenntnisses, wie wir es in seiner Autobiographie formuliert finden (...), die wohl umfassendste Äußerung der Herrschaftsauffassung Karls IV., in der das Gedenken an Karl den Großen die grundlegende Rolle spielte«.
>
> (J. Fajt)

Kommen wir schließlich zu Aachen: Von der Karlsbüste und dem Karlsreliquiar haben wir bereits gesprochen. In Aachen war Karl IV. am 25. Juli 1349 zum zweiten Mal zum König gekrönt worden, hier bestätigte er im Anschluß an seine Krönung der Stadt »getreu des Beispiels des hl. Karl« all ihre Privilegien. Für ihn ist sie die Stadt, »in der die römischen Könige gekrönt werden und die als Stadt an Würde und Erhabenheit über allen Städten und Provinzen des Kaiserreiches und an Vorrechten allein hinter Rom zurücksteht« (Aachener Regesten 2, Nr. 837). Vielleicht war es auch kein Zufall, daß Karl IV. seinen Krönungstag in das zeitliche Umfeld des 27. Juli, dem Fest der *Translatio Karoli Magni*, gelegt hatte, dem zweiten jährlichen Karlsfest neben dem 28. Januar, dem Todestag Karls des Großen. Zudem wurden an diesem Tag die großen Heiltümer während der Aachener Heiligtumsfahrt gezeigt, die in diesem Jahr wegen der großen Pest besonders stark besucht war. Auch hier haben wir es wieder mit der bereits bekannten Verbindung von weltlicher und religiöser Herrschaftsidee zu tun, mit der gerade Karl IV. nachgesagten »politischen Religiösität« (F. Seibt). Aachen ist dann 1356 von Karl IV. in der Goldenen Bulle als Krönungsort festgeschrieben worden:

> »seit so langer Zeit, daß es keine Erinnerung an das Gegenteil mehr gibt, ist von unseren glückseligen Vorgängern immerwährend berichtet worden – wie wir in glaubwürdigen Berichten und Überlieferungen der Alten gefunden haben – daß die feierliche Wahl des Römischen Königs und künftigen Kaisers in der Stadt Frankfurt, die erste Krönung in Aachen und in der Stadt Nürnberg sein erster Reichstag stattfanden. Aus guten Gründen erklären wir daher, daß dies auch in Zukunft eingehalten werden soll, wenn dem nicht ein berechtigter Hinderungsgrund entgegensteht.« (c. 29)

Wiederum fällt auf, daß Karl der Große in diesem Zusammenhang mit keinem Wort erwähnt wird. Auch in den Urkunden Karls IV. finden wir Karl den Großen nicht eben häufig und dann auch nur mit kurzen Kennzeichnungen einer durch ihn bestimmten Tradition, so etwa in der Urkunde von 1372 für das Marienstift. Andererseits gibt es mancherlei Aachenbezüge in diesen Urkunden. So hatte Karl IV. bereits 1355 den Aachenern all ihre Privilegien bestätigt bzw. 1356 das königliche Aachener Schöffengericht als Oberhof, d.h. als Appellationsgericht für das Reichsgebiet nördlich der Alpen anerkannt. Den Aachenern erlaubte er 1357 ihren zweiten Mauerring zu bauen, und 1359 stärkte er Aachens Wirtschaftskraft, indem er neben den beiden bisherigen Jahresmärkten, im Frühjahr und im Herbst, eine dritte Handelsmesse in der ersten Maihälfte den Aachenern zubilligte. Schließlich war Karl IV. nach seiner Aachener Krönung 1349 mehrfach in dieser Stadt: 1357, 1359, 1362 und dann wieder 1372, 1376 und 1377. Im Jahre 1376 ist in Aachen Karls ältester Sohn Wenzel gekrönt worden, erstmals seit der Stauferzeit wieder zu Lebzeiten des Vaters. Diese Aachenbezüge Karls IV. lassen sich weiter verfolgen in den großzügigen Geschenken an die Marienkirche, so etwa in der Schenkung von 16 Goldmark anläßlich der Geburt des Thronfolgers 1361 oder auch in dem undatierten, allerdings auch wenig gesicherten Mahnschreiben an das Aachener Stiftskapitel, das Andenken Karls des Großen nicht zu vernachlässigen und das jährliche Karlsfest nicht zu vergessen. Erwähnt werden muß in diesem Zusammenhang auch die spätgotische Chorhalle der Aachener Marienkirche, deren Bau 1355 vom Stiftskapitel beschlossen wurde, die allerdings erst 1414 eingeweiht werden konnte – am 600. Todestag Karls des Großen. Dieses »Aachener Glashaus« – so genannt wegen der nahezu vollständig verglasten Wandflächen – das auf Karl den Großen in seinen Skulpturen und Schlußsteinen hinweist und seine sterblichen Überreste in dem großartigen Karlsschrein in seiner Mitte beherbergt, dieses einzigartige Aachener Glashaus ist immer wieder auf Karl IV. zurückgeführt worden. Nun gibt es aber nach Ansicht von Frantisek Kavka keinerlei schriftliche Nachrichten, die eine »Teilnahme Karls IV. am Plan und an der Konzeption des Baues« belegen. Andererseits scheine es aufgrund der engen Beziehung Karls IV. zum Aachener Kapitel und zur Stadt geradezu ausgeschlossen,

> »daß die Erweiterung der Kirche ohne eine wie auch immer geartete Beteiligung seinerseits geschehen sein könnte. Hinweise geben allein ikonologische und ikonographische Analysen. Ein Vorbild für den Bau war hier die Sainte Chapelle von Paris, ein Heiligtum, das zur Aufbewahrung und Verehrung der bedeutendsten Reliquien der Passion Christi, dieser mystischen Garantie der obersten Weltmacht, bestimmt war«.

Nach Ansicht Kavkas kann man deswegen eine Zustimmung oder Anregung Karls IV. zu dieser spätgotischen Chorhalle in Aachen jedenfalls nicht ausschließen.

Man wird am Ende dieser Bezüge zu Aachen mit Robert Folz feststellen können, daß Karl IV. zweifellos Karl den Großen stark verehrt haben dürfte, daß er Kirche und Stadt mit mancherlei Geschenken und Privilegien versehen und ihnen geistliche Vorzüge und weltliche Rechte zugestanden hat. Aber die jeweiligen Zeugnisse, die dies belegen – die Urkunden und Aufenthalte, die Chorhalle, die Karlsbüste, das Karlsreliquiar und manches andere mehr – sind nicht immer bzw. nicht immer deutlich genug auf Karl IV. als belegbaren Verursacher oder verbindlichen Anreger zurückzuführen. Man wird deswegen den Karlskult Karls IV. auch aus Aachener Sicht mit einem vorsichtigen Fragezeichen versehen müssen.

Die bisherigen Belege einer besonderen Verehrung Karls des Großen durch Karl IV. – vor allem sein Namenswechsel und die erwähnten Orte der Karlsverehrung – sind durch eine dritte Ausrichtung zu ergänzen: durch die Verehrung der Reichsinsignien, die nunmehr in der Mitte des 14. Jahrhunderts größtenteils Karl dem Großen zugeschrieben werden. Nach schwierigen Verhandlungen mit den Wittelsbacher Erben Kaiser Ludwigs des Bayern hatte Karl IV. den Reichsschatz erwerben und Ende März 1350 nach Prag bringen können, kurz darauf richtete er die Burg Karlstein als dessen Aufbewahrungsort ein. Die Verzeichnisse, die aus diesem Anlaß angelegt wurden und noch heute erhalten sind, listen neben den bedeutenden Reliquien dieses Reichsschatzes auch die Reichsinsignien im engeren Sinne sowie die einzelnen Teile des kaiserlichen Prunkgewandes auf. Dabei werden Karl dem Großen die Reichskrone, das Zeremonienschwert, der Reichsapfel, der Krönungsmantel, die perlenbestickte Albe und die Handschuhe zugeordnet.

Die Zuschreibung von Krone und Schwert an Karl den Großen kennen bereits die Geschichtsschreiber des frühen 14. Jahrhunderts, so der 1316 verfaßte Tatenbericht zu Heinrich VII. oder auch die Steirische Reimchronik. In der Mitte des 14. Jahrhunderts behauptet sogar einer von ihnen – Heinrich Taube von Selbach –, die Reichskrone sei von Papst Leo III. bei der römischen Kaiserkrönung Karls des Großen an Weihnachten 800 benutzt worden. Damit ist diese Zuordnungsgeschichte noch nicht sehr alt. Sie hat sich nach den Forschungen von Robert Folz und Jürgen Petersohn erst im Laufe des 13. Jahrhunderts herausgebildet und ist nicht nur für Deutschland, sondern auch für Frankreich nachzuweisen. So glaubte man etwa in St. Denis die Joyeuse, das Schwert Karls des Großen aus dem Rolandslied, zu besitzen oder in Reims die französischen Könige mit einer Krone Charlemagnes zu krönen. Auch hier nehmen nach Ansicht von Petersohn die Zuschreibungen an Karl den Großen zum Spätmittelalter hin zu, allerdings ohne die »in Deutschland vorhandenen kultischen Karlsbezüge«. Vielleicht könnte Karl IV. bei seinem Jugendaufenthalt in Frankreich, wo er bei der Thronbesteigung Philipps VI. 1328 anwesend war, die dortige Karlstradition kennen und schätzen gelernt haben. Wie auch immer, er ist es jedenfalls gewesen, der die Reichsinsignien in die Nähe von Kultobjekten gebracht hat, indem er zunächst für die im Reichsschatz vorhandenen Reliquien, für die *sanctuaria* des Heiligen Römischen Reiches eine jährliche Prager Schau ansetzte und dafür bereits im August 1350 bei Papst Clemens VI. eine Ablaßverfügung erwirkte. Vier

Jahre später erreichte er für die Passionsreliquien der heiligen Lanze und der Kreuznägel sogar die Festsetzung eines eigenen Feiertages bei Papst Innozenz VI.

> »Wenn auch offiziell nur die wahren Reliquien verehrt werden durften, so griff diese Verehrung jedoch langsam auch auf jene Dinge über, von denen man meinte, sie hätten Karl dem Großen gehört, vor allem auf die Krone und das Schwert. Die Tatsache, daß sie einem heiligen Karl dem Großen gehört hatten, daß das Schwert angeblich eine wundersame Herkunft hatte, rückten diese Gegenstände in die Nähe der heiligen Lanze.« (R. Folz)

Damit wurden sie auch in die Nähe dieser und anderer *sancturaria imperii* gerückt, was sie in einigen spätmittelalterlichen Texten zu »Reichsheiltümern« machte. Über die wundersame Herkunft des Karlsschwertes berichtet uns die Urkunde Karls IV. zur Gründung des Stiftes der Augustiner-Chorherren in der Pfalz Ingelheim 1354, das dem hl. Wenzel und Karl dem Großen geweiht war. Dort wird von dem »triumphalen Schwert des rechten Glaubens« gesprochen, das ein Engel des Herrn überbracht habe und mit dem Karl den Sieg über die Glaubensfeinde errungen habe. Ein Schwert, »das die Sorgfalt der römischen Kaiser noch heute bei den Reliquien des heiligen Reiches *velut rem sacram* verwahre«. Der Begriff der *res sacrae* trifft nach Ansicht von Jürgen Petersohn die Beziehung Karls IV. zu den Karlsinsignien gut und genau. Denn diese *res sacrae* sind »geheiligte Gegenstände, die für den Gottesdienst bestimmt sind, nicht aber Objekte des Kultes selbst«; das heißt in Verbindung mit den Passionsreliquien erfahren sie eine sakrale Aufwertung, werden aber nicht Teil des Kultes selbst. Dazu würde auch gut passen, daß der Reichsschatz »zwar eine Reliquie der Kaiserin Kunigunde, nie aber eine solche des heiligen Kaisers Karl besaß« (J. Petersohn). Man wird demnach die Zuordnung der Reichsinsignien zu Karl dem Großen und die engere Karlsverehrung auseinanderhalten müssen. Daß beide unter Karl IV. stark gefördert wurden, steht außer Frage. Für die Karlszuordnung der Reichskleinodien läßt sich die unter Karl IV. erkennbare Entwicklung gut weiterverfolgen, wenn man Dürers berühmtes Karlsbild einbezieht. Jürgen Petersohn bemerkt dazu:

> »Albrecht Dürer hat dem damaligen Verständnis über Jahrhunderte hinweg Ausdruck gegeben, als er auf dem einen seiner beiden Karls-

bilder für den Nürnberger Rat den greisen Karl in die ihm zugeschriebenen Insignien und Gewänder des Reichsschatzes kleidete«.

Fast gleichzeitig ging dagegen die »Zeremonialfunktion« der Insignien zurück, die im Spätmittelalter in Prag und Nürnberg in einer jährlichen Heiltumsschau gefeiert worden war. Mit der Einführung der Reformation in Nürnberg zu Beginn des 16. Jahrhunderts betrachtete man sie als »abgöttisches Spektakel«. Die geheiligten Gegenstände wurden wieder zu bloßen Herrschaftszeichen.

Um am Ende noch einmal alle Belege und Argumente für das Verhältnis Karls IV. zu Karl dem Großen zusammenzufassen, ist auf die kürzlich erschienene Studie von Marie Bláhová zurückzugreifen, in der das Nachleben Karls des Großen in der Propaganda Karls IV. kompetent skizziert ist. Danach ist Karl der Große, der in den Quellen zum mittelalterlichen Böhmen bis zum Ende des 13. Jahrhunderts nur geringe Spuren hinterlassen hatte, erst unter Karl IV., dem Herrscher auf dem böhmischen und auf dem römisch-deutschen Thron, zur populären Figur geworden. Karl IV. habe die böhmische wie die westeuropäische Tradition miteinander verbinden wollen – die eine in der Verehrung des böhmischen hl. Wenzel und die andere in jener Karls des Großen. Die ersten Zeugnisse stammen aus dem Jahre 1346 – aus dem zitierten Approbationsschreiben Papst Clemens VI. oder auch aus jener Predigt des Prager Augustinereremiten Nikolaus von Louny anläßlich der Krönung Karls IV. zum böhmischen König (1347), in der ebenfalls die böhmische Wenzelstradition mit der Reichstradition Karls des Großen verbunden wurde. Auch für Marie Bláhová sind die Aachener Karlsbezüge von großer Bedeutung: die dortige Krönung 1349, die Karlsbüste, die in Aachen erhaltenen Zahnreliquien Karls des Großen, dann der Besuch 1357 mit der Teilnahme an der Karlsmesse, weiter das Goldgeschenk von 1361 und schließlich die Stiftung des Wenzelaltars 1362. Ähnlich deutlich seien die Belege in Ingelheim und im Prager Karlshof sowie in der nahegelegenen Burg Karlstein. Schließlich habe auch die böhmische Geschichtsschreibung unter Karl IV. den großen Karolinger einzuordnen versucht, indem etwa Johann von Marignola in seiner Böhmenchronik den Luxemburger in einer fiktiven Genealogie auf Karl den Großen zurückgeführt habe und über diesen auf die trojanischen Könige, ja auf die heidnischen Götter Jupiter und Saturn. Es müsse allerdings auffallen, daß die Verehrung Karls des Großen in der Zeit Karls IV. im kirchlichen Kult keine Entsprechung gefunden hat. Das Fest Karls des Großen sei in keinem kirchlichen Kalender der

Zeit verzeichnet, keine Kirche (mit Ausnahme des Karlshofes) und nicht einmal ein einziger Altar sei Karl dem Großen gewidmet gewesen. Der böhmische Karlskult sei offenbar vornehmlich auf die von Karl dem Großen repräsentierte Reichstradition ausgerichtet gewesen.

Dazu paßt die Bemerkung Johanns von Neumarkt († 1380), des Kanzlers Karls IV., daß dieser das lebende Bild Karls des Großen auf Erden gewesen sei und seine Erfolge bewiesen, daß er ein würdiger Vertreter Karls des Großen sei. Es ging Karl IV. offenbar um eine politisch-dynastische Konzeption, in der neben dem hl. Wenzel für Böhmen Karl der Große als Schutzpatron des römischen Reiches galt. Dies verlieh nach Ansicht von Jiri Fajt »der Überzeugung Karls IV. von dem göttlichen Ursprung seiner Macht und dem priesterlichen Charakter seines Amtes einen eindeutigen Ausdruck«. Diese Konzeption wird aber im 14. Jahrhundert – so Robert Folz – immer mehr zu einem veralteten Bauwerk und Karl der Große zu einer gleichsam erstarrten Majestät, die dem Archaismus des Kaisertums entsprochen habe. Insofern habe die »Wiederauferstehung« des großen Kaisers unter der Herrschaft Karls IV. am Ende kaum eine politische Bedeutung gehabt. Sie sei auf die Vergangenheit gerichtet gewesen, ohne über ein aktuelles politisches Programm verfügt zu haben, allenfalls bezüglich der regionalen Interessen. Vielleicht haben deswegen Karlskult und Karlsverehrung durch seinen böhmischen Namensvetter kaum überlebt. Und heute ist selbst in Böhmen – so Marie Bláhová – nur noch das Bild Karls des Großen in der Karlsteiner Heilig-Kreuz-Kapelle übrig geblieben.

Anmerkungen zur Literatur

Eine allgemeine historische Orientierung zu Karl IV. und seiner Zeit bieten die einschlägigen jüngeren Monographien von F. Seibt (1978, [7]1995) u. H. Stoob (1990), aber auch die älteren Arbeiten von E. Werunsky (1880/86) u. K. Hampe (in: Herrschergestalten, [6]1955). Ein guter Überblick findet sich im Textband zur Nürnberger Ausstellung »Karl IV. 1316–1378« (hg. v. F. Seibt, 1978) mit wichtigen Beiträgen zu den hier angesprochenen Fragen wie der Goldenen Bulle (B.U. Hergenröther), zu Karl IV. als lateinischem Autor (F. Rädle), zu Karls IV. Frömmigkeit (Fr. Machilek), zu dessen Krönungen (P. Hilsch), zur Rolle von Kirche und Kurie in dessen Politik (L. Schmugge), zu Karls IV. Verhältnis zu Aachen (H. P. Hilger). Die wissenschaftlichen Ergebnisse des Gedenkjahres 1978 hat P. Moraw (Fs. Fr. Graus, 1982) diskutiert. Aus Anlaß der 650. Wiederkehr von Karls IV. Bonner Königskrönung 1346 hat die Bonner Universität 1996 eine Gedenkveranstaltung durchgeführt, deren Beiträge veröffentlicht wurden (Bonner Akadem. Reden 79, 1998) und in der F. Seibt Karl IV. als römischen König und Kaiser in Europa zu porträtieren sucht. – Die wichtigsten der zitierten Quellen sind in den folgenden kritischen Editionen einzusehen: die Autobiographie Karls IV., die erste Selbstdarstellung eines ma. dt. Herrschers in der lat.-dt. Ausgabe von

E. Hillenbrand, mit Übersetzung und Kommentar (1979). Die Goldene Bulle von 1356, das vielleicht wichtigste Reichsgesetz des dt. Spätma., wo Aachen als Krönungsort (c. 29) festgeschrieben und die Reichskrone oder die Krone der Karlsbüste als *Aquisgranensis corona* (c. 26) bezeichnet wird, ist entweder in der alten Edition von K. Zeumer (2 Bde. 1908, mit Entstehungsgeschichte und Kommentar) oder in der heute verbindlichen Ausgabe von W. Fritz (MGH Fontes 11, 1972) zu benutzen bzw. in einer bearbeiteten Fassung (lat. Text mit Übersetzung von K. Müller, ^{3}1970); Müllers Übertragung ist wieder abgedruckt in Verbindung mit einer Faksimile-Ausgabe der Goldenen Bulle nach König Wenzels Prachthandschrift (Cod. Vindob. 338) (Bibliophile Taschenbücher 84, ^{3}1989). Die päpstliche *Collatio* Clemens VI. vom 6.11.1346 mit ihrer Betonung der aus dem historischen Karlsnamen resultierenden Verpflichtung *sed etiam debetur sibi ex nomine, quia Karolus* ist in den Approbationsakten von 1346 überliefert und ediert (MGH Const. 8, S. 142–162) – Zu den einzelnen behandelten Aspekten über den Karlskult Karls IV. ist zusammenfassend R. Folz (Souvenir de Charlemagne, 1950; mit allen wichtigen Einzelhinweisen, S. 439–465) und jetzt auch M. Bláhová, (Das Ma. 4, 1999) heranzuziehen. Den Namenswechsel Karls IV. hat R. Schneider (Fs. H. Beumann 1977) näher erläutert und problematisiert: ob er mehr ist als eine »modische Bagatelle« und vielleicht sogar mit einer »antiböhmischen Tendenz« verbunden ist. Zur Frankfurter Karlssequenz und der weiteren dortigen Karlsverehrung vgl. die Hinweise oben S. 133ff. u. 138. Zu den Aachenbezügen Karls IV. ist für die politischen und kirchlichen Verhältnisse und Betreffe auf die 1999 erschienenen Regesten der Reichsstadt Aachen (Bd. 3: 1351–1365, bearb. v. Th. Kraus) zu verweisen, für die Karlsbüste und das Karlsreliquiar auf E. G. Grimmes Arbeiten zum Aachener Domschatz (AKB 42, 1972 u. ZAGV 98/99, 1992/93). Vgl. zur Krone des Büstenreliquiars die Überlegungen von A. Huyskens (1938); im Innentitel dieses Buches ist allerdings die Reichskrone abgebildet u. das Vorwort steht der NS-Propaganda nahe, wenn dort von der sogenannten Krone Karls des Großen als dem ehrwürdigsten Symbol des »alten Großdeutschen Reiches« gesprochen wird (s. dazu Könige in Aachen 2, 2000, S. 875). Der Text- und Katalogband zur Aachener Krönungsausstellung 2000 enthält darüber hinaus zu unserem Thema wichtige Beiträge, die im Text zitiert sind (Könige in Aachen 1, 2000), so die Studien von G. Minkenberg zum Aachener Domschatz und den sog. Krönungsgeschenken sowie die Arbeiten von Fr. Kavka u. J. Fajt zu Karl IV. und Aachen (mit weiterführender, insbes. auch tschechischer Literatur). Die böhmische Burg Karlstein, sw. von Prag, Aufbewahrungsort der Heiltümer des Reiches und der Reichsinsignien, die in der dortigen Kreuzkapelle aufbewahrt wurden, ist näher gekennzeichnet von F. Seibt (Veröff. d. dt. Burgenvereinigung 3, 1995). Die bildliche Ausmalung Karlsteins durch den Magister Theodoricus, den Hofmaler Karls IV., ist 1998 in einem prächtigen Bildband v. J. Fajt herausgegeben u. dokumentiert worden. Zu den Reichsinsignien, zu deren spätma. Zuordnung zu Karl dem Großen ist zu verweisen auf J. Petersohn (HZ 266, 1998), wo sich auch die im Text genannten Sach- u. Quellenbezüge aufgelistet finden, d.h. die Hinweise auf den Tatenbericht Heinrichs VII., auf Ottokars Steirische Reimchronik u. auf die Chronik Heinrich Taubes von Selbach; zur Einstellung der Nürnberger Heiltumsweisung wird dort die Studie von J. Schnelbögl zu den Reichskleinodien in Nürnberg (MVG Nürnb. 51, 1962) zitiert. Das Verzeichnis der ausgelieferten Reichsinsignien durch die Wittelsbacher an Karl IV. 1350 mit ihrer Zuschreibung der Reichskrone, der Reichsschwerter, des Reichsapfels und einiger Gewandstücke auf Karl den Großen ist abgedruckt bei P.E. Schramm, H.H. Fillitz u. F. Mütherich, Denkmale der dt. Könige (2, 1978). Die Karlsbezüge bei Karl IV. hat H. Nelsen (in: Verschleierter Karl 1999, S. 343–356) zusammengefaßt.

Karl der Große als mythische Figur

Karl der Große ist in der europäischen Literatur des Mittelalters vielfach vertreten, in den lateinischen Texten genau so wie in den volkssprachlichen Zeugnissen – in den französischen, provenzalischen, deutschen, niederländischen, altnordischen, spanischen, italienischen, ja selbst in den legendarischen Quellen des hebräischen Mittelalters ist er zu finden. Den Anfang dieser breiten, bis in das 15. Jahrhundert reichenden Karlstradition bildet das altfranzösische Rolandslied, das um 1100 in Nordfrankreich entstanden ist und Karl den Großen zum Gottesstreiter über die heidnischen Feinde der Christenheit sowie zum Gründungshelden der »douce France« stilisiert. In dieser Chanson de geste wird die militärische Niederlage von Karls glücklosem Spanienfeldzug 778 in den Pyrenäen zu einem großen Sieg umgedeutet, zu einem Triumph des Guten über das Böse, der mit Gottes Hilfe erreicht wurde.

Dieses Bild Karls des Großen als *fortis miles Christi*, als tapferer Streiter Christi, übernimmt auch die deutsche Literatur des Mittelalters in dem um 1170 verfaßten Rolandslied des Pfaffen Konrad und dem ein wenig jüngeren Karlstext Strickers. Auch hier wird Karl der Große zu einem Kämpfer für den gerechten Krieg, zu einem von Gott beauftragten Verfechter der guten Sache des Christentums.

Eine ähnlich wichtige Rolle spielte der lateinische Pseudo-Turpin, der nach 1140 wohl in Frankreich entstand und mit dem Jakobskult des 12. Jahrhunderts, genauer mit dessen grundlegender Quelle – dem *Liber sancti Jacobi* – zusammenhängt. Etwa 30 Jahre später wird dieser Pseudo-Turpin um 1170 in die Aachener Karlsvita *de sanctitate Karoli Magni* übernommen, um nicht nur Karls Heiligsprechung von 1165 mit einem glaubwürdigen Bericht zu begleiten, sondern vielleicht auch Aachen neben Jerusalem und Santiago de Compostela zu einem bedeutenden Pilgerziel zu machen. Karl der Große wird in dieser Karlslegende zum Befreier des Jakobsgrabes und zum wundertätigen Gottesstreiter. Der Einfluß dieses Karlsbildes ist weitreichend und groß gewesen: So ist diese Karlsvorstellung auf den Dachreliefs des Karlsschreins, im Karlsfenster von Chartres, in den Grandes Chroniques de France oder auch in der *Legenda aurea* des Jacobus de Voragine wiederzufinden. Aachen ist dabei zumindest für die deutsche Tradition zu einem wichtigen Ausgangspunkt dieser Verbreitungsgeschichte geworden – ihrer handschriftlichen Überlieferung genauso wie ihrer bildlichen Darstellung.

Einhard – so hat es Paul Lehmann formuliert – hatte einen Nebenbuhler bekommen, der dessen bisher gültiges Karlsbild eines großmütigen und standfesten Herrschers, eines Vorbilds der *magnaminitas* und *constantia* legendarisch umformte und Karl mehr und mehr zu einem Glaubensritter und ritterlichen Heiligen stilisierte. Mit dem historischen Karl des 9. Jahrhunderts hatte dies immer weniger zu tun. Karl war zu einer mythischen Figur geworden, zu einem »Heroen der Imagination und einer literarischen Phantasie, welche (...) sich ganz fremden Handlungsmöglichkeiten und poetischen Welten öffnet«, wie es kürzlich Werner Röcke formulierte.

Diese Entwicklung von der geschichtlichen Karlsgestalt des 9. Jahrhunderts zu einer geradezu »zeitlosen Herrscherfigur, die ihre historische Besonderheit immer mehr verliert und für ganz verschiedene historische und politische Konstellationen verfügbar wird« (W. Röcke), hat vor knapp 70 Jahren (1934) Paul Lehmann für das lateinische Schrifttum des Mittelalters nachgezeichnet. Hier wird das literarische Nachleben Karls des Großen aufgezeigt: ausgehend vom Aachener Karlsepos und den großen Zeugnissen des 9. Jahrhunderts (Einhard, Walahfrid Strabo und Notker von St. Gallen) über den Pseudo-Turpin und die hochmittelalterliche Karlslegende bis hin zum mittellateinischen Epos des *Karolellus* um 1200 (einer metrischen Fassung des Pseudo-Turpin) und dem fast gleichzeitig erscheinenden Karlsepos des Aegidius Parisiensis, dem »ansprechendsten und geschmackvollsten Versuch, Karl [in Anlehnung an Einhard] ein würdiges Denkmal zu setzen« (P. Lehmann). Eingebunden in diese literarischen Deutungen von Karls Person und Persönlichkeit, die bis in das 15. Jahrhundert weitergeführt werden, sind auch liturgische Texte und Dichtungen, Hymnen, Sequenzen und Lektionen, die aus den verschiedensten Brevieren oder Offizien stammen und die den engen Zusammenhang von Karlskult und Karlsdichtung andeuten.

Zu diesem lateinischen Schrifttum tritt dann seit 1100 die volkssprachliche »histoire poétique de Charlemagne«, die spätestens seit dem gleichnamigen »Klassiker« von Gaston Paris (1865) zu einem bedeutenden Schwerpunktthema der Romanistik, dann aber auch der älteren Germanistik, der Niederlandistik und weiterer mediävistischer Literaturwissenschaften geworden ist. Aus diesem breiten Themenfeld sollen hier exemplarisch drei Vertiefungen ausgewählt werden: das altfranzösische und deutsche Rolandslied, der lateinische Pseudo-Turpin sowie die häufig angesprochenen dunklen Seiten des mittelalterlichen Karlsbildes. Diese sind bereits in der klösterlichen Visionsliteratur des 9. Jahrhunderts zu finden, dann in der wenig später entstandenen Aegidiuslegende weiter ausgestaltet und schließlich in den hochmittelalterlichen Zeugnissen genauer konkretisiert worden – bis hin zu Vorwürfen des Inzests oder auch der Nekrophilie.

Eine Auseinandersetzung mit dem literarischen Nachleben Karls des Großen ist insgesamt, wie Bernd Bastert meint, umso gebotener, als »in der von Historikerseite geführten Debatte um die Person Karls des Großen (...) die vielfältigen literarischen Zeugnisse, die im Mittelalter die Figur des großen Frankenkaisers behandeln, bislang meist nur marginale Berücksichtigung [fanden]«. Dies läge nicht zuletzt an »der [für uns] offenkundigen Fiktionalität literarischer Texte«, die nichts darüber aussagen würden, wie es »wirklich« war. Eine solche Auffassung werde aber zunehmend durch jüngere Ansätze in der Geschichtswissenschaft – etwa der Mentalitätsgeschichte oder auch der Erforschung der Erinnerungs- und Gedächtniskultur – zurückgedrängt.

Der altfranzösische und der deutsche Roland – Zum literarischen Karlsbild im Hochmittelalter

Das altfranzösische Rolandslied gilt nach Ansicht von Jean Dufournet als Grundtext der französischen Geschichte und Kultur, als erstes literarisches Zeugnis der französischen Sprache. Mit seinen gut 4.000 Versen und knapp 300 Strophen erzählt es die Geschichte von kriegerischen Auseinandersetzungen gegen die heidnischen Sarazenen in Spanien, von Siegen und Niederlagen, von Heldenmut und Größe, aber auch von Verrat im Kampf Karls des Großen und seines Gefolgsmanns Roland. Seine Entstehung am Ende des 11. Jahrhunderts, sein möglicher Autor – ist es ein Sohn oder Neffe Odos von Bayeux? –, seine früheste Überlieferung im Oxforder Manuskript – vielleicht geschrieben von einem anglonormannischen Kleriker aus dem Umkreis des englischen Königs Heinrich II. Plantagenet –; die literarischen Eigenheiten dieses Textes, die festen Wortverbindungen, die wiederkehrenden Motive, die Dialogformen, die Stilmittel, sind immer wieder von den Romanisten diskutiert und mit hoher Wertschätzung gekennzeichnet worden. Seitdem 1835/37 Francisque Michel in der Oxforder Bodleian Library

(Ms. Digby 23) das altfranzösische Rolandslied gefunden und ediert hatte, wurde dieses Meisterwerk der französischen Heldenepik schon bald zum »Kristallisationspunkt philologischer Erforschung des französischen Mittelalters« und ein wenig später durch die neufranzösische Übersetzung von Léon Gautier 1872 zum »festen Bestandteil des schulischen Lektürekanons«, ja zum »Nationalepos Frankreichs« (Chr. Amalvi), wie der Aachener Romanist Egbert Kaiser in seiner Skizze zur Wissenschaftsgeschichte der Chanson de Roland dargelegt hat. Vor diesem Hintergrund kann man das Wort von Bernard Cerquiglini besser verstehen, der meinte: »Étudier la C.R., c'est bien par quoi l'on est médiéviste«.

Der Inhalt der Chanson de Roland läßt sich kurz zusammenfassen. Danach hat Karl der Große sieben Jahre lang in Spanien Krieg geführt und das Land weitgehend unterworfen – bis auf die Stadt Saragossa, wo der heidnische König Marsilie sich bislang der fränkischen Eroberung widersetzen konnte. Zum Schein läßt der Sarazenenkönig Karl dem Großen das Angebot überbringen, sich zu unterwerfen. Karl berät sich mit seinen Leuten – mit Erzbischof Turpin, mit seinem Neffen Roland und mit dessen Gefährten Olivier, aber auch mit Graf Ganelon, dem Stiefvater Rolands, der – wie es heißt (v. 178) – »den Verrat beging«. Marsilies Offerte wird angenommen und Ganelon soll auf Vorschlag Rolands das Einverständnis Karls überbringen. Ganelon fürchtet bei diesem gefährlichen Auftrag um sein Leben und sinnt deswegen auf Rache an Roland. Diese kann er in die Tat umsetzen, als die Franken abziehen und Roland mit einer Nachhut zurückbleibt. Ganelon rät Marsilie, Rolands Truppe zu vernichten. Da Roland sich weigert, Karl durch sein Horn »Olifant« um Hilfe zu rufen, gelingt Marsilie in Roncevaux der Sieg über Roland und seine Leute. Roland, Olivier und der den himmlischen Lohn verkündende Turpin finden den Tod. Im Sterben bläst Roland sein Hornsignal, Karl kehrt mit seinem Heer zurück, kommt mit seiner Hilfe zu spät und kann nur noch die Toten beklagen. Karl rächt sich an den flüchtenden Sarazenen, und deren König Marsilie wird tödlich verwundet – in einer Schlacht, in der nach biblischem Vorbild die Sonne ihren Lauf angehalten hatte. Eine weitere erfolgreiche Racheschlacht führt Karl gegen den maurischen Oberkönig Baligant und dessen riesiges Heer. Dann werden Karls gefallene Soldaten bestattet und Rolands Horn »Olifant« auf dem Rückzug in Bordeaux dem hl. Severin übergeben. Nach Aachen zurückgekehrt, kommt es zum Prozeß und zur Hinrichtung des Verräters Ganelon. Abschließend erscheint der Erzengel Gabriel dem Frankenkönig und überbringt ihm einen neuen göttlichen Auftrag: »mit Heeresmacht in das Land Bire zu ziehen« (v. 3995) – d.h. nach Südspanien, Portugal oder in den Vorderen Orient, wie der Aachener Romanist Wolf Steinsieck meint. Darauf antwortet der Kaiser: »Gott, wie mühselig ist mein Leben« und »vergießt Tränen, und rauft seinen weißen Bart« (v. 3999f.). »Hier endet die Geschichte, die Turoldus erzählt« (v. 4002), ein Turoldus, von dem man nicht weiß – so die romanistische Forschung –, ob er der Verfasser oder der Kopist des altfranzösischen Rolandsliedes oder am Ende nur ein Spielmann ist, der es vorgetragen hatte.

Fragt man nach dem Karlsbild dieser »très belle et pathétique histoire« (G. Moignet), dann läßt sich zunächst feststellen, daß die Karlsgeschichte gewissermaßen den gesamten Text strukturiert: Jeder Passus – etwa die Vorgeschichte mit den Gründen für die militärische Auseinandersetzung in Roncevaux und dem Verrat des Ganelon, die Schlacht selbst, der Tod der Helden, die Rückkehr Karls und die Totenklage, die Vernichtung der Sarazenen sowie das Aachener Verfahren gegen Ganelon – wird eingeleitet (vv. 1, 703, 2609) mit einem Hinweis auf Karls siebenjähriges Spanienunternehmen: »König Karl, unser großer Kaiser, war sieben Jahre in Spanien« (v. 1f.). Darüber hinaus bestreitet Karl verschiedene Schlüsselszenen dieses altfranzösischen Rolandsliedes: mit seinen unheilverkündenden Träumen, mit seiner Totenklage über seinen geliebten Neffen Roland, dann auch in der Baligantepisode und schließlich beim Aachener Ganelonprozeß. Schließlich lassen sich die wichtigsten Kennzeichen dieser Karlsfigur auflisten: Karl ist ein Herrscher von mehr als 200 Jahren, weißhaarig, der verzweifelt seinen Bart rauft oder diesen nachdenklich streicht, ein tapferer Krieger, ein verehrter Heerführer, ein kluger Herrscher, gottesfürchtig und fromm, häufig betrübt und selten frohen Mutes. Nach Ansicht von Wolf Steinsieck soll dieser Karl nicht allein als ein idealisierter König, sondern als manchmal auch umstrittener Lehnsherr dargestellt werden. Insgesamt gehe es bei dem Frankenkönig nicht um die handelnde Hauptfigur, wohl aber um die zentrale Bezugsperson.

Wofür aber steht dieser ehrwürdige 200jährige Greis, der seine Wut und Trauer nicht verbirgt, der verschiedentlich auch hilflos und unentschlossen wirkt, ja der am Ende sogar unter seiner Verantwortung leidet: Ist es der wenig idealisierte und vielleicht sogar unheilige Herrscher, der hier im Vordergrund steht, wie Egbert Kaiser meint, oder der christliche Kaiser Karl, dessen »historisch ausgebliebene Rache (...) poetisch nachgetragen und im Sieg (...) über die gesamte heidnische Welt und deren obersten Repräsentanten Baligant gesteigert (...) und im Gottesurteil über den Verräter Ganelon [vertieft wird]«, wie Dieter Kartschoke glaubt? Um dies zu klären, ist die Chanson de Roland als hochmittelalterliches Zeitgedicht zu befragen.

Aus der wissenschaftlichen Debatte dieser Frage seien hierzu einige Antworten zusammengetragen. In der Forschung – so Wolf Steinsieck und Egbert Kaiser – herrscht Einigkeit darüber, »daß im Rolandslied die zu seiner Entstehungszeit aufkommende Begeisterung für den Kreuzzug, die Einstellung gegen die spanischen Mauren oder die Ungläubigen im Heiligen Land, ihren Niederschlag findet«. Dadurch wird die Chanson de Roland »zum Sprachrohr, zum Propagandainstrument für die gerechte Sache«. Mit diesem Kreuzzugsgedanken korrespondiere das zentrale Thema des Rolandstoffes: »der Kampf der Christenheit gegen das Heidentum, oder allgemeiner, des Guten gegen das Böse«, verknüpft mit der Vorstellung des Martyriums und des damit verbundenen himmlischen Lohnes (v. 1134f.). Zu dem Kreuzzugsthema komme aber im altfranzösischen Rolandslied der lehnrechtliche Zeitbezug und die Vasallentreue, die in Ganelons Verrat und seinem späteren Prozeß, oder auch in Rolands erster Weigerung, mit dem Olifant um die Hilfe des Herrschers zu bitten, oder schließlich in den Beratungen Karls mit seinen Getreuen deutlich würden. Hier gehe es um die Rechte und Pflichten des Lehnsherrn und seiner Vasallen. Im zeitgenössischen Umfeld der Entstehung des Rolandsliedes beziehen sich diese vasallitischen Anklänge auf die Herrschaftszeit des Kapetingers Philipp I. (1060–1108), »in der die Stellung des Königs durch die Machtfülle und Eigenständigkeit seiner Großvasallen in bedenklicher Weise beschnitten [war]«. Neben dem Kreuzzugsgedanken und der Auseinandersetzung mit dem Lehnswesen gibt es nach Ansicht von Egbert Kaiser noch die »Vaterlandsliebe« als konkreten Zeitbezug, die Sehnsucht nach der »douce France«, die fast sprichwörtlich 23mal verwendet wird und »den Aufstieg des Rolandsliedes zum Nationalepos« begünstigt hat.

Mit Dieter Kartschoke lassen sich diese zeitbezogenen Hinweise noch ein wenig ergänzen. Im »Medium der Reflexion der historischen Wirklichkeit im 11. und frühen 12. Jahrhundert in Nordfrankreich« würden hier in der Chanson de Roland die kriegerischen Spanienzüge seit 1064, die populären Vorstellungen vom gerechten Krieg gegen die Ungläubigen, vom Kreuzzugsablaß und Martyriumsgedanken, aber auch das sich in dieser Zeit entwickelnde christliche Ritterideal thematisiert und »ganz reale politische Spannungen [etwa in dem zentralen Konflikt um Ganelon] zum poetischen Austrag kommen«. Oder um es mit dem Romanisten Erich Köhler zu formulieren:

»Der Charlemagne des Rolandslieds trägt die Züge des zum christlichen Universalherrscher mythisierten karolingischen Herrschers und ist als solcher zugleich Wunschbild eines Königtums, das auch inmitten seiner tiefsten Ohnmacht die vergangene Größe und den sich daraus ergebenden Anspruch nicht aus den Augen verliert, [dabei] den Bindungen des gegenwärtigen Zustands der Feudalgesellschaft jedoch Rechnung trägt.«

Daß die Chanson de Roland als ein Zeitgedicht um 1100 »wohl kaum eine creatio ex nihilo« (E. Kaiser) ist, hat der spanische Philologe Dámaso Alonso im Jahre 1952 herausgefunden, als er in dem nordspanischen Kloster San Millàn de la Cogolla eine handschriftliche Notiz aus dem dritten Viertel des 11. Jahrhunderts (zwischen 1065 und 1075) entdeckte, die Karls Spanienunternehmen und die Belagerung von Saragossa in Einzelheiten überliefert, die dem Rolandsstoff sehr nahe kommen. In dieser *Nota Emilianense* ist zum Jahre 778 von Karls zwölf Neffen die Rede, die seine Spanienexpedition mit je 3000 gepanzerten Rittern begleitet hätten; auch die Namen Roland, Olivier und Turpin werden genannt und es wird von vielen Geschenken gesprochen, die der Feind in Saragossa angeboten habe, um zum Abzug des fränkischen Heeres zu drängen; die Nachhut des tapferen Roland, die von den sarazenischen Haufen in Roncevaux überfallen wurde, wird ebenso angesprochen wie der gewaltsame Tod Rolands durch die Sarazenen. Ergänzt man, daß in den ersten Jahrzehnten des 11. Jahrhunderts die Namen Olivier und Roland in einzelnen Taufurkunden für Brüderpaare auftauchen bzw. in einem lateinischen Text des Dudo von St. Quentin zwischen 1015 und 1020 auftreten, dann liegt der Gedanke nahe, an einen »Protorolandus« zu denken oder eine Kernfabel anzunehmen, die offenbar deutlich vor dem altfranzösischen Rolandslied liegt, deren Oxforder Version dann als »die älteste, vollständigste und künstlerisch wohl reifste« (E. Kaiser) anzusehen ist.

»Die seit je bewegende und mit wechselnden Hypothesen beantwortete Frage gilt [aber dann] der Form des Gedächtnisses und dem Weg der Tradition über die dreihundert Jahre zwischen dem historischen Ereignis (778) und seinem poetischen Niederschlag (1100)«, wie Dieter Kartschoke gemeint hat. Wie ist diese »silence des siècles« (J. Bédier) zu überbrücken? Gab es eine schriftlose romanische Heroik um Charlemagne?

»[Ist die Chanson de Roland] das spät und eher zufällig verschriftlichte Produkt oraler Poesie und kollektiven Schöpfertums? Oder ist sie schon von ihrer Entstehung her bewußt kalkuliertes Gelehrtenwerk, zweckbezogene Legendenbildung zur Markierung der Pilgerstraßen nach dem spanischen Wallfahrtsort Santiago de Compostela und Propagandainstrument für die aufkommende Kreuzzugsbewegung des 11. Jahrhunderts?« (D. Kartschoke)

Gibt es vielleicht am Ende sogar eine zwischen einem individuellen Autor und einer vorhergehenden unfertigen Tradition vermittelnde Position?

Über dieses Problem haben ganze Generationen von Romanisten gestritten. Die einen, die sog. Traditionalisten, gehen von einer Volksschöpfung aus, die in einer langen Kette von kurzen Heldenliedern mündlich von Generation zu Generation weitergegeben und ab dem 11. Jahrhundert auch schriftlich festgehalten worden sei (Kantilenentheorie); die anderen, die sog. Individualisten, glaubten, daß die chansons de geste ab dem 11. Jahrhundert in den Klöstern entlang den Pilgerstraßen entstanden seien. Zusammen mit den »jongleurs« hätten die Mönche »legendes epiques« geschaffen, die dann von einer genialen Dichterpersönlichkeit als Rolandslied literarisch gestaltet worden sei (Pilgerstraßentheorie). Die erste Theorie hatte in Gaston Paris (1865) ihren großen Vertreter gefunden, die zweite in Joseph Bédier (1908–13). In den 50er Jahren versuchte Pierre Le Gentil beide Standpunkte miteinander zu verbinden. Für ihn sind die kollektive Verarbeitung einer Legende und deren Verschriftlichung in einem literarischen Meisterwerk durchaus miteinander vereinbar (Mutationstheorie). Insgesamt scheint diese Epen-Entstehungsdebatte aber ihr Ende noch nicht erreicht zu haben, obwohl man inzwischen von einem »débat stérile« (A. Burger) spricht.

In der engeren Geschichtswissenschaft hat sich Bernd Schneidmüller kürzlich von einer anderen Seite der Frage nach dem neuen »Kaiser der Mündlichkeit«, nach dem Zeitsprung zwischen Notkers Karlsgesten mit ihrem »imperialen Familienklatsch« am Ende des 9. Jahrhunderts und der Oxforder Fassung des Rolandsliedes um 1100 genähert. Wie ist – so fragt er – dieser »fast kometenhafte Aufstieg des Karlsmythos in den zahlreichen lateinischen und volkssprachlichen Dichtungen des Hochmittelalters, in den Liedern der fahrenden Sänger, in den Heldenepen, in der Literatur, in der Hagiographie zu erklären«? Schneidmüller verweist auf einzelne Indizien wie das Gebetsgedenken an Karls Todestag oder erinnert an die heute klarer erkennbare weite handschriftliche Verbreitung von Einhards Karlsvita, an eine gelehrte Schriftkultur der europäischen Klerikergesellschaft, die zur Grundlage für das Aufblühen des Karlsmythos geworden sei. Aber mit den traditionellen Methoden der Geschichtswissenschaft und der Handschriftenkunde würde sich die angedeutete Überlieferungslücke nicht überbrücken lassen. Man müsse die schwer faßbare zwischenzeitliche mündliche Erzähltradition hinzunehmen, um die »Wege vom lateinischen Schreiben zum altfranzösischen oder mittelhochdeutschen Singen, von klerikaler Schriftlichkeit zur Mündlichkeit einer ritterlichen Laiengesellschaft« zu erklären.

Es bleibt die abschließende Frage nach der Entwicklung vom altfranzösischen zum deutschen Rolandslied. Ist Karl in beiden Traditionen der Gottesstreiter gegen die heidnischen Sarazenen? Oder verändert sich, wie Bernd Bastert meint, die Karlsfigur im deutschen Rolandslied zunehmend vom antimuslimischen Kämpfer zum gotterwählten Herrscher, was vielleicht mit seiner Heiligsprechung 1165 zusammenhängen könnte? In dem einen wie in dem anderen Fall hätten wir es mit einer poetischen Korrektur der geschichtlichen Vergangenheit zugunsten der veränderten Gegenwart zu tun.

Das erste hier wichtige Zeugnis ist das Rolandslied des Pfaffen Konrad, das um 1170 im Auftrag Herzog Heinrichs des Löwen und seiner Gattin Mathilde, der Tochter des englischen Königs Heinrichs II. und seiner Frau Eleonore von Aquitanien, am sächsischen Hof in Braunschweig entstanden sein dürfte. Im Epilog dieses Rolandsliedes, der »zu den kostbarsten Zeugnissen des frühen deutschen Literaturbetriebs« (D. Kartschoke) gehört, berichtet uns der sonst kaum bekannte Kleriker Konrad über den Auftraggeber, über die Quelle und den Anlaß seines Werkes: »daß Herzog Heinrich auf Bitten seiner Gemahlin, Tochter eines mächtigen Königs, das französische Manuskript habe herbeischaffen lassen; daß sie beide für die Verbreitung der frommen Geschichte auch in deutscher Sprache Sorge trugen; daß der Herzog königgleichen Rang eingenommen und sich zur Zeit der Abfassung einer ungewöhnlichen Bußleistung unterzogen habe« (D. Kartschoke). All diese Informationen fügen sich in das Bild Heinrichs des Löwen, der 1147 einen Krieg gegen die heidnischen Wenden als Kreuzzug geführt hat, 1165 an der Heiligsprechung Karls des Großen beteiligt war und 1172 eine Bußwallfahrt ins Heilige Land unternommen hat. Erinnert sei auch daran, daß die Oxforder Version des altfranzösischen Rolandsliedes aus dem Umkreis des anglonormannischen Hofes König Heinrichs II. um die Mitte des 12. Jahrhundert stammen dürfte und von dort durch Heinrichs Tochter Mathilde an den Braunschweiger Hof gelangt sein könnte. Diese Vorlage, die wir im einzelnen nicht kennen, hat der Pfaffe Konrad nach eigener Aussage zunächst ins Lateinische und von dort ins Deutsche übertragen.

Vergleicht man mit Bernd Bastert das altfranzösische Rolandslied mit der deutschen Version des Pfaffen Konrad, dann fallen verschiedene Unterschiede auf. Konrad hat anders als in der Chanson de Roland seinen Text mit einem Prolog versehen, der das zentrale Thema der nachfolgenden Erzählung deutlich macht: »es handelt sich um Kaiser Karl, einen edlen Mann, wie er das Himmelreich gewann« (vv. 9ff.). »Er ist vor Gott, weil er mit Gottes Hilfe sehr viele heidnische Länder eroberte und damit den Ruhm der Christen vermehrt hat, wie uns das Buch berichtet« (vv. 12–16). In der engeren Erzählung gibt es darüber hinaus eine Ansprache Karls an seine Leute und Truppen, die in der Chanson de Roland fehlt und die den zeitgenössischen Kreuzzugspredigten nachgebildet ist (v. 180ff.). Auch die Vaterlandsliebe zur »douce France« fällt ersatzlos fort und wird durch keinerlei Reichsidee ersetzt. Hinzu kommen schließlich die stärkere höfische Ausrichtung des deutschen Rolandsliedes in der sog. Hoflager-Passage (vv. 641–708) und vor allem das Bild eines sündhaften und unter seiner Sünde leidenden Herrschers, des bußfertigen Königs, des »roi souffrant« (A. Vauchez), der die Sündenlast seines Volkes auf sich nimmt (v. 3049ff.). Das Karlsbild der Chanson de Roland im Sinne eines aktiven Gottesstreiters, eines *miles et athleta Christi*, wurde durch den Pfaffen Konrad vergeistlicht. Man kann deswegen Dieter Kartschoke zustimmen, der meinte: »in keine zweite deutsche Dichtung des 12. Jahrhunderts ist ähnlich ausführlich und anschaulich die Erfahrung des ersten Kreuzzugs eingegangen. Kreuzzugspredigten, Kreuznahme, Gebete und alle Bekundungen von Glaubenszuversicht und Martyriumsbereitschaft sind aber nicht Mittel aktueller Kreuzzugspropaganda, sondern dienen der allgemeinen geistlichen Lehre von der Nachfolge Christi, für die der Herzog mit seinem Pilgerzug ins Heilige Land ein treffendes Beispiel gibt« (D. Kartschoke). Karls Frömmigkeit werde zudem den Fürsten als Beispiel vorgestellt, die nur nach weltlicher Ehre streben würden (v. 2995ff.).

Abschließend ist festzustellen: Das deutsche Rolandslied ist offenbar schon bald veraltet und deswegen in der ersten Hälfte des 13. Jahrhunderts durch den Nachfolgetext von Stricker, durch »einen der größten Leseerfolge des deutschen Mittelalters« (D. Kartschoke) ersetzt worden. Dabei ist das hagiographische Muster des Karlsbildes weiter ausgebaut und transportiert worden, bis in die Kompilation des Karlmeinet (um 1340/50) und bis in das Züricher Buch vom heiligen Karl hinein, das um 1450 die gesamte Tradition zusammenzufassen suchte und das Karl den Großen als »für die Christenheit nützlicher als die Apostel« hinstellte. In Frankreich dagegen hat die Chanson de Roland die Gattung der französischen Heldenepik (Chansons de geste) begründet, die weit verbreitet war und lange tradiert wurde, so daß Jules Horrent sagen konnte: »Charlemagne domine toute la geste française médiévale«. Die poetische Erinnerung an Karl den Großen scheint hier wie dort verschiedene Wege gegangen zu sein.

Der heilige Jakobus und Karl der Große – Zu Inhalt und Bedeutung des Pseudo-Turpin

Der biblische Jakobus der Ältere, im Neuen Testament der Sohn des Zebedäus und der Bruder des Evangelisten Johannes und mit dem Apostel Petrus zum engeren Vertrautenkreis des Jesus von Nazareth gehörend, ist nach dem Bericht der Apostelgeschichte (Apg 12,2) im Jahre 44 von Herodes Agrippa hingerichtet worden. In der frühmittelalterlichen Legende jedoch wurde er nach Spanien versetzt, dort soll er als Missionar gewirkt haben und auch gestorben sein. Neben dieser Legende gibt es seit dem 6. Jahrhundert Passions- und Translationsberichte, die seinen Leichnam von Palästina nach Spanien gelangen lassen. Jedenfalls wird dort sein Grab im 9. Jahrhundert entdeckt und seit dieser Zeit auch verehrt. Der Mythos und die Legende dieses Grabes, aber auch die Pilgerwege durch Frankreich und Spanien dorthin sind im Mittelalter und in den nachfolgenden Jahrhunderten zu einem alteuropäischen Fundament christlichen Bewußtseins und kultureller Identität geworden – der »camino de Santiago« gilt daher als die erste Kulturstraße Europas, wie der Europarat 1997 den nordspanischen Jakobsweg nannte.

In dieser Verehrungsgeschichte wird etwa seit der Mitte des 12. Jahrhunderts auch Karl der Große mit dem heiligen Jakobus zusammengebracht – in der *Historia Rotholandi et Karoli Magni in Hispania*, in der Geschichte Rolands und Karls des Großen in Spanien. Verfaßt hat diese *Historia* angeblich der Reimser Erzbischof Turpin († 794), ein Zeitgenosse Karls und in der literarischen Rolandstradition dessen Begleiter auf dem Spanienfeldzug 778 und in der Schlacht von Roncevaux Mitstreiter Rolands; nach dieser Tradition soll Turpin in der Schlacht tödlich verletzt worden sein. In der *Historia* dagegen stirbt Turpin allerdings erst viel später.

Über die weite handschriftliche Verbreitung der Turpingeschichte in lateinischer und volkssprachlicher Fassung, über ihre Rezeption und ihre Überlieferung in der Aachener Karlsvita, über ihren Einfluß auf zahlreiche Zeugnisse in Kunst und Liturgie des hohen und späten Mittelalters ist bereits weiter oben gesprochen worden. Ihren wirklichen Verfasser (vielleicht aus St. Denis?) kennen wir nicht, seit Gaston Paris 1865 wird er Pseudo-Turpin genannt. In seiner wirkungsgeschichtlichen Bedeutung für das Karlsbild des Mittelalters scheint dieser anonyme Autor jedoch fast dem Karlsbiographen Einhard gleichzukommen – nicht etwa wegen eines legendarisch-fiktiven Textes, sondern als historisch durchaus glaubwürdige Quelle für die Menschen des Mittelalters.

Diese hohe Wertschätzung hat mit der Herkunft des Textes zu tun. Er stammt nämlich aus dem *Liber sancti Jacobi*, einer Kompilation von Jakobstexten, die Predigten, Lesungen und Gebete sowie Wunderberichte enthält, die verbunden sind mit der Translationsgeschichte, den Festtagen des hl. Jakobus sowie mit einem Pilgerführer zu dessen Grab. In der ältesten erhaltenen Handschrift wird diese Kompilation dem Papst Kalixt II. (1119–1124) zugeschrieben und deswegen *Codex Calixtinus* genannt. In dem *Codex Calixtinus* ist der Pseudo-Turpin als viertes Buch des *Liber sancti Jacobi* überliefert: *Codex quartus sancti Jacobi de expedimento et conversione Yspanie et Gallicie editus a beato Turpino archiepiscopo.*

Wie bereits diese Überschrift andeutet, handelt der Pseudo-Turpin über die Befreiung und Bekehrung Spaniens und Galiziens – die Befreiung von den Mauren und die Rückkehr zum christlichen Glauben. In dem einleitenden Brief Turpins an den Aachener Dekan Leoprand heißt es, daß dieser ihn gebeten habe, Karls Taten in Spanien aufzuschreiben, die er, Turpin, in den 14 Jahren seiner Begleitung Karls und dessen Heeres in Spanien mit eigenen Augen gesehen und erlebt habe. Eine solche Niederschrift sei trotz aller Bekanntheit von Karls Ruhmestaten in Spanien umso gebotener, als in der königlichen Chronik von St. Denis (*in sancti Dionisii cronica regali*) darüber nichts zu finden sei. So werden dann in einem ersten Teil (cc. 1–19) Karls Spanien- und Galizienunternehmen beschrieben und die Verteidigung dieser Gebiete gegen die eindringenden Sarazenenheere geschildert, um schließlich im zweiten Teil (cc. 20–30) den Rolandsstoff zu präsentieren und darin auch ein Kapitel (c. 24) *de nobilitate et moribus et largitate Rotholandi*, über Rolands vornehmes und freigebiges Verhalten aufzunehmen. Jeweils am Ende der beiden Teile werden der Jakobskirche in Santiago de Compostela (c. 19) und der Kirche von St. Denis (c. 30) außerordentliche Rangerhöhungen zuteil: Santiago wird neben Rom und Ephesus als *sedes apostolica* anerkannt, hier werden die spanischen Bischofsweihen und die Königserhebungen vollzogen, hier sollen alle Bischofssynoden Spaniens stattfinden und der Kirche des hl. Jakob werden jährliche Abgaben zugesichert. Ähnliches geschieht in St. Denis; dieser Kirche wird ganz Frankreich unterstellt, Frankreichs Könige und Bischöfe dürfen nicht ohne ihre Zustimmung gekrönt oder geweiht werden; auch die Beziehungen zu Rom führen über diese Kirche, ihr Kirchenbau wird durch Abgaben bzw. Freiheitsrechte für die Spender gesichert. Die Spender wurden *Franci sancti Dionisii* genannt, ein Name, der sich auf das ganze Land übertrug: *hinc mos surrexit ut terra illa, que antea vocabatur Gallia, nunc vocatur Francia, id est ab omni servitute aliarum gentium libera,* »von hier aus entstand die Gewohnheit, das Land, welches vorher Gallien genannt wurde, jetzt Franzien zu nennen, was soviel heißt, wie von allem Dienst für andere Völker frei zu sein«. Man hat diese Ausrichtung Galliens auf den hl. Dionysius als nationalbildend bezeichnet und in den anderen Völkern, von deren Dienst Franzien bzw. Frankreich jetzt frei ist, die imperiale Hegemonie der römisch-deutschen Kaiser und auch die kirchliche Vorherrschaft der Papstkirche vermutet.

Die *Gesta beati Karoli in Hispania,* »die Taten des heiligen Karl in Spanien« (so der Titel in den Aachener Handschriften des Pseudo-Turpin) werden abgeschlossen durch Hinweise auf Karls Tod, auf ein Wunder Rolands, auf die Verehrung des Märtyrers Turpin und auf die Pflege der Freien Künste in der Aachener Pfalz.

Karl der Große erscheint gleich zu Beginn dieser Turpinchronik als antimuslimischer Heros: *et a Sarracenorum manibus abstulit christianoque imperio subiugavit,* »er hat das Land aus den Händen der Sarazenen befreit und der christlichen Herrschaft unterworfen« (c. 1). Er ist vorbildlicher Gottesstreiter und großzügiger Stifter von Kirchen und Klöstern (c. 5). Aber es gibt auch Einschränkungen dieses Bildes: so das Gastmahl mit dem heidnischen König Aigolandus, der am Ende die Taufe verweigert, weil er die Armen nicht christlich genug behandelt sieht (c. 13), oder der Verrat des Ganelon, dessen hinterlistige Täuschung Karl zu spät erkennt, um Roland helfen zu können (c. 21). Das Lebensende Karls wird begleitet von einer Schar Dämonen, die nach Aachen ziehen, um sich seine Seele zu holen, diese kann jedoch durch die Hilfe des hl. Jakobus gerettet werden (c. 32). Karl hat als Heidenbekämpfer und Kirchenstifter im Himmelreich einen Platz unter den Märtyrern erlangt, ohne den Märtyrertod gestorben zu sein: *nunc igitur esse illum participem in corona martirum prefatorum credimus, quorum labores illum cum eis sustinuisse scimus,* »wir glauben, daß er der Krone der erwähnten Märtyrer teilhaftig geworden ist, deren Mühen er, wie wir wissen, mit ihnen getragen hat.« (c. 32)

Klaus Herbers, der den Jakobskult des 12. Jahrhunderts ausführlich untersucht hat, hat sich auch mit dem Märtyrergedanken des Pseudo-Turpin befasst: mit den im Kampf gefallenen Soldaten, mit den zum Tod bestimmten Kämpfern, aber auch mit den an den Folgen des Krieges gestorbenen Helden. Für Herbers hat diese Ausrichtung des Pseudo-Turpin mit einer populären Kreuzzugsidee zu tun, mit einem vereinfachten Lohngedanken, der propagandistische Ziele verfolge. Diese Vorstellungen würden gut zur spanischen Reconquista passen, zur Wiedergewinnung der durch die Mauren besetzten Gebiete, zur Idee eines heiligen Krieges oder auch einer bewaffneten Wallfahrt, kurz: zu jenen Ausprägungen, die seit Carl Erdmann als konstitutiv für die Kreuzzugsbewegung herausgearbeitet wurden. In eine solche Kreuzzugsidee paßt bereits der Anfang des Pseudo-Turpin (c. 1), als der hl. Jakobus Karl dem Großen im Traum erscheint, um ihn zur Befreiung seines Landes von den Sarazenen aufzurufen, ihm dafür himmlischen Lohn verspricht und sich ihm als *auxiliator tuus in omnibus* zur Seite stellen will. Für Herbers ist es bezeichnend, daß sich in dieser kurzen Einleitung all jene Elemente niedergeschlagen haben, die bereits den Kreuzzugsaufruf Papst Urbans II. 1095 in Clermont bestimmten: der Wallfahrts- und der Lohngedanke sowie die Sicherung der Pilgerwege. Es gehe hier um eine werbende Absicht für den heiligen Kampf in Spanien, die sich ihrerseits mit einer christlichen Ritterethik verbinden lasse. Hier verdeutliche der Pseudo-Turpin seine »geistige Verwandtschaft« mit den hochmittelalterlichen Ritterorden und deren Zielen.

Es wird erkennbar, welch weites Feld die *historia Turpini* und die darin berichteten »Taten des hl. Karl in Spanien« umfassen: die Herkunft aus dem Jakobskult, den Zusammenhang mit Kreuzzugsidee und Ritterethik, die mögliche Entstehung in St. Denis, den Transfer nach Aachen in den Kontext von Karls Heiligsprechung 1165, die Übernahme in die dortige Karlslegende sowie in die bildliche Ausschmückung des Karlsschreins und schließlich die spätere liturgische Verwendung. All dies deutet auf eine enge Zusammengehörigkeit des heiligen Jakobus mit dem *beatus Karolus* hin.

Karls große Sünde – Zu den dunklen Seiten des mittelalterlichen Karlsbildes

Anläßlich der Besprechung des Leipziger Mediävistentages im März 1999 und des Referats von Frank Fürbeth zu der »dunklen Seite des Karlsbildes im Mittelalter« bemerkte Matthias Grässlin in der Frankfurter Allgemeinen Zeitung (FAZ 5.3.99), daß bereits die zeitgenössischen Visionäre kurz nach Karls Tod von einem sexuellen Vergehen des Kaisers gemunkelt hätten und daß auch die spätere Aegidiuslegende von einer mysteriösen Sünde gesprochen habe. Genaueres aber erfahre man erst aus einer Anekdote, die Petrarca bei seinem Aachener Besuch aufschnappte: Der Kaiser habe einst Tag und Nacht bei dem Leichnam einer Konkubine ausgeharrt und seine Herrschaftsaufgaben vernachlässigt, bis der Kölner Erzbischof unter der Zunge der toten Geliebten einen Talismann entdeckt habe; der Erzbischof habe den Talismann an sich genommen und die Liebe des Frankenkönigs habe sich daraufhin ihm zugewandt; schließlich warf er den Talismann in die Aachener Sümpfe, woraufhin Karl der Große nicht mehr von diesem Ort weichen wollte und befahl, an gleicher Stelle seine Pfalz zu bauen. Ein erstaunliches Sündenregister, das hier zusammenkomme: »außereheliche Liebe, Nekrophilie, Fetischismus, Homosexualität und die Magie des Ortes, der seine dunkle Kraft aus der Erinnerung an all diese Laster zieht« (M. Grässlin). Das mittelalterliche Aachen – auch ein Gedächtnisort mit perversen Erinnerungen?

Um diese Frage zu beantworten, sollen zunächst die wichtigsten legendarischen und literarischen Zeugnisse über Karls große Sünde zusammengetragen werden – in Anlehnung an die beiden Studien von Erhard Dorn (1967) und Karl-Ernst Geith (1977). Danach waren es bereits im 9. Jahrhundert verschiedene Jenseitsvisionen – die *Miracula Sancti Goaris* (um 819), die *Visio Rotcharii Monachi* (1. Hälfte 9. Jahrhundert), die *Visio Pauperculae* (9. Jahrhundert) und die Vision des Mönches Wetti von der Reichenau († 824) – die von einer Schuld und Sünde Karls, aber auch von dessen Errettung schrieben. Dies geschah »am eindringlichsten« (E. Dorn) in Walahfrid Strabos *Visio Wettini*, »in einer der hervorragendsten Visionen des 9. Jahrhunderts« (W. Levison), in der Karl wegen seiner sinnlichen Vergehen (*libido turpis*) im Fegefeuer leiden muß, aber am Ende doch gerettet wird. Wie immer man diese klösterliche Visionsliteratur deuten will – als kirchliche Kritik an Karls moralischem Verhalten oder als geistliche Reaktion gegen dessen Glorifizierung – in unserem Zusammenhang ist etwas anderes entscheidend: der Gedanke von der »gnädigen Erwählung Karls« (E. Dorn), der hier zum Ausdruck komme.

Maßgebend für die weitere Entwicklung und Ausgestaltung des Themas von Karls Sünde in der lateinischen und volkssprachlichen Literatur des Mittelalters waren aber nicht die karolingischen Visionsberichte, sondern die ein wenig später entstandene Aegidiuslegende, nach der dieser provenzalische Eremit († ca. 720), Gründerabt des später nach ihm benannten Benediktinerklosters St. Gilles in der Provence, als Fürbitter Karls des Großen gilt. Die Legende, deren älteste Rezension ins 10. Jahrhundert weist, erzählt, daß der büßerische Asket Aegidius als Beichtvater zu Karl gerufen worden sei, der Kaiser ihm aber seine schwere Schuld nicht zu bekennen gewagt habe. Während einer Messe beim Empfang der Kommunion sei dem hl. Aegidius durch einen Engel jedoch die himmlische Botschaft vermittelt worden, daß Karls Sünde vergeben sei. Noch heute kann diese Aegidiuslegende auf einem der Dachreliefs des Aachener Karlsschreins nachvollzogen werden.

Die bildliche Darstellung korrespondiert mit verschiedenen Übernahmen der Aegidiuslegende in der deutschen Literatur um die Mitte des 12. Jahrhunderts: in der Kaiserchronik eines Regensburger Geistlichen, im deutschen Rolandslied, im sog. Trierer Aegidius und in ähnlichen Zeugnissen. Karl-Ernst Geith hat herausgestellt, daß es der frühmittelalterlichen *Vita sancti Aegidii* »nicht [so sehr] um Karl den Großen ging, sondern um die Hervorhebung der Macht eines Heiligen, die Vergebung großer Sünden zu erlangen«, und daß dagegen in der Kaiserchronik, in der Karls Sünde zum ersten Mal in der deutschsprachigen Literatur des Mittelalters auftrete, die ganze Erzählung gegenüber der Aegidiusvita auf den »besondere[n] Gnadenerweis Gottes für Karl« konzentriert sei. Die Demut des Herrschers – so auch Eberhard Dorn – und die »Größe des göttlichen Vergebungswunders« standen hier im Vordergrund.

In die Zeugnisreihe zu Karl als einem sündigen Heiligen gehört auch die *Historia Turpini*, deren Verfasser bei der Schilderung von Karls Tod die Abgesandten des Teufels nach Aachen ziehen sieht, um die Seele des verstorbenen Kaisers in die Hölle zu holen. Durch die Hilfe des hl. Jakobus – so berichtet einer der Dämonen – habe sich jedoch die Seelenwaage zu Karls Gunsten gesenkt, so daß der Teufel leer ausging. Betont wird hier die Wunder- und Mittlerkraft des hl. Jakobus, dessen Verherrlichung die Turpingeschichte offensichtlich dient. In die Aachener Karlslegende ist diese Dämonengeschichte nicht eingegangen, wohl aber die Karlsepisode der Aegidiuslegende, die dann ihrerseits auch in den liturgischen Zeugnissen, etwa des Aachener Offiziums, weitergetragen wird. Nach Ansicht von Eberhard Dorn muß es auffallen, daß

> »die Überlieferung von Karls Sünde von ihren Anfängen in den Visionen des 9. Jahrhunderts bis zu den Berichten des 12. und beginnenden 13. Jahrhunderts (...), daß die Art der Sünde Karls seltsam im Dunkel bleibt, daß sich eigentlich nur in der Vision des Wetti Anspielungen auf eine Unzuchtsünde finden«.

Dies sollte sich im 13./14. Jahrhundert ändern, als in bildlichen Darstellungen oder auch in literarischen Zeugnissen Karls Sünde verdeutlicht wird: als Inzest mit seiner Schwester Gisela – so in der altnordischen Karlamagnussaga um 1250 und in einer Miniatur des Lütticher Psalters um 1255/60 – oder aber als mysteriöse Bindung an eine tote Frau, wie es in der Weltchronik des Jans Enikel nach 1276 oder ein wenig später im »Karlmeinet« um 1300 geschildert wird.

Die Sage von Karls Liebeszauber in Enikels Weltchronik hat der eingangs erwähnte Frank Fürbeth näher erläutert – als eine Episode des hochmittelalterlichen Karlsstoffes, die hier erstmals auftritt und bis zu Petrarcas Aachenbrief von 1333 und weit darüber hinaus reicht und von der noch der italienische Literat Italo Calvino in seinen für 1985/86 geplanten Norton Lectures zu erzählen weiß. Fünf Handlungsmotive sind es nach Frank Fürbeth, die von Jans Enikel angeführt werden: Karl handelt aus äußerem Zwang und nicht aus eigener Entscheidung, ein Zauberring mit einem kostbaren Edelstein spielt eine wichtige Rolle, es handelt sich um Zauberei, damit ist der Teufel im Spiel und schließlich wird eine Frau zur Verursacherin des Zaubers. Fürbeth kann aufzeigen, daß diese Handlungsmotive mit der gelehrten Diskussion der Zeit zu tun haben: mit der thomistischen Philosophie bezüglich der moralischen Verantwortung, mit der arabischen Naturwissenschaft und deren Rezeption bezüglich des Einflusses der Astrologie auf das menschliche Handeln, mit der Lehre von den Edelsteinen, wie sie Plinius der Ältere in seiner *Historia Naturalis* formuliert und wie sie Marbod von Rennes um 1000, und später Thomas von Cantimpré oder auch Konrad von Megenburg in ihren Lapidarien rezipiert hätten. Bei dem letzteren finde sich dann auch der magische Stein mit seiner Liebeskraft, der *allectorius*. Für Jans Enikel geht es hier um Zauberei, und diese Sicht kann mit der hochmittelalterlichen Einschätzung des Albertus Magnus in dessen Schrift *de mineralibus* verbunden werden, mit den dort behandelten Wirkmöglichkeiten von Edelsteinen. Zauberei aber hat auch und vor allem mit dem Teufel zu tun, bei dessen Beschwörung nach Auffassung des Thomas von Aquin auch »kunstvoll gebildete Steine« im Spiel sind. Zu Zauberei und Teufel kommt schließlich der Liebeszauber einer Frau. Wie Frank Fürbeth meint, ist hier der Topos vom Minnesklaven angesprochen, von einem verführten Mann, der einer listigen Frau erliegt. Mit Adam, David, Aristoteles und Alexander dem Großen befände sich Karl der Große hier unter berühmten Vorgängern, aber im Gegensatz zu diesen werde er entschuldet. »Waren diese aufgrund einer allgemein menschlichen, oder besser: männlichen Schwäche den Versuchungen der Frau erlegen, so ist Karl das Opfer eines weiblichen Zaubers und des dahinterstehenden Teufels« – eine Verteilung von Opfer- und Täterrolle, die zwei Jahrhunderte später im Hexenhammer zu einer bevorzugten theologischen Beurteilung der Magie werden sollte.

Hatte man früher geglaubt, das Zauberringmotiv bei Jans Enikel sei isländischem Erzählgut verpflichtet, so kann Frank Fürbeth dieses Motiv und seine Ausgestaltung mit der zeitgenössischen Diskussion in der Theologie und Naturphilosophie verknüpfen und damit auch dessen Erweiterung gegenüber Karls Sünde in der hochmittelalterlichen Kaiserchronik aufzeigen. Welche Funktion aber hat diese Erweiterung? Sie hat für Frank Fürbeth mit dem heilsgeschichtlichen Rahmen der Weltchronik von Jans Enikel zu tun, in der Karl der Große am Ende der Zeiten stehe, wie Adam deren Anfang gebildet habe: »wie [der Teufel] schon durch Eva Adam verführen ließ, so versucht er jetzt, die Herrschaft Karls über das Frankenreich durch eine Frau zerstören zu lassen«. Karls Sünde werde auf diese Weise »von einer individuell-menschlichen Verfehlung zu dem apokalyptischen Kampf zwischen dem bösen und dem guten Reich«, Karl erhalte »eine außergewöhnliche Rolle in der Abfolge der Weltreiche«. Wegen dieser heilsgeschichtlich begründeten Exkulpation könne man auch die bei Petrarca berichtete Freude der Aachener Kleriker verstehen. In dessen Brief vom 21. Juni 1333 hieß es: »dort hörte ich eine Sage, nicht wenig ergötzlich in ihrer Art, und zwar von einigen Priestern an jener Kirche, die sie mir [sogar] schriftlich zeigten, und die ich später bei modernen Schriftstellern [*apud modernos scriptores*] noch genauer behandelt fand« (Übersetzung W. Kaemmerer).

Karls große Sünde erscheint als literarisch-theologische Inszenierung. Da ist zunächst die Liste der schlimmen Vorwürfe, die man Petrarcas Brief von 1333 entnehmen kann – von Nekrophilie über Homosexualität bis hin zum magischen Fetischismus. Dann folgt eine Reihe von Schriftquellen, die vom 9. Jahrhundert bis ins Spätmittelalter reichen und anfänglich Karls Sünde nur andeuten und erst zuletzt diese präzisieren und konkretisieren. Die gleichen Textzeugnisse scheinen Karl dem Großen die Sündenschuld aber weder vorzuhalten noch gar vorzuwerfen, wenn sie die gnädige Erwählung Karls trotz seines sündhaften Tuns betonen, auf das göttliche Vergebungswunder setzen oder schließlich die Mittlerkraft des heiligen Jakobus für den sündigen König in den Vordergrund stellen. Eine Exkulpation, die am Ende bei Jans Enikel sogar endzeitliche bzw. heilsgeschichtliche Züge annimmt. Offenbar wurde Karls große Sünde unter mittelalterlichem Blickwinkel in anderen Zusammenhängen gesehen, als wir dies heute tun.

Anmerkungen zur Literatur

Als Übersichtsorientierung zur literarischen Rezeption Karls des Großen seien empfohlen der Überblick von Fr. Wolfzettel (in: Enzykl. d. Märchens 7, 1993) über Karl den Großen in der Sage und Legende sowie in der epischen Tradition bzw. der Beitrag von K.-E. Geith (in: Herrscher, Helden, Heilige, hg. v. U. Müller u. W. Wunderlich 1996), der an exemplarischen Beispielen aus der epischen Literatur darzustellen versucht, »in welcher Weise und mit welchen Absichten der Karlsmythos wirksam war«. Eine Synthese zur Rolandstradition vermittelt der Sammelband zu deren Rezeption und Transformation, hg. v. K. Pratt (1996). Die Vielzahl der einschlägigen Buchtitel zur ma. Karlslegende zeigt auch die kommentierende Bibliographie, die S. Farrier (1993) mit ca. 2800 Hinweisen zusammengetragen hat. Zu Karl dem Großen in der Sage ist auf S. Graf von Pfeil (in: KdG 4, 1967) und G. Kampfhammer (1993, mit weiterführender Literatur) zu verweisen. Karl der Große als literarische Figur ist auch in dem im Aachener Historischen Institut entstandenen Werkbuch (in: Verschleierter Karl 1999) vielfältig thematisiert worden: von W. Steinsieck über das Karlsbild des altfranzösischen Rolandsliedes, von A. Ivens u. A. Klein über das Bild Karls des Großen in der altprovenzalischen Epik, von V. Caumanns über Karl den Großen und Pseudo-Turpin, von N. Akbari über das ma. Karlsbild in Spanien, von D. Winter über die literarische Karlsrezeption in Italien, von B. Bastert über die dt. Karlsepik des Ma., von C. Dauven über die epische Karlstradition in den Niederlanden u. schließlich von R. Hackstein über Karl den Großen in der mittelniederländischen Literatur. Wolf Steinsieck und Bernd Bastert bin ich für ihre fachlichen Hinweise wie kritischen Ratschläge zu Dank verpflichtet. Karls Nachleben in der deutschen Literatur des Ma. hatte in dem Aachener Karlswerk von 1965ff. bereits G. Lohse (in: KdG 4, 1967) nachgezeichnet. Die legendarische Erinnerung an Karl den Großen in den hebräischen Texten hat A. Grabois (Le Moyen Age 72, 1966) skizziert. – Zum altfranzösischen Rolandslied (Chanson de Roland) sind hier die beiden Editionen von A. Hilka (^{8}1997) u. W. Steinsieck (Reclam 2746, 1999, mit Übersetzung u. Kommentar sowie einem Nachwort von E. Kaiser) zu nennen; bei den letzteren finden sich auch eine Auswahlbibliographie zu weiteren Ausgaben u. Übersetzungen bzw. einschlägigen Darstellungen; die oben im Text genannten Autoren (in der Reihenfolge ihrer Nennung) sind dort wie hier im abschließenden Literaturverzeichnis genauer angeführt: J. Maurice (1992), G. Paris (1865), J. Bédier (1908–13), P. Le Gentil (1955) u. A. Burger (1977). Zu den verschiedenen Karlsbildern und deren adäquater Deutung vgl. die Arbeiten von D. Boutet (Annales E.S.C. 37, 1982) u. P. Wunderli (Vox Romanica 55, 1996). Zum »Kaiser der Mündlichkeit«, zur Frage, wie der Zeitsprung der Karlsüberlieferung vom endenden 9. Jh. (Notkers »Gesta Karoli«) bis zur Oxforder Fassung des altfrz. Rolandsliedes um 1100 zu überbrücken sei, ist jetzt auch B. Schneidmüller (GWU 51, 2000) mit weiterführenden Überlegungen u. Hinweisen heranzuziehen. Die *Nota Emilianense* des Manuskripts aus dem Kloster San Millán de la Cogolla (3. Viertel des 11. Jh.) ist entnommen dem Nachwort von D. Kartschoke zum Rolandslied des Pfaffen Konrad (reclam 2745, ^{2}1996, mit näheren Lit.angaben); dort findet sich auch die nähere Forschungsliteratur zum deutschen Rolandslied verzeichnet. Besonders herausgestellt sei daraus lediglich die große neuere Monographie zu Karl dem Großen in der deutschen Literatur des 12. u. 13. Jh. von K.-E. Geith (Bibl. Germanica 19, 1977). Einen Vergleich der literarischen Karlsbilder im ma. Frankreich u. Deutschland hat B. Bastert auf dem 8. Symposion des Mediävistenverbandes in Leipzig (15.–18.3.1999) vorgetragen; sein noch unveröffentlichtes Manuskript hat er mir überlassen; dafür bin ich ihm zu Dank verbunden. Zur Rolandssage in der ma. Kunst ist immer noch grundlegend R. Lejeune/J. Stiennon (2 Bde., 1966). – Zum lateinischen Pseudo-Turpin sei die hier benutzte Ausgabe von H. W. Klein (1986) genannt (mit einer Einführung zur Überlieferung u. zu den Editionen des Ps.-Turpin). Den *Codex Calixtinus* gibt es jetzt in einer Transkription und Edition (hg. v. Kl. Herbers u. M. Santos Noia, 1999 mit ausführlicher Lit.liste). Zur Überlieferung und Bedeutung dieses *Liber sancti Jacobi* und des Pseudo-Turpin ist bedeutsam A. Hämel (SB München 2, 1950). Zum Jakobskult des 12. Jh., zu seiner Bedeutung für Religion und Gesellschaft sowie zum »politischen Jakobus« sind die Arbeiten von Kl. Herbers (Hist. Forschungen 7, 1984 u. in VF 42, 1994) heranzuziehen. Wichtig sind schließlich die Überlegungen von E. Brown zu Saint-Denis und der Turpin-Legende (in: Jakobus-Studien 3, 1992). – Zu »Karls Sünde« sind die älteren Studien von R. Lejeune (in: Fs. Damaso Alonso 2, 1960) u. E. Dorn (Medium Aevum 10, 1967) einzusehen; vgl. etwa A. Pauls (ZAGV 17, 1895) oder K. Reuschel (in: Fs. K. Vollmöller 1908). Die jüngste Studie stammt von F. Fürbeth, der die »dunkle Seite des Karlsbildes im Mittelalter« auf der Leipziger Mediävistentagung 1999 vorgestellt hat; das Manuskript seiner bisher unveröffentlichten Studie hat er mir freundlicherweise zur Verfügung gestellt, wofür ich ihm herzlich danke. Die zitierte Petrarca-Briefstelle findet sich in dessen »Le Familiari«, hg. v. U. Dotti 1933 bzw. in deren Teilübersetzung bei H. Nachod u. P. Stern 1931. Für Jans Enikels Weltchronik ist auf die Edition von Ph. Strauch (MGH Dt. Chroniken 3, 1891) zu verweisen. Die Quellenhinweise auf die klösterliche Visionsliteratur des 9. Jh., die ma. Aegidiuslegende u. die hochma. Kaiserchronik sind aus K.-E. Geith (1977) entnommen. Als jüngste Kennzeichnung zu Karl dem Großen in der lateinischen, deutschen und skandinavischen Literatur sind soeben erschienen die entsprechenden Lexika-Artikel von Ch. Ratkowitsch, D. Klein u. S. Kramarz-Bein in: RGA 16, 2000.

Karl der Große als ideologisches Konstrukt

»Je suis Charlemagne« Napoleon und Karl der Große

»Mit kaum zu übertreffender Egomanie« – so hat es die Leipziger Mediävistin Sabine Tanz ausgedrückt – schrieb Napoleon Bonaparte (1769–1821) am 8. Januar 1806 an seinen Onkel Kardinal Fesch, den Gesandten Frankreichs in Rom: »Pour le Pape, je suis Charlemagne« und fügte hinzu, daß er wie Charlemagne die Krone Frankreichs mit jener der Lombarden vereint habe und daß sich sein Reich bis in den Orient erstrecke. Madame de Staël (1766–1817), die bekannte Kosmopolitin, urteilte über diese überhebliche Selbsteinschätzung Napoleons: »Der Respekt vor der Geschichte ist diesem Mann fremd«. Man wird angesichts eines solchen Urteils genauer wissen wollen, wie der napoleonische Karlskult im einzelnen aussah, wie er zu erklären ist und welche Verbreitung und Bedeutung er gehabt hat – und dies nicht nur für Napoleon selbst, der aus einer unbedeutenden korsischen Adelsfamilie stammte und in wenigen Jahren vom Ersten Konsul der Französischen Republik 1799 über seine Wahl zum Konsul auf Lebenszeit 1802 zum Kaiser der Franzosen 1804 aufgestiegen war.

Um sein Kaisertum dynastisch zu legitimieren, hat sich Napoleon verstärkt mit Karl dem Großen befaßt. Er verstand sich als ein Herrscher, der das Imperium Karls des Großen erneuert und ein Frankreich und Deutschland verbindendes Reich gegründet hatte, als Nachfolger »unseres von der Vorsehung begünstigten Vorgängers« (N. Bonaparte). Dieses Verständnis ist vor dem Hintergrund der europäischen Situation des beginnenden 19. Jahrhunderts zu sehen. Der Frieden von Lunéville zwischen Frankreich und Österreich hatte 1801 den Franzosen das linke Rheinufer zugesprochen, die französischen Tochterrepubliken in Italien anerkannt und die Bourbonen nach Neapel zurückkehren lassen. Hinzu kamen 1802 das Konkordat mit dem Papst sowie 1803 der Reichsdeputationshauptschluß. Letzterer hatte die geistlichen wie die kleinen weltlichen Gebiete und die meisten Reichsstädte aufgehoben bzw. die linksrheinisch benachteiligten deutschen Fürsten auf Kosten der geistlichen Territorien, ausgenommen Mainz, entschädigt. 1804 wurde der Code Napoléon eingeführt, der die

Adelsprivilegien abschaffte, die Gleichheit aller vor dem Gesetz und die bürgerliche Gleichberechtigung der Juden festschrieb. Napoleons Ziel war die Einigung des kontinentalen Europa unter französischer Vorherrschaft. Sein erbliches Kaisertum sollte der Ausdruck dieses politischen Zieles sein – nach dem Vorbild Karls des Großen, aber auch des antiken römischen Kaisertums.

Als im April 1804 Jean François Curée, Mitglied des Tribunats, den Antrag auf das Erbkaisertum für die Familie Napoleon Bonapartes im Staatsrat einbrachte, begann er mit einem historischen Rückblick, der bei Karl dem Großen einsetzte:

> »Charlemagne hatte sich bei seiner Regierung Frankreichs als ein Mann gezeigt, der seinem Jahrhundert überlegen war; mitten unter der allgemeinen Unwissenheit hatte er ein allumfassendes Genie entwickelt; er war zugleich tiefdenkender Gesetzgeber, großer Staatsmann und unermüdeter Eroberer«.

Das Journal de Paris schrieb damals: »Es gibt nur eine einzige Hand in Europa, die berechtigt ist, das Schwert Karls zu tragen, das ist Bonaparte der Große«.

Zu diesen frühen Karlsbezügen Napoleons gehörte auch dessen Absicht, in Paris auf der Place Vendôme oder der Place de la Concorde eine Statue Karls des Großen aufzustellen. Bereits im Frühjahr 1803 hatte Napoleon seinem Innenminister einen entsprechenden Prüfungsauftrag erteilt und sich dann im Oktober des gleichen Jahres für die Place Vendôme entschieden. Gedacht war dabei an jene Bronzefigur Karls, die 1794 von Aachen nach Paris gebracht worden war und die bis dahin auf dem Marktbrunnen (seit 1620) vor dem Aachener Rathaus gestanden hatte; 1805 kehrte sie wieder nach Aachen zurück. Nach Ansicht von Thomas Kraus sollte Karl der Große von nun an der Pate und Ahnherr Napoleons, ja sogar »das Symbol für das napoleonische System« werden. Ähnlich hatte es bereits 1803 Joseph van Asten, der Registrator bei der Aachener Präfektur, in einem Lobgedicht gesehen, in dem er Napoleon als einen zweiten Karl den Großen verstand. Noch vor der Kaiserkrönung am 2. Dezember 1804 besuchte Napoleon im September Aachen, »die alte Krönungs- und Gerichtsstadt der Kaiser, den ständigen Herrschersitz Karls des Großen« (Talleyrand). Damals war Aachen Hauptsitz des Roerdepartements und seit 1801 auch erstmals Bischofsstadt mit Marc Antoine Berdolet, dem früheren Bischof von Colmar. Dieser »zuverlässige Propagandist Napoleons« (Th.

Kraus) hatte bereits 1803 vor dem Hauptportal der Marienkirche, des jetzigen Domes, eine weiße Marmorbüste mit der folgenden Inschrift aufstellen lassen: »dem Helden Bonaparte, dem ersten Konsuln der Gallischen Republik«: *heroi Bonaparte reipublicae gallicae primo consuli episcopus clerusque aquisgranus posuerunt*. In seinem Hirtenbrief von 1804 verglich Berdolet Napoleon mit Karl dem Großen: »Eben so groß, aber glücklicher als Karl der Große sichert dieser Held [Napoleon] die Dauer desselben [Jahrhunderts], das er durch das Schwert begonnen und auf der Gelehrsamkeit der Künste, auf den Wissenschaften und auf der Religion gegründet hatte«. Zum Besuch des Kaiserpaares im Sommer desselben Jahres ließ der Bischof die Deckplatte vom Grab Ottos III. aus der spätgotischen Chorhalle in das Oktogon an die Stelle des vermuteten Karlsgrabes verlegen und mit der Aufschrift *Carolo Magno* versehen. Als die Kaiserin Josephine am 27. Juli in Aachen eintraf, wurde sie vom Aachener Bürgermeister Kolb mit den hochfliegenden Worten begrüßt:

> »Die alte Hauptstadt des Occidents, die in der erhabenen Person des Kaisers Karl des Großen ihren Gründer verehrt, wagt ihr Wiederaufblühen und die Wiederherstellung ihres alten Ruhms unter der Herrschaft des großen Erneuerers des Kaiserreichs zu erhoffen, der der würdigste Nachfolger des ersten Kaisers von Frankreich geworden ist«.

Eine ähnliche Höhenlage erreichten die Begrüßungsworte des Präfekten Baron Méchin vom Roerdepartement bei Napoleons Ankunft am 2. September:

> »Sire (...) die erste Stadt, die Ihnen ihre Pforten öffnet, ist die alte Residenz der occidentalischen Kaiser. Sie glänzte 10 Jahrhunderte vom Ruhm ihres Stifters und 10 Jahrhunderte des Glanzes werden ihr von dem Tag an erneuert, wo Ihre Kaiserliche Majestät sie mit Ihrer Gegenwart beehrt (...) Die Asche Carls wird wieder lebendig, und seine große Seele lebt in Napoleon«.

Als besondere Belege des napoleonischen Karlskultes in Aachen sind auch die Geschenke anzusehen, welche die Kaiserin Josephine bei ihrem Besuch in der Aachener Marienkirche am 1. August 1804 von Bischof Berdolet erhielt: das staufische Armreliquiar Karls des Großen und seinen sogenannten Talismann, ein Brustreliquiar mit den Haaren

Marias, das der tote Herrscher Karl im Grab getragen haben und das ihm von Otto III. im Jahre 1000 genommen worden sein soll. Von diesem napoleonischen Karlskult zeugt auch das verspätete Karlsfest am 15. August. Dieses wurde nicht wie üblich am 27. Juli, dem Tag der *Translatio Karoli*, gefeiert, sondern am Geburtstag Napoleons, am Tag des Patroziniums der Marienkirche und am Festtag des hl. Neopolus, eines frühchristlichen ägyptischen Märtyrers. Karlsliturgie und Napoleonskult schienen ineinander überzugehen.

Als schließlich Napoleon am 7. September die Aachener Kathedralkirche aufsuchte, erhielt er ein Huldigungsschreiben von Bischof Berdolet überreicht, das den fränkischen und französischen Kaiser miteinander verband: »Wir lesen künftig an den Mauern dieser Basilika die vereinten Namen Karl und Napoleon, berühmte Namen, die alle Herzen mit Freude, Ehrfurcht, Bewunderung und Liebe für diese beiden Helden erfüllen«. Napoleon habe sich bei dieser Gelegenheit die Aachener Heiligtümer zeigen lassen sowie vor dem legendären Karlsthron gestanden. Letzteres ist festgehalten von dem Historienmaler Henri Paul Motte (1846–1922) in einem Gemälde von 1898, das Napoleon »ehrfürchtig und nachdenklich« (Th. Kraus) in Begleitung von vier Offizieren auf den Stufen des Karlsthrons zeigt, auf dem sich sogar die römisch-deutsche Reichskrone befindet. Eine Szene, die rein fiktiven Charakter hat und in dieser Form wohl nie stattfand, allerdings auf Napoleons Aachener Krönungsabsicht mit dieser Krone hindeutet.

Bei der Kaiserkrönung Napoleons am 2. Dezember 1804 in Notre Dame in Paris war Karl der Große ebenfalls gegenwärtig. Nicht nur daß Napoleon das spätmittelalterliche Krönungszepter Karls V. von Frankreich benutzte mit dem thronenden Karl dem Großen in der Spitze (*sceptre de Charles V dit de Charlemagne*), auch die Beteiligung Papst Pius' VII. (1800–1823) an der Pariser Kaiserkrönung führte zum Vergleich mit der römischen Kaiserkrönung Karls des Großen am Weihnachtsfest des Jahres 800 durch Papst Leo III. Auffallend war der Unterschied der beiden Kaiserkrönungen: Bei Karl dem Großen war wahrscheinlich gegen dessen Willen Leo III. der eigentliche ›Kaisermacher‹, während Pius VII. bei der Selbstkrönung Napoleons zum bloßen Statisten oder – wie ein Zeitgenosse, Comte Joseph de Maistre, es formulierte – zum »bedeutungslosen Hanswurst« degradiert worden war. Dieser Unterschied ist umso gewichtiger, als Napoleons Selbstkrönung nichts mit einer spontanen Eingebung des Augenblicks zu tun hatte, sondern offenbar geplant und vorbereitet war – nach Ansicht von Sabine Tanz als ein gewollter Traditionsbruch Napoleons und eine bewußte Bekundung seiner Suprematie. Diese Pariser Krönungszeremonie ist von dem »premier peintre« Napoleons im Bild festgehalten worden, von Jacques-Louis David in seinem Gemälde »Le sacre«. Der gleiche David hatte bereits 1801 Napoleon bei dessen Überquerung des großen Sankt Bernhard-Passes gezeigt, auf dessen Steinen der Name Bonapartes mit denen der großen historischen Vorbilder, mit Hannibal und Karl dem Großen, verbunden war – ein Bild, das Napoleon gleich viermal nachmalen ließ. Karlsbezüge gibt es bei Napoleon in Verbindung mit und nach seiner Kaiserkrönung immer wieder. Erinnert sei hier nur an das Kaisergemälde und das Wappen Napoleons, auf denen sich das bereits erwähnte Karlszepter mit der Figur des gekrönten Karl des Großen findet, der thronende Karl mit Krone, Reichsapfel und Zepter. Zu nennen ist auch ein Aachener Aquarell zu Napoleons Kaiserkrönung, auf dem Karl der Große dargestellt ist in Verbindung mit dem lorbeerumkränzten Schriftzug Napoleons, mit dem Aachener Dom, mit einem Chronogramm sowie mit einem lateinischen Lobgedicht, dessen Schlußzeile lautet: *Urbs ista, sedes pristina Caroli/Tuis libenter laudibus accinit/Tu Caesar urbem carolinam/Perge tuis cumulare donis.* (Jene Stadt, einst Sitz Karls/singt gern zu Deinem Lobe/ Du Caesar fahre fort, die karolingische Stadt mit Deinen Geschenken zu überhäufen). Nach Ansicht von Thomas Kraus, dem hier die meisten angeführten Karlsbelege zu verdanken sind, habe sich im Rheinland ein regelrechter Napoleonkult entwickelt. »Alles, was geeignet war, Parallelen zwischen den beiden Kaisern aufzuzeigen, wurde gesammelt«. Als spätere Zeugnisse eines solchen napoleonischen Karlskultes sind die Rückgabe der Aachener Bronzestatue und das Geschenk eines Standbildes Karls des Großen für den Dom (1805) sowie die beiden lebensgroßen Porträts des Kaiserpaares als Geschenk an die Stadt zu nennen. Hinzu kommt die zuletzt 1811 belegte, kolossale Karlsfigur, die bei einem Aachener Umzug anläßlich der Geburt von Napoleons Thronnachfolger gezeigt wurde. Diese riesige Karlspuppe war aus Korbgeflecht gefertigt, wurde von einem Stelzenläufer getragen und verteilte Zuckerwerk. Sie soll bereits 1520 beim Krönungseinzug Karls V. und später bei den verschiedensten Anlässen, etwa bei der städtischen Fronleichnamsprozession eingesetzt worden sein. Nach einer Beschreibung des 18. Jahrhunderts trug dieser »ungestalte Colosso« einen gelben Damastrock mit dem Reichsadler geschmückt, einen langen Bart und eine Perücke. Auch mit Krone, Zepter und Schwert soll diese Karlsfigur ausgestattet gewesen sein sowie mit einem Modell der Aachener Marienkirche. Die einen bezeichneten die Karlspuppe als lächerliche städtische Kuriosität, die anderen, wie etwa der Dichter Adalbert Chamisso (1781–1838), bedauerten später das Fehlen dieses kaiserlichen Recken »so schön gepudert, so bunt angetan, so milde Gaben austeilend, mit seinen großen rollenden Augen, wie ich ihn gesehen«. 1811 soll diese Figur ein Schild mit der Aufschrift getragen haben »Je ne suis surpassé que par Napoléon« (»Ich werde von niemanden übertroffen, es sei denn von Napoleon«). Über diesen Bonbons werfenden, Grimassen schneidenden und bei den Branntweinhäusern verweilenden Karl hieß es in einem handschriftlichen Augenzeugenbericht an den damaligen Aachener Bürgermeister Cornelius Guaita: man »hat ihn [Karl] aber recht zum Narren gemacht und aus einem Charlemagne ist ein Charlatant geworden«. Dieser Tiefpunkt der Aachener Karlsverehrung signalisiert auch allgemein das Ende des napoleonischen Karlskultes, das mit der Wirtschaftskrise 1810/11, mit Napoleons Rußlandfeldzug und mit den sich anschließenden Befreiungskriegen gekommen war und einen weiteren Vergleich zwischen Karl dem Großen und Napoleon nicht mehr zuließ.

Angesichts dieser zahlreichen Belege für einen Karlskult Napoleons in den Rheinlanden und in Aachen gilt es, mit Matthias Pape zu fragen, wer in Deutschland als »die maßgeblichen Protagonisten« des skizzierten napoleonischen Karlskultes anzusehen sind. Seine Antwort: Es waren all diejenigen, die die Zukunft des Reiches nicht an der Seite Österreichs oder Preußens sahen, sondern im Verbund mit dem von Napoleon geführten Rheinbund: zum einen das reichspatriotische Lager des Kurmainzer Fürstenbundes sowie zum anderen jene intellektuellen Kräfte, die sich nach Ansicht Papes von den verfassungspolitischen Errungenschaften der Französischen Revolution Fortschritte versprachen und die spätere liberale Nationalbewegung vorwegnahmen.

> »Die Anhänger beider politischen Richtungen waren vor allem im Westen, Südwesten und Süden, also im Kernraum des Alten Reiches zu Hause, dessen Fürsten Napoleon Rangerhöhungen, den Gewinn der Souveränität und bedeutenden territorialen Zuwachs verdankten«. (M. Pape)

Belegbar sei diese reichspatriotische wie revolutionsbegeisterte Ausrichtung in einer Vielzahl entsprechender historisch-politischer Zeitschriften, so etwa in dem in Bamberg erscheinenden Archiv des rheinischen Bundes oder auch in der Zeitschrift »Rheinischer Bund«, dem Sprachrohr des reichspatriotischen Lagers, und schließlich in den »Europäischen Annalen«, einem Publikationsorgan der revolutionsorientierten Intelligenzia. In diesen Zeitschriften werde Napoleon hochgeschätzt, weil er die territoriale Zersplitterung des Reiches überwunden und einer deutschen National-Einheit den Weg geebnet habe, weil er die fränkische Reichsteilung des 9. Jahrhunderts korrigiert und damit das Reich Karls des Großen wiederhergestellt habe. »Napoleons prominentester Gefolgsmann in Deutschland« ist für Matthias Pape Karl Theodor von Dalberg, Erzbischof von Mainz und von Napoleon bei der Gründung des Rheinbundes zu dessen Fürstprimas ernannt. Dalberg habe mit anderen Reichsfürsten – wie etwa Carl August von Sachsen-Weimar, Ernst II. von Sachsen-Gotha, Franz von Anhalt-Dessau, Carl Friedrich von Baden – im Rheinbund die Möglichkeit gesehen, »den Kern des Corpus Germanicum als neuen Bundesstaat in einem übernationalen Empire zu erhalten«. Diese »constitution germanique« – so der Fürstprimas 1806 in München vor Napoleon – könne nur Napoleon als Kaiser erneuern und dabei das abendländische Weltreich wieder aufleben lassen, wie es unter Karl dem Großen aus Italien, Frankreich und Deutschland zusammengesetzt war. Im gleichen Jahr hat Dalberg auch seine »Betrachtungen über den Charakter Karls des Großen« verfaßt, insbesondere über dessen Förderung von Wissenschaft, Kunst und Bildung (im Sinne aufklärerischer Ideale) – erneut eine Hommage an Napoleon. Diesem aber ging es bekanntlich nicht um die Erneuerung des Alten Reiches, sondern um die Gründung souveräner mittelgroßer Einzelstaaten, die ihm tributpflichtig waren. »Dalbergs idealistisch getönter Reichspatriotismus und Napoleons Machtkalkül« – so Matthias Pape – paßten nicht zueinander, weswegen auch ein noch so pathetischer Karlsbezug ins Leere laufen mußte. Hinzu kam, daß die reichspatriotische Nationalgesinnung im Inneren des Alten Reiches mächtige Gegner hatte – preußische Reformer und liberale Freiheitskämpfer – wie beispielsweise Ernst Moritz Arndt, Johann Gottlieb Fichte, Friedrich Daniel Schleiermacher, Heinrich von Kleist oder auch Freiherr vom Stein - die eine wie immer geartete französische Hegemonie ablehnten und die napoleonische Besatzungsherrschaft verurteilten. Genauso tat dies die kleindeutsche Geschichtsschreibung. Die Anhänger Napoleons wurden als »Reichsverderber«, als »Kollaborateure«, ja als »Totengräber des *Sacrum Imperium*« angesehen. In einer solchen politischen Konstellation schien Karl der Große zwischen die Fronten zu geraten.

Als Frage bleibt noch, woher die Vorliebe des »kleinen Korsen für den großen Franken« (S. Tanz) kam, worauf die Begeisterung Napoleons für die mittelalterliche Epoche und insbesondere für die Geschichte

Charlemagnes zurückzuführen ist. Für Sabine Tanz und Matthias Pape, die sich mit dieser Herkunftsfrage befaßt haben, heißt die Antwort François René de Chateaubriand (1764–1848), der mit seinen frühen Werken »Le génie du christianisme« (1802) und »Les martyrs« (1809) das Interesse am Mittelalter geweckt habe. Chateaubriands Buch über den Sinn des Christentums sei begeistert aufgenommen worden und in seiner ersten Auflage in kurzer Zeit vergriffen gewesen. Napoleon habe sich des öfteren daraus vortragen lassen. Ähnlich groß sei die Wirkung des Genfer Aristokraten Simonde de Sismondi (1773–1842) mit seiner Geschichte der italienischen Republiken (1807/18) sowie die der Madame de Staël mit ihrem Deutschlandbuch von 1809/14 gewesen – Autoren, die ihrerseits das Mittelalterbild eines Herder oder auch eines Johannes Müller (eines Geschichtsschreibers der Goethezeit) rezipiert hätten. In seinen »Ideen zur Geschichte der Menschheit« (1791) hatte Herder Karl den Großen als bedeutenden Herrscher und Gesetzgeber gelobt, als einen Freund und Förderer der Erziehung und Wissenschaft, den man wiederkehren sehen möchte: »vielleicht erscheinst du im Jahre 1800 wieder (...) Großer Karl, dein unmittelbar nach dir zerfallenes Reich ist dein Grabmal; Frankreich, Deutschland und die Lombardei sind seine Trümmer«. Gut zehn Jahre nach diesem panegyrischen Lob schien Napoleon eine solche Sehnsucht politisch erfüllen zu wollen – eine Sehnsucht, die ihn allerdings kaum überlebt hat. Dies lag nicht zuletzt an der Geschichtsschreibung des Ersten Kaiserreiches, die wenige hervorragende Werke zur mittelalterlichen Geschichte hervorgebracht hat. Das änderte sich erst mit der Julimonarchie des Bürgerkönigs Louis Philippe (1830–48) bzw. mit dem Zweiten Kaiserreich unter Napoleon III. (1852–1870), wo nach Ansicht von Sabine Tanz das wohl bedeutendste Karlsbuch zur Zeit des Zweiten Empire über Charlemagne geschrieben wurde: die »histoire poétique de Charlemagne« von Gaston Paris (1865). Der große Karolinger wurde jetzt wieder das, was er über weite Strecken der französischen Geschichte immer schon gewesen war: eine literarische Persönlichkeit. Seinen politischen Platz nahm nun nach der Niederlage der französischen Truppen 1870/71 eine andere Gestalt des Mittelalters ein, die zum Symbol des jüngeren Frankreich in Politik und Gesellschaft werden sollte: Jeanne d'Arc (1412–31), die spätmittelalterliche Heldin aus Lothringen. »Die Heilige des Mittelalters, die das Mittelalter verstoßen hatte, [sollte] die Heilige der Moderne werden«, wie es Jules Quicherat in der Einleitung seiner Edition des Jeanne d'Arc-Prozesses (1850) formuliert hatte.

ANMERKUNGEN ZUR LITERATUR

Grundlage dieses Kapitels zum Karlskult um 1800 sind die beiden jüngsten einschlägigen Studien von S. Tanz zur Karlsrezeption im Frankreich des 19. Jh. (Das Ma. 4, 1999) und M. Pape zum Karlskult in napoleonischer Zeit (HJb 120, 2000). In beiden Aufsätzen finden sich neben vielen weiterführenden Hinweisen auch einige Grundlagenwerke zitiert, die hier eigens genannt werden sollen: so die älteren Werke von P. Stadler (1958) zum historischen Denken in Frankreich um 1800, von J. Voss (1972) zum Mittelalter im frz. Geschichtsdenken oder auch von Cl. Billiard u. P. Guibbert (1976) zur »histoire mythologique« der Franzosen; als jüngere Studien sind heranzuziehen die Arbeiten von R. Gildea, The past in French history (1994) sowie von Chr. Buchholz über den frz. Staatskult im linksrheinischen Deutschland um 1800 (Europ. Hochschulschriften 3, 749, 1997). Die Aachenbezüge unseres Themas sind zusammengetragen von J. Hashagen in dessen Monographie über das Rheinland unter frz. Herrschaft (1908), von J. Torsy zur Aachener Bistumsgeschichte in frz. Zeit (1940), von Kl. Friedrich in seiner Biographie über den Aachener Bischof Marc Antoine Berdolet (Veröffentl. d. Bischöfl. Diözesanarchivs Aachen 32, 1973; mit einem Regesten- und Dokumententeil) sowie vor allem von Th. Kraus in dem von ihm hg. Handbuch-Katalog zur Ausstellung »Aachen in französischer Zeit« (1792/93, 1794–1814) (Beihefte der ZAGV 4, 1994); vom gleichen Autor stammen auch zwei Kurzfassungen dieses Themas (in: Verschleierter Karl 1999, S. 371–377 u. Könige in Aachen 2, 2000). Einige, auch hier übernommene Beispiele und Belege zum Aachener Karlskult und zur Aachenfahrt um 1800 finden sich bei D. Wynands (AHVN 197, 1994 u. Rhein. Westf. Zs. f. Volkskunde 40, 1955). Als zeitgenössische u. stadtgeschichtliche Quelle ist zu nennen J. B. Poissenot (1808). – Zu einzelnen Aspekten seien hier nur wenige Fragen und deren bibliographische Ergänzung besonders herausgehoben. Zur Herkunft von Napoleons Mittelalter- und Karlsbegeisterung, genauer zu Chateaubriand sind die zitierten Arbeiten von P. Stadler (S. 62 –77) u. J. Voss (S. 297ff. u. S. 317–27) einzusehen, zu Madame de Staël und zu Simonde de Sismondi die Hinweise bei S. Tanz (Das Ma. 4, 1999, S. 58f. mit Anm. 19 u. 20) sowie M. Pape (HJb 120, 2000, S. 143 mit Anm. 24ff.). Chateaubriands Buch ist heute in der Gallimard Edition von M. Regard (1978) zu benutzen. Madame de Staëls Deutschlandbuch ist in einer dt. Übersetzung leicht zugänglich (hg. v. M. Bosse, 1985). Das in Frankreich verbreitete Mittelalterbild ist nicht zuletzt durch Herders 18. Buch der »Ideen zur Geschichte der Menschheit« (1791) geprägt worden, das zu benutzen ist in der von Johann v. Müller hg. Edition (4, 1807, S. 163f). Daß Napoleon sich mit der Geschichte des Frühma. u. dabei insbes. mit der Person Karls befaßt hat, vermerkt B. Valentin in seinem Napoleonbuch (1923, S. 121 u. 126f.). Zur Bedeutung Charlemagnes für Napoleons Kaiserkrönung ist Fr. Masson, Le sacre (1908, S. 62–69 u. S. 134–144) heranzuziehen. Das bei der Kaiserkrönung verwandte Karlszepter ist von Napoleon selbst in Auftrag gegeben worden (vgl. Napoleons Memoiren, hg. v. Fr. Wencker-Wildberg, Bd. 7, 19, S. 459); dieses »sceptre de Charles V« mit der Statuette Charlemagnes ist beschrieben und erklärt im Katalog der Pariser Ausstellung »Le trésor de Saint-Denis« (1991, S. 264–271). Bedeutsam sind auch die historisch-politischen Zeitschriften um 1800 wie der rechtspatriotische »Rheinische Bund« oder die revolutionsbegeisterten »Europäischen Annalen«; vgl. dazu mit allen weiteren Einzelheiten M. Pape (HJb 120, 2000, S. 152ff.), dort auch die entsprechenden

Informationen zu Karl Theodor v. Dalberg, dem Erzbischof von Mainz und Fürstprimas des Rheinbundes; vgl. zu diesem auch H. Raab (AmrhKG 18, 1966). – Zu den von Bischof Berdolet an die Kaiserin Josephine 1804 verschenkten »Karlsandenken« – dem sog. Talismann Karls, der Lukasmadonna und dem staufischen Armreliquiar, »dem ältesten erhaltenen Denkmal der Heiligenverehrung Karls«, einer rhein-maasländischen Goldschmiedearbeit nach 1165, ist jetzt auch der Text- und Katalogband der Aachener Krönungsausstellung (1, 2000, S. 237ff., 326f. u. 387f.) einzusehen. Das Zitat von J. Quicherat aus dessen Aperçus nouveaux von 1850 ist entnommen G. Krumeich, FAZ 27.05.2000.

»In historischer und symbolischer Auffassung«? – Alfred Rethels Aachener Karlsfresken

Die Karlsfresken Alfred Rethels (1816–1859) im Krönungssaal des Aachener Rathauses sind immer wieder bewundert worden – als künstlerische Leistungen besonderen Ranges, als wichtige Zeugnisse der romantischen Monumentalmalerei, als bedeutende Belege des Nachlebens Karls des Großen an historischer Stätte. Sie stammen von dem Aachener Historienmaler Alfred Rethel, der 1839 als 23jähriger Künstler den Wettbewerb gewann, den der Kunstverein für die Rheinlande und Westfalen für die Ausmalung des Aachener Krönungssaales ausgeschrieben hatte. Von den acht Bildern, die in den Schildbögen dieses Saales Platz finden sollten, hat Rethel in den Jahren 1847 bis 1852 lediglich vier Fresken verwirklichen können: den Besuch Ottos III. in der Gruft Karls des Großen, den Sturz der Irminsul, die Schlacht bei Cordoba sowie den Einzug Karls in Pavia. Die übrigen Bilder hat Rethels Mitarbeiter Josef Kehren (1817–1880) nach dessen Entwürfen und Vorlagen fertiggestellt: die Taufe Widukinds, den Bau des Aachener Münsters, die Kaiserkrönung Karls des Großen sowie den Abschied des Kaisers und die Krönung Ludwigs des Frommen. Bei Fliegerangriffen 1943/44 haben diese Karlsfresken großen Schaden genommen. Drei der Kehrenschen Arbeiten wurden ganz zerstört, erhalten blieb allein die Krönung Ludwigs des Frommen. Mit Hilfe von fotomechanischen und digitalen Verfahren wurden diese für die Aachener Krönungsausstellung 2000 wieder neu erstellt – als reproduzierte und farbkalibrierte Großfotos, die auf die freien Schildbögen des Krönungssaales aufgetragen wurden und auf diese Weise nach mehr als einem halben Jahrhundert erstmals wieder den vollständigen Zyklus der Karlsfresken präsentieren. Aber es ist nicht allein diese moderne Freskenreproduktion, die eine solche Vollständigkeit ermöglicht. Hinzu kam die mühevolle und aufopferungsvolle Restaurationsarbeit von Franz Stiewi (1890–1966), der 1944/45 die durch Bombensplitter und Nässe beschädigten Rethelfresken, soweit sie nicht zerstört waren, mit präparierten Leinwänden und Bettlaken von den Wänden löste. So konnten fünf der acht Karlsfresken gerettet werden sowie einige Fragmente aus Kehrens Bild des Aachener Münsterbaus. 13 Jahre lang bis 1957 hat Stiewi an der Wiederherstellung dieser geretteten Rethelfresken gearbeitet und damit der Stadt – wie es in einem Zeitungsartikel 1955 hieß – ihre bedeutendsten Kunstwerke des 19. Jahrhunderts neu geschenkt.

Diese fast nüchterne Abfolge von Namen und Daten soll durch eine dreifache Annäherung und Vertiefung angereichert werden: durch eine kurze Skizze der Vorgeschichte der Rethelfresken von der Ausschreibung 1839 bis zum Arbeitsbeginn Rethels 1847, durch eine ikonographische Beschreibung und bildhistorische Erklärung der Karlsfresken sowie schließlich durch deren geschichtliche Einbindung ins 19. Jahrhundert, um den zeittypischen Blick Alfred Rethels und Josef Kehrens auf Karl den Großen und seine Zeit herauszufinden.

Zur Vorgeschichte

Der Kunstverein für die Rheinlande und Westfalen wollte 1839 mit seiner Ausschreibung »die bedeutenderen Momente aus dem Leben Kaiser Karls des Großen in historischer und symbolischer Auffassung« als Fresken dargestellt wissen – »mit möglichster Beziehung sowohl auf ihre allgemeine Bedeutung als auch auf die Stadt Aachen als [Karls] Lieblingsaufenthalt«. Rethel hat die ihm gestellte Aufgabe in einem ausführlichen Programm beschrieben, das seine Grundgedanken formuliert, die einzelnen Themenvorschläge in Reinzeichnungen bildlich präsentiert und die herangezogenen Schriftquellen offenlegt. So heißt es in Rethels Wettbewerbsschrift (1839): »(...) Karl erscheint überall als christlicher Held, [als] der Gegensatz gegen Heidentum und Muhammedanismus«. Demnach ging es Rethel darum zu zeigen, wie Karl den Staat mit christlichen Prinzipien durchdringe, wie er das Christentum einführe, als dessen Haupt der Papst zu denken sei. Dieses romantisch geprägte Mittelalterbild mit Karl dem Großen als Herrscher des Abendlandes und dem Papst als Haupt der Christenheit ist von Rethel allerdings in seinen der Wettbewerbsschrift beigefügten Entwürfen und noch deutlicher in den später ausgeführten

Fresken zugunsten eines machtpolitisch verstandenen Karl verändert worden.

Die sieben Zeichnungen, die Rethel im Juli 1840 seiner Bewerbung beifügte, betrafen folgende Themen aus der Geschichte Karls des Großen: den Sturz der heidnischen Irminsul 772, die Schlacht bei Cordoba im muslimischen Spanien 778, die Taufe des Sachsenführers Widukind und seines Bruders Alboin 785, das Frankfurter Konzil über die theologisch-politische Frage der Verehrung der religiösen Bilder 794, Karls römische Kaiserkrönung 800 durch Papst Leo III., die Krönung seines Sohnes Ludwig des Frommen 813 sowie die Graböffnung durch Kaiser Otto III. im Jahre 1000. Bezüglich der von ihm benutzten Schriftquellen, die ihm sein Frankfurter Freund und Gymnasiallehrer Johann Daniel Hechtel (1808–1870) vermittelt haben dürfte, erwähnt Rethel Einhards Karlsvita für das Kaiserkrönungsfresko, weiter die allgemein nicht sonderlich geschätzte »Aachensche Geschichte« des Stadtarchivars Karl Franz Meyer (1728–1795) von 1781 für das Fresko der ottonischen Graböffnung sowie schließlich die Rolandsromanze Friedrich Schlegels (1772–1829) für das Bild der Schlacht von Cordoba und weitere Quellentexte mehr.

Alfred Rethels Entwürfe in Verbindung mit seiner Wettbewerbsschrift haben dann 1840 sowohl beim Kunstverein für die Rheinlande und Westfalen wie auch beim Aachener Stadtrat große Zustimmung erfahren, ja sogar beim preußischen König Friedrich Wilhelm IV. beifällige Aufnahme gefunden. An dem Entwurf zur römischen Kaiserkrönung übte der preußische König allerdings Kritik. Ihm schien seine Komposition »zu einfach« und er wünschte sich »diesen wichtigen historischen Moment (...) durch ein imposanteres Bild dargestellt«. Nach Ansicht von Frank Büttner mißfiel dem Preußenkönig »ganz offensichtlich (...), daß Rethel das in den Quellen überlieferte Motiv der Überraschung Karls durch diese Krönung so deutlich herausgestellt hat«. Es sei bezeichnend, daß Friedrich Wilhelm IV., in dessen Herrschaftsauffassung der Bund von Thron und Altar eine wichtige Rolle gespielt habe, »die Krönungsdarstellung als pompöse Zeremonie« gestaltet sehen wollte. Rethel dagegen hatte das Ereignis im Sinne des liberalen Historikers Heinrich Luden (1780–1847) verstanden und im Handeln des Papstes einen »geschickten Schachzug« vermutet, »der einer geplanten Kaiserkrönung ohne kirchliche Beteiligung zuvorkam, um den Machtanspruch des päpstlichen Stuhles zu retten«. Aber auch der Aachener Stadtrat, der Anfang 1841 in einer eigens eingesetzten Kommission Rethels Entwurfszeichnungen zu begutachten hatte, hat an einem der geplanten Karlsfresken Anstoß genommen: an der Darstellung der Frankfurter Synode von 794. Der Stadtrat wollte diesen Vorschlag durch eine Darstellung ersetzt sehen, die aus lokalen Gründen die bisher kaum vertretenen Bezüge zu Aachen stärker betont und sich etwa in einem Bild über den Bau des Aachener Münsters verwirklichen ließe. Historische Erinnerung – so Frank Büttner – sollte mit dem jeweiligen Ort verbunden sein und in der öffentlichen Geschichtsmalerei entsprechend veranschaulicht werden. Der Widerstand gegen Rethels »Frankfurter Synode« hatte neben dem fehlenden Lokalbezug aber noch einen anderen Grund. Aus einem Brief Rethels an den Aachener Oberbürgermeister Edmund Emundts vom 28. April 1841 wissen wir, daß die »geistliche Behörde in Aachen« das Thema der Frankfurter Synode nicht nur »als einen durchaus unwesentlichen Moment im thatenreichen Leben Karls« ansah, sondern auch »von jeher für eine Fundgrube von Scheingedanken zur Anfeindung des Katholizismus für die Protestanten« hielt. Für die Aachener Ortskirche hatte Rethel ein »protestantisch gedachtes Bild« (Fr. Büttner) geschaffen. Besonders anstößig fand man offenbar das von Rethel aus dem theologischen Gutachten des Bischofs Theodulf von Orleans zum Bilderstreit – aus den *Libri Carolini* von ca. 790 – gewählte Zitat, das er in seinen Entwurf übernommen hatte und das die Verehrung der religiösen Bilder erlaubte, deren Anbetung jedoch untersagte: *Solus igitur deus colendus, solus adorandus et glorificandus est, de quo per prophetam dicitur: exaltatum est nomen eius solius* (*Libri Carolini* II, 21). Später hat Rethel den Austausch dieses Textstückes gegen ein anderes aus den *Libri Carolini* ohne Erfolg vorgeschlagen. Die »ganz protestantische Weise« (A. Rethel) der geplanten Darstellung wird verständlich, wenn man sich daran erinnert, daß die *Libri Carolini* seit dem 16. Jahrhundert immer wieder zur reformatorischen Ablehnung der Bilderverehrung herangezogen wurden. Wer von katholischer Seite hinter dieser Ablehnung des Rethelfreskos zur Frankfurter Synode stand, ist uns näher bekannt. Einen von ihnen – den Oberpfarrer Gregor Kloth (1800–1872) – erwähnt Rethel in seinem zitierten Brief vom April 1841. Insgesamt handelt es sich um eine streng konservativ ausgerichtete, auf die kirchliche Tradition der alten Reichsstadt bezogene sowie gegen die staatskirchlichen Ansprüche der preußischen Regierung eingestellte Priestergruppe, die sich um die religiöse Erneuerung Aachens in der ersten Hälfte des 19. Jahrhunderts bemühte. »Aus welchen Gründen vorgedachtes Bild [zur Frankfurter Synode] Anstoß bei der katholischen Geistlichkeit gefunden hat« (Friedrich Wilhelm IV.), wird man demnach mit den Konfessionsgegensätzen im Rheinland um 1840 zu beantworten haben. Es geht um »konfessionelle Empfindlichkeiten«, aber auch um einen »fehlenden Lokalbezug« (A. Fusenig).

Es waren aber nicht allein diese Streitigkeiten um einzelne Szenen aus dem Karlsleben und deren bildliche Darstellung in den Entwürfen Rethels, die den Beginn seiner konkreten Arbeit hinauszögerten. Diese Verzögerung hatte auch mit einer »bemerkenswerten Grundsatzdiskussion über den Umgang mit historischen Baudenkmälern« (Fr. Büttner) zu tun, die Ende Februar 1841 mit einem öffentlichen Zeitungsaufruf unter der Überschrift »An die Ehre der alten Kaiserstadt Aachen« einsetzte. Der alte Krönungssaal des Rathauses sei im 18. Jahrhundert »von seiner Berühmtheit und kolossalen Größe zu einem gewöhnlichen Schloßsaal mit Vorzimmer« herabgesunken, verunstaltet zu einer »verschnürten alten Zierdame«. Kurze Zeit später appellierte man auf gleichem Wege an den »historischen Kunstsinn«, der es wünschenswerter erscheinen lasse, den unvergleichlichen Rathaussaal wegen seiner geschichtlichen Bedeutung und seiner »imposanten Großartigkeit« wiederherzustellen als mit einer »noch so schönen Reihe von Fresco-Bildern« auszuschmücken. Auch an der äußeren Veränderung des Rathauses durch den Bau eines repräsentativen Treppenhauses an der Südseite nahm man Anstoß, der ein gutes Jahr später sogar zu einer Immediateingabe an den König führte. Während dieser jedoch den Aachener Stadtrat um eine Stellungnahme bat und fachliche Gutachten einholte, publizierte der Althistoriker Cornel Peter Bock 1843 eine Schutzschrift »für die unverletzte Erhaltung des Deutschen Krönungssaales« (so der Untertitel). Darin hieß es, daß der Krönungssaal mehr als ein Prunkstück für müßige Fremde sei; bei einem solchen glorreichen Denkmal des deutschen Mittelalters sei Pietät angesagt und nicht die Absicht, hier ein Monument unserer Prachtliebe ausgestalten zu wollen. Der Hauptteil der Bockschen Schutzschrift galt dem Nachweis, daß der mittelalterliche Rathausbau auf den karolingischen Palast zurückgehe und daß der legendäre Baumeister des 14. Jahrhunderts, ein Ritter Chorus, im Grunde nur einen Umbau der Pfalz Karls des Großen vorgenommen habe. Weil dies so sei, würde die geplante Neugestaltung dem ursprünglichen und eigentlichen Sinn des Saales zuwiderlaufen. An dessen altem Zustand sei festzuhalten, selbst wenn das Heilige Römische Reich und mit ihm die ehemalige Bestimmung des Krönungssaales unwiederbringlich verloren seien. Nach Meinung von Frank Büttner haben wir es hier mit einer antiquarischen Geschichtsauffassung zu tun. Während für Bock das Aachener Rathaus ein historischer Ort sei, der mit öffentlichem Leben erfüllt werden müsse, habe Rethel darin ein Denkmal der Gegenwartskunst gesehen, das den Jammer der eigenen Zeit mit Hilfe der historischen und symbolischen Karlsbilder zu überwinden versuche.

Beschreibung und Erklärung der Rethelfresken

Alfred Rethel begann 1847 seinen Karlszyklus mit dem Besuch Kaiser Ottos III. in der Gruft Karls des Großen, mit der Huldigung, die der ottonische Kaiser seinem großen Ahnherrn Karl entgegenbrachte. Rethel ließ Karl den Großen in thronender Majestät und unverwest, im Krönungsornat mit Krone, Reichsapfel und Schwert, auf dem Marmorthron sitzend, mit dem aufgeschlagenen Evangeliar auf den Knien erscheinen. »Vor der Hoheit des erloschenen Antlitzes« (Katalogtext der Aachener Karlsaustellung 1965) neigt sich der junge Herrscher »in stummer Ehrfurcht«. Er teilt »weder die Furcht noch die Neugier seiner Begleiter«. Für Ernst Günther Grimme sind es das »Unwirkliche« und das »Phantastische« dieser Begegnung, die hier im Vordergrund stehen, »die ergriffene Andacht angesichts der Majestät des Todes, die Stufung der Impulse, objektiviert in Neugier, Angst und Widerwille in den Gesichtern der Begleiter Ottos«. Dies sei das eigentliche Thema Rethels, sein Bild bleibe »von der Kraft visionärer Schau geprägt«. Fragt man nach der Vorlage für dieses Rethelfresko, dann wird immer wieder auf die »Aachensche Geschichte« des Aachener Stadtarchivars Karl Franz Meyer von 1781 verwiesen.

Das nächste Wandbild wurde 1848 fertiggestellt. Es zeigt die Zerstörung des sächsischen Heiligtums der Irminsul im Jahre 772. Dieses war wahrscheinlich auf der Eresburg, auf dem Obermarsberg an der Diemel, als Säule der Irmin, einer sächsischen Gottheit, errichtet worden. Bei Rethel ist sie als umgestürzte Steinsäule mit dunklem Haupt und Strahlenkranz dargestellt. Die Bildszene zeigt eine sächsische und eine fränkische Personengruppe: links sächsische Soldaten mit heidnischen Priestern und rechts Karls Begleiter Roland, Olivier und Ganelon. Die Mittelachse des Ganzen bildet die bestimmende Gestalt Karls des Großen mit einer Adlerfahne. Karls rechte Hand weist in theatralischer Pose auf die am Boden liegende heidnische Weltsäule und neben ihm stehen der betende Bischof Turpin im liturgischen Ornat mit einem Chorknaben und zwei Mönchsgestalten. In ihrer Bedeutung ist diese Szene als eine Bekundung von Karls weltgeschichtlichem Auftrag verstanden worden, vom Sieg des Christengottes über das germanische Heidentum, von der Machtpolitik als Heilsbotschaft.

Die Schriftquellen, die Alfred Rethel für dieses Bildthema heranzog, sind bekannt. Es dürften dies die Lieder- und Sagensammlung Alfred Reumonts aus dem Jahre 1829 oder auch Jacob Grimms »Deutsche Mythologie« von 1835 gewesen sein. In der letzteren fanden sich Übersetzungen der einschlägigen karolingischen Quellen, etwa Rudolfs von Fulda, wo die Irminsul als Allsäule, als Symbol der Weltstütze, als *columna universalis*, allerdings nicht als Götterbild, dargestellt ist.

Von großer Bedeutung sind auf den Rethelfresken die Fahnen. Hier ist es die Adlerfahne, die in der Reinzeichnung der Wettbewerbsschrift aus dem Jahre 1840 noch eine Lilienfahne war, aber zugunsten des Adlers mit seinem roten Kreuz auf der Brust geändert wurde: ein Reichsbanner, das den Gegenwartsbezug zu 1848 verdeutlichen sollte. Für die Aachener Historikerin Annette Fusenig zieht Rethel mit diesem Fresko eine Parallele: »Wie das Reich unter der Adlerflagge Karls des Großen geeint wurde, soll auch das deutsche Reich unter einer [solchen] geeint werden«. Oder um es mit Thomas Nipperdey zu sagen: »Wenn Rethel im Aachener Rathaus im nationalen Kontext ›Karl stürzt die Irminsul‹ malt, dann ist das nicht nur Heldengeschichte, sondern darin soll auch der Zusammenstoß zweier Zeitalter und der ›weltgeschichtliche Auftrag‹, den Karl vollzieht, zum Ausdruck kommen«.

Dem Überwinder des germanischen Heidentums steht Karl in dem 1849/50 gemalten Fresko zur Schlacht von Cordoba als der Sieger über den Islam gegenüber. Der Frankenherrscher erscheint als Anführer des christlichen Heeres im wütenden Kampfgetümmel. Mit erhobenem Schwert greift er den Kampfwagen der Sarazenen an und zerbricht mit seiner Linken das Kalifenbanner des muslimischen Fahnenträgers. Selbst der Zauber von phantastischen Masken, welche die Sarazenen einzusetzen versuchen, bleibt ohne schreckhafte Wirkung. Karl der Große erscheint als antimuslimischer Heros, dahinter der Kreuz tragende Turpin im bischöflichen Meßornat. Es handelt sich hier um eine unhistorische Szene, weil es keine Schlacht von Cordoba auf Karls Spanienfeldzug 778 gegeben hat. Alfred Rethel hat den legendarischen Karlsmythos des Hochmittelalters, genauer die Turpinchronik als Quelle herangezogen und zwar in der Fassung von Friedrich Schlegels Rolandromanze, was an den Masken und an den Augenbinden der Pferde als »Kampf der Larven« zu erkennen ist. Auch auf diesem Fresko sind die Fahnen wichtig: eine Kreuzfahne als Zeichen des Kreuzzugkämpfers, eine Adlerfahne als Reichssymbol sowie eine schwarz-weiß-rote Fahne, die auf die spätere Reichsflagge des wilhelminischen Kaiserreiches verweist. Auf den Vorskizzen war diese Fahne noch schwarz-rot-gold geplant, d.h. in den Farben der deutschen Trikolore, des Freiheitssinnbildes von 1815 und der Bundesfahne von 1848, die später die Weimarer Fahne und heutige Nationalflagge wurde. Ob Rethel sich mit dieser Farbgebung zu den 48er Idealen bekennen wollte, ist schwer auszumachen. Rethel ist im Frühjahr 1849, als er in Dresden eine Ölskizze zu seinem Cordobabild mit der Schwarz-rot-gold-Flagge anfertigte, mit der 48er Bewegung in Berührung gekommen. Das läßt sich an der damals entstandenen Holzschnittserie Rethels über den Totentanz ablesen: als Ausdruck seiner Angst vor Umsturz und Chaos, vor dem Tod als Revolutionär, als Demagogen und Held der roten Republik. In ähnlicher Weise schreibt er im Mai 1849 an seine Mutter:

> »ich sah der Entstehung dieser Bewegung mit Mißtrauen zu und erwartete rote Republik, Kommunismus mit allen seinen Konsequenzen – allein es war wahrhaftig allgemeine Volksbegeisterung im edelsten Sinn zurHerstellung eines großen, edlen Deutschlands, eine Mission, die ihnen Gott in die Brust gelegt und nicht durch das radikale Geschwätz schlechter Zeitungen und Volksredner hervorgerufen wurde«.

Als Rethel dann 1850 sein Cordobafresko beendete, war die schwarz-rot-goldene Fahne in Preußen bereits verboten. Annette Fusenig meint deswegen zurecht: »Der Maler mußte Rücksicht nehmen auf die Empfindlichkeiten seiner Auftraggeber, zu denen [auch] der preußische Monarch gehörte. Daher erscheint es unwahrscheinlich, daß Rethel die [48er] Fahne auf einem öffentlich zugänglichen Fresko nach 1849 zeigte«. Rethels Haltung zur deutschen Revolution müsse deshalb als ambivalent angesehen werden. Wie immer man sich in diesem Flaggen- und Farbenstreit entscheiden will, unbestritten bleibt, daß Rethels Cordobafresko nicht nur eine beeindruckende Illustration des literarisch-legendarischen Karlsmythos darstellt und zu den »bedeutendsten Schlachtenbildern in der Kunst des 19. Jahrhunderts« (H. v. Einem) gehören dürfte. Es ist auch ein bedrückendes Zeichen der nationalen Selbstdarstellung um 1850.

Ähnlich steht es beim letzten, im Sommer 1851 fertiggestellten Rethelfresko über den Einzug Karls des Großen in Pavia. In der Wettbewerbsschrift von 1840 gibt es dazu keinen Entwurf und auch keine näheren Angaben zu den von Rethel benutzten Quellenvorlagen. Das Wandgemälde zeigt Karl den Großen nach der Unterwerfung der Langobarden 774. Auf seinem Haupt trägt er einen Lorbeerkranz, in seiner Linken die Eiserne Krone von Monza und in seiner Rechten das erhobene Schwert. Bischof Turpin zu seiner Rechten weist auf das neben ihm stehende langobardische Königspaar. Auch auf diesem Fresko geben wiederum die Fahnen vorsichtige Hinweise: das weiße Banner mit rotem Kreuz, die gelb-schwarze Flagge und die Adlerfahne, die erstere als religiöses, die letztere als nationales Symbol.

Will man in einem Zwischenfazit die vier Rethelfresken mit ihren unterschiedlichen Karlsszenen zusammenfassen, dann wird man nicht nur feststellen können, daß Karl der Große die bestimmende Figur auf diesen Bildern ist, sondern daß er offenbar gleichzeitig für vier verschiedene Aspekte des untergegangenen Alten Reiches steht. Das Fresko der Graböffnung zeigt Karl als des Reiches heiligen Gründer, der mit den Reichsinsignien dessen Sakralität verdeutlicht. Beim Sturz der Irminsul wird des Reiches innere Einheit verdeutlicht und beim Einzug nach Pavia Karls imperialer Anspruch bekundet. Diese »Reichsmetaphysik« ist für Rethel nach außen kämpferisch zu schützen und zu erhalten, was an der legendarischen Schlacht von Cordoba aufgewiesen wird, an Karl dem Großen als antimuslimischem Heros, als einem Kämpfer und Bewahrer des christlichen Glaubens. Wenn man danach fragt, was dies alles mit der historischen Gestalt und Geschichte des Frankenherrschers zu tun hat, dann wird man sicherlich sagen können, daß Alfred Rethel mit Hilfe seines Freundes Daniel Hechtel und unter Rückgriff auf mancherlei Schriftvorlagen bedeutende Momente aus Karls des Großen Lebenswerk und Nachleben ausgewählt hat. Diese aber hat er dann unter dem »Jammer der Gegenwart«, d.h. unter den politischen Umbrüchen des Vormärz und der Revolution 1848/49 auf seine eigene Zeit hin zugespitzt. In seiner Bewerbungsschrift heißt es dazu:

> »In dem Drange schwerer Zeiten, welchen das Reich unter den übrigen Karolingern fast erlag, sucht das niedergebeugte Nationalgefühl sich durch liebevolle Betrachtung seiner großen Vergangenheit für den Jammer der Zeit zu entschädigen, und die ehrwürdige Gestalt des gewaltigen Karl bildet sich auf diese Weise in der Volksvorstellung zu einem Ideal aus, dessen Verwirklichung Ziel und Streben der kräftigsten Kaiser des Mittelalters wird«.

Nach dem Urteil der jüngeren kunsthistorischen Forschung ist Karl der Große für Alfred Rethel historische Persönlichkeit und Mythos zugleich: weniger ein frühmittelalterlicher Frankenherrscher als vielmehr eine Bedeutungsfigur für die eigene Gegenwart, wie Frank Büttner meint, das mittelalterliche Herrschaftssystem und das politische der eigenen Zeit miteinander vermengend. Kurz: das Mittelalter diene als Veranschaulichung eines historischen Lösungsweges, mehr als fiktive denn als historische Gegenwartsvorgeschichte.

Am Ende sind Alfred Rethels Aachener Karlsfresken ein Torso geblieben. 1853 brach Rethels psychische Krankheit aus, an deren Folgen er 1859 verstarb. Seine Karlsfresken gehören trotz ihres fragmentarischen Charakters zu den bedeutendsten Werken der deutschen Monumentalmalerei des 19. Jahrhunderts. Sie ragen über das Niveau der vergleichbaren deutschen, ja der europäischen Historienbilder (mit Ausnahme von Delacroix) hinaus. Als künstlerische Leistungen, aber auch als tragische Zeugnisse hohen Strebens, verdienen sie – so Herbert von Einem – unsere Anteilnahme.

Um diese Schnittlinie der Karlsfresken als eine Geschichte des eigenen Erinnerns und als Form geschichtsgebundener Vergegenwärtigung noch genauer aufzuweisen, sei jenes Rethelfresko ausgewählt, das ihm selbst als »geschichtliche Apotheose« Karls des Großen gedient hat und das nach Ansicht von Frank Büttner seine Geschichtsauffassung am deutlichsten aufzeigen kann: Kaiser Ottos III. Besuch in der Gruft Karls des Großen.

Beschrieben wird in diesem Wandgemälde jener Augenblick, in dem Otto III. in die Grabkammer Karls des Großen eintritt – in eine Kammer, die durch eine Fackel beleuchtet ist und ein von zwei Säulen gestütztes Gewölbe darstellt. Karl sitzt auf einem Marmorthron, der seinerseits auf einem Sockel steht, den der spätantike Proserpinasarkophag – Karls vermutliche Grablege von 814 bis 1165 – bildet. Karl der Große, ausgestattet mit der Reichskrone, einer Schultertasche, weißen Handschuhen, mit einer goldenen Kugel in der Linken und einem überlangen Zepter in der Rechten sowie mit einem aufgeschlagenen Buch auf den Knien. Schwert und Schild mit Karlsmonogramm befinden sich zu seiner Rechten und daneben sieht man den Säbel, das Jagdhorn und das Brustkreuz Karls liegen. Zur Linken Karls kniet mit gefalteten Händen Otto III., begleitet von einigen Gefährten.

Rethels Vorlage für diese Szene dürfte die »Aachensche Geschichte« des Stadtarchivars Karl Franz Meyer von 1781 gewesen sein. Dies läßt sich an zwei Einzelheiten gut belegen: an der Reisetasche Karls und an dessen Gesichtsschleier. Meyer dürfte seinerseits die Aachener Chronik des Johannes Noppius von 1631 übernommen haben, der seinen Text aus der *Historica Narratio* des Peter à Beeck von 1620 zog. Über diesen läßt sich die Geschichte des im Grab thronenden und verschleierten Karl weiter zurückverfolgen zu dem frühneuzeitlichen Kirchenhistoriker Kardinal Baronius und seinen *Annales ecclesiastici*. Von dort weist diese Herkunftslinie zu verschiedenen hochmittelalterlichen Autoren – wie etwa Vinzenz von Beauvais (um 1250) – zurück bis zum Ausgangspunkt dieser gesamten Sitzgrabüberlieferung. Dieser liegt bei dem Polyhistor und Mythomanen Ademar von Chabannes im fernen Aquitanien um 1030 (Chronik III, 30; II, 25). Daraus folgt, daß weder Sitzgrab noch Schleier eine Erfindung Rethels sind. Ja selbst der Proserpinasarkophag als Thronsockel ist nicht Rethels originärer Einfall. Er entstammt vielmehr einer Aachener Lokaltradition, die Victor Hugo bei seinem Besuch der Aachener Marienkirche 1840 gehört und uns in seiner »Rheinreise« von 1842 überliefert hat.

Rethels Karlstyp – so ist häufig behauptet worden – ist dem Dürerschen Karlsbild von 1512 verwandt und die Grabszene mit der Sage vom schlafenden Barbarossa im Kyffhäuser verbunden – von einem Barbarossa, der dort sitze und nicht sterben könne, weil das Reich verfallen sei. Friedrich Rückert hatte diese Sage vom Kaiser, der im rabenumflogenen Kyffhäuser der deutschen Einheit entgegenharrt, 1817 in sein bekanntes Gedicht übernommen: »Der alte Barbarossa / Der Kaiser Friederich / Im unterirdischen Schlosse / Hält er verzaubert sich«. Auch in der Einleitung zu den Volksbüchern des Joseph Görres findet sich diese Barbarossalegende. Und bald schon wurden Barbarossa und Karl der Große gleichgestellt, so etwa in Ludwig Bechsteins Reisetagebuch von 1836 oder auch in verschiedenen Aachener Liederbüchern aus der Zeit vor und nach den Befreiungskriegen. Das Kaisertum des Alten Reiches, das seit 1806 nicht mehr bestand, sollte wiederhergestellt werden. Dies war nach Ansicht des Kunsthistorikers Detlev Hoffmann die Sehnsucht weiter Kreise, die sich bildlich mit der Gestalt Karls des Großen sowie mit den Krönungsinsignien verband. Karl der Große wurde zur Symbolfigur des untergegangenen Reiches. In dieser Sicht wird er für Rethel zur »geschichtlichen Apotheose«, die durch die geradezu archetypische Anbetungsgeste deutlich hervorgehoben wird. Rethel erwartete, daß seine Zeitgenossen um 1850 dies mit- und nachvollziehen würden. Annette Fusenig hat deshalb zu Recht von einem »akklamatorischen Propagandabild« gesprochen.

Kommen wir zu den vier Karlsfresken von Rethels Schüler Josef

Kehren, der wegen der unheilbaren Krankheit Alfred Rethels ab 1853/54 mit den Fortsetzungsarbeiten begann. Für diese gibt es Rethelsche Vorlagen, die entweder als Ölskizze oder als Bleizeichnungen erhalten sind und bei einem entsprechenden Vergleich mit den Fresken Kehrens die Veränderungen erkennen lassen, die dieser angebracht hat und die auf ein verändertes Karlsbild schließen lassen.

Das erste dieser Kehrenfresken betrifft die Taufe Widukinds und Alboins. Es ist als Ölskizze erhalten, die Rethel im Winter in Rom 1852/53 anfertigte. Sie ist die letzte Arbeit Rethels an den Karlsbildern und von Kehren als Fresko 1854/55 verwirklicht worden, mit nur wenigen Änderungen gegenüber der Vorlage. Ölskizze und Fresko zeigen die Taufe Widukinds und seines Bruders Alboin 785 im französischen Attigny in der Champagne. In der Bildmitte sieht man den knieenden Widukind mit abgelegtem Helm und Schild, rechts von ihm den ebenfalls knieenden Karl mit Krone und Adlerzepter, links von ihm den bärtigen Bischof Turpin, wiederum im pontifikalen Ornat. Das Fresko ist wie ein bühnenartiger Aufbau gestaltet, so daß sich zwei Bildzonen ergeben, von denen die untere Alboin zeigt, der auf die Taufszene seines Bruders hingewiesen wird, und eine Fahne mit rotem Sachsenroß, die auf Karl den Großen gerichtet ist. Die Quellengrundlage dieses Widukindbildes ist unklar. Deutlicher dagegen die zentrale Figur der ganzen Szene: Karl der Große als der herrscherliche Pate, der für die Verbindung von Politik und Religion, von weltlicher Macht und Heilsbotschaft einsteht.

Das zweite Fresko, das Kehren 1856/58 nach Rethels Bleizeichnung von 1840 ausgestaltete, behandelte die römische Kaiserkrönung Karls des Großen im Jahre 800. Rethels Entwurf hatte die wichtigsten Elemente vorgegeben: Karl vor der Confessio im Innenraum von St. Peter, sich überrascht nach dem hinter ihm stehenden Papst umdrehend, der die Reichskrone in der Hand hält. Als anachronistisches Detail hat Karl einen Rosenkranz in der Hand. Weitere Figuren: rechts ein Dudelsackspieler, eine Alte mit Kind, links eine Klerikergruppe, der römische Stadtadel mit der Kreuzfahne, einem Adlermedaillon und der Buchstabenfolge SPQR. Gegenüber dieser Rethelvorlage hat Kehren einige signifikante Veränderungen vorgenommen. So ergänzt er beispielsweise einige Marienbilder, die vielleicht auf das Dogma der Unbefleckten Empfängnis und die Aachener Marienverehrung hindeuten könnten. Was bei Rethel noch als politischer Akt gedacht war, wird hier stärker zu einem sakral-religiösen Vorgang. Die benutzten Schriftquellen hatte Alfred Rethel in seinem Bewerbungsschreiben genannt.

So diente ihm Einhards Karlsvita als Vorlage für seine Darstellung des blinden Papstes und des überraschten Kaisers, für das »Kaisertum wider Willen«.

In den Jahren 1858/60 malte Kehren nach Rethels Entwurf von 1842 (Bleizeichnung) das Fresko des Baus der Aachener Münsterkirche. Man sieht die Silhouette des Lous- und Salvatorberges, dann den Bauplatz mit Karl dem Großen in der Mitte, umgeben von seiner Familie, dahinter den unfertigen Bau des Münsters. Karl überprüft mit einem Richtmaß einen Steinblock, hinter ihm stehen seine Frau und sein Sohn sowie Tochter Emma, die einen Blick auf Einhard wirft. Ganz links steht Alkuin, der sich von seinem Stuhl erhoben hat, offenbar um zwei päpstliche Gesandte zu begrüßen, die auf einem Holzwagen mit päpstlichem Banner Marmorsäulen überbringen. Kehren hat den Rethelschen Entwurf an einigen Stellen verändert: so die Ausschmückung des Steinblocks und so auch das Acht- und Sechzehneck der Marienkirche, das er in der Fensterzone wie im Treppenturm des Westwerks historisierend gestaltete und damit den von Rethel gewählten Bauzustand um 1840 verwarf. Als Textzeugnisse zog Rethel für dieses Fresko wahrscheinlich wiederum Einhards Karlsvita heran, dann aber auch die einschlägigen Passagen in der historisch-kritischen »Geschichte Achens« von Christian Quix (1840/41) und möglicherweise auch die Aachener Legendentradition. Im Düsseldorfer Kunstmuseum hat sich zudem ein Doppelblatt erhalten, das zwei Frauenfiguren zeigt und das einen handschriftlichen Textauszug Rethels aus der karolingischen Chronik von Moissac in übersetzter Form enthält, die einige Baunachrichten zum Jahre 796 überliefert. Im Ergebnis erscheint der Frankenherrscher auf diesem Kehrenschen Karlsfresko als Bauherr und Familienvater, was im Vergleich zu den anderen welthistorischen Themen der Karlsfresken ein wenig fremd wirkt: »Eher ein Familienbild Kaiser Karls« (J. Ponten) als ein Bildzeugnis der geschichtsmächtigen Aachener Marienkirche.

Das letzte Fresko, das Josef Kehren 1860/61 nach entsprechenden Entwürfen Rethels ausführte, zeigt die Krönung Ludwigs des Frommen im Jahre 813. Hier hat Kehren seine Vorlage und Vorgabe am stärksten verändert. Bei Rethel wie bei Kehren erscheint der greise Kaiser, der wegen seines gebrechlichen Alters gestützt werden muß, mit langem Bart und wallender Kleidung. In der Mitte kniet Ludwig der Fromme mit der Reichskrone über dem Haupt, sich selbst krönend, und schließlich auf der rechten Seite ein weißbärtiger Bischof, dem das Reichsschwert gereicht wird. Die Nebenfiguren haben hier wie dort theatralische Assistenzfunktion. In Rethels Wettbewerbsschrift ist die Beschreibung der ganzen Szene den *Gesta Hludowici imperatoris* des Trierer Bischofs Thegan (c. 6) entlehnt, die ihrerseits in die Lebensgeschichte Karls des Großen eingeflossen sind, die der Leipziger Privatdozent Hans Karl Dippoldt 1810 verfaßt hatte. Rethel veränderte jedoch an einigen zentralen Stellen diese Vorlage, so vor allem in Bezug auf die Reichskrone und in Bezug auf den Ort, an dem diese Selbstkrönung Ludwigs des Frommen stattfand. Rethel läßt sie nicht wie bei Thegan vor dem Erlöseraltar der Marienkirche stattfinden, sondern vor dem legendären Karlsthron, der *sedes Karoli*, auf den der altersschwache Karl mit mahnender Gebärde weist. Rethel wörtlich: »Dieser letzte Akt ist von mir für die bildliche Darstellung gewählt, weil er symbolisch die Begebenheit in einer bedeutungsvollen Handlung zusammenfaßt«. Rethel nennt deshalb dieses geplante Fresko auch den »Abschied des Kaisers«. Er wollte mit diesem Wandgemälde seinen Bilderzyklus schließen, so wie er mit Ottos III. Öffnung des Karlsgrabes seine Freskenreihe eröffnet hatte. Der Kunsthistoriker Karl Koetschau hatte dies bereits 1929 so gesehen: »Kehrt man nun von diesem letzten Bilde zum ersten zurück, so schließt sich wunderbar der Ring. Der große Karl hat sein Leben mit der notwendigen Handlung, der Weitergabe der Krone an den Sohn, ausgelebt. Aber weit über seine Erdentage hinaus reichte die Wirkung der Persönlichkeit. Auch [er ist] der Vergänglichkeit allen Fleisches unterworfen, aber gerade für ihn ist der Tod nur der Übergang zu einem neuen Leben gewesen. Als Heros geht er in den Mythos ein: er gehört der Ewigkeit«. Dieser Mythos ist mit einer Reichsidee verknüpft, die Rethel in Karl dem Großen personalisiert und in den Herrschaftszeichen von Krone und Thron sakralisiert sah.

Ganz anders sah und gestaltete Kehren diese Abschiedsszene Karls. Nicht nur daß er die Hauptpersonengruppe auf ein erhöhtes und adlergeschmücktes Podest hob, er ersetzte auch das Kernstück der Szene und der gesamten Komposition: den Thron durch einen Altar. Damit erfuhr Karls mahnende Gebärde eine andere Bedeutung. Dieser Kehrensche Kreuzaltar ist mit einigen Apostelreliefs als Antependium sowie mit einer großen Jakobsmuschel im Aufsatz geschmückt. Gerade diese Jakobsmuschel ist ein im Mittelalter beliebtes Zeichen des christlichen Pilgers und seiner Wallfahrt. Wenn der greise Karl der Große nun auf dieses Pilgerzeichen verweist, könnte dies an die mittelalterliche Peregrinatio-Idee erinnern und an das damit verbundene Lebensverständnis. Vielleicht auch an die Pilgeridee der hochmittelalterlichen Aachener Karlsvita, in der Karl zum treuen Gefolgsmann des heiligen

Jakobus und zum spanischen Kreuzfahrer wurde. Schließlich ist Aachen neben Santiago de Compostela ein beliebtes Pilgerziel gewesen – nicht zuletzt 1860, dem Entstehungsjahr dieses Kehrenfreskos, das gleichzeitig ein Jahr der Heiligtumsfahrt war.

Josef Kehren hat demnach die Aussage der Karlsfresken gegenüber den Entwürfen von Alfred Rethel zunehmend verändert, am stärksten in dem Krönungsfresko Ludwigs des Frommen. Nicht nur daß er mehr Lokalbezüge einbaute oder mancherlei Details historisierte oder marianisch gestaltete. Entscheidender ist eine andere Akzentuierung des Karlsbildes: aus Karl dem Großen als sakralisiertem Reichsmythos wurde der ideale christliche Herrscher, der heilige Bekenner, der umtriebige Schützer und Förderer der Kirche.

Zur Einbindung ins 19. Jahrhundert

Will man abschließend die Karlsfresken des Aachener Rathauses in die Geschichte des 19. Jahrhunderts einbeziehen, so bieten sich hierfür zunächst drei prägnante Einschätzungen an. Die erste stammt von dem Aachener Maler Caspar Scheuren, der im April 1852 in sein Tagebuch über die Rethelfresken notierte, daß »diese gewaltigen Wandgemälde (...) groß in Gedanken, grandios in der Zeichnung und erhaben in der Einfachheit des Eindrucks« seien, aber daß »diese Malerei des geweihten Auges« bedürfe, für das Volk aber wie für den modernen Gebildeten »Hieroglyphen« darstellen würden. Die zweite Bewertung stammt von Annette Fusenig, die meint, daß die in der Vergangenheit wurzelnde Karlsutopie Rethels für die Gegenwart instrumentalisiert werde; Rethel entwerfe ein Karlsbild, das als Vorbild für eine deutsche nationale Identität diene. Damit würden die Fresken zu einem typischen Moment der populären Erinnerungskultur in der Mitte des 19. Jahrhunderts. Ähnlich hatte bereits Frank Büttner geurteilt: »Die Nachwelt hat die Fresken Rethels nicht so sehr betrachtet, um etwas über Karl den Großen zu erfahren, sondern um das Werk eines herausragenden Künstlers kennenzulernen und die darin Gestalt gewordenen Leitideen seiner Zeit«.

Dies war auch Folge des vaterländischen Geschichtsbildes im früheren 19. Jahrhundert, in das man Karl den Großen einzufügen versuchte, wie es der Leipziger Privatdozent Hans Karl Dippoldt 1810 in seiner quellengebundenen Karlsbiographie getan hatte, die in mehreren volkstümlichen Ausgaben »fast ein deutsches Hausbuch« (A.

Borst) wurde. An diese Vorlage angelehnt, kennzeichnet dann wenig später 1814 – im Jahr der 1000sten Wiederkehr von Karls Todestag – Gabriel Gottfried Bredow den Frankenherrscher, »wie Eiginhart ihn beschrieben, die Legende ihn dargestellt, Neuere ihn beurteilt haben« (so der Titel seines Werkes). Ähnlich steht es mit den populären Geschichtsstudien und antiquarischen Repertorien des liberalen Historikers Heinrich Luden aus Jena (1828/30) oder auch des mehr literarisch als kritisch arbeitenden Berliner Privatdozenten Julius Ludwig Ideler (1839). Zu nennen wären noch viele Historiker, Literaten oder Politiker, die in der Zeit des Historismus, mit dem Pathos der Befreiungskriege oder auch in der Sicht der Romantik die nationale Begeisterung des frühen 19. Jahrhunderts mit einer Rückbesinnung auf die nationale Geschichte und nicht zuletzt auf die des Mittelalters verbanden, und die hier nur mit den großen Namen eines Justus Möser, Joseph Görres, Freiherr vom Stein angedeutet werden können. In dieser liberalen und romantischen Bewegung wurde Karl der Große insgesamt zu einem »strahlenden Stern« (C. v. Rotteck) und zu einem »zeitlosen Symbol erwachsender Nationen« (A. Borst). Mancherlei Karlsdenkmäler des 19. Jahrhunderts – so etwa in Köln, Düsseldorf, Berlin und in 20 anderen deutschen Städten (aber auch in Lüttich und Paris) – können diesen politischen Karlskult belegen. Auch das wissenschaftliche Karlsbild, das seit der Mitte des 19. Jahrhunderts von Leopold von Ranke und seinen Schülern Wilhelm von Giesebrecht (1855), Georg Waitz (1860) und Albrecht Hauck (1890) entworfen wurde, gehört in diesen Kontext. Oder auch die Faktensicherung, die in den Jahrbüchern des fränkischen Reiches geleistet wurde und schließlich die großen Neuausgaben der karolingischen Quellen, der Urkunden und Kapitularien, der Briefe und Dichtungen am Ende des Jahrhunderts. Sie alle haben zu einem kritischeren Karlsbild beigetragen. Aber am Ende haben diese Bemühungen auf dem politischen und nationalpatriotischen Feld nur wenig auszurichten vermocht: hier hat der Stauferkaiser Friedrich I. Barbarossa Karl den Großen als Symbolfigur der nationalen Einheit zunehmend verdrängt und auf diesem Wege auch Rethels Karlsfresken in Aachen verblassen lassen.

Anmerkungen zur Literatur

Knappe Einführungen zu Alfred Rethel, zu seinem Leben und Werk, zu seinen Karlsfresken, zu seinen Ölstudien und Zeichnungen haben unter verschiedener Akzentuierung A. Oellers (1985 u. 1997), D. Preising (1991) und E. G. Grimme (1996) verfaßt. Den Stand der Rethelforschung, die Chronologie der Rethelliteratur und die Entstehungsgeschichte seiner Fresken und deren inhaltliche wie formale Erklärung hat D. Hoffmann in seiner Freiburger Dissertation (1968) nachgezeichnet. Das einschlägige Quellenmaterial, so etwa Rethels Briefe und die wichtigsten Aktenstücke zu seinen Fresken hat der Aachener Schriftsteller Josef Ponten (1911, 1912 u. 1913) zusammengetragen; die zentralen Zeugnisse der Aachener Stadtverwaltung, des Kunstvereins für die Rheinlande und Westfalen sowie weitere Rethelbriefe und zeitgenössische Berichte und Texte finden sich bei K. Zoege von Manteuffel (ZAGV 61, 1941). Das oben im Text angeführte Zitat von K. Koetschau (Schriften d. Städt. Kunstmuseum Düsseldorf 4, 1929) stammt aus dessen Studie zu Rethel und der Historienmalerei des 19. Jh. Zahlreiche Abbildungen der Rethelarbeiten haben der bereits genannte J. Ponten (1911) sowie F. Kuetgens (1941) zusammengestellt; letzterer durch eine farbige Wiedergabe der acht Karlsfresken im Aachener Rathaus, wie sie vor dem Zweiten Weltkrieg ausgesehen haben. Zu den Restaurierungsarbeiten Franz Stiewis in den Jahren zwischen 1933 und 1957 hat A. Fusenig in ihrer Aachener ms. Magisterarbeit (1999) die nötigen Betreffe aufgelistet. Die mit digitaler Fototechnik wiederhergestellten Karlsfresken, die man aus kleinen Farbdrucken tausendfach vergrößerte, dann digital um 150 Jahre alterte und auf Aluplatten kaschierte, sind von H. Hilden in dieser digitalen und fotografischen Reproduktionstechnik im Textkatalog der Aachener Krönungsausstellung (in: Könige in Aachen 2, 2000) kurz gekennzeichnet worden. Die jüngere Forschungsdiskussion wurde neben der bereits zitierten Dissertation von D. Hoffmann und seiner bis heute weitgehend gültigen Retheldeutung von folgenden Kunsthistorikern bestritten: von H. v. Einem (KdG 4, 1967: Rethel als Wendepunkt der romantischen Malerei) sowie von D. de Chapeaurouge (1977), von P. Paret (1988) und Fr. Büttner (1992), die entweder die politische Aktualität in den Rethelbildern oder deren historischen und kulturgeschichtlichen Kontext beschrieben. Eine prägnante Zusammenfassung zu den Karlsfresken auf der Grundlage der älteren wie jüngeren Forschungsergebnisse hat A. Fusenig (in: Verschleierter Karl 1999, S. 379–396 sowie in: Könige in Aachen 2, 2000; mit weiterführender Lit.) geliefert. Alfred Rethels historische Ereignisbilder sind 1999 im Ausstellungsband des Düsseldorfer Kunstmuseums zu den »Facetten der Historienmalerei zwischen 1800 und 1900« knapp gekennzeichnet worden (in: Angesichts der Ereignisse, hg. v. M. Sitt). Zur Einbindung von Rethels Karlsfresken ins 19. Jh. seien folgende Studien abschließend angeführt: zum wiss. Karlsbild des 19. Jh. A. Borst (KdG 4, 1967), über die Bildprägungen des 19. Jh. im kulturellen Gedächtnis der Deutschen N. Gussone (in: Poetisierung – Politisierung, hg. v. W. Gössmann u. K.-H. Roth 1994), über Aachen im preußischen Rheinland und in der 48er Revolution I. Schnelling-Reinicke (in: Könige in Aachen 2, 2000). Hingewiesen sei schließlich auf Th. Nipperdey mit seiner großen Monographie über »Bürgerwelt und starker Staat« (1984) sowie seinen Überlegungen zum »Kölner Dom als Nationaldenkmal« (in: Religion – Kunst – Vaterland, hg. v. O. Dann 1983).

Vom Sachsenschlächter zum germanischen Europäer – Karl der Große in der NS-Zeit

> »Karl den Großen nennt man in den ersten Jahren [nach der Machtergreifung] den ›Sachsenschlächter‹. Man sucht jenes undeutsche und merowingisch-karolingische Großreich scharf abzugrenzen vom Reich der Sachsenkaiser, in denen ein deutscher Geist geweht habe. Die Sachsen sind der Stamm ›par excellence‹. Ihr Widerstand gegen Überfremdung wird gefeiert, Widukind ist der Held gegen Karl«. (K.F. Werner)

Widukind wird zur völkischen Kultfigur, Karl der Große zum undeutschen Feindbild. Erste Belege für diese Ausrichtung finden sich bereits 1933 in einigen dem Nationalsozialismus nahestehenden Zeitschriften wie »Germanien« oder »Volk und Rasse« bzw. bei einzelnen völkischen Autoren. In Ernst Bergmanns rassistischem und antikirchlichen Buch über »Deutschland, das Bildungsland der neuen Menschheit« (1933) war zu Karl dem Großen und seiner Tat als ›Sachsenschlächter‹ zu lesen, daß er »das Blut, edelstes Germanenblut ausrotten mußte mit Stumpf und Stiel, um wenigstens auf den Gräbern das Christenkreuz pflanzen zu können«. Bei Paul Zaunert, einem ehemaligen Dozenten für Volkskunde und freien Publizisten aus Kassel, hieß es, daß Karl mit seiner »ungehemmten Sinnlichkeit« »weder ein deutscher noch germanischer Menschentyp« gewesen sei und »die grausige Schlächterei von Verden« zu verantworten habe (Volk und Rasse 8, 1933).

Die wissenschaftliche Forschung nahm von solchen rassistischen Zeugnissen keine Notiz, sondern diskutierte fachintern verschiedene sachsengeschichtliche Fragen. So hat etwa Martin Lintzel in seiner Habilitationsschrift über den sächsischen Stammesstaat (1933) die These von der republikanischen Verfassung der Sachsen vorgetragen, von der inneren Zerrissenheit zwischen den sächsischen Ständen, insbesondere zwischen den Edelingen und Liten, von einem gesellschaftlichen Streit, der die fränkische Eroberung überhaupt erst möglich gemacht habe.

Im Sommer 1934 wurde dann deutlich, daß Widukind als Anführer des sächsischen Widerstandes gegen die Expansion des Frankenreiches zur »beherrschenden Identifikationsfigur völkisch-nationalistischer Geschichtsdeutung« (R. Köhn) werden sollte. Dies geschah bei der »Gedächtnisfeier für die 4.500 von Karl dem Großen ermordeten Sachsen« an Widukinds angeblichem Stammsitz Wildeshausen (Oldenburg) und dem damit verbundenen »Treuebekenntnis zum Sachsenherzog Widukind«, wie es in den NS-Formulierungen hieß. Bereits auf der Fahrt dorthin hatte der Reichsleiter für die Schulung und Erziehung der NS-Bewegung Alfred Rosenberg am 23. Juni 1934 in Enger (Westfalen) an der (vermeintlichen) Grabstätte Widukinds Station gemacht. Das Verdener Anzeigeblatt vom 25. Juni 1934 berichtete darüber, daß Alfred Rosenberg in Begleitung »von hohen Führern der SA, der politischen Organisation und des Arbeitsdienstes durch ein Spalier der Hitlerjugend und des Bundes Deutscher Mädchen« die dortige Stiftskirche besuchte, um vor dem Sarkophag Widukinds einen Blumenstrauß mit roter Schleife und der Inschrift »Dem deutschen Herzog« niederzulegen. Am Abend des 23. Juni gab es dann eine Massenkundgebung vor etwa 60.000 Menschen im Rennbahnstadion von Verden aus Formationen der SA, HJ und der Wehrmacht, in Anwesenheit hochrangiger Gäste, wie etwa des Reichsjugendführers Baldur von Schirach. In einer nationalsozialistischen Programmrede Rosenbergs über den »ersten 30jährigen Krieg« mit den »Kämpfe(n) zwischen König Karl und Niedersachsen« heißt es: »Widukind bleibt für ewig in der deutschen Geschichte das Symbol des heldenhaften Widerstandes gegen fremde Unterdrückung, ein Beispiel für Mannestreue (und) Volksverbundenheit«. Neben Hermann dem Cherusker sei 800 Jahre später »Widukind als zweiter Kämpfer für Blut und Boden« zwar unterlegen gewesen, habe aber 1000 Jahre später in Adolf Hitler eine unmittelbare Fortsetzung erfahren. Hitler sei eine Reinkarnation des Sachsenführers und die 4.500 hingerichteten Sachsen seien mit den toten Kämpfern der NSDAP zu vergleichen. »Wir legen an dieser heiligen Stätte das Versprechen ab, das ehrfürchtige Gedenken zu wahren für die kommenden Geschlechter, damit der Sieg Adolf Hitlers nicht nur für das nächste Jahrtausend der entscheidende Wendepunkt bleibt, sondern die ewige Grundlage des deutschen Lebens bildet«.

Eine Sonnenwendfeier aus 4.500 Fackeln der Hitler-Jugend sowie die Übergabe des »Blutackers« in Halsmühlen, bekannt aus Hermann Löns Erzählung »Rote Beeke«, sollten die Verdener Gedächtnisfeier beschließen; übergeben wurde ein Ehrenhain aus 4.500 Findlingen, »jeder ein Denkmal für einen der in Verden vor über 1.000 Jahren erschlagenen Sachsen« (A. Rosenberg). Gleichzeitig hatte der (nicht anwesende) SS Reichsführer Heinrich Himmler ein 30 Morgen umfassendes Gelände erworben, um hier in Verden ein gigantisches Sachsen-Ehrenmal zu errichten, das 1935 vor 25.000 Volksgenossen seiner Bestimmung übergeben wurde. Der »Völkische Beobachter« berichtet darüber am 23. Juni 1935:

»Die alte Domstadt Verden zeigte reichen Flaggenschmuck, als am Nachmittag bereits Kolonne auf Kolonne der SS, SA, HJ, BDM und des NS-Arbeitsdienstes einmarschierten (...) Insgesamt hatten sich nach einbrechender Dunkelheit etwa 25.000 Menschen (...) versammelt, als Reichsführer SS Himmler und Reichsleiter Alfred Rosenberg, mit brausenden Heilrufen empfangen, erschienen«.

Himmler bezeichnete die gefallenen Sachsen des 8. Jahrhunderts als völkisch-deutsche Märtyrer, die für das deutsche Volkstum gestorben seien und den Sachsenhain nannte er ein »Heiligtum des ganzen deutschen Volkes«. Rosenberg nahm diese Gedächtnisfeier 1935 zum Anlaß, in seiner Rede »das Ende einer tausendjährigen falschen Geschichtsschreibung« zu fordern. Man könne »staatspolitisch« die Art und Weise Karls des Franken beurteilen, wie man wolle, sein Einfall in Deutschland sei »eine furchtbare Niederlage für das deutsche Volk« gewesen. Die deutsche Nation werde deswegen auch »eine neue volksdeutsche Geschichtsschreibung schaffen«.

Nach Enger und Verden gab es eine weitere Kundgebung des Niedersachsentages 1934 am 24. Juni in Wildeshausen. Erneut sprachen Rosenberg und von Schirach vor »Zehntausenden frischer und froher Hitlerjungen, Jungvolk und BDM« vom »Treuebekenntnis zum Sachsenherzog« Widukind, dem Vorkämpfer für die »Erhaltung deutschen Bodens und deutscher Gesinnung« (Verdener Anzeigenblatt vom 25.6.1934).

Der Mediävist Rolf Köhn hat 1986 zu diesen niedersächsischen Widukindtagen bemerkt:

»Aufdringlicher konnte das Regime nicht demonstrieren, daß Niedersachsen in der nationalsozialistischen Verklärung germanischer bzw. deutscher Vergangenheit die Vorzugsstellung einnehmen werde«.

Dazu dienten nicht nur das Ehrenmal in Verden und eine Gedächtnisstätte in Enger, sondern auch die Schulungsbriefe der NSDAP, die Schulungskurse des NSLB oder das im November 1934 eröffnete Berliner Institut für politische Pädagogik, dessen Leiter Alfred Bäumler seine Eröffnungsrede über Karl den Großen und die neue Weltanschauung bestritt, »um dem erstarrten Determinismus der reaktionären Wissenschaft das lebendige geschichtliche Bewußtsein des Volkes entgegenzustellen und als politische Haltung zu feiern«. Hinzu kamen eine

Vielzahl von Widukinddramen und -romanen in der Mitte der 30er Jahre, die ebenfalls dazu beitrugen, daß Widukind zu einer zentralen Figur des völkischen Geschichtsbildes und der nationalsozialistischen Mittelalterdeutung wurde.

Wenn man danach fragt, wo die geistigen Wurzeln eines solchen Widukindkultes liegen, dann wird auf eine längere Ahnenreihe verwiesen, die mit Alfred Rosenberg als selbsternanntem NS-Chefideologen und dessen »Mythus des 20. Jahrhunderts« (1930) endete. Hier wird Widukind als Verteidiger germanischer Freiheitswerte, politischer Unabhängigkeit und heidnischer Religion gegen den blutigen Unterdrücker Karl gefeiert. Von Rosenberg führt diese Herkunftslinie zu den völkischen Autoren der Weimarer Zeit, so etwa zu dem Autodidakten und Detmolder Museumsdirektor Wilhelm Teudt und der von ihm gegründeten Zeitschrift »Germanien« bzw. zu dessen Buch »Germanische Heiligtümer« (1927) oder auch zu dem Marburger Geschichtsdozenten Albert von Hofmann mit seiner »Politischen Geschichte der Deutschen« (1921) oder schließlich zu dem Roman von Hans Grimm »Volk ohne Raum« (1926). Auch Literaten aus der Zeit vor dem Ersten Weltkrieg gehören hierhin: der Heimatdichter Hermann Löns mit seinen Haßtiraden auf Karl den Großen in »Rote Beeke« (1912) oder Hans Friedrich Blunck mit der Ballade »König Karl von Franken und der Tod/die schlugen das gute Schwert Saxnot« (1912). Diese beiden Autoren haben bei den NS-Ideologen und in völkischen Kreisen nach 1933 ein geradezu kanonisches Ansehen erfahren. Schließlich ist hier selbst die Publizistik des Wilhelminischen Reiches wirksam geworden. Dort ist es der Arierhymnus des Houston Steward Chamberlain über die »Grundlagen des 19. Jahrhunderts« (1899), der erste rassistische Bestseller, der auch das völkisch-nationalistische Karlsbild entscheidend mit beeinflußt hat; bei ihm wird Karl der Große zu einem »verhängnisvoll eifrigen Römling«. Man kann feststellen, daß Widukind und sein sächsischer Widerstand gegen Karl den Großen und die Karolinger eine lange Tradition haben, die sich mit abfälligen Urteilen über Karl überbietet, häufig patriotisch und kirchenfeindlich bestimmt ist und nach Ansicht von Rolf Köhn sogar noch über den Germanenkult der Wilhelminischen Zeit hinausreicht bis zu den heimatbewußten Aufklärern des 18. Jahrhunderts.

Wie stand Adolf Hitler zu diesen Widukindträumereien Himmlers oder Rosenbergs und ihres völkischen Anhangs? Aus seinen Tischgesprächen wissen wir, daß er Rosenberg gewarnt habe, einen Heroen wie Karl den Großen einen Sachsenschlächter zu nennen, er sei vielmehr einer der größten Menschen der Weltgeschichte gewesen. Auf dem 7. Parteitag der NSDAP in Nürnberg am 16. September 1935, zu dessen Eröffnung Hitler im Nürnberger Rathaus eine Nachbildung des kaiserlichen »Reichsschwertes« überreicht bekommen hatte, sprach er in seiner Schlußrede von der gewaltsamen Einigung der deutschen Stämme zu einer einzigen Nation, die ein schmerzlicher Vorgang gewesen sei, den man bedauern, nicht aber verdammen dürfe. »Die erste staatliche Zusammenfügung deutscher Menschen konnte nur über einer Vergewaltigung des völkischen Eigenlebens der einzelnen deutschen Stämme zustande kommen«. Die Volkswerdung sei nur »über den Weg einer aus anderen Absichten angestrebten Staatswerdung zu erreichen« gewesen. Ohne hier Karl den Großen und Widukind ausdrücklich zu nennen, war damit das nationalsozialistische Karlsbild entscheidend korrigiert worden. Nach Meinung von Rolf Köhn war dies

> »eine unmißverständliche Absage an alle Versuche, die ›Rebellen gegendas Reich‹ zu den wahren Helden der deutschen Geschichte zu erheben und somit das ›revolutionäre‹ Geschichtsbild der NS-Bewegung allgemein verbindlich zu machen. Die betroffenen Zeitgenossen verstanden das auch so«.

Alfred Rosenberg etwa sprach jetzt von Adolf Hitler nicht nur als einem »unmittelbaren Fortsetzer des Herzogs Widukind«, sondern auch von einem »Erben der politischen Kraft Karls des Großen«. Die Widukinddeutungen im zweiten Drittel der 30er Jahre dienten nicht nur einem germanisch-völkischen Konstrukt, sondern der Sachsenführer mußte auch als Leitfigur für ein entchristlichtes Mittelalter herhalten. Dies war Teil einer kirchenfeindlichen und antichristlichen Kampagne – bei der der undeutsche Karl und der völkische Widukind nur eines der ideologischen Kampfmittel des gleichzeitigen Kirchenkampfes darstellen.

Wie sah die kirchliche Reaktion auf diese Geschichtsklitterung aus? In Aachen lassen sich dazu mancherlei Antworten finden. Hier wiederholte der »Westdeutsche Beobachter«, das amtliche Organ der NSDAP, die bekannten NS-Vorwürfe gegen Karl, d.h. seine »Verbrechen« gegen die Werte von Rasse, Blut und Volk. Dagegen hatte Karl Schué, Aachener Gymnasialprofessor für Recht und Wirtschaft, in der Zeitschrift des Aachener Geschichtsvereins (1933/34) Karl den Großen und seine Franken in ihrer volksgeschichtlichen Bedeutung gewürdigt.

Eine weitere Reaktion war 1935 auch die zehnteilige Artikelserie »Religion oder Mythos« der Aachener Kirchenzeitung gegen die ›neuheidnischen‹ Ideen eines Rosenberg und seiner publizistischen Mitstreiter. Zum Karlsfest des gleichen Jahres wurde Karl der Große als Gründer der abendländischen Gesellschaft und des deutschen Reiches gefeiert. Unter der Rubrik »Klarheit und Wahrheit« der gleichen Ausgabe heißt es: »Wer (...) Karl zum Sachsenschlächter und die Franken zu Feinden echten Deutschtums [stempelt], wer ihnen [den Deutschen] und selbstverständlich erst recht ihrem großen Führer Karl den deutschen Charakter abspricht, der unterstützt (...) die französische Rheinpolitik, der begeht eine Art Landesverrat«.

Ziehen wir ein Zwischenfazit: In den ersten Jahren der NS-Herrschaft geht es um eine rassistische und kirchenfeindliche Mittelalterdeutung, um den Versuch, das Mittelalter zu germanisieren und zu entchristlichen, das Abendland als einen »historisch-lähmenden Ballast« (H. Heimpel) abzuwerfen und dabei auch Karl den Großen als undeutsches Feindbild gegenüber dem völkischen Idol Widukind hochzustilisieren bzw. Karl den Großen als einen »Sachsenschlächter« hinzustellen, wie es auch auf den Plakaten der Aachener Litfaßsäulen 1935 zu lesen war. Der Sachsenherzog ist die Ausnahmeerscheinung in dem sonst finsteren Frühmittelalter und die Brückenfigur zum germanischen Altertum. Rosenberg ist der Spiritus rector dieser Streitdebatte, hat aber mancherlei Vorläufer, die weit zurückführen. Der Zusammenhang dieser Geschichtsdebatte mit der ersten Phase des NS-Kirchenkampfes ist offensichtlich.

Wie hat die Fachwelt auf diese Attacke gegen Karl den Großen und die Karolinger reagiert? Einerseits mit einer wissenschaftlichen Diskussion innerhalb der engeren Zunft, in den verschiedensten Fachzeitschriften wie der Westfälischen Zeitschrift, dem Niedersächsischen Jahrbuch für Landesgeschichte, der Historischen Zeitschrift, insbesondere in den Jahren 1936 bis 1939. Dies geschah mit mancherlei quellenkritischen Korrekturen zum Blutbad von Verden an der Aller, aber auch mit inhaltlichen Neubewertungen – etwa zur Grausamkeit der karolingischen Eroberungskriege oder auch zur widersprüchlichen und wenig dominanten Rolle Widukinds.

Die bekannteste wissenschaftliche Arbeit ist die bereits skizzierte Streitschrift von 1935 über »Karl den Großen oder Charlemagne«. Hierbei handelt es sich um die »acht Antworten deutscher Geschichtsforscher« – so der Untertitel – zur »weltgeschichtlichen Leistung« des Frankenherrschers, zu dessen Kampf gegen die Sachsen und zu den damit verbundenen Anklagen gegen Karl, »die zuerst im Zeitalter der französischen Aufklärung von Voltaire ausgesprochen wurden« (Vorwort). Im einzelnen behandeln »um der Wahrheit willen« und »nicht minder um Deutschlands willen« Karl Hampe (Heidelberg) die Persönlichkeit Karls, Hans Naumann (Bonn) dessen germanische Art, Hermann Aubin (Breslau) die Herkunft der Karolinger, Martin Lintzel (Kiel) die Sachsenkriege, Friedrich Baethgen (Königsberg) die Ostfront, Albert Brackmann (Berlin) Karls Kaisertum, Carl Erdmann (Berlin) den Namen »Deutsch« und schließlich Wolfgang Windelband (Berlin) Charlemagne in der französischen Außenpolitik, mit der These, daß der französische Karlskult und der literarisch legendarische Karl als ideologischer Kern französischer Ausdehnungspolitik anzusehen seien. Was sich dabei insgesamt ergibt, betrifft ein gemischtes Karlsbild: Karl der Große erscheint als ein »von irgendeiner Romanisierung noch gänzlich unberührter Germane« (K. Hampe), als Vorläufer Martin Luthers und der deutschen Christen, als antifranzösischer Held.

Carlrichard Brühl bezeichnete später (1990) Lintzels Analyse der Sachsenkriege als »eine mutige Tat«, hielt Erdmanns Studie über den Namen »Deutsch« für heute noch »zitierfähig«, während ihm Baethgens Ausführungen über die Ostfront als peinlich und die des Altgermanisten Naumann über Karls germanische Art als nachgerade »unerträgliche Germanomanie« erschienen. Wie soll man nun diese »kleine populäre, heute kaum noch bekannte Schrift« (K. Jordan) am Ende einschätzen? Als eine Glanztat der deutschen Historiographie, als ein trotz aller Apologie und mancher Einseitigkeit respektabler fachwissenschaftlicher Versuch gegen die verantwortungslose und tendenziöse NS-Publizistik anzugehen, wie Gerd Tellenbach meinte, oder als eine nationale Pflicht zur Ehrenrettung Karls, die nach Meinung von Arno Borst als eine Streitschrift gegen den französischen Chauvinismus getarnt war?

Eine seriöse Antwort auf diese Bewertungsfrage hängt nicht zuletzt von einigen näheren Informationen über die beteiligten Autoren ab. So ist es wichtig, über den »Weimarianer« Karl Hampe, der sich 1934 vorzeitig emeritieren ließ, zu wissen, daß er schon 1923 in der Reihe »Meister der Politik« von dem urwüchsig germanischen Karl gesprochen hatte und dieses germanische Element in Persönlichkeit und Politik Karls jetzt betonte, um den Frankenherrscher nicht aus dem deutschen Geschichtsbild verdrängt zu sehen. Ähnlich bedeutsam ist es zu erfahren, daß Carl Erdmann ein kompromißloser Gegner des NS-Systems, Hans Naumann hingegen ein erklärter Nationalsozialist war, der am 10. Mai 1933 in Bonn bei der dortigen Bücherverbrennung die sogenannte Feuerrede »Wider den undeutschen Geist« gehalten hatte. Wie konnte ein solcher Verfechter eines »Neuen Mittelalters« und eines »ewigen Germanien« mit einem so scharfen NS-Gegner wie Erdmann oder mit einem so unverdächtigen Wissenschaftler wie dem großen Mediävisten Karl Hampe überhaupt zusammenarbeiten? Eine adäquate Antwort ist hier schwierig. Dafür sind die »teilweise bedauerlichen Zugeständnisse an die Nazis« (K. Jordan) zu offensichtlich. Waren es die »germanisch imperialistischen Gesinnungen« (K.F. Werner), die sich hier miteinander verbanden und manches überdeckten? Oder war es nur das gemeinsame Anliegen einer ›Ehrenrettung‹ Karls des Großen? Solche Erklärungsversuche können bestenfalls eine erste Annäherung sein.

Kommen wir zum Karlsbild der Kriegsjahre! Nach Hitlers Nürnberger Parteitagsrede 1935 gab es in den beiden folgenden Jahren 1936/37 ein anderes beherrschendes Mittelalterthema, das Karl den Großen zunächst aus dem Blick des NS-Interesses geraten ließ: die 1000ste Wiederkehr des Todestages des Sachsenkönigs Heinrichs I. am 2. Juli 1936, die im Quedlinburger Dom von der SS-Führungsspitze mit Heinrich Himmler als Reinkarnation des sächsischen Voglers inszeniert und mit entsprechenden Reden über Heinrichs I. rassische Artreinheit gefeiert wurde. Ab 1937 wird dann Karl der Große wieder in den Vordergrund gerückt und zunehmend zum Germanen und ersten Deutschen hochstilisiert, so etwa bei Friedrich Stieve in seinem Buch über den »politischen Werdegang der Deutschen« (1937). Mit Kriegsbeginn wird diese Tendenz noch stärker, wie zahlreiche Belege und Beispiele zeigen. Verschiedene Mediävisten wie Otto Westphal in Hamburg, Willy Hoppe in Berlin oder auch Erich Maschke in Leipzig preisen Karl den Großen als eine europäisch-germanische Gründerfigur oder als Neuschöpfer der abendländischen Welt, wie z.B. Erich Maschke es in den NS-Monatsheften (146, 1942) tat. Bekannt ist auch die Propagandaausstellung »Deutsche Größe« (1940). Veranstaltet wurde sie unter der Schirmherrschaft des Reichsministers Rudolf Heß von der Dienststelle des Führerbeauftragten für die Überwachung der gesamten geistigen und weltanschaulichen Schulung und Erziehung der NSDAP. Gedacht als zentrales Propagandamittel der europäischen Vorherrschaft des NS-Deutschlands wurde sie am 8. November 1940 in München eröffnet. Auch hier wurde Karl der Große als germanischer Held und Gründerfigur gezeigt, was man in verschiedenen NS-Schulungsbriefen vertiefte. Wenige Monate später gab es in Nürnberg am 7./8. Februar 1941 eine Kriegstagung der Historiker über »Das Reich und Europa«, u.a. geleitet von keinem Geringeren als von Theodor Mayer, dem Ordinarius für Mittlere Geschichte in Marburg (1938–42), dort auch Rektor, dann ab 1942 Präsident der Monumenta Germaniae Historica (MGH). Wie Arno Borst bemerkte, sollte mit dieser Tagung die kommende Neugestaltung Europas vorbereitet werden, nicht zuletzt »durch den Rückblick auf die germanische Ordnung, die Karl dem Kontinent gegeben hatte«. In dieser Aufgabe hat Theodor Mayer nach dem Urteil von Frank Rutger Hausmann die mittelalterliche Geschichte von der Naziideologie weitgehend freigehalten.

Folgt man weiter der Chronologie, kommt man in das Jahr 1942, der 1200. Wiederkehr von Karls Geburtstag, wie man damals annahm. Aus diesem Anlaß hielt Adolf Hitler eine Geheimrede vor dem Offiziersnachwuchs, in der es hieß: »1200 Jahre sind vergangen seit der Geburt jenes Mannes, der zum ersten Mal in ganz großem Ausmaß unter Anlehnung an geschichtliche und historische Gegebenheiten die deutschen Stämme mit blutigen harten Kämpfen im Inneren zusammenfaßte in einem gewaltigen Reich«. Im »Westdeutschen Beobachter« schrieb ein gewisser Dr. Eugen Hollerbach zum gleichen Anlaß am 1. April 1942 unter der Titelzeile »Karl der Große, Schöpfer des Volkes, Gründer des Reiches«: er habe »seine Deutschen für mehr als ein halbes Jahrtausend daran gewöhnt (...) sich als das erste Volk Europas zu fühlen«. Der Aachener Rathaussaal mit seinen Rethelfresken werde der Schauplatz der Ehrung sein, die im Namen des nationalsozialistischen Deutschland am 1200. Geburtstag des großen Kaisers der Gauleiter von Köln-Aachen, Staatsrat Josef Grohé, vornehmen werde. Unter den Bildern aus deutscher Vergangenheit werde die »Fahne des erneuerten Reiches aufleuchten«. Karl der Große habe den Grundstein jenes Baues gelegt, der durch das Werk des Führers für unser Volk vollendet werde. Die Reichspost nahm diese 1200jährige Wiederkehr zum Anlaß, einen Sonderstempel herzustellen: »GROSSDEUTSCHLAND GEDENKT KARLS DES GROSSEN«. Am Ende ist dann sogar die SS auf das germanisierte Karlsbild, auf Karl den Großen als germanischen Europäer, ideologisch eingeschwenkt: mit der »Division Charlemagne«, einer Einheit französischer Freiwilliger auf dem Rußlandfeldzug, deren Offiziere zum Dank einen in der Porzellanmanufaktur von Sèvres hergestellten Zierteller mit der Darstellung der Metzer Reiterstatuette auf der Innenseite erhielten und der eine Inschrift auf der Rückseite trug, die Hitler als *Defensor Imperii Caroli Magni* auswies. Ab 1943 nahmen auch die SS-Schulungshefte dieses Thema auf. In der Sonthofener SS-

Ordensburg sowie in der SS-Junkerschule in Bad Tölz wurde 1944 Karl der Große für die Germanisierung Europas instrumentalisiert. In Bad Tölz trat auch der spätere MGH-Präsident Herbert Grundmann auf, der über Reich und Kaisertum im Mittelalter sprach und meinte, die Karolinger und unter ihnen Karl als der Größte hätten es aus germanischer Kraft vermocht, alle Germanenländer des Festlandes zusammenzufügen; das Frankenreich sei die erste politische Ordnung Europas aus germanischer Kraft und Deutschland sei das Land gewesen, dem die europäische Führung zugefallen sei.

Wie soll man mit all diesen bedrückenden, ja verwirrenden Zeugnissen umgehen, mit Belegen, die unter dem Stichwort Karls des Großen als eines Mustergermanen und germanischen Europäers renommierte Wissenschaftsvertreter und Mittelalterforscher neben den NS-Größen und völkischen Publizisten in einer Reihe stehen lassen. Das Renommé der beteiligten Mediävisten ist beachtlich: Herbert Grundmann und Theodor Mayer, beide später MGH-Präsidenten, d.h. an der Spitze der bedeutendsten deutschen Forschungsinstitution für das Mittelalter. Theodor Mayer hatte am 30. Januar 1940 aus Anlaß des siebten Jahrestages der Machtübernahme und Reichsgründung in seiner Marburger Rektoratsrede über die europäische Führungsrolle des NS-Deutschlands gesprochen. Hinzu kommen der Tübinger Kirchenrechtshistoriker Hans Erich Feine, der 1935 über »Tausend Jahre deutsche Reichssehnsucht« nachdachte, sowie der spätere Gründungsdirektor des Göttinger Max-Planck-Instituts für Geschichte Hermann Heimpel, der 1941 einen Sammelband über das »Deutsche Mittelalter« veröffentlicht hatte. Heimpel ist allerdings auch »einer der wenigen (gewesen), die sich später vom einst Gesagten klar distanzierten und die gemachten Fehler offen bekannten« (K. F. Werner).

Die Antwort, die Karl Ferdinand Werner auf diese brisante Frage in den letzten Jahren (1967, 1995, 1999) immer wieder gab, hat zu tun mit »einem viel zu breiten, weit zurückreichenden Strom politischer Übereinstimmung zwischen der konservativ national geprägten Hochschullehrerschaft im Fach Geschichte (Ausnahmen stets vorausgesetzt) und den Idealen, die der NS-Staat propagierte«, mit der traditionellen Beschränkung der Geschichtsschreibung auf Volk und Staat, mit der Verherrlichung von Macht und Gewalt, mit der Verachtung der nichtgermanischen Völker, mit einem nationalen Überlegenheitsgefühl und anderem mehr. Konkret gesagt: es habe seit dem 19. Jahrhundert einen germanisch-deutschen Karl gegeben, der als Ursprung und Legitimation der deutschen Herrschaft in Europa herhalten mußte und die Geschichtsklitterung mit begründen half, daß das Karlsreich eine Vorherrschaft der Deutschen in Europa legitimieren könne. Eine solche Sicht der Dinge läßt sich nach Ansicht Werners gut an drei Mediävisten von wissenschaftlich unbestrittenem Rang verdeutlichen: an Wilhelm von Giesebrecht, an Johannes Haller sowie an Karl Hampe. Giesebrechts »Geschichte der Deutschen Kaiserzeit« (1855/59) und dessen Deutung des mittelalterlichen Kaisertums als Vorläufer des expansiven deutschen Nationalstaates habe eine »ideologische Hypothek« geschaffen. Ähnlich stehe es mit dem Papsthistoriker Johannes Haller, dessen »Epochen der deutschen Geschichte« mit ihren mehrfachen Auflagen (zuerst 1922 und schließlich 1941 mit einer Auflagenhöhe von 62. – 67. Tausend) zu dem vielleicht »erfolgreichsten Geschichtswerk des 20. Jahrhunderts« (K. F. Werner) gehöre. Dieses Buch habe mit seiner heroisch machtpolitischen Betrachtung historischer Vorgänge eine Fibel zur Macht dargestellt und Johannes Haller deswegen zu einem »Kronzeugen deutscher Träume« werden lassen. Selbst Karl Hampe gehöre in diese Reihe, was an seiner Studie über die »Deutsche Ostsiedlung« (1921, 1934, 1939) aufgewiesen werden kann, über die kolonisatorische Großtat des deutschen Volkes im Mittelalter, so der Untertitel. Mit einem Wort: Nach dem kritischen Urteil von Karl Ferdinand Werner ist die Anfälligkeit des deutschen Geschichtsdenkens seit der Mitte des 19. Jahrhunderts für bestimmte Denkmuster und für die Produktion fragwürdiger Analogieschlüsse, ist der zweifelhafte Umgang für den Legitimationsbedarf bestimmter nationaler Hoffnungen nicht zu übersehen. Sicherlich waren die Geschichtswissenschaftler in ihrer Mehrzahl in den 30/40er Jahren weit von dem ideologisch bestimmten Weltbild der NS-Machthaber, ihres Terrorstaates, ihres rassischen Vernichtungskrieges und ihres fabrikmäßigen Massenmordes getrennt. Sie waren in der Regel auch keine Mitläufer. Aber sie lieferten Einsichten aus nationalen Überzeugungen, die auch die anderen verwerten konnten.

Was ergibt sich nach all diesen Hinsichten und Einzelbelegen als Fazit der Überlegungen zum Karlsbild der NS-Zeit? Man wird drei Phasen unterscheiden müssen. Für die Anfänge der NS-Herrschaft, für die Jahre 1933–1935 ist Karl der Große ein »verwelschter Despot«, ein Feind deutscher und germanischer Art, ein Sachsenschlächter, der das nordische Sachsenvolk bekämpfte und gewaltsam zum Christentum bekehrte (Tellenbach), »ein verhängnisvoll eifriger Römling« (Chamberlain), der abgelehnt wird wegen der östlichen Architektur seiner Marienkirche, wegen der Internationalität seines Hofes, wegen des Christentums seines Glaubens, wegen christlich-antiker Fremdüberlagerung, wie es die NS-Ideologen formulierten. Nach 1935 wird Karl zum germanischen Recken, zum Begründer Deutschlands und seiner Vorherrschaft in Europa und schließlich in den Kriegsjahren zum germanischen Europäer. Die Fachwissenschaft begleitet diese Entwicklung mit mancherlei Korrekturen und Klärungen, ja sogar mit einigen mutigen Protesten, aber auch mit verschiedenen Irritationen, Peinlichkeiten und Anfälligkeiten. Karl der Große stand allerdings hier wie dort nicht unbedingt im Zentrum der verschiedenen Aktivitäten; er diente als Bezugsgröße, als Folie, als Gegenbild. Weder hat Hitler – so Matthias Pape – einen besonderen Karlskult betrieben noch wurde ein solcher publizistisch gepflegt: »Die Gestalt und das Leben Karls boten, so scheint es, nicht genügend Ansatzflächen, um den Kaiser vollständig in das NS-Geschichtsbild zu integrieren; seine politische Indienstnahme sei deswegen begrenzt gewesen. Umso leichter ließ sich [deshalb] nach 1945 an den ›christlichen Kaiser‹ [Karl] anknüpfen«. Mit einem Blick auf diese politische Instrumentalisierung sollen unsere Ausführungen über den ideologischen Karl abgeschlossen werden.

> »Nach dem Kontinuitätsbruch der Deutschen Geschichte 1945 wurde erneut die Gestalt Karls des Großen beschworen. Person und politisches Werk des Kaisers wurden in den deutschen Westzonen, später dann in der Bundesrepublik zum vielerörterten Thema der Geschichtsschreibung wie auch der politischen und publizistischen Debatte. Ging es dieser um die geschichtliche Legitimierung der Westbindung der Bundesrepublik, für die Karl der Große als geistiger Vorfahre in Anspruch genommen wurde, so jener um die Fortführung und Überwindung der seit den 30er Jahren geführten Fachdiskussion.« (M. Pape)

Die mediävistische Forschung sei von dem Bestreben geleitet gewesen, die historische Gestalt des Kaisers sowohl von den nationalsozialistischen Klischees als auch von den viel stärker nachwirkenden national verengten Fragestellungen zu lösen.

Dies lasse sich an den Stichworten der damaligen Mittelalterforschung gut belegen: an der Kultur und Bildung der Karolingerzeit (J. Fleckenstein 1953), an der karolingischen Reichsidee (E. Ewig 1961), an Karls römischem Kaisertum (P. E. Schramm 1951 und H. Fichtenau 1953), an der fränkischen Großreichsbildung, die von Heinrich Fichtenau und François Louis Ganshof in ihren »Dekompositions-thesen«

kritisiert wurde. Insgesamt gehe es um Karl als den christlichen Herrscher des Abendlandes, was sich etwa auch daran zeigen lasse, daß das Buch von Christopher Dawson über die Entstehung Europas (1932, dt. 1935) nach dem Krieg als »Gestaltung des Abendlandes« (1952) wieder aufgelegt wurde.

In der Politik und Publizistik – so Pape – wird Karl dagegen zu einem historischen Fundament der Europapolitik Adenauers, Schumans und de Gasperis, zu einer Symbolfigur der Europaidee, die dann 1965 auf der Aachener Karlsausstellung des Europarates prächtig präsentiert wurde: Karl als erster Kaiser, der »Europa zu vereinen wußte« (W. Braunfels). In protestantischen Kreisen gab es allerdings Kritik gegen diese Abendlandbewegung. Martin Niemöller habe von den »Abendland-schwärmern« gesprochen; Gustav Heinemann habe sich ähnlich kritisch geäußert. In Aachen jedoch sah man dies anders. Hier wurde 1949 der Karlspreis begründet, benannt nach dem »Begründer der abendländischen Kultur«, wie es im Text der Proklamation heißt und der gedacht war für Verdienste um die »abendländische Einigung« in Politik, Wirtschaft und Kultur. Die Dankesreden der Preisträger, vor allem in den 50er Jahren, können als »treffende Beispiele für die politische Aktualisierung des Karolingerkaisers dienen« (M. Pape), ob sie nun Graf Coudenhove-Kalergi (1950), Konrad Adenauer (1954) oder Paul Henri Spaak (1957) hießen. Der erstgenannte habe Europa sogar als eine »Union Charlemagne« verstanden.

Will man am Ende den hier zurückgelegten Weg von Napoleons Karlsverehrung bis hin zum Aachener Karlspreis zusammenfassen, bzw. von diesem Anfangs- und Endpunkt her beleuchten, wird man sich Matthias Pape anschließen können, der meinte:

> »Stand der Karlskult als politische Instrumentalisierung der Gestalt des Frankenkönigs um 1800 im Zeichen der französischen Hegemonie über Europa und wurde er von einem einflußreichen Teil der deutschen Öffentlichkeit mit historischen Argumenten unterstützt, so diente er nach dem Zusammenbruch Deutschlands 1945 der allmählichen Annäherung zweier Völker, die beide in Karl dem Großen (bzw. Charlemagne) ihren Stammvater sahen und die sich angewöhnten, in den Franken »Wegbereiter Europas« (Mannheimer Ausstellung 1996) und in den Karolingern eine Familie zu sehen, die Europa geformt hat (P. Riché frz. 1983, dt. 1987). (...) Sowohl um 1800 als auch nach 1945 diente der Karlskult einem Mythos, der sich wissen-

schaftlicher Begründung weithin entzog, will doch der Mythos geglaubt und nicht begründet sein«.

Ob dieser Karls- und Europamythos eine Zukunft haben wird, bleibt offen. In Aachen jedoch dürfte dies keine Frage sein. Das können im Rahmen unserer Überlegungen zum ideologischen Karl bereits die beiden überlebensgroßen Gemälde Kaiser Napoleons und seiner Gemahlin Josephine im Aachener Rathaus belegen, die 1807 »unter Kanonendonner im Kaisersaale des Rathauses« feierlich aufgestellt, dann 1816 auf Anordnung des Fürsten Hardenberg als »zu einer öffentlichen Ausstellung nicht weiter geeignet« nach Berlin gebracht und 1860 nach Aachen zurückgegeben wurden. Gut hundert Jahre später wurden sie dann endgültig im Rathaus wieder aufgehängt – als Zeichen dafür, daß Karlskult und Europagedanke jedenfalls in Aachen einen Mittelpunkt haben und sicherlich auch haben werden.

Anmerkungen zur Literatur

Die im Text zusammengetragenen Überlegungen zu Karl dem Großen in der NS-Zeit und zu dem Karlskult nach 1945 basieren auf den Studien und Aufsätzen von K. F. Werner, R. Köhn und M. Pape. K. F. Werner (1967) hat bereits vor gut 30 Jahren über das NS-Geschichtsbild und dessen Repräsentanten, über die »Anfälligkeit« der deutschen Geschichtswissenschaft gehandelt (vgl. dazu die Rezension von Fr. Graus, VjhZG 17, 1969); zum Karlsbild der 30er und frühen 40er Jahre sowie zur Frage von »Charlemagne – Karl der Große« hat er in den letzten 10 Jahren drei zentrale Aufsätze vorgelegt (SB München 4, 1995, dann ZAGV 101, 1997/98 u. Könige in Aachen 1, 2000). R. Köhn (in: Rezeption, hg. v. P. Wapnewski 1986) ist die gut dokumentierte Studie zum Widukindkult und zum kirchenfeindlichen Mittelalterbild in der Frühphase der NS-Zeit zu verdanken; ähnlich grundlegend sind die Überlegungen von M. Pape (HJb 120, 2000) zum Karlskult in der Gründungsphase der Bundesrepublik Deutschland. Heranzuziehen ist jetzt auch H.-U. Thamer mit seiner Skizze zu den Reichs- und Königstraditionen des Ma. in den NS-Geschichtsbildern (Könige in Aachen 2, 2000); vgl. dort auch den Hinweis auf St. Brakensieks Sammelband zum Widukindsmythos (1997). Am Aachener Historischen Institut sind in den vergangenen Jahren zwei ms. Magisterarbeiten entstanden, die zu den angesprochenen Fragen wichtiges Material zusammengestellt haben und als große Hilfe dienten: S. Dzuck (1996) zu den Geschichtsbetrachtungen im Nationalsozialismus und D. Neubauer (1998) zur Rezeption Karls des Großen in der NS-Zeit; letzterer hat seine Ergebnisse zusammengefaßt in: Verschleierter Karl 1999, S. 395–404. – Die Widukind-Belletristik in der Mitte der 30er Jahre innerhalb wie außerhalb der NSDAP hat R. Köhn (1986, Anm. 50 u. 52) aufgelistet. – Zu den Vordenkern und geistigen Wurzeln des »Neuen Mittelalters« ist zunächst A. Rosenbergs »Mythus des 20. Jh.« (^{5}1942) zu nennen, ein 1930 entstandenes Standardwerk der NS-Weltanschauung, dessen Auflagenhöhe und tatsächliche Rezeption deutlich voneinander abwichen und dessen sog. Wissenschaftlichkeit indiskutabel war und deshalb auf die zeitgenössische Wissenschaftsliteratur kaum eingewirkt hat; selbst die NS-Führungsriege nahm diese »Wertung der seelisch-geistigen Gestaltungskämpfe unserer Zeit« (so der Untertitel) kaum zur Kenntnis; vgl. dazu mit weiteren Einzelheiten R. Bollmus (1970). Rosenbergs im Text angeführtes Zitat stammt aus dessen Rede über den »erste(n) Dreißigjährigen Krieg«, gemeint sind Karls Sachsenkriege 772–804, abgedruckt in der Ausgabe seiner Reden und Aufsätze 1933–1935 (in: ders., Gestaltung der Idee, 1936, S. 107–115). Die völkischen Autoren W. Teudt, A. v. Hofmann, H. Grimm und ihre zitierten Bücher sind ins abschließende Literaturverzeichnis übernommen. Ähnliches gilt für die völkische Lyrik eines H. Löns (Haidbilder 1912) und H. Fr. Blunck (Balladen 1912); zu dem ersteren heißt es bei R. Köhn (1986, S. 600): »Die rote Beeke ist so voll von leidenschaftlichem Haß auf Karl, den »aisken Schlächter«, daß sie bis in die 30er Jahre in dieser Tendenz nicht überboten wurde. Vierzehn Druckseiten genügten, um aus dem geschichtlichen Ereignis völkische Emotionen zu schlagen. Dem Frankenkönig, einem »fetten Mann«, den »Südlands Wein und Südlands Weiber« verweichlicht hätten, stehen Löns »4500 Gerechte« gegenüber, »die ihre Hälse lieber dem Beile beugen, denn fränkischem Recht und fremder Art«. Zu Chamberlains germanophilem Bestseller über die »Grundlagen des 19. Jahrhunderts« vgl. die abschließende Bibliographie. – Zu Hitlers Einstellung gegenüber Karl dem Großen und Widukind sind zum einem die von H. Picker aufgezeichneten, quellenkritisch (weil Notiz u. Kommentar miteinander vermengend) allerdings nicht unumstrittenen Tischgespräche Hitlers im Führerhauptquartier 1941/42 heranzuziehen (1963, S. 230: Gespräch v. 31.03.1942 oben im Text zitiert) sowie zum anderen Hitlers Parteitagsreden 1935 (hg. 1935, S. 73f. mit der Bezugsstelle); vgl. dazu auch Fr. Selmeiers Untersuchung zum NS-Geschichtsbild (Diss. München 1969). Auch Joseph Goebbels verstand Hitlers Rede als »Abwendung des Widukindkultes«; vgl. dazu dessen Tagebücher sowie H.-U. Thamer (Könige in Aachen 2, 2000, S. 834). Das auf dem Reichsparteitag 1935 von dem Nürnberger Oberbürgermeister Willy Liebel überreichte »Reichsschwert« war eine Kopie des um 1200 entstandenen Zeremonienschwertes aus dem Krönungsornat des Staufers Friedrich II., angefertigt für die geplante Aachener Krönungsausstellung 1915; vgl. zu weiteren Einzelheiten »Könige in Aachen« (2, 2000, S. 873) sowie R. Haude (2000). – Zur Aachener Reaktion auf die frühe NS-Debatte über Karl den Großen und Widukind sind die näheren Belege dokumentiert von E. Gasten (1993) sowie in der ms. Diplomarbeit von R. Münstermann (1987). K. Schués im Text genannter Beitrag (ZAGV 55, 1933/34) beginnt mit einem »Aachenbekenntnis«: »Daher erscheint es mir geradezu als eine Ehrenpflicht des Geschichtsvereins in der Stadt, die Karl als ihren eigentlichen Gründer und Patron betrachtet, die so viele Erinnerungen an ihn birgt, und deren Münster seine Gebeine bewahrt und verehrt, (...) die Frage zu prüfen: Wer war Karl und welche Rolle ist ihm in der Geschichte eigentlich zuzuweisen?« Wegen dieses positiven Karlsbildes wurde dem Aachener Geschichtsverein eine »geistige Abhängigkeit vom römischen Katholizismus« vorgeworfen; vgl. dazu Kl. Pabst (in: Geschichtskultur im Rheinland 1997). – Eine Zusammenstellung der einzelnen Aufsätze der fachwissenschaftlichen Diskussion zum sog. Blutbad von Verden oder zum Mythos »Widukind«, die insbesondere von M. Lintzel und E. Rundnagel bestritten wurde, finden sich bei R. Köhn (1986, Anm. 63). Die Streitschrift über »Karl den Großen oder Charlemagne« (1935) ist ausführlich von K. F. Werner (ZAGV 101, 1997/98, S. 41–55) analysiert worden; die zitierten Einschätzungen stammen aus folgenden Arbeiten: A. Borst (KdG 4, 1967), K. Jordan (Ausgew. Aufs. 1980), C. Brühl (Geburt zweier Völker 1990) u. G. Tellenbach (Ausgew. Abhdl. 5, 1996). Zu den drei, oben im Text gegenübergestellten Mittelalterforschern sind als weitere Orientierung zu nennen: zu K. Hampe die bei K.F. Werner (ZAGV 101, 1997/98, Anm. 33) genannte Literatur, zu C. Erdmann die einfühlsame Lebensskizze von G. Tellenbach (Erinnerte Zeitgeschichte 1981) u. zu dem Bonner Altgermanisten H. Naumann O.G. Oexle (in: Ma. u. Moderne, hg. v. P. Segl 1997); zur Auseinandersetzung zwischen Geschichtswissenschaftlern und Parteifunktionären vgl. auch J. Petzold (ZfG 42, 1994). – Zu Karl dem Großen in den Kriegsjahren sind oben im Text zunächst drei Mediävisten zitiert worden: O. Westphals Buch über den Aufgang und die Vollendung des Reiches (1941), über Karl den Großen als überlebensgroße deutsche Figur, dann W. Hoppes Aufsatz (in: Berlin-Rom-Tokyo 4, 1942) über Karl als »Wegbereiter der europäischen Idee« u. E. Maschkes Text in den genannten NS-Monatsheften. 1938 hat Hitler die Wiener Reichskleinodien – die Reichskrone, zwei Reichsschwerter, Zepter und Reichsapfel – nach Nürnberg bringen lassen: nicht in das Germanische Nationalmuseum, sondern in die Meistersingerkirche, »als Symbol großdeutscher Macht und Tradition« (H.-U. Thamer, Könge in Aachen 2, 2000). Die erwähnte Ausstellung »Deutsche Größe« , die 1940/41 helfen sollte, »den Deutschen und der Bevölkerung besetzter Nachbarstaaten die historische Berechtigung Deutschlands zur europäischen Vorherrschaft darzulegen und die moralische Aufrüstung zu stärken«, ist von K. Schönwälder (1992, S. 234ff.) mit allen nötigen Belegen dokumentiert und analysiert worden. Karl der Große gilt hier als einer »der bedeutendsten unter den neuen Herrschern«, weil er ein neues »Weltreich« geschaffen und gegen die Reichsfeinde verteidigt sowie einen »Bund zwischen dem fränkischen Königtum und der römischen Kirche« gestaltet habe. Zu Th. Mayer und seiner Rolle in der Geschichtswissenschaft während der Kriegsjahre in der sog. »Aktion Ritterbusch« (1940–1945) hat F. R. Hausmann (1989) einen grundlegenden und umsichtigen Überblick vorgelegt (darin Kap. II, 6 über die Geschichtswissenschaft sowie als Kurzfassung »Dt. Historiker im Nationalsozialismus«, hg. v. W. Schulze u. O.G. Oexle 1999). Th. Mayer wurde nach 1945 »als Mitläufer eingestuft (...), doch er war als führender Funktionär der großdeutschen Wissenschaft und als Universitätsrektor in Marburg zu einer untragbaren Symbolfigur geworden« (G. Seibt, FAZ 2.10.1991). Mayer selbst hat eine eigene Sicht der Dinge in seiner Autobiographie (in: Ma. Studien 1959, S. 463 – 503) gegeben und dort das Ende seiner MGH-Tätigkeit nach dem Kriege als eine der »schwersten menschlichen Enttäuschungen« bezeichnet; vgl. zu Mayers Haltung auch U. Wolf (Janusgesicht der Historie 1996). Zu H. Heimpels von ihm selbst eingestandenen fragwürdigen und zutiefst bedauerten Haltung in der NS-Zeit vgl. jetzt auch E. Schulin (Schriften Heidelberg 9, 1998) sowie A. Esch (in: Dt. Historiker im Nationalsozialismus 1999, S. 159f.); vgl. auch Kl. Schreiners Studie zur Geschichtswissenschaft im Dritten Reich (hg. v. P. Lundgreen, 1985) und nach 1945 (in: Dt. Geschichtswissenschaft nach dem Zweiten Weltkrieg, hg. v. E. Schulin 1989). Die oben im Text erwähnten Mittelalterforscher W. Giesebrecht, J. Haller und K. Hampe und deren »germanische« Denkmuster sind von K. F. Werner (ZAGV 101, 1997/98, S. 30ff., 35ff., 46ff.) näher gekennzeichnet und mit vielen weiterführenden Hinweisen zu einer vertiefenden Beschäftigung kommentiert worden; empfohlen seien auch H. Müller (HZ 252, 1991) zu »Johannes Haller, Frankreich und das französische Mittelalter« sowie W. Wippermann (1981) u. G. Althoff (in: Moderne Geschichtsbilder 1992) zur Beurteilung von K. Hampes Darstellung der ma. Ostpolitik. Den politischen »Germanismus« des 19. Jh. hat H. Gollwitzer (Fs. H. Heimpel 1, 1971) näher beschrieben. – Zum Karlskult nach 1945, zum Geschichtsbild in der Politik und Publizistik des Nachkriegseuropas, zu den Schwerpunkten der Karlsforschung zwischen 1945 u. 1965 sowie zu dem damals entstandenen Aachener Karlspreis und dessen Ausrichtung und frühen Entwicklung hat M. Pape (HJb 120, 2000) alle wichtigen Belege zusammengetragen. Zum Karlsbild des Karlspreises, verbunden mit einem kurzen historischen Abriß, ist zudem heranzuziehen W. Georgi (in: Verschleierter Karl 1999, S. 407–415). Die Reden der Karlspreisträger von Graf Coudenhove-Kalergi bis zur Karlspreisträgerin Simone Veil sind hg. v. H. Kästner (1982).

Der Aachener Karl

Karl der Große in seiner Stadt

Mit diesem Titel hatte 1967 Ernst Günther Grimme die mannigfachen Kunst- und Bauwerke aufgelistet, die in Aachen an die Person und Persönlichkeit Karls des Großen erinnern: die Denkmäler der Karlsverehrung wie Grab und Thron, die Karlsreliquien, die kostbaren Zeugnisse in der Aachener Marienkirche, die Karlsbilder und Karlsfeste Aachens und vieles andere mehr. Diese Beispiele eines politisch-religiösen Karlskultes reichen bis weit in die Neuzeit und enthalten auch mancherlei Kuriositäten wie etwa jene kolossale Karlspuppe, die in Aachener Festzügen (zuletzt 1811) mitgeführt wurde.

Höhepunkte dieser Aachener Karlsverehrung waren die Graböffnung durch Otto III. im Jahre 1000, die von Friedrich I. Barbarossa veranlaßte Heiligsprechung 1165 sowie die Schließung des Karlsschreins durch Friedrich II. 1215. In diese Höhenlage gehören auch die herausragenden Geschenke der deutschen Könige an die Aachener Marienkirche: die Pala d'oro Ottos III., die Goldkanzel Heinrichs II., der achteckige Radleuchter Friedrichs I. Barbarossa und jenes Büstenreliquiar, das Karl IV. vielleicht als Krönungsgeschenk der Aachener Marienkirche überließ. Auch die französischen Könige bekundeten gegenüber Karl dem Großen und seiner Kirche eine solche Verehrung. Erinnert sei etwa an das kostbare Armreliquiar, das Ludwig XI. 1481 der Marienkirche stiftete. Zudem war es üblich, daß nach den Begräbnisfeierlichkeiten in Paris und St. Denis der Nachfolger des verstorbenen Königs das Leichentuch seines Vorgängers nach Aachen schickte, um seine Verbundenheit mit Karl dem Großen zu bekunden. Einzelne frühneuzeitliche Stücke bzw. Teilstücke haben sich bis heute in Aachen erhalten.

Will man diese vielfältige Wirkungsgeschichte ein wenig nachzeichnen, dann ergeben sich verschiedene Schwerpunkte der Nachwirkung Karls des Großen in Aachen: die 936 begonnene, aber erst seit 1028 gefestigte Krönungstradition der deutschen Könige und ihrer Thronsetzung auf der *sedes Karoli* bis 1531, weiter die bereits besprochene liturgische Verehrung Karls mit all ihren Formen, Texten und Ausrichtungen – so etwa mit der Karlssequenz *Urbs Aquensis, urbs regalis* als ihrem bekanntesten Beispiel – und schließlich auch die Aachener Heiltumsschau, die häufig aus dem Reliquienschatz Karls des Großen abgeleitet wird. In diese wirkungsgeschichtliche Reihe gehört aber nicht zuletzt auch das Grab Karls des Großen, das den karolingischen Herrscher unauflöslich mit seiner Kirchengründung, der Aachener Marienkirche, verband und das über die Graböffnung Ottos III. bis in die Freskenmalerei eines Alfred Rethel im 19. Jahrhundert nachgewirkt hat.

Die Aachener Nachwirkung Karls des Großen ist aber nur zu verstehen, wenn man zunächst das karolingische Aachen um 800 wenigstens skizzenhaft vorstellt, also jene frühmittelalterliche Entwicklung von einer königlichen Domäne zur Zeit Pippins, des Vaters Karls des Großen, bis zum »ersten Sitz Franziens« (Nithard) beschreibt, der Aachen unter Karl gewesen ist: seit 794/95 als Winterpfalz und seit 806 bis zu seinem Tod als faktische Residenz, als Ort der von ihm erbauten Pfalz und Marienkirche. Zu dieser karolingischen Entwicklungsgeschichte gehört dann auch die jüngere Forschungsdebatte: War Aachen die »Hauptstadt« des Frankenreiches? Galt Aachen als ein zweites Rom? Ist die Marienkirche eine Pfalzkapelle oder eher eine Stifts- und Fiskalkirche gewesen? Hat Byzanz als imperiales Vorbild für das Aachen Karls des Großen gedient?

Aachen um 800

An keinem anderen Ort Europas dürfte das Zeitalter der Karolinger bis heute deutlicher zu fassen sein als in Aachen, das in den zeitgenössischen Quellen *Aquis*, *Aquisgrani* (auf den keltischen Heilgott Grannus hindeutend) oder auch *Aquispalatium* (Aachenpfalz) genannt wurde. Dieses »einzigartige Bauensemble« (H. Müller) geht auf Karl den Großen zurück, der sich nach ersten Aufenthalten 768 und 788 in *Aquis villa*, in der hiesigen Landpfalz und königlichen Domäne, für den Ausbau dieses schon von seinem Vater Pippin besuchten Pfalzortes entschied. Wenn man dem Karlsbiographen Einhard glauben will, dann hatte die Entscheidung für Aachen weniger strategische oder verkehrsmäßige Gründe, sondern war vor allem in Aachens heißen Quellen begründet, die der Herrscher gern als »Kaiserbad« benutzte (*Vita Karoli Magni* c. 22). Aachen als Karls bevorzugter Herrschaftssitz seit dem ausgehenden 8. Jahrhundert und insbesondere in seinem letzten Lebensjahrzehnt ist auch nach seinem Tod am 24. Januar 814 unter seinem Sohn und Nachfolger Ludwig dem Frommen häufiger Aufenthaltsort des Herrschers und wichtiger Schauplatz politischen Handelns geblieben. Nach 830 in der Auseinandersetzung um die Einheit des Karolingerreiches, mit dem Aufstand der Kaisersöhne und der Entthronung Ludwigs des Frommen, ging allerdings Aachens reichsgeschichtliche Bedeutung merklich zurück. In der Mitte des 9. Jahrhunderts unter den Königen Lothar I. († 855) und Lothar II. († 869) erhielt die Aachener Pfalz noch einmal für kurze Zeit eine – jetzt allerdings verkleinerte – Zentralfunktion für das lotharingische Mittelreich, verlor diese aber endgültig 870 im Vertrag von Meersen, als Aachen dem ostfränkischen Reich Ludwigs des Deutschen († 876) zugesprochen wurde und damit an dessen westliche Peripherie geriet.

Von Karls des Großen Kaiserpfalz sind mit dem heutigen Rathaus und dem jetzigen Dom noch große Teile des karolingischen Aachen erhalten geblieben: das Rathaus läßt in seinen Fundamenten und Ausmaßen sowie in Teilen seines Mauerwerks den frühmittelalterlichen Vorgänger, die einstige Königshalle (*Regia*), erkennen, und der heutige Dom hat mit seinem acht- bzw. sechzehneckigen Zentralbau weitgehend unverändert Karls Marienkirche unserer Zeit übermittelt. Als Karls Grablege, als spätere Krönungskirche des Mittelalters sowie als

Wallfahrtsziel vor allem des späteren Mittelalters war gerade sie es, welche die Kontinuität Aachens auch dann noch wahrte, als die bei ihr begründete Pfalz längst an Bedeutung verloren hatte. In der französischen Namensform Aachens (Aix-la-Chapelle) bekundet sie bis heute diesen geschichtlichen Rang.

In ihrer Längsachse ist die Aachener Marienkirche richtungsbestimmend gewesen für die anderen Pfalzbauten: für die königliche Aula im Norden, den Thronsaal Karls des Großen, genauso wie für den doppelstöckigen Verbindungsportikus und Torbau im Westen, für die königlichen Gemächer, für die Räumlichkeiten der Hofkapelle, für das Pfalzgericht, für die Kanzlei und das Archiv, für die Funktionsbauten im Osten der Pfalz. Die langgestreckte Königshalle als Dreikonchenanlage mit einer größeren Apsis im Westen und zwei kleineren Apsiden im Norden und Süden sowie mit ihrem rechteckigen Turmbau im Osten, dem sog. Granusturm, gilt als einer der größten Saalbauten des Mittelalters. Bei der Suche nach dessen klassischem Vorbild hat man immer wieder auf die Trierer Palastaula Konstantins oder auch auf das römische Triklinium Papst Leos III., den päpstlichen Repräsentationsraum des dortigen Lateranpalastes, verwiesen. Auch über die Funktion der weiteren Bauten hat man die verschiedensten Vermutungen geäußert, so etwa die, daß im sog. Granusturm wahrscheinlich das Archiv und der Schatz des Königs untergebracht waren und daß in dem genannten westlichen Torbau das königliche Gericht tagte oder vielleicht auch ein Audienzsaal des Herrschers bzw. des Pfalzgrafen eingerichtet war, der als Vorsitzender und Vertreter des Herrschers im Königsgericht fungierte. Unsicher ist, wo sich Karls Wohnräume befanden, wo die Hofschule und Hofbibliothek sowie die Gemeinschaftsräume des Kanonikerstiftes lagen. Wir kennen zwar aus der späteren Hofordnung Erzbischof Hinkmars von Reims – der in seiner Schrift *de ordine palatii* von 882 auf den gleichnamigen Text Adalhards von Corbie, des Vetters Karls des Großen, zurückgreift – die verschiedenen Hofämter, also die des Erzkaplans und Erzkanzlers oder auch die des Marschalls, Kämmerers und Pfalzgrafen. Dagegen wissen wir aber nur wenig über die genauen Orte und Bauten ihres Wirkens. Ähnlich steht es mit den Zeugnissen der karolingischen Kulturblüte – den Bronzetüren und Bronzegittern der Marienkirche, den antiken Texten wie etwa der ältesten Vitruvhandschrift (Brit. Museum, Cod. Harleianus, 2767, s. IX), die hier vielleicht kopiert wurden oder auch den eigenständigen Schriften wie etwa der Aachener naturwissenschaftlichen Enzyklopädie, die hier entstanden – ihre Inhalte und Ergebnisse sind uns hinlänglich bekannt, weniger dagegen der genaue Ort ihrer Entstehung oder die Namen ihrer Schreiber. Zur Aachener Pfalzanlage zählten noch weitere wichtige Bereiche, etwa die von Karl geschätzten heißen Quellen bei der Bücheltherme, die Wohnungen des Hofstaates ebenso wie die bei Einhard genannte *domus pontificis* (c. 32), die meist als die bischöfliche Wohnung des Kölner Erzkanzlers angesehen wird, und schließlich auch ein Friedhof auf dem Salvatorberg. Bislang nicht lokalisierbar ist der Wirtschaftshof der Aachener Pfalz, zu dem einige Nebenhöfe in Seffent, Richterich, Orsbach, Vaals, Würselen, Haaren und Eilendorf gehörten. Eng verbunden mit der Pfalz war auch eine kleine Wohnsiedlung, der sog. *vicus Aquensis*, der Ort der Handwerker und Kaufleute, der im Bereich der heutigen Jakob- und Großkölnstraße anzusiedeln ist. Die geistlichen und weltlichen Hofleute dürften hier ihre Unterkünfte gehabt haben.

Welche genauen Personengruppen um 800 in Aachen lebten und arbeiteten, erfahren wir aus dem um 820 erlassenen Pfalzkapitular Kaiser Ludwigs des Frommen, das die Ordnung in der Aachener Pfalz zu regeln suchte (*de disciplina palatii Aquisgrani*). Dort werden die Hörigen des Wirtschaftshofes (*servi*), die königlichen Funktionsträger (*actores*) und die Gefolgsleute des Herrschers (*vassi*) genannt, weiter die Bischöfe, Äbte und Grafen und nicht zuletzt die Kaufleute und Handwerker, genauer die Weber und die christlichen und jüdischen Händler. Auch von Armen und Bettlern, von Dirnen und Lustknaben ist die Rede.

Wie immer man sich das Aachen Karls des Großen im einzelnen vorzustellen hat und wie genau seine Topographie am Ende auch zu bestimmen sein mag – insbesondere zum Osten der Pfalzanlage hin – eines dürfte nicht zu bezweifeln sein: von hier aus wurde das frühe Europa politisch und kulturell entscheidend geformt. Mit seinen Hoftagen, Reichsversammlungen und Synoden, mit seinem vielfältigen politischen und kulturellen Leben ist dieses karolingische Aachen um 800 zu einer »Hauptstadt« Europas geworden, nicht im Sinne einer modernen Kapitale, wohl aber im mittelalterlichen Verständnis eines ersten Herrschersitzes. Von hier aus wurde eine christliche Welt und ein feudales Zeitalter auf den Weg gebracht, eine lateinisch-westliche Wirklichkeit, in der das antike Schrifttum wieder belebt und unsere heutige Schreibschrift mit der karolingischen Minuskel geschaffen wurde. Hierhin gehören dann auch die frühen Belege unserer Muttersprachen – der *lingua rustica Romana*, der werdenden romanischen Sprachen, genauso wie der *lingua theodisca*, der fränkisch-germanischen Volkssprache.

Die wissenschaftliche Erschließung der Aachener Pfalz reicht weit zurück und hat ihre eigene Forschungsgeschichte, deren erste Arbeiten bis ins 19. Jahrhundert zurückgehen, dann über die archäologischen Grabungen zwischen 1910 und 1914, über die Forschungsberichte anläßlich der Aachener Karlsausstellung von 1965 bis hin zu den neueren Ergebnissen der vergleichenden Pfalzenforschung führen. Die inhaltlichen Stichworte dieses Forschungsweges beziehen sich auf die Anlage und Überlieferung der Aachener Pfalz, auf ihre topographischen, archäologischen und bauhistorischen Befunde, auf die erhaltenen und zu erschließenden Bauteile, auf ihre Vorbilder und Parallelen und ihre politische und geschichtliche Bedeutung für die »ambulante Herrschaftspraxis«. Vor 30 Jahren hat Ludwig Falkenstein eine Zwischenbilanz zur Aachener Pfalzenforschung vorgelegt und darin einige Forschungsgrundsätze formuliert, die nichts von ihrer Gültigkeit verloren haben. Danach muß es die Aufgabe der Mittelalterforschung sein, zunächst jenes Bild der Aachener Pfalz zu erschließen, wie es die Schriftquellen überliefert haben, die urkundlichen wie erzählenden Texte, die es zu sammeln, zu sichten und quellenkritisch auszuwerten gelte. Dies bedeutet etwa konkret, die einschlägigen Aussagen der Reichsannalen und der Karlsvita Einhards oder auch die anekdotenhaften Nachrichten eines Notker von St. Gallen oder die panegyrischen Überhöhungen des Aachener Karlsepos zusammenzutragen, diese aber nicht »auf dem Wege eines additiven Verfahrens zu einem Mosaik zusammenzufügen«. Diese schriftliche Überlieferung ist dann in einem zweiten Schritt mit den wissenschaftlichen Ergebnissen der Archäologen und Bauhistoriker zu vergleichen. Es ist also zu fragen, welche Textzeugnisse sich wahrscheinlich, möglicherweise oder am Ende sogar mit Sicherheit »auf bestimmte Teile der monumentalen Überlieferung beziehen lassen«. Erst dann werde man entscheiden können, wo sich schriftliche und monumentale Überlieferung ergänzen. Man muß Ludwig Falkenstein auch heute noch darin zustimmen, daß sich »alle Urteile über die Pfalz und über ihre wichtigsten Bauten (...) nur mit allergrößter Vorsicht formulieren lassen« und in der Regel nur »vorläufiger Art« sind.

Wie schwierig bereits die angemessene Interpretation allein der Schriftquellen sein kann, beweist ein eigenartiges Einzelmonument der Aachener Pfalz: die dortige Theoderichstatue. Bei ihr haben wir es mit einem merkwürdigen Befund zu tun: die Quellenlage ist bescheiden, der genaue Standort unklar und die inhaltliche Bedeutung umstritten. Der um 840 für die Kirche von Ravenna schreibende Agnellus berichtet uns in seinem *Liber Pontificalis*, daß Karl der Große auf dem Rückweg von der römischen Kaiserkrönung 801 ein unvergleichlich schönes Reiterstandbild des ostgotischen Königs Theoderich in Ravenna gesehen habe. Diese vergoldete Bronzestatue habe er ins Frankenreich transportieren und in seiner Aachener Pfalz aufstellen lassen. Karls ästhetische Freude an der Theoderichstatue dürfte es demnach gewesen sein, die deren Transport von Ravenna nach Aachen veranlaßte. Neben Agnellus gibt es noch einen zweiten zeitgenössischen Autor, der uns Nachrichten zu dem Aachener Reiterstandbild überliefert. Es ist Walahfrid Strabo, der Erzieher Karls des Kahlen am Hofe Ludwigs des Frommen, der 829 in seinem Panegyricus auf den Kaiser und die Reichseinheitspartei (*de imagine Tetrici*) diesen Tetricus als Teufelsvertreter und tyrannischen Herrscher, als diabolischen Antityp zum Messiaskaiser Ludwig dem Frommen schildert und dessen Monument – dieTheoderichstatue – als Idol einer verschwörerischen Adelsgruppe und ihres Machtanspruches auf die Reichsteilung hinstellt. Für Karl den Großen und seine Aachener Pfalz ist aus diesem politischen Kontext der Reichskrise um 830 und der darin eingebundenen Rolle der Theoderichstatue, der *imago Tetrici*, nichts zu gewinnen – bis auf die Andeutungen, die sich bei Walahfrid Strabo zu Standort und Aussehen dieses Reiterstandbildes finden. Danach soll die Theoderichstatue aus vergoldetem Metall und überlebensgroß gewesen sein, Schild und Lanze getragen und auf einem Säulensockel nicht in, sondern vor der Pfalz, genauer vor deren westlichem Toreingang gestanden haben.

Ebenfalls nicht einfach ist die Frage nach der inhaltlichen Bedeutung der Theoderichstatue für Karl den Großen zu beantworten. Ist sie ein bloß ästhetisches Monument oder handelt es sich um eine bewußte Zeichensetzung – um ein politisches Programm für eine personifizierte Antike (R. Krautheimer) oder für ein fränkisch verstandenes Kaisertum (H. Hoffmann), um ein Herrschaftszeichen der Aachener Kaiseridee (W. Schlesinger) oder gar um ein geschichtsträchtiges Symbol für den Wandel vom *Orbis Romanus* zum mittelalterlichen Abendland (H. Löwe)? Wir wissen es nicht, weil uns die Quellen über Karls Freude hinaus keine näheren Motive des Frankenherrschers überliefern und uns deswegen für die angedeuteten inhaltlichen Alternativen Zurückhaltung auferlegen.

In der Forschung hat man sich lange darüber gestritten, ob das karolingische Aachen um 800 ein »zweites Rom« war. Das Aachener Karlsepos hatte dies in seiner literarischen und an Vergil angelehnten Überhöhung so gesehen und der karolingische Dichter Modoin hatte es um 810 in einem Gedicht an Karl den Großen so wiederholt: dort, wo der Herrscher, das Haupt der Welt, sich aufhält, ist auch Rom (*quo caput orbis erit, Romam vocitare licebit*). Carl Erdmann hatte diese Sicht vor einem halben Jahrhundert als Aachener Kaiseridee bezeichnet: die von Karl dem Großen gebaute Residenz in Aachen habe die fränkische Königspfalz unzweideutig zum kommenden Kaisersitz gemacht. Bisher habe Byzanz als zweites Rom gegolten, das jetzt durch Aachen als Sitz des Augustus ersetzt werde. Berücksichtigt man noch, daß in einigen zeitgenössischen Texten, so etwa in der Chronik von Moissac und verschiedenen Aachener Synodalprotokollen, von einem Lateran der dortigen Pfalz gesprochen wird, dann ist nach Ansicht Erdmanns Karls Marienkirche als eine päpstliche Kirche und Aachen als ein »zweiter Sitz des Papstes« anzusehen. Der Lateranname könnte demnach auch als ein politisches Zeugnis, als ein Beleg für einen eigenständigen Aachener Kaisergedanken verstanden werden, den Karl mit dem Bau seiner Pfalz habe verdeutlichen wollen, vielleicht sogar vor seiner römischen Kaiserkrönung 800. Bei der Suche nach einer herrschaftlichen Konzeption, die sich hinter der Errichtung und Benennung des Aachener Laterans verbergen könnte, hat man auch auf entsprechende Vorbilder verwiesen. Bestimmte äußere Ähnlichkeiten hätten den Aachener Lateran mit dem gleichnamigen römischen Bischofssitz verbunden: wie in Rom die Reiterstatue des Marc Aurel, die römische Wölfin und das Erlöserpatrozinium den Sitz und die Kirche des Papstes ausgezeichnet hätten, so sei in Aachen eine entsprechende Übereinstimmung durch die Theoderichstatue, durch die römische Bärin (heute im Dom) und durch das gleichlautende Patrozinium der Marienkirche erreicht worden. Diese Übereinstimmungen würden sich gut in die Vorstellung Karls des Großen als eines neuen Augustus und Aachens als eines künftigen Roms einfügen.

Von dieser gewaltigen Programmatik ist man heute aufgrund einer kritischen Durchsicht der Quellen, die Ludwig Falkenstein geleistet hat, weit abgerückt. Der Aachener Lateran ist zu einem Einzelgebäude, zum Sekretarium der Marienkirche, zur Sakristei und Schatzkammer geworden, und die bei Einhard erwähnte *domus pontificis*, die man früher als päpstliche Unterkunft der *Nova Roma* gesehen hatte, ist zum Haus des Kölner Erzbischofs Hildebald geworden, der als Vorsteher von Karls Hofkapelle seit 794 in diesem Gebäude auch gewohnt haben dürfte. Eine solche Deutung läßt sich gut mit den archäologischen Befunden vereinbaren, durch die an der nördlichen wie südlichen Seite der Marienkirche Annexbauten erschlossen werden konnten, die wohl mit dem Aachener Lateran bzw. mit der genannten erzbischöflichen Wohnung identifiziert werden können und vielleicht auch als Gemeinschaftsraum der Kanoniker des Marienstiftes bzw. unter Ludwig dem Frommen als Tagungsort für Aachener Synoden gedient haben dürften

Karls Marienkirche

Im Südteil des Aachener Pfalzenkomplexes befindet sich die Marienkirche, nach Einhards Einschätzung (*Vita Karoli Magni* c.17) »ein mit staunenswerter Kunst errichtetes Bauwerk«. Über diese *basilica sanctae Dei genitricis Aquisgrani*, über ihre Bauzeit und ihr Weihedatum, ihre Ausstattung und kirchliche Ausrichtung, ihr bauhistorisches Vorbild und ihre architektonische Nachfolge, ihre Kennzeichnung als Pfalzkapelle oder als Stifts- und Pfarrkirche ist viel diskutiert worden. Vor dem Hintergrund dieser langen Forschungsdebatte seien die wichtigsten Ergebnisse der heutigen Auffassung zusammengestellt.

Karl der Große baute seine Marienkirche im Bereich der ehemaligen römischen Thermenanlage, genauer bei der sog. Münstertherme, an der Stelle, wo sich eine kleine fränkische Vorgängerkirche befand, die durch die archäologischen Grabungen nach 1910 erschlossen werden konnte und deren Altar erhalten blieb, um so die Kontinuität zu wahren. 798 dürfte Karls Marienkirche im Rohbau fertiggestellt gewesen sein. Dies kann aus einem Brief Alkuins an Karl vom 22. Juli 798 erschlossen werden, in dem von den bereits aufgestellten Marmorsäulen gesprochen wird: »auch haben wir ein Gespräch über die Marmorsäulen geführt, die in dem wunderschönen und bewundernswerten Kirchenbau, den Eure Weisheit angeordnet hat, aufgestellt sind« (ep. 149). Zu diesem Datum paßt die dendrochronologische Messung eines noch erhaltenen karolingischen Holzankers in der Steinkuppel des Oktogons, der von einer zwischen 766 und 786 gefällten Eiche stammen dürfte. Hinzu kommt eine Notiz aus der südfranzösischen Chronik der Abtei Moissac zum Jahr 796, die allerdings erst nach 816 eingetragen sein dürfte, wonach Karl der Große »in Aachen seinen Herrschaftssitz befestigte und dort eine Kirche von wunderbarer Größe errichtete, deren Türen und Gitter er aus Erz fertigen und die er mit großer Sorgfalt und Würde, so wie er es konnte und es sich geziemte, ausschmücken ließ«. Entwurf und Ausführung der Aachener Marienkirche dürften demnach vor Karls Kaiserkrönung im Jahre 800 anzusetzen sein und damit wohl kaum in ein wie immer gedachtes »imperiales Repräsentationsprogramm« (H. Müller) eingeordnet werden können.

Die Aachener Kirchengründung ist die einzige Karls, von der wir sichere Kunde haben. Bei Einhard ist sie neben der Mainzer Rheinbrücke das wichtigste Bauwerk überhaupt (c. 17). Der Karlsbiograph hat ihr ein ganzes Kapitel seiner Karlsvita (c. 26) gewidmet, in dem die aufwendige Ausstattung, das überreiche liturgische Zubehör, die persönliche Vorliebe und Fürsorge Karls hervorgehoben werden. Wörtlich heißt es: » (...) daß er sie mit Gold und Silber ausschmücken ließ sowie mit Lampen und Gittern und Türen, die aus festem Erz waren. Da er zu ihrer Errichtung Säulen und Marmorstücke anderswoher nicht haben konnte, ließ er sie aus Rom und Ravenna heranschaffen«. All dies habe er um der *religio christiana* willen getan.

Daß Papst Leo III. 805 am Dreikönigsfest die Aachener Marienkirche eingeweiht haben soll, ist äußerst unwahrscheinlich. Denn dies berichten erst die spätmittelalterlichen *Annales Tielenses* des 14. Jahrhunderts, die ihre Nachricht der Karlslegende des 12. Jahrhunderts – dem gefälschten Karlsdekret und der Aachener Karlsvita – entnommen haben dürften. Die zeitgenössischen Reichsannalen erwähnen lediglich den kurzen Aachenbesuch Leos III. um die Jahreswende 804/05. Wenn man nach einem Weihedatum sucht, dann wird man von einem 17. Juli ausgehen müssen, an dem im Hochmittelalter das Aachener Kirchweihfest gefeiert wurde, bzw. von einem Jahr, in dem dieses Datum auf einen Sonntag als den wahrscheinlichen Weihetag fiel: dies ist der 17. Juli 802 gewesen.

Was hier von einem uns sonst unbekannten Baumeister Odo von Metz geschaffen wurde, ist in seiner technischen Ausführung wie in seinem künstlerischen Rang außerordentlich: der mächtige acht- bzw. sechzehneckige Zentralbau mit einem zweigeschossigen Umgang, der erste große Kuppelbau nördlich der Alpen mit einer inneren Höhe von 31 Metern. Nachempfunden ist dieser oktogonale Zentralbau dem Grundrißschema oströmischer Palastkirchen, allerdings mit wesentlichen Veränderungen gegenüber dem byzantinischen Vorbild: der Aufriß ist nach allen Seiten hin gleich, der Altarbereich nicht eigens hervorgehoben und die Seiten des Achtecks sind gerade durchgezogen und nicht geschwungen. Betont wird die Vertikale mit einem niedrigen Sockelgeschoß, einem hochgezogenen Säulenbereich, mit dem Obergaden und seinen Fenstern, mit einem deutlich abgehobenen Kuppelgewölbe. Als naheliegendes bauhistorisches Vorbild wurde immer wieder auf San Vitale in Ravenna hingewiesen, wo Karl der Große auch 787 gewesen ist und wo er in den dortigen Mosaiken Justinian und seinen Hofstaat, also eine bildliche Verknüpfung von Kirche und Palast, sehen konnte. Die in Ravenna erfahrbare byzantinische Architektur dürfte deshalb den Aachener Zentralbau entscheidend beeinflußt haben.

Zum Baukern gehörte nach Osten hin ein rechteckiger doppelgeschossiger Anbau, der im unteren Bereich den Marienaltar und im oberen Geschoß den Erlöseraltar enthielt. Im Westen schlossen sich an den Zentralbau ein Westwerk, Treppentürme, eine Vorhalle und ein Atrium an. Im Inneren lassen noch heute die spätantiken Säulen aus Ravenna, die gallorömische Bärin des 4./5. Jahrhunderts, die Reste des antiken Marmorbodens, die Bronzegitter und Bronzetüren, die Ende des 8. Jahrhunderts in einer Bronzewerkstatt der Aachener Pfalz gegossen sein dürften, und nicht zuletzt der legendäre Karlsthron aus der Zeit um 800 die prachtvolle karolingische Ausstattung von Kirche und Atrium erahnen. Vielleicht bezieht sich der Brief Papst Hadrians I. aus den 80er Jahren des 8. Jahrhunderts auf diese Aachener Innenausstattung – ein päpstliches Schreiben, das Karl erlaubt, Mosaik und Marmor aus Ravenna für eigene Bauzwecke zu entnehmen.

Nach der älteren und lange Zeit vorherrschenden Lehrmeinung soll Karl die Marienkirche als ständigen Sitz der Hofgeistlichkeit sowie als Aufbewahrungsort für den königlichen Reliquienschatz und für das kostbare Meßgerät des herrscherlichen Gottesdienstes, für seine dingliche *capella* vorgesehen haben. Erst im Laufe des 9. Jahrhunderts sei dann diese »Pfalzkapelle«, d.h. diese Hofkirche in ein Kanonikerstift, in eine dort institutionalisierte Klerikergemeinschaft umgewandelt und als selbständige kirchliche Einrichtung mit einem Eigen- und Sondervermögen ausgestattet worden. So konnte etwa Josef Fleckenstein schreiben, daß in der Aachener Marienkirche der Reliquienschatz des Königs, die Hofkapläne und die »Pfalzkapelle« einander zugeordnet gewesen seien und diese Zuordnung durch Karls Kirchenbau ihren symbolstarken Ausdruck erfahren habe.

Demgegenüber hat Ludwig Falkenstein zeigen können, daß nicht erst die späteren Karolinger wie König Lothar II. oder dessen Vater Lothar I. der Aachener Marienkirche Reichsgut aus dem benachbarten Königshof Konzen und aus dem Fiskus in Sinzig übertragen und damit ein kirchliches Sondervermögen gebildet hatten. Man müsse auch die urkundliche Versicherung Kaiser Karls des Kahlen 877 oder auch die Lothars I. 855 durchaus ernstnehmen, wonach sowohl Ludwig der Fromme wie auch Karl selbst der von ihm errichteten Marienkirche Einkünfte überwiesen hatten, um dort einen dauernden Gottesdienst zu sichern. Eine solche Zuwendung hat sich für Ludwig den Frommen aus dem mittleren Aachener Totenbuch des 13. Jahrhunderts belegen lassen, in dem für die Marienkirche eine Schenkungsnotiz der königlichen Domäne Traben an der Mosel überliefert ist. Für Karl den Großen läßt sich eine solche Ausstattung aus dessen allgemeinen Bestimmungen über die Sondervermögen der königlichen Eigenkirchen bzw. aus dessen bei Einhard überliefertem Testament (*Vita Karoli Magni* c. 33) mit den dortigen Verfügungen zugunsten der Marienkirche vermuten.

Damit wird man die Besitzgeschichte der Aachener Marienkirche bis auf ihren Erbauer zurückverfolgen können. Karl dürfte es demnach gewesen sein, der mit dem Bau dieser Kirche gleichzeitig auch deren Eigenvermögen gesichert und deren Reliquienbesitz verfügt und wohl auch ein Kanonikerstift gegründet hat, ein Kapitel von zwölf Kanonikern unter der Leitung eines Abtes, ein *monasterium fabricatum*, wie es in der erwähnten Urkunde Lothars I. von 855 (DLo I, 136) heißt. Dagegen sei es – so Falkenstein – zu einer festen Institutionalisierung der Hofkapelle trotz der zunehmenden und immer längeren Aufenthalte Karls in Aachen nicht gekommen. Die Marienkirche habe vielmehr neben dem immerwährenden Gottesdienst durch die Kanoniker und deren Gebet für das Seelenheil des Herrschers, seiner Familie und für den Bestand des Reiches zudem noch die Seelsorge der älteren Fiskalkirche und damit die kirchliche Betreuung für die königliche Pfalzsiedlung und Domäne wahrgenommen.

Als Pfarrkirche habe das Hochmünster mit seinem wahrscheinlich im Osten befindlichen Erlöseraltar gedient, der erstmals bei der Kaiserkrönung Ludwigs des Frommen 813 erwähnt wird. Dagegen war das untere Oktogon für das Kanonikerkapitel gedacht, mit dem Hochaltar der Stiftskirche, der der Jungfrau Maria geweiht war und der als Kastenaltar mit seiner hölzernen Mensa die kostbaren Reliquien der Marienkirche enthielt und dem Vorbild der römischen Basilika beim Lateran nachempfunden war. An dieses stadtrömische Vorbild knüpfte später das bereits erwähnte Altarprivileg Papst Gregors V. vom 8. Februar 997 mit seiner Verleihung von Kardinalstiteln an. Der Lateranbezug würde gut zu dem sonstigen Bestreben Karls des Großen passen, die Formen und Bücher der römischen Liturgie im Frankenreich zu verbreiten.

Man kann demnach festhalten, daß Karls Marienkirche nach dem Stand der heutigen Forschung bezüglich ihrer kirchlichen Funktion anders in die Pfalz eingebunden werden muß, als dies früher geschehen ist: Aus einer »Pfalzkapelle« ist eine Stiftskirche geworden, aus einer Hofkirche der Sakralraum für den Gottesdienst des Herrschers, aus einer Palastbasilika für den Hofklerus eine Gebetsstätte für das Heil des Königs und seines Reiches, aus einem festen Aufbewahrungsort der dinglichen *capella* eine Fiskalkirche der Pfalzsiedlung und königlichen Domäne. Mit einem Wort: »die wunderbare Basilika der Gottesmutter Maria« (Einhard) ist zwar topographisch in den engeren Pfalzbezirk einbezogen, aber ihrer rechtlichen Natur und kirchlichen Ausrichtung nach als eine selbständige kirchliche Institution zu betrachten, als eine Kirche bei – und nicht in – der Aachener Pfalz.

Unterhalb des Kranzgesimses, das Innere des Oktogons umspannend und entsprechend dieser oktogonalen Gestalt aus acht Versen – gleich vier Distichen – bestehend, befand sich in Karls Marienkirche eine Bauinschrift. Diese geht wohl bereits auf die bauliche Fertigstellung der Kirche um 800 zurück, sie ging später verloren und steht erst seit Beginn des 20. Jahrhunderts wieder an ihrem ursprünglichen Platz, wenn auch in anderem Material. Von dieser Inschrift heißt es in Einhards Karlsvita (c.32), daß im Aachener Münster

> »am Rand des Gesimses zwischen den oberen und unteren Bögen, den inneren Teil des Gotteshauses umlaufend, ein Epigramm in roter Farbe geschrieben stand, das enthielt, wer der Stifter dieses Tempels war. In dessen letztem Vers las man: KAROLUS PRINCEPS«.

Von mehreren sei im Sterbejahr Karls (814) bemerkt worden, daß wenige Monate vor Karls Tod die Buchstaben im Wort *PRINCEPS* verblaßt waren und kaum noch gelesen werden konnten.

Als man vor gut 100 Jahren das Innere der Marienkirche neu gestaltete, entschloß man sich, die inzwischen bis auf das Einhardfragment vergessene Inschrift unter Einbeziehung der beiden Worte *Karolus Princeps* neu zu dichten und als Mosaik am alten Platz anzubringen. Erst durch den Hinweis des damaligen Provinzialkonservators Paul Clemen wurde man darauf aufmerksam, daß Ernst Dümmler kurze Zeit vorher aus einer Leidener Handschrift (Voss. Lat. Q.69), die eine wohl um 800 in St. Gallen entstandene Textsammlung enthielt, die Aachener Inschrift in vollem Umfang herausgegeben hatte (MGH Poet. Lat. 1, 1881). Im Leidener Kodex trug die Bauinschrift die Überschrift *Versus in aula ecclesiae in Aquispalatio* (»Verse im Innenraum der Kirche in Aachenpfalz«). Seitdem kennt man den vollen Wortlaut, der hier wiedergegeben sei:

Cum lapides vivi pacis compage ligantur
Inque pares numeros omnia conveniunt,
Claret opus domini, totam qui construit aulam,
Effectusque piis dat studiis hominum,

Quorum perpetui decoris structura manebit,
Si perfecta auctor protegat atque regat:
Sic deus hoc tutum stabili fundamine templum,
Quod Karolus princeps condidit, esse velit.

»Wenn sich lebendige Steine durch die Fugung des Friedens verbinden
und wenn in gleichen Abmaßen alles zusammenstimmt,
pranget das Werk des Bauherrn, der das ganze Kirchengebäude errichtet
und der Vollendung schenkt den rechtschaffenen Mühen der Menschen,
deren Bau in fortwährender Zierde erhalten bleiben wird,
wenn sein Stifter das Vollendete schützt und lenkt:
so wolle Gott, daß dieser Tempel, den unser Princeps Karl gegründet hat,
auf festem Fundamente sicheren Bestand habe«.
(Übersetzung Cl. Bayer)

Die ersten sechs Verse dieses Textes stammen aus dem »Buch der Epigramme« des Prosper von Aquitanien († ca. 463), der in der Mitte des 5. Jahrhunderts im Umfeld Papst Leos I. (440–461) tätig und durch die augustinische Theologie geprägt war. Diese spätantike Vorlage eines Epigramms über den Bau des Gotteshauses (*de aedificatione domus Dei*) dürfte dann um 800 am Aachener Karlshof der Angelsachse Alkuin um die beiden letzten Verse ergänzt haben, die den Namen des Bauherrn Karl nennen und die Achterzahl des Textes der oktogonalen Form des Bauwerks anpassen.

Die Allegorie der »lebendigen Steine« ist nicht buchstäblich, sondern im übertragenen Sinne gemeint: sie spielt in Anlehnung an biblische und patristische Vorgaben auf die Gemeinschaft der Christen an. »Die lebendigen Steine sind die Gläubigen, durch deren Eintracht (*pacis compage*) der spirituelle Bau der kirchlichen Gemeinschaft gebildet wird« (Cl. Bayer). Dieser beruht auf Proportion und Harmonie, *inque pares numeros omnia conveniunt*, »in gleichen Zahlen alles miteinander zusammenfügend« – ein Gestaltungsgrundsatz, der auch eine unmittelbare und direkte Bedeutung für Karls Marienkirche besitzt. Denn diese Marienkirche soll nach den Regeln des römischen Baumeisters Vitruv aus der augustäischen Zeit geplant und gebaut worden sein, nach einem symmetrischen und konstanten Maßverhältnis, nach der mathematischen Vorschrift der *ratiocinatio*, des sog. Idealschnitts. Karls Marienkirche als »eine zu Stein gewordene Mathematik« (A. Hausmann).

Diese »Zahlenlehre« der Marienkirche läßt sich noch fortsetzen. Denn der innere Umfang des Sechzehnecks entspricht mit seinen 144 Fuß dem himmlischen Jerusalem aus der Johannesapokalypse: »Und ich sah die heilige Stadt, das neue Jerusalem, von Gott aus dem Himmel herabkommen (...). Und der mit mir redete, hatte einen Maßstab, ein goldenes Rohr, um die Stadt zu messen und ihre Mauer (...). Und er maß die Mauer: hundertvierundvierzig Ellen nach Menschenmaß, das der Engel gebrauchte« (Apk. 21,2 u. 15ff.). Und auch die Zahl acht, die dem Oktogon zugrundeliegt, kann heilsgeschichtlich gedeutet werden: die sieben Schöpfungstage sind durch die Auferstehung Christi am achten Tag vollendet worden.

Ganz im Sinne dieser zahlensymbolischen Bezüge konnte Alkuin im Juni 798 an Karl den Großen schreiben, daß er ihn in Aachen zu sehen hoffe, »wo der Tempel durch die Kunstfertigkeit des sehr weisen Salomon Gott errichtet wird« (*ubi templum sapientissimi Salomonis arte Deo construitur*, Ep.145). Ähnlich hieß es ein knappes Jahrhundert später in den *Gesta Karoli* des Notker von St. Gallen, Karl der Große habe in Aachen Bauwerke nach dem Beispiel Salomons auf wunderbare Weise errichtet und »eine Kirche nach eigener Vorstellung erbaut, die ausgezeichneter sei als die alten Werke der Römer« (I, 27f.).

Der Kreis der möglichen Ausdeutungen der Marienkirche schließt sich, wenn man noch deren Kuppelmosaik mit einbezieht, das man im 19. Jahrhundert anhand der unter dem Putz aufgefundenen Vorzeichnungen rekonstruierte und das 1880/81 Jean Baptiste Bethune mosaikisch ausgestaltete. Es zeigt den thronenden Christus umgeben von den vier Evangeliensymbolen und den 24 Ältesten, die sich von ihren Sitzen erheben (Apk. 4,4).

Die Marienkirche als triumphale Epiphanie! Vor dem Hintergrund dieser steingewordenen Theologie versteht man die inschriftliche Bemerkung auf dem Aachener Karlsschrein besser, die den von Karl der Gottesmutter Maria errichteten Tempel als *instar et exemplum* bezeichnet, als »Abbild und Vorbild« zugleich.

Nachwirkungen in Aachen

Als Karl der Große am 28. Januar 814 im Alter von noch nicht 66 Jahren gestorben war, hat man ihn – wie Einhard berichtet (c. 31) – noch am gleichen Tag in der Aachener Marienkirche beigesetzt. Durch diese Grablege ist Karl unauflöslich mit seiner Kirche verbunden worden. Das Grab Karls des Großen und die daran anknüpfende Karlsverehrung, das *sepulcrum sancti Karoli* – wie es in einer Aachener Chordienstordnung des 14. Jahrhunderts heißt – bietet und bildet daher die erste Stufe von Karls Aachener Nachwirkungen. In einer Chroniknotiz des Bischofs Thietmar von Merseburg über die Öffnung des Karlsgrabes im Jahre 1000 durch Otto III. hatte es geheißen, daß sich dieses Grab *in solio regio,* nicht in, sondern unter einem herrscherlichen Thron befunden habe. Diese Ortsangabe Thietmars hatte Helmut Beumann vor gut 30 Jahren dazu gebracht, »Grab und Thron Karls des Großen zu Aachen« zusammenzusehen und mit dieser Verknüpfung auch Karls Nachleben beginnen zu lassen.

Grab und Thron

Nach heutiger Auffassung soll Karl der Große in dem antiken Proserpinasarkophag in der Vorhalle des Aachener Münsters bestattet worden sein. Dieser antike Marmorsarg stammt aus einer stadtrömischen Werkstatt des frühen 3. Jahrhunderts und stellt als zentrales Motiv den Mythos der Proserpina dar, genauer jenen Moment, in dem die junge Göttin von Pluto, dem Gott der Unterwelt, vor den Augen der Göttinnen Minerva und Venus sowie ihrer Mutter Ceres geraubt wird. Die Brutalität des Entführers, das Entsetzen der Augenzeugen, die Ohnmacht der Mutter, ein rasendes Viergespann – dies alles ist verknüpft mit zwei weiteren Darstellungen an den Seiten des Sarkophags, die auf die verschiedenen Jahreszeiten und den immerwährenden Naturkreislauf von Werden, Vergehen und Wiederkehr hinweisen. Die Unausweichlichkeit des Todes und der Mythos der periodischen Wiederkehr, die Legende von Sterben und Wiedergeburt scheinen hier im Raub der Proserpina miteinander verbunden zu sein. Das Christentum verstand diese mythologische Erzählung wohl als eine antike Vorahnung der

Wiederauferstehungslehre. Ob es dieser religiöse Bezug war oder die wiederentdeckte Antike oder nur die Kostbarkeit dieses römischen Sarkophags aus Carrara-Marmor und dessen meisterliche Ausgestaltung, die ihn zur ersten Grablege Karls des Großen werden ließen, wissen wir nicht. Einhard und die anderen karolingischen Quellen oder auch die späteren Zeugnisse lassen diesen Marmorsarg und seine mythologische Bildgeschichte völlig unerwähnt und erlauben deshalb keine, wie auch immer geartete bedeutungsgeschichtliche Folgerung.

Was die Quellen zum Grab Karls des Großen angeht, so berichtet uns Einhard in seiner Karlsvita (c. 31) von einer Grabinschrift und von einem goldenen Bogen mit dem Bild des Kaisers über dessen Grab. Der Titulus lautete: »Unter diesem Grabmal liegt der Körper Karls, des großen und rechtgläubigen Kaisers, der das Reich der Franken ansehnlich erweitert und 47 Jahre glücklich regiert hat. Er starb siebzigjährig im Jahre des Herrn 814 in der 7. Indiktion, am 5. Tag vor den Kalenden des Februar« (Übersetzung H. Giersiepen). Da man bei der Öffnung des Karlsgrabes im Jahre 1000 nicht mehr genau dessen Ort und Platz kannte, muß die bei Einhard überlieferte Grabinschrift in Vergessenheit geraten oder auch verloren gegangen sein. Vielleicht schon zu einem Zeitpunkt, als man 882 das Grab vor dem Normannenüberfall in Aachen sichern und schützen wollte.

Aus den zeitgenössischen Zeugnissen erfahren wir nichts über die Lage des Karlsgrabes. Weder Einhard noch die Lorscher Chronik und jene von Moissac oder auch Thegan und Ermoldus Nigellus oder schließlich die Totenklage auf Karl (*Planctus de obitu Karoli*) enthalten nähere Informationen. Diese Wissenslücke läßt sich auch nicht bzw. nur schwer aus den bereits besprochenen Quellen zur Öffnung des Karlsgrabes oder aus den staufischen Zeugnissen zur Heiligsprechung Karls 1165 schließen. Es wurden daher die unterschiedlichsten Vermutungen zu Ort und Form des Grabes diskutiert: im Ostjoch der Marienkirche, unter dem Ambo der Heinrichskanzel, im westlichen Atrium, als Sitzbestattung, als Bogen- oder Zweikaisergrab, als Erstgrab in der Vorhalle, als Zweitgrab im südöstlichen Sechzehneck und an manchen anderen Orten mehr. Aus dieser Vielfalt der Meinungen, welche die Schriftzeugnisse und die archäologischen Befunde zu verknüpfen suchen, seien hier drei repräsentative Vorschläge herausgegriffen.

Zunächst sei Josef Buchkremers Hypothese von einem Arkosolgrab im Sechzehneck der Marienkirche genannt, in einer Aushöhlung der südöstlichen Mauer, deren vergoldeter Hintergrund die bei Einhard überlieferte Grabinschrift getragen habe. Hier soll sich eine Statue des sitzenden Kaisers auf dem Proserpinasarkophag befunden haben. Später soll man diese Nische wegen des erwähnten Normannenüberfalls zugemauert und im Anschluß daran das Karlsgrab vergessen haben, bis dann Otto III. im Jahre 1000 dieses Grab gesucht und geöffnet habe. Aber gerade die chronikalischen Nachrichten zu dieser Graböffnung wie auch Einhards knappe Hinweise zur Art der Bestattung (*humatum est, sepultus est, supra tumulum*) dürften mit einem solchen *arcosolium* wohl kaum vereinbar sein. Eine andere Vermutung geht daher von den verschiedenen Grabungsergebnissen in der zweiten Hälfte des 19. und zu Beginn des 2o. Jahrhunderts aus: die These Eduard Teichmanns vom Zweikaisergrab vor dem karolingischen Chor im östlichen Gewölbejoch. Dort hatte man ein Erdgrab freigelegt, das für Teichmann das ursprüngliche Grab Karls des Großen gewesen sein soll, in dem man dann auch Otto III. beigesetzt habe. Heinrich Wismann und ihm folgend Leo Hugot haben diesen Vorschlag verworfen und sich stattdessen für das untere Geschoß des Westwerks entschieden, nicht zuletzt wegen der Parallelen zum Grab Pippins, des Vaters Karls des Großen, in St. Denis und wegen der archäologischen Befunde in der Vorhalle der Marienkirche.

St. Denis hatte Karl bereits 769 von sich aus als eigene Grablege bestimmt (DK I, 55) und dort über dem Grab seines Vaters eine Laube errichten lassen, eine Bauform, die Hugot auch für die von ihm rekonstruierte karolingische Westfassade der Aachener Marienkirche angenommen hat. In Westbauten haben außer in St. Denis auch noch andere Familienmitglieder Karls des Großen ihre Gräber gefunden: so 794 seine Frau Fastrada in St. Alban in Mainz, so 810 sein Sohn Pippin in St. Zeno in Verona und so 814 sein Schwiegersohn Angilbert in St. Riquier in Centula. Zu einer solchen Lokalisierung des Grabes in der westlichen Vorhalle passen auch gut die kirchlich-synodalen Bestimmungen von 809 und 813, die eine Bestattung von Laien im Inneren der Kirche untersagten.

Aus all diesen vergleichenden, archäologischen und quellen-kritischen Überlegungen ergibt sich, daß Karl der Große an seinem Todestag – dem 28. Januar 814, einem Samstag – in dem römischen Proserpina-Sarkophag beigesetzt und im Westbau der Kirche in einem Erdgrab bestattet worden sein dürfte, wo sich in einer Laube das bei Einhard erwähnte Grabmal (*conditorium*) mit einer Grabinschrift und einem Herrscherbild befand. Dieses Karlsgrab scheint knapp 70 Jahre später vor den plündernden Normannen »getarnt« und »nicht ohne weiteres erkennbar gewesen zu sein« (H. Beumann). Vielleicht ist es danach auch in Vergessenheit geraten, bis 936 zur Königskrönung Ottos I., als dort ein Herrscherthron stand, oder gar bis zum Jahre 1000, als Otto III. dieses Grab suchen, öffnen und danach wieder verschließen ließ. 1165 hat dann Friedrich I. Barbarossa bei Karls Heiligsprechung das Grab erneut öffnen und Karls Gebeine wohl aus dem Proserpinasarkophag in eine hölzerne Lade übertragen lassen. Diese Holzlade wurde durch den Karlsschrein ersetzt, den Friedrich II. 1215 feierlich verschloß, den man aber seitdem mehrfach öffnete, um daraus Karlsreliquien zu entnehmen. Heute befinden sich noch 94 Knochen oder Knochenabschnitte Karls in dem nach ihm benannten Schrein. Kaum noch vorhanden sind Schädel- und Kieferteile. »Alle Knochen und Knochenfragmente stammen mit Sicherheit von einem einzigen Individuum; es ergibt sich kein Hinweis für die Vermutung, daß dies nicht die Gebeine Karls des Großen sind« – so der Archäologe Wilfried Koch und der Biologe Joachim Schleifring vom Rheinischen Amt für Bodendenkmalpflege in ihrem Bericht über die anthropologischen Untersuchungen der Gebeine Karls vor der Schließung des restaurierten Karlsschreins 1988.

Wenn man danach fragt, warum Aachen und nicht St. Denis oder St. Arnulf in Metz, wo Karls Ehefrau Hildegard und zwei seiner Töchter beigesetzt sind, als Ort der Grablege gewählt wurde, dann kann man mit Alain Dierkens mehrere Gründe anführen. In Aachen war Karl der Große gestorben, hier lag »der erste Sitz Franziens« (Nithard), dessen Symbolkraft durch die sterblichen Überreste Karls noch verstärkt werden konnte – nicht zuletzt für eine Reichseinheitsidee, die Karls Sohn und Nachfolger Ludwig der Fromme mit Nachdruck verfolgte und 817 in der Ordinatio Imperii auch zu verwirklichen suchte. Die Wahl Aachens als Karls Grablege könnte demnach auf den Einheits- und Zentralisationswillen des neuen Kaisers zurückzuführen sein.

Wie eingangs angedeutet, hat Helmut Beumann in Anlehnung an Thietmar von Merseburg († 1018/19) das Grab Karls des Großen mit einem Herrscherthron (*solium regium*) verbunden. Dieser Grabthron wird 936 bei der Königserhebung Ottos I. in Aachen erstmals erwähnt, dann 1024 bei der Aachener Thronsetzung Konrads II. »als Erzstuhl des ganzen Reiches« hingestellt, als *publicus thronus*, der von den alten Königen und von Karl dem Großen aufgestellt worden sei – offenbar, wie Helmut Beumann meinte, »nicht [als] der persönliche Thronsitz eines einzelnen Herrschers, sondern als ein solcher, der die Institution des Königtums über den Wechsel der Amtsinhaber hinweg verkörpert«. Dieser Karlsthron war die konstitutive Mitte der Aachener

Königskrönungen von 936 bis 1531, eines der bedeutendsten Herrschaftszeichen des Mittelalters. Heute steht diese *sedes Karoli* im Hochmünster der Aachener Marienkirche. Man hat darüber gestritten, ob sich dieser Steinsessel immer schon an dieser Stelle, also bereits zur Zeit Karls des Großen hier befunden hat oder erst später – 936 bzw. in der Mitte des 12. Jahrhunderts – hierhin gelangt ist. Unklar ist auch seine Bedeutung in der Zeit seiner ersten Aufstellung um 800: War er der Herrschersitz Karls des Großen oder ein kostbares Reliquiar? Wie immer man sich in diesen schwierigen Fragen entscheidet, eines ist nicht zu bezweifeln: Der Karlsthron verbindet seinen Namensgeber mit Aachens Krönungsgeschichte, die ihrerseits den geschichtlichen Rang Aachens im Mittelalter und darüberhinaus sowie die Wirkkraft der Aachener Karlstradition augenfällig bekundet.

Königskrönungen

Der Text- und Katalogband zur Aachener Krönungsausstellung 2000 beginnt bibelgleich: »Im Anfang war Karl der Große«. Und in der Tat steht der Frankenherrscher gleich mehrfach am Anfang der mittelalterlichen Krönungstradition. Denn mit Karls römischer Kaiserkrönung am Weihnachtsfest des Jahres 800 wurde der bisher üblichen Salbung des Herrschers die Krönung hinzugefügt. Zudem sind die beiden zentralen Herrschaftszeichen der deutschen Königserhebung – die heutige Wiener Reichskrone und der Karlsthron – geschichtlich mit Karls Namen verbunden: die erstere vom 14. bis 19. Jahrhundert als Karlskrone, der letztere als die von ihm geschaffene Aachener *sedes regalis* (DO. III, 347 u. DF. I, 5o2). Die Krone als sichtbares Hauptstück der deutschen Königskrönungen und der Thron als ortsgebundene Mitte stehen demnach für viele mittelalterliche wie neuzeitliche Jahrhunderte unter der Hoheit des Karlsnamens.

Die Karlstradition der Aachener Krönungen ist allerdings anfangs nur schwach ausgebildet, d.h. sowohl in der ältesten Schilderung der Aachener Krönung Ottos I. 936, die der sächsische Geschichtsschreiber und Mönch Widukind von Corvey († nach 973) etwa 30 Jahre nach dem Ereignis abfaßte, wie auch im Mainzer Krönungsordo von ca. 960, dem liturgischen Hauptwerk der ottonischen Reichskirche, und in dessen spätmittelalterlicher Redigierung. In all den dort überlieferten Gebeten und Handlungsanweisungen kommt der Name Karls des Großen kaum oder gar nicht vor. Auch Widukinds Bericht von der doppelten

Aachener Thronsetzung – der weltlichen im Eingangsbereich der Aachener Marienkirche, der geistlichen im dortigen Hochmünster – erwähnt Karl den Großen lediglich als Erbauer dieser Basilika, nicht aber dessen Grab oder Thron als Ausgangspunkt der Herrschererhebung. Dies ändert sich erst kurze Zeit später, als Otto I. in einer Schenkungsurkunde für die Aachener Marienkirche vom 1. August 972 (DO. I, 417) von den kaiserlichen Herrschersitzen spricht, von den *sedes imperatoriae*, mit denen Kaiser Karl diesen Ort ausgezeichnet habe, an dem er auch begraben liege: *sedibus imperatoriis locum eundem dignum extulisset, ibi ipse quoque tumulo pausat*. Deutlicher wird dann Otto III. in dem Diplom für das Marienstift vom 6. Februar 1000 (DO. III, 347), wo es heißt, daß »unser Herrschersitz von unserem Vorgänger, dem berühmten Kaiser Karl, aufgestellt und eingerichtet worden ist«. Die nächste einschlägige Notiz ist die oben genannte Bemerkung Wipos, des Kaplans und Biographen Konrads II., der 1024 in Mainz gekrönt worden war und danach nach Aachen kam, wo sich jener von Karl errichtete königliche Thron und Erzstuhl des Reiches (*totius regni archisolium*) befinde.

Und ähnlich formulieren es die staufischen Zeugnisse, wenn sie wie Otto von Freising 1152 die *sedes regni Francorum* in der Marienkirche auf Karl den Großen zurückführen oder wie die Karlsfälschung in der Zeit vor 1158 von der *sedes regia* der Marienkirche bzw. von Aachen als einem *locus regalis* sprechen (DK. 1, 295), von königlichen Vorzügen, die angeblich auf den Frankenkaiser zurückgehen und die von Friedrich I. Barbarossa 1165 bei seiner urkundlichen Bekanntgabe von Karls Heiligsprechung (DF. I, 502) ausdrücklich bestätigt werden.

Die Geschichte der Aachener Königskrönungen beginnt 936 mit dem Herrschaftsantritt Ottos des Großen, mit dessen Königserhebung in Aachen am 7. August 936, einem Sonntag. Widukind von Corvey hat dies in dem »großen Vorzeigestück« (H. Hoffmann) seiner Sachsengeschichte ausführlich beschrieben. Nach Einschätzung der heutigen Forschung ist es kaum ein genauer Bericht des Geschehens (H. Keller), wohl aber in seinem Handlungskern durchaus glaubwürdig. Der zentrale Geschehensablauf betrifft die Huldigung durch die weltlichen Großen im Atrium der Aachener Marienkirche, den Einzug in das Münster, die Akklamation durch das Volk, die Übergabe der herrscherlichen Insignien, die kirchliche Weihe durch Salbung und Krönung, die geistliche Thronsetzung auf dem Thron im Hochmünster, das Krönungsmahl in der königlichen Aula sowie schließlich die Beschenkung der Fürsten. Von Karl dem Großen ist bei all diesen Einzelschritten nicht die Rede, und man wird sich zu fragen haben, warum der sächsische Geschichtsschreiber sich gegenüber der Aachener Karlstradition so zurückhält. Aachen ist für Widukind von Corvey nicht etwa das *caput regni Karoli* oder die *prima sedes Franciae*, auch nicht der Ort von Karls Grablege, sondern *(...) est autem locus ille proximus Iulo, a conditore Iulio Caesare cognominato*, »ein Ort, nahe bei Jülich, das nach seinem Gründer Julius Cäsar benannt ist«. Widukind erwähnt auch nicht den Karlsthron, die *sedes Karoli*, oder die von Karl errichtete Pfalz. Er spricht lediglich vom Palast, zu dem sich der gekrönte Herrscher nach weltlicher und kirchlicher Thronsetzung zum Krönungsmahl begab. »Warum ruft [Widukind]« – so hat der Mittelalterforscher Herbert Zielinski gefragt – »bei der Nennung Aachens zunächst das Andenken Julius Caesars wach, anstatt auf die näherliegende und ihm mit Sicherheit bekannte Karlstradition zu verweisen?« Eine Karlstradition, die lediglich bei der Erwähnung der Marienkirche oder vielleicht auch bei dem Hinweis zu erkennen ist, daß der junge zu krönende Otto I. abweichend von seiner sonstigen Kleidung ein fränkisches Gewand getragen habe. Was also waren Widukinds Motive, »die Bedeutung Aachens als Karlsstadt hintanzusetzen«? (H. Zielinski) War es Widukinds naiver Sachsenstolz, war es sein Verständnis von einem ottonischen Heerkaisertum (»den Kaiser macht das Heer«) und dessen römischem Ursprung bei Julius Caesar, war es die Rücksichtnahme auf das westfränkische Königtum und die letzten dort greifbaren legitimen Karolinger?

Nach Ansicht von Zielinski sollte Otto der Große »mit Hilfe der gekünstelt erscheinenden Nennung Jülichs in die Nachfolge Julius Caesars (gestellt werden), um so bereits hier das imperiale Heerkaisertum Ottos mit (dessen) Proklamation auf dem Lechfeld anzukündigen«. Karl der Große, dessen unmittelbares Erbe zur gleichen Zeit im Westfrankenreich fortgesetzt worden sei, habe wegen dieser Geschichtskonzeption zurückstehen müssen. Die ottonische Kaiseridee und die westfränkische Karolingertradition sind es demnach gewesen, die in Widukinds Sachsengeschichte Karl den Großen bei der Königserhebung Ottos I. 936 haben in den Hintergrund treten lassen.

Zur Aachener Krönungsgeschichte gehören auch die Reichskleinodien. Weiter oben war bereits angedeutet worden, daß die Herrscherinsignien – also Schwert und Zepter, Reichsapfel und Krone – im späteren Mittelalter zunehmend Karl dem Großen zugeschrieben wurden. Von einem Karlsschwert und einer Karlskrone wurde auch in Frankreich gesprochen. In der deutschen Entwicklung läßt sich eine solche Karlszuordnung erstmals 1315 in der Chronik des Mathias von Neuenburg fassen, dann 1350 bei der Übergabe der Reichskleinodien durch die Wittelsbacher an Karl IV. und bei zahlreichen Geschichtsschreibern des 14. Jahrhunderts. Eine gleichsam bildliche Bestätigung erhält diese Belegreihe in Albrecht Dürers Karlsbild von 1512, das durch seinen künstlerischen Rang und durch seinen ikonographischen Einfluß bis in die Historienmalerei des 19. Jahrhunderts gewirkt hat, bis in die Grabszenen eines Alfred Rethel und eines Wilhelm Kaulbach. In deren Fresken zur Öffnung des Karlsgrabes durch Otto III. wurde Karl der Große mit seinen langen Haaren und seinem weißen Bart auf diese Weise zu einer Heilsfigur. Die Reichskleinodien – die Reichskrone, das Zeremonialschwert und der Reichsapfel – wurden unter seinem Namen geradezu sakralisiert, Karls Gestalt als des heiligen Reiches Gründer heroisiert. Diese »Reichsmetaphysik« zeigt sich insbesondere an der sog. Wiener Reichskrone, die in Dürers Karlsbild erstmals getreu wiedergegeben ist. Die Entstehung der Reichskrone wird von den einen aufgrund der Goldschmiedetechnik ins 10. Jahrhundert, genauer in das Umfeld der römischen Kaiserkrönung Ottos I. 962 verlegt. Andere dagegen setzen sie mit Hilfe einer paläographischen wie inhaltlichen Deutung der Bildplatten in die Herrschaftszeit Konrads III. (1138–1152). Eine *corona Karoli* ist die Wiener Reichskrone von ihrer Datierung her jedoch nie gewesen. Als ein wichtiges Herrschaftszeichen der deutschen Kaiserzeit symbolisiert sie mit den Bild- und Edelsteinplatten ihres Kronenrings eine biblisch-christliche Herrscheridee sowie die mittelalterliche Vorstellung vom irdischen und himmlischen Jerusalem, dem Mittelpunkt der Welt und dem eschatologischen Zielort des Endkaisertums. Mit dieser Theologie der Reichskrone verknüpft sich dann später die Zuordnung auf Karl den Großen und die bald einsetzende und weit in die Neuzeit weisende politische Symbolik.

Die Reichs- und Karlskrone wird zu einem geschichtsträchtigen Zeugnis des Alten Reiches und der daran anknüpfenden politischen Sehnsüchte. So etwa bei dem preußischen König Friedrich Wilhelm IV., der es 1849 ablehnte, die Krone Karls des Großen aus den Händen von Volksvertretern der Paulskirche anzunehmen. Hierhin gehören dann auch die bereits gekennzeichneten Karlsfresken Alfred Rethels und Josef Kehrens, auf denen die Reichs- und Karlskrone eine zentrale Rolle spielt: bei Karls römischer Kaiserkrönung, bei seinem Abschied 813 und der Selbstkrönung Ludwigs des Frommen und schließlich bei der Öffnung des Karlsgrabes durch Otto III. im Jahre 1000. Ähnliches vollzog sich auch in Frankreich, als Napoleon für seine Kaiserkrönung

1804 aus dem Kronschatz der französischen Könige in der Abtei St. Denis die mittelalterliche »couronne de Charlemagne«, die in der Französischen Revolution 1793 vernichtet worden war, neu anfertigen ließ. Aber nicht diese sog. Krone Karls des Großen hat Napoleon dann bei seiner Kaiserkrönung benutzt, sondern einen antikischen Lorbeerkranz. Eingesetzt wurde diese neue Karlskrone aber bei der letzten französischen Krönung, der von Charles X. 1825 in Reims.

Zu den Reichsinsignien, die Karl dem Großen zugeschrieben werden, gehören schließlich auch die Aachener Reichskleinodien: das Krönungsevangeliar für die Eidesleistung, die Stephansburse und der sog. Säbel Karls des Großen. Das erste stellt eine in Aachen um 800 entstandene Purpurbibel dar, eingebunden in einen um 1500 vom Aachener Goldschmied Hans von Reutlingen gefertigten Buchdeckel. Die Stephansburse soll die mit Blut getränkte Erde des Märtyrers Stephanus enthalten haben, und der sog. Säbel Karls des Großen soll ein legendäres Erinnerungsstück sein, das mit Attila, Harun al-Raschid und Karls Awarenbeute in Verbindung gebracht wurde, in Wirklichkeit aber ungarischer Herkunft des 10. Jahrhunderts sein dürfte. Der Legende nach haben sich Stephansburse und Säbel im Grab Karls des Großen befunden, seien aber dann von Otto III. im Jahre 1000 entnommen worden. Als »Karlsreliquien« wurden sie bei der Krönungszeremonie mit eingesetzt. So soll die Stephansburse während der kirchlichen Königserhebung auf dem Marienaltar gestanden haben.

Wie dieses Krönungsritual mit seinen vielfachen Karlsbezügen auf spätere Jahrhunderte wirkte, hat Goethe 1810 in »Dichtung und Wahrheit« festgehalten, als er zu der 1764 in seiner Heimatstadt Frankfurt erlebten Krönung Josephs II. bemerkte, »daß der König sich in den ungeheuren Gewandstücken mit den Kleinodien Carls des Großen wie in einer Verkleidung einher [geschleppt hätte]«.

Als 15-Jähriger muß er bei dieser Gelegenheit von »älteren Personen« die noch seltsamere Geschichte von der Krönung Franz I. 1745, des Gemahls Maria Theresias, erfahren haben. Diese soll aus dem Balkonfenster eines Bürgerhauses am Frankfurter Römer ihren Ehemann beobachtet haben, wie er »in der seltsamen Verkleidung aus dem Dom« gekommen sei »und sich ihr so zu sagen als ein Gespenst Carls des Großen dargestellt habe«, dabei »wie zum Scherze« mit den erhobenen Händen den Reichsapfel, das Zepter und die »wundersamen« Handschuhe zeigend.

Die Krönungsgeschichte und Karlstradition sind aber am Ende nicht allein durch eine groteske Entwicklung gekennzeichnet, die Karl den

Großen einmal als Heilsfigur und später dann als ein Gespenst erscheinen läßt. Sie haben auch mit dem Selbstverständnis einer mittelalterlichen Welt zu tun, mit ihrer politischen wie rechtlichen Verfassung und nicht zuletzt auch mit ihrer kirchlichen Ordnung. Dies läßt sich hier abschließend an dem schon mehrfach angesprochenen Karlsthron der Aachener Marienkirche verdeutlichen.

Diese *sedes Karoli* ist das ganze Mittelalter hindurch von den Königen nach ihrer Salbung und Krönung bestiegen worden, sie gehörte bis 1531 zur engeren Krönungszeremonie. Der Aachener Karlsthron im Westjoch des Hochmünsters steht auf einem Steinsockel mit vier Pfosten und ist über sechs Stufen erreichbar, von denen vier aus einer geviertelten Säulentrommel mit eingeritzten Graffiti an den Schnittstellen gebildet werden. Er entspricht damit der Beschreibung des salomonischen Thrones in der Bibel (3 Könige 10, 10–19). Der Steinthron selbst ist aus fünf weißgelben, wieder verwendeten Marmorplatten mit alten Einritzungen, beispielsweise denen eines Mühlenspiels, und einer erst im 19. Jahrhundert abgerundeten Rückenlehne zusammengesetzt. Im Inneren dieses Marmorthrones befindet sich eine schemelartige Innenkonstruktion, deren Holz nach jüngsten dendrochronologischen Messungen einer Eiche entstammen dürfte, die zwischen 750 und 824 gefällt worden ist und nicht – wie man vor 30 Jahren angenommen hatte – in der Zeit um 930. Nach den Forschungen des Kölner Archäologen und Bauhistorikers Sven Schütte läßt der parische Marmor mit seiner Streifenstruktur und seinen Gebrauchsspuren sowie der unbenutzte Marmorboden am Aufstellort des Hochmünsters vermuten, daß dieser Thron bereits um 800 hier gestanden hat und in seinen Marmorteilen aus Jerusalem stammt. Demnach wäre er nicht nur der Krönungsthron der deutschen Könige im Mittelalter gewesen, sondern schon zur Zeit Karls des Großen hier aufgestellt worden: weniger als Herrschersitz, schon eher als ein kostbares Reliquiar, vielleicht als Aufbewahrungsort für die Stephansburse mit ihrer blutdurchtränkten Erde aus Jerusalem.

Von den Schriftquellen her läßt sich allerdings eine solch hochfliegende Vermutung nicht abstützen. Einhard und die karolingischen Zeugnisse wissen überhaupt nichts von einem so kostbaren Monument in Karls Marienkirche. Die späteren Texte – die zitierten Urkunden Ottos I. (972) und Ottos III. (1000) oder die erzählenden Berichte eines Widukind, Thietmar, Wipo und Otto von Freising – sprechen von einem Kaiserthron oder auch von Thronen, von einem Grab- und dann von einem Karlsthron und erst ganz zuletzt von einem solchen in der Marienkirche (und nicht in deren Vorhalle). Für Helmut Beumann war damit der »Thron der fränkischen Herrscher« auf der Empore der Marienkirche erst in der Mitte des 12. Jahrhunderts bezeugt, der wahrscheinlich auch erst zu dieser Zeit von außen nach innen verlegt wurde. Welch eine Aporie zwischen der schriftlichen und monumentalen Überlieferung! Die letztere führt uns über die materialgeschichtliche Analyse zum Karlsthron des Hochmünsters um 800, die erstere läßt diese Lokalisierungsvermutung erst gut 300 Jahre später zu.

Trotz dieser offenen Frage ist die Bedeutung des Aachener Karlsthrones unbestritten. Für die deutsche Krönungstradition ist er das spezifische Merkmal: was hier die *sedes Karoli* war, das war in Reims für die französischen Königskrönungen die Sainte Ampoule, das himmlische Salböl, das Erzbischof Remigius von Reims nach Darstellung seines Amtskollegen Hinkmar im 9. Jahrhundert bei der Taufe Chlodwigs 498 (?) in einer heiligen Ampulle aus dem Himmel gereicht bekommen habe. Die Sainte Ampoule und der Karlsthron sind die für die jeweilige Königserhebung unentbehrlichen Objekte, Zeugnisse des jeweiligen Herrschaftsverständnisses.

Man kann vor diesem Hintergrund gut die schmückenden Kennzeichnungen verstehen, die der Aachener Karlsthron immer wieder erfahren hat. Der langjährige Dombaumeister Joseph Buchkremer († 1949) bezeichnete ihn als die Seele des Aachener Domes. Der Schriftsteller und Publizist Theodor Haecker nannte ihn in seinem Vergilbuch »das schauererregendste, inhaltsvollste Nationalheiligtum der Deutschen«. Verschiedene Dichter haben diesen Steinsessel besungen, etwa Friedrich Rückert 1814 (»Der Stuhl von Aachen«) oder Ludwig Strauß 1932 in seinem Gedicht »Hochmünster«, in dessen ersten Zeilen es heißt: »da wir stumm standen an der Könige Stuhl / staunend hinauf die alten Stufen / waltete es nicht in seiner weißen Leere / wie ausgeruht durch einsame Zeit (...)«.

Der thronende Karl hat Aachens Geschichte begleitet. Dies belegt nicht zuletzt das ältere Aachener Karlssiegel, entstanden um 1130 als Gerichtssiegel, später dann als Stadtsiegel bis zum Ende des Alten Reiches verwandt und heute als Medaille des Aachener Karlspreises benutzt. Auf diesem Karlssiegel sitzt Kaiser Karl der Große mit der Krone auf dem Haupt, dem Lilienzepter in der Rechten und der Sphaira in der Linken. Und die Umschrift lautet:

KAROLUS MAGNUS – ROMANO – RU(M) IMP(ERATO)R
AUGUSTU – S.

Reliquien und Wallfahrt

Mit Karl dem Großen wird schließlich auch die Aachener Heiltumsschau verbunden, die mit dessen Reliquienschatz zusammenhängen soll. Deutlich nachweisbar wurde diese Aachenfahrt erst im frühen 13. Jahrhundert, als die Aachener Reliquien 1238 in den neuen Marienschrein übertragen wurden und 1242 bzw. 1322 die ersten feierlichen Heiltumsweisungen erfolgten. Seit 1349 fand dann eine solche feierliche Zeigung der Reliquien alle sieben Jahre statt, ein Turnus, der bis heute beibehalten und nur bei ganz besonderen Anlässen wie einer Königskrönung oder einem hohen Aachenbesuch durchbrochen wurde. Gezeigt wurden und werden bei diesen Aachener Heiligtumsfahrten neben einigen kleineren Reliquien die vier großen Textilzeugnisse: das Kleid Mariens, die Windeln und das Lendentuch Jesu Christi sowie das Enthauptungstuch Johannes des Täufers. Aachen wurde durch die Wallfahrten zu einem wichtigen Pilgerort, zu einem »besonderen Anziehungspunkt für die Polen, Ungarn, Böhmen und Kroaten mit eigener Seelsorge und organisiertem Schiffstransport« sowie zur »Sammelstation der Nord- und Ostseeländer auf dem Wege nach Santiago« (W. Brückner). Die Frage ist nur, was dieser Aachener Reliquienschatz mit Karl dem Großen zu tun hat und ob die Anfänge der Aachenfahrt wirklich und nachweislich von Karl dem Großen hergeleitet werden können, wie der Aachener Archivdirektor Heinrich Schiffers vermutete.

Bei näherem Blick in die Quellen läßt sich herausfinden, daß die karolingischen Zeugnisse – etwa die Reichsannalen oder der Laienabt Angilbert von St. Riquier in seinem Buch über die Kirche von Centula oder die Chronik des Regino von Prüm – von Reliquien sprechen, die Karl der Große aus Jerusalem erhalten hatte oder die dessen Schwiegersohn Angilbert von ihm geschenkt bekam und die zur dinglichen *capella* Karls gehörten. Nach dem Zeugnis von Karls Enkel, d.h. nach dem Text des feierlichen Diploms Karls des Kahlen für Compiègne vom 5. Mai 877, hat Karl der Große seine Aachener Marienkirche mit zahlreichen Reliquien ausgestattet. Einzelne Wallfahrten sind bereits früh überliefert, genauer für das 10. Jahrhundert. Die bereits erwähnte *Descriptio*, die um die Mitte des 11. Jahrhunderts in St. Denis entstand und auf die Aachener Karlslegende eingewirkt hat, berichtet von einer Pilgerfahrt Karls nach Konstantinopel und Jerusalem, von der er zahlreiche und wertvolle Reliquien als Geschenk Kaiser Konstantins und dessen Sohn Leo erhielt: ein Stück der Dornenkrone, Kreuzreliquien, das Schweißtuch und die Windeln des Herrn, das Geburtskleid Mariens, einen Gürtel der Gottesmutter, den Arm des hl. Simeon und andere Reliquien mehr, für die Karl nach seiner Rückkehr eine jährliche Zeigung im Juni angeordnet habe. Auch das gefälschte Karlsdekret aus der Zeit vor 1158, das Barbarossa in seine berühmte Urkunde vom 8. Januar 1166 übernahm, weiß von Reliquien der Apostel, Märtyrer, Bekenner und Jungfrauen, die Karl aus den verschiedensten Ländern, vor allem aus Griechenland, in der Aachener Marienkirche deponiert habe. Eine erste zuverlässige Übersicht dieser Aachener Reliquien liefert das Verzeichnis im Totenbuch des Aachener Marienstiftes aus dem endenden 12. Jahrhundert (heute Bonner Hs. S 1559): *Hec reliquie continentur in feretro beate Marie Aquis Grani*. Genannt werden in dieser hochmittelalterlichen Liste nicht weniger als elf Christus-, zwei Marien- und neun Apostelreliquien sowie 70 weitere Reliquien, darunter auch solche Johannes des Täufers und des Erzmärtyrers Stephanus. Der Chronist Alberich von Troisfontaines erwähnt zum Jahr 1238 die Windeln Jesu, das Marienkleid und das Lendentuch Jesu, die man bei einem Kirchenbrand gefunden habe. Als 1239 der Dechant Theoderich und das Kapitel des Marienstiftes eine Liste von jenen Reliquien erstellten, die vom alten in den neuen Marienschrein übertragen wurden, bemerkten sie, daß das Reliquienbehältnis seit den Zeiten Karls des Großen verschlossen geblieben sei. Nicht zuletzt aufgrund dieser Feststellung glaubte man, daß die Liste des Aachener Totenbuches auf eine karolingische Vorlage zurückging und in ihr die Reliquien Karls des Großen zu fassen seien.

Mit anderen Worten: Nach den ersten zeitgenössischen Nachrichten über Karls Reliquienschatz, über dessen Herkunft aus dem Heiligen Land und dessen Deponierung in Aachen werden die Zeugnisse im hohen Mittelalter aus St. Denis und der dortigen Karlslegende sowie im Umkreis der Aachener Heiligsprechung Karls detaillierter, um dann im Reliquienverzeichnis des Marienstiftes am Ende des 12. Jahrhunderts aufgelistet zu werden. Für Erich Meuthen wirkte dieses Aachener Reliquienverzeichnis wie ein Anhang zum Karlsdekret. Erst die Behauptung in der Urkunde von 1239, ein seit der Zeit Karls des Großen ungeöffnetes Reliquienbehältnis vor sich zu haben, hat die Vermutung aufkommen lassen, die hochmittelalterlichen Auflistungen seien unmittelbar mit den karolingischen Nachrichten zu verbinden. Unsere genaue Kenntnis von Karls Reliquienschatz dürfte deswegen eher in das hohe als in das frühe Mittelalter gehören. Und dies könnte dann auch für die vier großen Textilreliquien Aachens gelten – ihre Zuordnung zu Karl dem Großen ist von den Quellenbelegen her wie vieles andere der legendarischen Tradition des Frankenkaisers zuzurechnen.

Erich Meuthen hat einmal bemerkt, daß »Aachens glanzvolle Geschichte (...) überhaupt nur das lebendig fortwirkende Vermächtnis« Karls des Großen gewesen sei. Daß dies so gewesen ist, dafür hat auch eine entsprechende Aachener Geschichtsschreibung gesorgt: vom Karlsepos über das hochmittelalterliche Karlsdekret, »die gleichsam offizielle Version der Stadtgeschichte«, und über einige erzählende Texte des 12. und 14. Jahrhunderts bis hin zu den großen Aachener Historiographen des Barock, eines Petrus à Beeck, eines Johannes Noppius und ihrer Nachfahren im 18. und 19. Jahrhundert. Sie alle haben dazu beigetragen, daß »das Bild Aachens (...) weniger von den bescheidenen Fakten als von der Strahlkraft Karls des Großen« (H. Müller) bestimmt und geprägt wurde. Und diese Strahlkraft reichte von Karls Grab und Thron über die Aachener Königskrönungen bis hin zu den Wallfahrten und Reliquien.

ANMERKUNGEN ZUR LITERATUR

Einführende Artikel zum karolingischen Aachen und zu dessen weiterer Geschichte als »Sitz des Reiches, als Ziel der Wallfahrt und als Werk der Bürger« (E. Ennen) haben in jüngerer Zeit H. Boockmann (in: Hauptstädte der Deutschen, hg. v. U. Schultz 1993) und K.F. Werner (in: Orte der gemeinsamen Geschichte, hg. v. H. Möller u. J. Morizet 1996) vorgelegt; bei dem letzteren findet sich in dt. Übersetzung auch eine Auswahl wichtiger Quellentexte zum ma. Aachen: von Einhards Karlsvita (cc. 17, 22 u. 31) über die *Gesta* Notkers v. St. Gallen und die Rechtsvorschriften Ludwigs des Frommen (das Pfalzkapitular v. ca. 820 u. die *Praecepta Judaeorum* (vor 825) u. der Händler v. 828), über die Hofordnung Hinkmars von Reims (882) bis hin zu dem Privileg Friedrichs I. Barbarossa v. 8.01.1166. Als knappe Übersicht sind E. Ennen (ZAGV 86/87, 1979/80) sowie die Lexika-Artikel von L. Falkenstein u. E. Meuthen (LMa 1, 1980, 1ff.) heranzuziehen. E. Meuthen hat Aachens historiographische Geschichte nachgezeichnet (in: Fs. J. Spörl, 1965) und E. Boshof die Aachener Königskrönungen in salisch-staufischer Zeit beschrieben (ZAGV 97, 1991). Zum römischen Aachen ist der Beitrag von H. Galsterer (ZAGV 98/99, 1992) eine gute Orientierung. – Zur Aachener Pfalz in der Zeit Karls des Großen lassen sich ausgehend von dem Karlswerk (KdG. 3, 1965) folgende wichtige Studien aufzählen: zunächst die Beiträge von W. Kaemmerer zur Lage und Überlieferung, von L. Hugot zur genaueren, archäologisch erschlossenen Topographie sowie von F. Kreusch zu Kirche, Atrium und Portikus der Aachener Pfalz; auf diese Beiträge bezieht sich auch die im Text genannte Zwischenbilanz von L. Falkenstein (ZAGV 80, 1970). Geschichte und Gestalt dieser ›Kaiserpfalz‹ hat ebenfalls W. Schlesinger ausführlich beschrieben (zuletzt in: WdF 38, 1972). Zur wirtschaftsgeschichtlichen Seite ist D. Flach (Veröffentl. d. M.-Planck-Inst. f. Gesch. 46, 1976 u. ZAGV 98/99, 1992/93) mit seinen Arbeiten zum Aachener Reichsgut, zu dessen Verfassung und Verwaltung und nicht zuletzt zu dessen Erforschung zu nennen. L. Falkenstein hat das Thema »Karl der Große und Aachen« ausführlich und materialreich – von der Winterpfalz über die Pfalzbauten und die Marienkirche bis hin zur Frage nach Einfluß oder Parallele von Byzanz – behandelt (Byzantion 61, 1991); zu dieser quellengebundenen Klärung durch L. Falkenstein gehört auch der Aachener Lateran als Bezeichnung für ein dortiges Einzelgebäude und nicht – wie man früher meinte – als Terminus für die Gesamtanlage, in Anlehnung an den römischen Lateran (Kölner Hist. Abh. 13, 1966). In den letzten Jahren haben sich W. Jacobsen mit Karls Konzeption der Aachener Pfalz (in: Vielberufener Vorfahr, hg. v. L. Saurma-Jeltsch 1994), G. Binding mit deren archäologisch-baugeschichtlichen Fragen (Zs. f. Archäologie d. Ma. 25/6, 1997/8) und zuletzt S. Schütte mit deren architektonischen Vorbildern (Könige in Aachen 1, 2000) befaßt; letzterer sieht im Kölner Prätorium, dem Sitz des römischen Stadthalters und der späteren Residenz der austrasischen Könige der Merowingerzeit sowie in deren Kölner Kirche St. Gereon Vorgängerbauten, die auf Aachen eingewirkt haben könnten. Ob dieses karolingische Aachen als »zweites Rom« anzusehen ist, hat zuletzt M. Untermann (1999) unter Hinweis auf die ältere bejahende Forschungsthese von R. Krautheimer, von H. Fichtenau u. G. Bandmann und die sich daran anschließende jüngere Diskussion von W. Jacobsen und M. d' Onofrio (Aquisgrana e Roma ^{2}1996) zu beantworten gesucht (in: Kunst u. Kultur d. Karolingerzeit, hg. Chr. Stiegmann u. M. Wemhoff 3, 1999 mit einer ausführlichen Lit.liste zur Aachener Pfalz); für M. Untermann handelt es sich hier weniger um ein Abbild der Aachener Wirklichkeit, sondern eher um eine idealisierende Perspektive. Als gute Zusammenfassung zu Aachen um 800 sind zu empfehlen: R. Schieffer (in: 1200 Jahre Kultur und Wissenschaft, hg. v. P.L. Butzer u.a. 1997), S. Müller (in: Verschleierter Karl 1999, S. 421–429) und H. Müller (in: Könige in Aachen 1, 2000). In der Aachener Krönungsausstellung 2000 war eine dreidimensionale Computer-Simulation der Aachener Pfalz zu sehen, die in Zusammenarbeit mit M. Koob (Darmstadt) entwickelt wurde und die von jenem Modell ausging, das L. Hugot für die Karls-Ausstellung 1965 in Aachen entworfen hatte. Dabei wurde auch auf die neueste archäologische Untersuchung hingewiesen, die im Frühjahr 2000 an der Südfassade des heutigen Rathauses und der ehemaligen Königshalle vorgenommen wurde und die auf einen höheren Anteil karolingischen Mauerwerks hindeutet, als bisher angenommen; vgl. dazu den Beitrag von W. Coertjaens, M. Koob u. P. Liebsch, (in: Könige in Aachen 2, 2000). Zur Aachener Theoderichstatue hat die beiden wichtigsten Schriftquellen (Agnellus u. Walahfrid Strabo) sowie die ältere Literatur L. Falkenstein (1966, S. 53–62) analysiert und kommentiert; von den dortigen Hinweisen sei eigens hier zitiert H. Hoffmann (in: Erstes Jahrtausend, hg. v. V. Elbern, 1963), der sich seinerseits auf H. Löwe (DA 9, 1952) und H. Fichtenau (MIÖG 59, 1951) bezieht. Als jüngere Arbeiten seien genannt: H. Homeyer (JbAC Ergbd. 10, 1983 = Fs. H. Dörrie, hg. v. H. D. Blume u. Fr. Mann; hier auch eine Teilübersetzung von Walahfrid Strabos Gedicht) und F. Thürlemann (AKG 59, 1977). Vgl. auch N. Schnitzler (in: Verschleierter Karl, 1999, S. 453–462). – Zu Karls Marienkirche, dem heutigen Dom, sollen zunächst zwei jüngere Gesamtbeschreibungen vorangestellt werden: die Einführungen von E. G. Grimme (1994 u. 2000) und G. Minkenberg (1995). Zur Baugeschichte dieser Kirche, zu deren Bedeutung für die deutschen Herrscher, zu deren Ausstattung mit Reliquien, zu deren Reliquien- und Wallfahrtswesen finden sich präzise Zusammenfassungen mit weiterführender Literatur bei H. Giersiepen (Inschriften des Aachener Doms, 1992). Zur Entstehung der Aachener Marienkirche, zu den Motiven seines Gründers, zu ihrer rechtlichen Natur wie zu ihrer kirchlichen Funktion hat sich L. Falkenstein in mehreren Beiträgen geäußert (1981, Fs. E. Stephany 1986 u. 1997 in der Faksimile-Ausgabe des Prümer Goldenen Buches, hg. v. R. Nolden); zu L. Falkensteins These haben Stellung bezogen J. Fleckenstein (Fs. B. Schwineköper 1982) und R. Schieffer (RVJbl 51, 1987). Die architektonischen Vorbilder von Karls Marienkirche hat G. Bandmann beschrieben (in: KdG 3, 1965), die Ikonologie nach den Schriftquellen hat G. Binding nachgezeichnet (in: Mönchtum-Kirche-Herrschaft, hg. v. D. Bauer, 1998). Die Aachener Bronzegitter hat K. Pawelec (1990), die Mosaiken der Münsterkirche hat U. Wehling (Rhein. Denkmalpfl. 46, 1995) näher dargestellt. K. Siebigs hat drei neuere Untersuchungen zur Marienkirche präsentiert – die von B. Thordemann (1964), von M. Jansen (1992) und A. Hausmann (1994/95) – und in einer eigenen Synthese zusammengefaßt (in: Einhard, hg. v. H. Schefers 1997); die genannte Abhandlung von M. Jansen bezieht sich auf dessen Beitrag in: Architektur und Kunst im Abendland, hg. M. Jansen u. K. Winands, 1992. Zur karolingischen Bauinschrift sind die Studie von Cl. Bayer (in: Verschleierter Karl 1999, S. 445–452) sowie der Text und die Übersetzung derselben bei H. Giersiepen heranzuziehen. Vgl. zu Karls Marienkirche auch die zusammenfassende Darstellung von A. Kappler (in: Verschleierter Karl 1999, S. 431–444). – Zu Grab und Thron Karls des Großen ist zunächst der Beitrag von H. Beumann (KdG 4, 1967) mit dem gleichen Titel zu beachten, weil er zu Lage und Form des Karlsgrabes sowie zur *sedes Karoli* die verfügbaren Schriftquellen zusammenträgt, kritisch erörtert und zu einer plausiblen Vermutung zueinanderfügt. Vgl. zum Proserpinasarkophag T.-M. Schmidt (in: Kunst u. Kultur d. Karolingerzeit, hg. Chr. Stiegmann u. M. Wemhoff 2, 1999, S. 758–763). Die verschiedenen im Text vorgestellten Grabtheorien beziehen sich auf J. Buchkremer (ZAGV 29, 1907: Arkosolgrab im Sechszehneck), auf E. Teichmann (ZAGV 37, 1915: Zweikaisergrab), auf H. Wismann (Diss. Heidelberg 1933) und auf L. Hugot (AKB 52, 1984: Grab im Westbau). A. Dierkens hat seine Überlegungen zu Ansehen und Lokalisierung des Grabes, zu den Grabgegenständen, zu Aachen als Grablege vor knapp 10 Jahren vorgestellt: Byzantion 61 (1991); vgl. jetzt auch H. Drechsler (RHM 41, 1999). – Zu Karl dem Großen und den Aachener Königskrönungen ist wichtig ihr zeitlicher Beginn, die Königserhebung Ottos I. 936 sowie die dabei feststellbare eigenartige Zurückhaltung, welche die Hauptquelle – die Sachsengeschichte Widukinds von Corvey – Karl dem Großen gegenüber einnimmt: vgl. zu dieser Quellenfrage H. Hoffmann (DA 51, 1995) und H. Keller (FMSt 29, 1995) und zu dem engeren »Karlsproblem« H. Zielinski (DA 27, 1972). Über die Reichskleinodien allgemein sowie über ihre Zuordnung an Karl den Großen informieren: der Sammelband zu den Herrschaftszeichen des Hl. Röm. Reiches (Schriften z. stauf. Gesch. u. Kunst 16, 1997) und J. Petersohn (HZ 266, 1998) sowie E. Kubin (1991). Zum Streit nach 1945 über die Reichskleinodien und deren Aufbewahrung ist die soeben erschienene Habilitationsschrift von M. Pape (2000, S. 173–180) heranzuziehen. Zur Reichs- und Kaiserkrone als einem Herrschaftszeichen und politischen Symbol, aber auch als einem wissenschaftlichen Streitobjekt sind zu benutzen: H. Fillitz (Jb. d. Kunsthist. Sammlungen Wien 50, 1953), H. M. Decker-Hauff mit P. E. Schramm (in: Herrschaftszeichen und Staatssymbolik, MGH Schriften 13, 1954), M. Schulze-Dörrlamm (Röm. German. Zentralmuseum 23, 1991) und nicht zuletzt H. M. Schaller (in: Schriften z. stauf. Gesch.

u. Kunst 16, 1997). Zum Aachener »Karlsthron« gibt es eine über 100jährige Debatte, von St. Beissel (ZAGV 19, 1896) über J. Buchkremer (ZAGV 21, 1899), R. Schmidt (FMSt 2, 1968) und L. Hugot (Ber. d. 29. Tagung d. Ausgrabungswiss. u. Bauforsch. 26. – 30.05. 1976 in Köln) bis hin zu S. Schütte (in: Könige in Aachen 1, 2000). Die Aachener Krönungsausstellung 2000 hat in ihrem Text- und Katalogband zahlreiche Bezüge zu unserem Thema herausgearbeitet: vgl. etwa die Beiträge von H. Fillitz, R. Große, J. Petersohn, H. Keller, H. Duchardt, N. Gussone und nicht zuletzt M. Kramp; s. Könige in Aachen 1 u. 2, 2000). Zum älteren Aachener Karlssiegel vgl. E. Meuthen (ZAGV 77, 1965) u. T. Diederich (1984). Zu Karl dem Großen und den Anfängen der Aachenfahrt ist neben der Monographie von H. Schiffers (Veröffentl. d. Bf. Diözesanarchives Aachen 10, 1951) und einer Kurzinformation von W. Brückner (LMa 1, 1980) jetzt auch einzusehen Kl. Herbers (in: Aachener Marienschrein, hg. v. D. Wynands 2000, mit weiterführender Literatur). Kürzlich erschienen ist das von Heinrich Thenens verfaßte »Leben des heiligen Caroli Magni« (1658), hg. v. D. Breuer (2000), das neben einer engeren Biographie Karls dessen Bedeutung für die Stadt Aachen und die Aachener Heiligtumsfahrt beschreibt; vgl. zu Thenens Werk auch E. Meuthen (in: Fs. J. Spörl, 1965, S. 388ff.).

Ausblick

Hat Karl der Große eine Zukunft?

Eine überreiche Folge mythischer Karlsbilder haben die Überlegungen zum karolingischen, zum wirkungsgeschichtlichen und zum ideologischen Karl und nicht zuletzt auch zum Aachener Karl ergeben. Da war die Rede von einem idealen Herrscher, von einem Kaiser wider Willen, von dem Kreuzzugshelden und heiligen Bekenner, von einem Reichsgründer und großen Europäer, aber auch von einem machtbesessenen Despoten, einem Analphabeten und Sachsenschlächter, um nur einige wenige Einschätzungen zu wiederholen. All diese Zuschreibungen erwiesen sich als abhängig von den jeweiligen Kontexten: von der Reichsidee des hohen und späten Mittelalters, von der frühen Kreuzzugsbewegung, von Napoleons Wunsch nach dynastischer Legitimation, von Rethels romantisch-nationaler Sehnsucht, von der ideologischen Germanisierung der NS-Zeit. Eigenartige Entwicklungslinien wurden bei dieser »Mythenschau« (A. Brackmann) sichtbar: vom erfundenen zum konstruierten Karl, von einer legendarischen Gestalt zu einem ideologischen Konstrukt, von einer Heilsfigur zum Gespenst, von einem Charlemagne zu einem Charlatan.

Auf diesem Erinnerungsweg sollten das zeitgenössische mit dem wirkungsgeschichtlichen Karlsbild verglichen werden, das historische mit dem mythischen, das europäische mit dem lokalen. Die Quellen und deren Kritik haben sich dabei als die tragende Grundlage aller Überlegungen und Folgerungen erwiesen: sozusagen von Einhards Karlsvita über die urkundlichen und literarischen Zeugnisse des Hochmittelalters bis hin zu den Texten und Bildern des 19. und 20. Jahrhunderts, die ihrerseits als Quelle für das Herrschaftsverständnis der jeweiligen Zeit dienten. Um ein Bild von Johannes Fried zu übernehmen: wir haben »gleichsam Ansichtskarten (von Karls) Vergangenheit« gewonnen, aus seiner eigenen Zeit, aber auch aus den Jahrhunderten danach. Diese bunte Folge von »Karls-Ansichtskarten« ist heute vielfach verblaßt und läßt die historische Gestalt des Frankenherrschers kaum noch erkennen.

> »Man streitet sich [heute] nicht mehr über die nationale Praerogative ›Karl oder Charlemagne‹, [man] stört sich nicht sonderlich an der nationalsozialistischen Kampagne gegen den ›Sachsenschlächter‹ und fragt nicht mehr nach der Legitimität der Heiligsprechung des kriegerischen Karl mit seinen vielen Lebensabschnittsgefährtinnen, der gewiß nach den Richtlinien des Heiligen Offiziums – das es erst seit 1588 gibt – heute nicht die geringste Chance hätte. Barbarossa wollte ihn als Heiligen und hatte die Macht, dies durchzusetzen.«
>
> (A. Sterzl)

Andererseits ist der Karls-Mythos aber etwa für die Franzosen – so hat es der Pariser Mittelalterforscher Michel Parisse bei einem Aachener Pressegespräch kürzlich formuliert – wichtiger als die historische Figur. Der legendäre Charlemagne habe sich längst von seiner historischen Gestalt getrennt. »Was die Öffentlichkeit heute von Karl dem Großen weiß und mit ihm verbindet, ist wichtiger als die faktische Wirklichkeit«. So gebe es inzwischen einen Karl für das Volk und einen für die Historiker.

Ist damit der historische Karl des 9. Jahrhunderts zu einem Fall der Experten für Geschichte in Wissenschaft und Unterricht geworden, zu einem Forschungsgegenstand in der Welt abgehobener Debatten und fußnotenseliger Texte, mit geringer Resonanz in der Öffentlichkeit und zunehmend auch in den Schulen? Wie steht es um die Karlsforschung? Wie sieht ihre Zukunft aus?

Als Arno Borst 1967 seinen geschichtswissenschaftlichen Überblick zu Karl dem Großen in der Sicht von der frühen Neuzeit bis heute verfaßte, meinte er, daß »vom 15. bis zum 20. Jahrhundert zwar unendlich viel über Karl geschrieben wurde, aber [es] keine einzige klassische Biographie [gegeben habe], die den Besten der Zeit genügt hätte«. Karl der Große habe seinen Meister noch nicht gefunden. Ein klassisches Karlsbild hätten wir erst dann, wenn »Karls eigenes Werk, seine geschichtlichen Folgen und unser historisches Urteil darüber« einen »reinen Dreiklang« bilden würden. »Aber dann wäre Karl der Große wirklich tot«. An dieser Aussage dürfte sich auch gut 30 Jahre später wenig geändert haben.

Man wird sich weiter wissenschaftlich auseinandersetzen mit Karls Persönlichkeit und Lebenswerk und zunehmend stärker auch mit seinem Nachleben. Dabei wird es um Fragen gehen, die bereits angedeutet wurden: um die »Konstrukte« der Quellen, um die »silence des siècles«, um den »Kaiser der Mündlichkeit«, um Karl den Großen in der lateinischen, altfranzösischen und deutschen Literatur des Mittelalters und um die Gründe ihrer unterschiedlichen Ausprägung, um den Karlskult im Hochmittelalter, in der Zeit um 1800 und nach 1945. Hier werden die interdisziplinären Fragestellungen an Bedeutung gewinnen und die Brücken zur öffentlichen Gedächtniskultur zu nutzen sein.

Ob Karl der Große in dieer Gedächtniskultur noch eine »lebendige Vergangenheit« haben wird, hat Frantisek Graus 1975 zu beantworten gesucht. Bei ihm heißt es:

> »Nach 1945 erlosch die nationale Auseinandersetzung um Karl den Großen, der im Sprachgebrauch der Politiker und Journalisten zum Vater des Abendlandes wurde. Die Stadt Aachen verleiht seit dem Jahr 1950 ihren Karlspreis als Anerkennung für politische Tätigkeit im Sinne der Einigung Europas, der Europarat veranstaltete 1965 eine Ausstellung in Aachen zu Ehren Karls und nach Karl ist in Brüssel das Europagebäude der EWG benannt. Aber, wenn nicht alles trügt, so wird Karl als ›europäisches Symbol‹ genauso farblos bleiben, wie er es in den vorangehenden Rollen gewesen ist, die ihm zugedacht wurden«.

Karl habe auch in der Vergangenheit »im Heiligenkult und in der Staatssymbolik ein Schattendasein [geführt], das bloß gelehrte Chronisten und Historiker interessierte«. Den Kaiser »in ein lebensfähiges Symbol« zu verwandeln, dürfte deshalb schwer sein.

In Aachen wird dies bei der jährlichen Karlspreisverleihung immer wieder angestrebt. Zwei jüngere Beispiele können dies gut belegen: die Karlspreisverleihungen an den ehemaligen Bundespräsidenten Roman Herzog 1997 und an den früheren polnischen Außenminister Bronislaw Geremek 1998. In der Ansprache von Roman Herzog am 8. Mai 1997 hieß es:

> »Seit tausend Jahren ist es die Schicksalsfrage unseres Kontinents, ob er in Einheit oder in Zerrissenheit leben will. Karl der Große, dessen Name unser Preis trägt, hat darauf seine Antwort gegeben: die erste Einigung Europas. Es wäre nicht redlich, in einer Stunde wie dieser zu verschweigen, daß er sein Ziel nur in einem Meer von Blut, Schweiß und Tränen erreicht hat und daß sich sein Reich schon bald nach seinem Tode, ja genau genommen schon während seiner letzten Lebensjahre, wieder aufzulösen begann. Solange es Bestand hatte, verwirklichte es aber eine große Vision: die Vision des Friedens, der Ordnung, des wachsenden Wohlstandes und nicht zuletzt der kulturellen Blüte, die allen Völkern des großen europäischen Raumes in gleicher Weise zugute kommen sollte. Diese großen Früchte der Einheit haben in den folgenden Jahrhunderten viele Menschen bewegt und zu bedeutenden Leistungen motiviert. Sie sind Gegenstand der Sehnsucht in ganz Europa geblieben«.

Auf Karl den Großen bezog sich auch ein Jahr später am 21. Mai 1998 Bronislaw Geremek, der damalige polnische Außenminister, fügte dann aber noch einen weiteren Gedanken hinzu:

> »Aachen ist unzertrennlich mit dem Werk Karls des Großen und mit der Idee eines vereinten Europas verbunden (...) Aachen steuert der Geschichte der europäischen Idee noch eine weitere Legende hinzu – jene vom Kaiser Otto dem Dritten, der das Grab Karls des Großen öffnete und die Asche seines großen Vorgängers ehrte. Allerdings haben zwei Jahrhunderte die Gestalt der imperialen Struktur verändert. Das Christentum weitete sich über den karolingischen Limes hinaus. Der Märtyrertod des heiligen Adalbert an der Küste des Baltischen Meeres symbolisiert die Öffnung des westlichen Imperiums nach Osten und nach Norden, und die Verehrung des Prager Bischofs in Polen, Böhmen und Ungarn erscheint als eine Verwirklichung der politischen Ideen der Ottonen. Das Treffen zwischen Kaiser Otto und dem polnischen Herrscher Boleslaus in Gnesen im Jahre 1000 am Grab des Hl. Adalbert stellt ein bedeutendes Datum in der europäischen Geschichte dar. Ein Jahrtausend später läßt die Erweiterung der Europäischen Union diesen politischen Entwurf der Ottonen wieder lebendig werden: Dieser Prozeß spendet Aachen die Kraft einer neuen Botschaft, da erst die Gegenwart der Erinnerung der Vergangenheit Sinn verleiht«.

Jenseits solcher Festtagsstimmung steht es um Karl den Großen in der öffentlichen Wahrnehmung und außerhalb Aachens anders. Als der Bayreuther Mittelalterforscher Peter Segl auf dem Leipziger Mediävisten-Symposium am 18. März 1999 den öffentlichen Schlußvortrag über »Karl den Großen im Deutschen Bundestag« hielt, mußte er feststellen, daß Karl der Große sowohl in der sog. Ära Adenauer und erst recht danach »kein besonders häufig gesehener Gast« im Bundestag war und schon gar nicht »ein Ehrengast«. Selbst diejenigen, die seine »karolingische Vision« zu verwirklichen suchten, »wollten meist lieber nichts mit ihm zu tun haben und distanzierten sich von ihm«, ganz zu schweigen von denjenigen, die ihn »ganz einfach als Buhmann, als Schreckgespenst für etwas [benützten], wovor sie sich fürchteten: die zu enge und zu schnelle Westbindung des neuen staatlichen Provisoriums, die dessen Wiedervereinigung mit dem östlichen Teil Deutschlands und den Zusammenschluß Europas unter Einschluß Englands, Skandinaviens und des ganzen Ostens zu gefährden schien«. »Karl der Große mit seinem langen Bart« (F. Erler) schien für die deutsche Politik »kalter Kaffee« zu sein. Angesichts dieser dürftigen Bonner Karlsmemoria wandte sich Peter Segl am Ende seines Vortrages der hochmittelalterlichen Karlssequenz zu, dessen Schlußstrophen er im Wortlaut zitierte und damit den *sanctus pater Karolus*, »den heiligen Vater Karl«, besonders anrief. Ob dieser heilige Karl allerdings mehr ist als ein Lokalheiliger, ob Karl der Große auch jenseits der europäischen Festreden eine Schlüsselgestalt der Geschichte Europas bleiben wird, ob seine Person und Persönlichkeit im Bewußtsein künftiger Generationen weiterleben wird, steht dahin. Die politische und geistige Entwicklung Europas und seine Gedächtniskultur werden dies entscheiden. Sich für ein europäisches Karlsbild einzusetzen, bleibt jedenfalls wichtig und grundlegend zugleich. Denn Zukunft ist immer auch Herkunft.

Postscriptum

Auf dem Aachener Historikertag ist, wie im Vorwort dieses Buches angedeutet, »Karl der Große zwischen Faktizität und Aktualität« diskutiert worden. Zunächst der historische Karl, sein politisches Handeln in Absicht und Wirkung (R. Schieffer) sowie seine Kaiserkrönung im Urteil der zeitgenössischen Quellen (M. Becher). Anschließend wurde das Nachleben Karls des Großen thematisiert: in der Zeit um 1000 (K. Görich), in der deutschen Literatur des Hochmittelalters (F. Fürbeth) und in der Gründungsphase der Bundesrepublik (M. Pape). Dieser Sicht der deutschen Mittelalterforscher wurde schließlich durch Michel Parisse Charlemagne in der Realität und Fiktion Frankreichs gegenübergestellt – ein Charlemagne, der dort trotz aller legendarischen Züge als heute noch gültige historische Größe gesehen wird.

Die in Aachen vorgestellten Beiträge haben den Blick für die Aspekte und Zusammenhänge geschärft, die auch in diesem Buch angesprochen sind: für die Persönlichkeit, das Lebenswerk und die Nachwirkungen Karls des Großen. So wird man bei den künftigen wissenschaftlichen Bemühungen mit Rudolf Schieffer zwischen bewußter Gestaltung und geschichtlicher Wirkung, zwischen einem planvollen und einem improvisierten politischen Handeln Karls des Großen zu unterscheiden haben – dies gilt für eine adäquate Beurteilung seiner äußeren Politik stärker noch als für sein »inneres Regiment«.

Ähnlich weiterführend ist die genaue Analyse der vieldiskutierten Quellen zur römischen Kaiserkrönung Karls des Großen, wie sie Matthias Becher geleistet hat, der die unterschiedlichen Akzente und die gemeinsamen Aspekte der fränkischen Geschichtsschreiber, des römischen *Liber Pontificalis*, aber auch Alkuins und Einhards aus der unmittelbaren Umgebung Karls des Großen herausarbeitete. Bei diesem quellengebundenen Nachweis wurden vor allem zwei Aspekte deutlich: die realen Machtverhältnisse, wie sie aus den Lorscher Annalen hervorgehen, und andererseits der theoretische Anspruch des Papstes, wie er sich im *Constitutum Constantini* zeigt, der bekannten päpstlichen Fälschung aus der 2. Hälfte des 8. Jahrhunderts.

Zur Öffnung des Karlsgrabes durch Otto III. hat Knut Görich genauere Rahmenbedingungen aufgezeigt, indem er den gewählten Zeitpunkt zu Pfingsten im Jahr 1000, die Herkunft der Karlstradition bei

Otto III. sowie ihren Zusammenhang mit der »kirchlichen Verstädterung« Aachens (L. Falkenstein) und den Anfängen des Adalbertkults näher erläuterte.

Zum Karlsbild in der deutschen Literatur des Hochmittelalters hat Frank Fürbeth neben den gängigen Fragen nach der inhaltlichen Ausrichtung, dem Entstehungs- und Gebrauchszusammenhang sowie dem nicht-literarischen Kontext dieser Karlsepik auf eine weitere Unterscheidung aufmerksam gemacht: auf die von *historia* und *fabula*. Nach einer von Engelbert von Admont um 1300 übernommenen Definition ziele die erstere auf die geordnete lateinische Erzählung, die letztere auf die volkssprachliche fiktive Unterhaltungsliteratur ab, was an dem deutschen Rolandslied des Pfaffen Konrad genauso wie an dem spätmittelalterlichen »Karlmeinet« aufgewiesen werden könne. Die literarische Figur Karls des Großen bilde die Klammer für die unterschiedlichsten *historiae et fabulae*.

Den Abschluß der Sektion bildeten die Überlegungen von Matthias Pape zu Karlsbild und Karlskult in der Gründungsphase der Bundesrepublik Deutschland. Dieses Bild Karls des Großen lasse sich zunächst an der Mittelalterforschung nach 1945 aufzeigen, an den wissenschaftlichen Arbeiten des Wiener Mediävisten Heinrich Fichtenau oder des belgischen Historikers François Louis Ganshof, die die Auflösung des Karlsreichs in den Mittelpunkt ihrer Überlegungen stellten – und dies sicherlich »als Reaktion auf die überstrapazierte Großreichsidee des Dritten Reiches«. Auch die Politik und Publizistik der Nachkriegszeit habe sich auf das Karolingerreich bezogen – als »Bezugspunkt (von) Restaurationshoffnungen« mit Karl dem Großen als »geschichtlicher Symbolfigur der christlich-abendländischen Version der Europaidee«. Zu dieser »Abendlandbewegung« gehörte dann 1949 auch die Gründung des Aachener Karlspreises, der »die europäische Einigungspolitik abstützen (sollte), aber am Ende nicht nur die Europaidee gefördert, sondern auch eine »Europaideologie« begünstigt habe, eine »postnationale Gesellschaft«, die den Nationalstaat überwinden half. »Europa bedeutet Franzosen, Belgiern, Niederländern und erst recht Österreichern nicht Ersatz, sondern Ergänzung des Nationalstaats, der für die Deutschen 1945 zerbrochen war und mit der Europaidee kompensiert werden sollte.« Für Matthias Pape ist der Aachener Karlspreis »die moderne kommunalpolitische Variante des mittelalterlichen Karlskults.« Dies sei der Stadt Aachen »in diesem Jahr, als der Preis zum 50. Mal und an den ranghöchsten Staatsmann der Welt verliehen wurde, so gut gelungen wie noch nie, auch wenn den Preisträgermit der Stiftungsidee wenig verbindet.«

Daneben gebe es in Aachen noch den liturgischen Karlskult, der vom Mittelalter bis in unsere Tage dem heiligen Karl gelte – zunächst dem »Apostel der Sachsen« im späten 9. Jahrhundert, dann dem christlichen Glaubenskämpfer der Kreuzzugszeit und schließlich dem Märtyrer und heiligen Bekenner der noch heute geltenden Karlsliturgie. Allerdings: »Karl heute noch, im Wissen um die Motive seiner Kanonisation und im Wissen um seine Vita als Heiligen zu verehren, erfordert freilich eine Gläubigkeit, die nicht jedem gegeben sein dürfte.«

»In Aachen«, so Matthias Pape, »wird das Problem besonders greifbar, daß eine Gestalt, der wir historische Größe zuerkennen, durch den kommunalpolitischen und liturgischen Kult weit entrückt, ja wie verschleiert wirkt. Entschleiern wir Karl!«

Anhang

Abkürzungsverzeichnis

Abh. München	Abhandlungen der Bayerischen Akademie der Wissenschaften (Die Abhandlungen anderer Akademien werden in entsprechender Abkürzung zitiert. Gemeint ist stets die philosophisch-historische oder entsprechende Klasse)
AfD	Archiv für Diplomatik
AHVN	Annalen des historischen Vereins für den Niederrhein
AKB	Aachener Kunstblätter
AKG	Archiv für Kulturgeschichte
ALMA	Archivum latinitatis medii aevi
AmrhKG	Annalen für mittelrheinische Kirchengeschichte
AU	Aachener Urkundenbuch, s. im Quellenverzeichnis »Aachener Urkunden...«
Bd./ Bde.	Band/ Bände
BECh	Bibliothèque de l'École des Chartes
Beih.	Beihefte
Byzantion	Revue international des Études Byzantines
CC	Corpus Christianorum
Cod.	Codex
D, DD	Diplom, Diplome
DF. I	Diplom Friedrichs I.
DK. I	Diplom Karls des Großen
DLo. I	Diplom Lothars I.
DO. I	Diplom Ottos I.
DO. II	Diplom Ottos II.
DO. III	Diplom Ottos III.
DA	Deutsches Archiv
ed.	edidit, ediderunt
EHR	English Historical Review
FMSt	Frühmittelalterliche Studien
Fs.	Festschrift

HEG	Handbuch der europäischen Geschichte
Hg./ hg.	Herausgeber/ herausgegeben
HJb	Historisches Jahrbuch
Hs.	Handschrift
HZ	Historische Zeitschrift
Jb.	Jahrbuch
JbAC	Jahrbuch für Antike und Christentum
KdG 1 - 4	s. Braunfels, Wolfgang (Hg.): Karl der Große. Lebenswerk und Nachleben, 4 Bde., 1965–1967
Könige in Aachen	s. [Katalog Aachen] Krönungen. Könige in Aachen. Geschichte und Mythos
LMa	Lexikon des Mittelalters
Ma.	Mittelalter
MGH	Monumenta Germaniae Historica
Capit.	Capitularia regnum Francorum
Conc.	Concilia
Const.	Constitutiones
DD Kar.	Die Urkunden der Karolinger
Epp.	Epistolae
Poet. Lat.	Poetae latini medii aevi
SS	Scriptores (in Folio)
SS rer. Germ.	Scriptores rerum Germanicarum in usum scholarum separatim editi
SS rer. Germ. N.S.	Scriptores rerum Germanicarum, Nova series
SS rer. Merov.	Scriptores rerum Merovingicarum
MIÖG	Mitteilungen des Instituts für Österreichische Geschichtsforschung
ms.	maschinenschriftlich
NA	Neues Archiv
NSLB	Nationalsozialistischer Lehrerbund
Prol.	Prolog
QF	Quellen und Forschungen
QAmrhKG	Quellen und Abhandlungen zur mittelrheinischen Kirchengeschichte
RGA	Reallexikon der Germanischen Altertumskunde
RH	Revue historique
RHE	Revue d'histoire ecclésiastique
RHM	Römische Historische Mitteilungen
RhVjbl	Rheinische Vierteljahrsblätter
Saeculum	Saeculum. Jahrbuch für Universalgeschichte
SB München	Sitzungsberichte der Bayerischen Akademie der Wissenschaften (Die Sitzungsberichte anderer Akademien werden in entsprechender Abkürzung zitiert. Gemeint ist stets die philosophisch-historische oder entsprechende Klasse)
Schriften Heidelberg	Schriften der Heidelberger Akademie der Wissenschaften, philosophisch-historische Klasse
SM	Studi medievali

Verschleierter Karl	s. Kerner, Max (Hg.): Der verschleierte Karl. Karl der Große zwischen Mythos und Wirklichkeit (1999)
VF	Vorträge und Forschungen
VjhZG	Vierteljahrsschrift für Zeitgeschichte
WdF	Wege der Forschung
Westfäl. Zs.	Westfälische Zeitschrift
ZAGV	Zeitschrift des Aachener Geschichtsvereins
ZBLG	Zeitschrift für Bayerische Landesgeschichte
ZfG	Zeitschrift für Geschichtswissenschaft
ZRG Germ.	Zeitschrift für Rechtsgeschichte Germanistische Abteilung
ZRG Kan.	Zeitschrift für Rechtsgeschichte Kanonistische Abteilung

Stammtafel der Karolinger

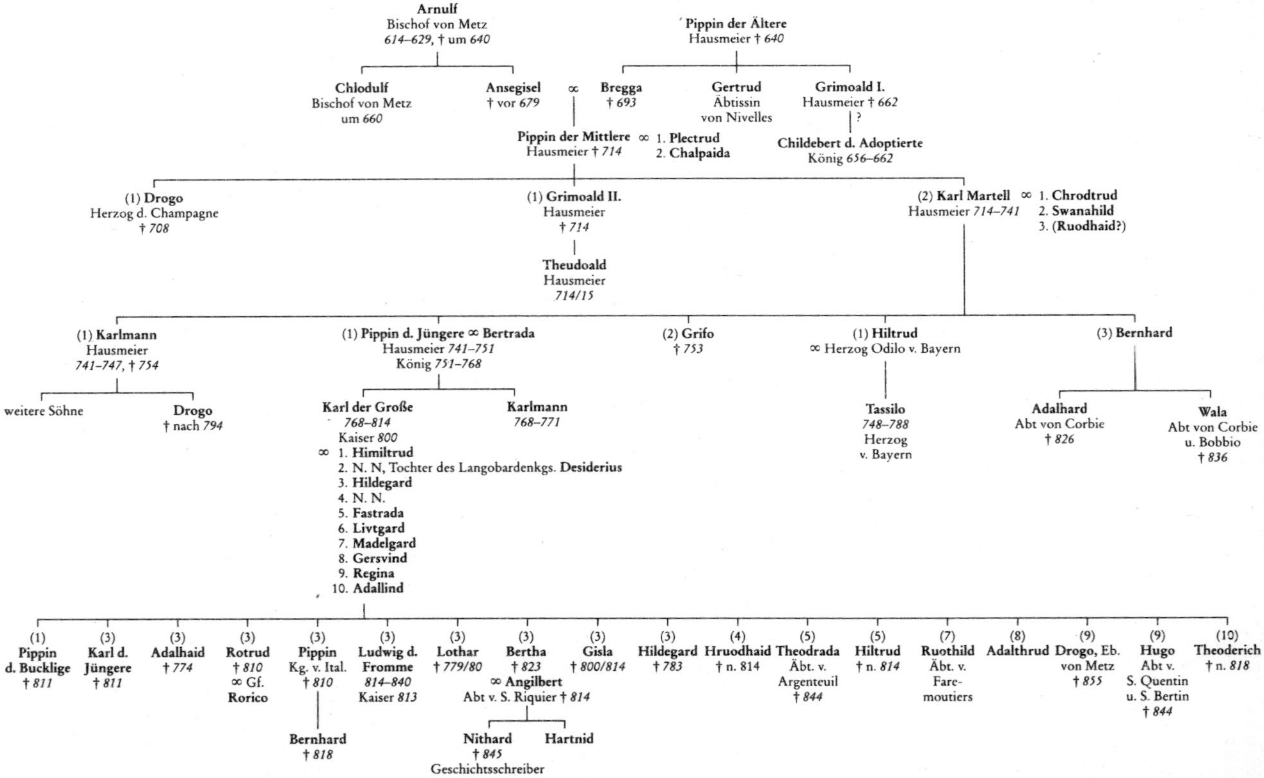
Arnulf
Bischof von Metz
614–629, † um 640
Pippin der Ältere
Hausmeier † 640
Chlodulf
Bischof von Metz
um 660
Ansegisel
† vor 679
∞
Bregga
† 693
Gertrud
Äbtissin
von Nivelles
Grimoald I.
Hausmeier † 662
?
Pippin der Mittlere
Hausmeier † 714
∞ 1. Plectrud
2. Chalpaida
Childebert d. Adoptierte
König 656–662
(1) Drogo
Herzog d. Champagne
† 708
(1) Grimoald II.
Hausmeier
† 714
Theudoald
Hausmeier
714/15
(2) Karl Martell
Hausmeier 714–741
∞ 1. Chrodtrud
2. Swanahild
3. (Ruodhaid?)
(1) Karlmann
Hausmeier
741–747, † 754
(1) Pippin d. Jüngere ∞ Bertrada
Hausmeier 741–751
König 751–768
(2) Grifo
† 753
(1) Hiltrud
∞ Herzog Odilo v. Bayern
(3) Bernhard
weitere Söhne
Drogo
† nach 794
Karl der Große
768–814
Kaiser 800
Karlmann
768–771
Tassilo
748–788
Herzog
v. Bayern
Adalhard
Abt von Corbie
† 826
Wala
Abt von Corbie
u. Bobbio
† 836
∞ 1. Himiltrud
2. N. N, Tochter des Langobardenkgs. Desiderius
3. Hildegard
4. N. N.
5. Fastrada
6. Livtgard
7. Madelgard
8. Gersvind
9. Regina
10. Adallind
(1) Pippin d. Bucklige † 811
(3) Karl d. Jüngere † 811
(3) Adalhaid † 774
(3) Rotrud † 810 ∞ Gf. Rorico
(3) Pippin Kg. v. Ital. † 810
(3) Ludwig d. Fromme 814–840 Kaiser 813
(3) Lothar † 779/80
(3) Bertha † 823
∞ Angilbert
Abt v. S. Riquier † 814
(3) Gisla † 800/814
(3) Hildegard † 783
(4) Hruodhaid † n. 814
(5) Theodrada Äbt. v. Argenteuil † 844
(5) Hiltrud † n. 814
(7) Ruothild Äbt. v. Fare-moutiers
(8) Adalthrud
(9) Drogo, Eb. von Metz † 855
(9) Hugo Abt v. S. Quentin u. S. Bertin † 844
(10) Theoderich † n. 818
Bernhard
† 818
Nithard
† 845
Geschichtsschreiber
Hartnid

Quellen- und Regestenverzeichnis

[Aachener Quellen] Aachener Urkunden 1101–1250, bearb. v. Erich Meuthen (Publikationen der Gesellschaft für Rheinische Geschichtskunde 58), Bonn 1972

[Aachener Quellen] Aachener Quellentexte, hg. v. Walter Kaemmerer (Veröffentlichungen des Stadtarchivs Aachen 1), Aachen 1980

[Aachener Quellen] Die Inschriften des Aachener Doms (Die Deutschen Inschriften 31, 1), hg. v. Helga Giersiepen, Wiesbaden 1992

[Aachener Quellen] Die Legende Karls des Großen im 11. und 12. Jahrhundert. Mit einem Anhang über Urkunden Karls des Großen und Friedrichs I. für Aachen, hg. v. Gerhard Rauschen (Publikationen der Gesellschaft für Rheinische Geschichtskunde 7), Leipzig 1890

[Aachener Quellen] Die Messhandschrift »In festo beati Karoli imperatoris«, hg. v. d. Mayerschen Buchhandlung u. bearb. v. Hannelore Zowislo-Wolf, Aachen 1999

[Ademar von Chabannes] Ademari Cabannensis Chronicon, ed. Pascale Bourgain (= Ademari Cabannensis opera omnia, pars I) Corpus Christianorum. Continuatio mediaevalis CXXIX, Turnhout 1999

[Aventinus] Johannes Turmaier's gen. Aventinus sämtliche Werke 5, Bayerische Chronik, München 1884

[Agnellus] Agnelli qui et Andreas Liber ponificalis ecclesiae Ravennatis, ed. Oswald Holder-Egger, MGH SS rer. Langobardicarum, Hannover 1878, S. 265–391

Alcuini sive Albini epistolae, ed. Ernst Dümmler, MGH Epp. 4, Berlin 1895, S. 1–481

Angilberti Ecloga ad Carolum regem, ed. Ernst Dümmler, MGH Poet. Lat. 1, Berlin 1881, S. 360–363

Annales Aquenses, ed. Georg Waitz, MGH SS 24, Hannover 1879, S. 33–39

Annales Bertiniani, ed. Georg Waitz MGH SS rer. Germ. in usum schol. 5, Hannover 1883; Annales de Saint-Bertin, publiées pour la Société de l'Histoire de France par Félix Grat, Jean Vielliard et Suzanne Clémencet, Paris 1964

Annales Laureshamenses, ed. Georg Heinrich Pertz, MGH SS 1, Hannover 1826, S. 22–39

Annales Nazariani, ed. Georg Heinrich Pertz, MGH SS 1, Hannover 1826, S. 7–18

Annales regni Francorum inde ab a. 741 usque ad a. 829, qui dicuntur Annales Laurissenses maiores et Einhardi, ed. Friedrich Kurze, MGH SS rer. Germ. in usum schol. 6, Hannover 1895; Die Reichsannalen, bearb. v. Reinhold Rau, in: Quellen zur Karolingischen Geschichte (Freiherr vom Stein Gedächtnisausgabe 5), Darmstadt 1955, S. 9–155

Annales Sancti Amandi, ed. Georg Heinrich Pertz, MGH SS 1, Hannover 1826, S. 687–740

Blunck, Hans Friedrich: »Nordmark«. Balladen, Hamburg 1912

Capitulare de villis, ed. Alfred Boretius, MGH Capit. 1, Hannover 1883, S. 82–92

Chateaubriand, François René de: Essai sur les révolutions. Génie du christianisme. Texte établi, présenté et annoté par Maurice Regard, Paris 1978
Chateaubriand, François René de: Mémoires d'outre-tombe, ed. par Maurice Levaillant et Georges Moulinier, 2 Vol., Paris 1951
Chronica regia Coloniensis, ed. Georg Waitz, MGH SS rer. Germ. in usum schol. 18, Hannover 1880
Chronicon Moissiacense, ed. Georg Heinrich Pertz, MGH SS 1, Hannover 1826, S. 280–313
Codex Carolinus, ed. Wilhelm Gundlach, MGH Epp. Karol. 3,1, Hannover 1892, S. 469–657
Concilia aevi Karolini (742–842), ed. Albert Werminghoff, MGH Conc. 2, Hannover 1906
[Continuator Fredegarii] Chronicarum quae dicuntur Fredegarii scholastici, ed. Bruno Krusch, MGH SS rer. Merov. 2, Hannover 1888, S. 16–165, continuat. S. 168–193; Die Fortsetzungen der Chroniken des sog. Fredegar, bearb. v. Herbert Haupt, in: Quellen zur Geschichte des 7. und 8. Jahrhunderts (Freiherr vom Stein Gedächtnisausgabe 4a), Darmstadt 1982, S. 272–328
Descriptio qualiter Karolus magnus clavum et coronam domini a Constantinopoli Aquisgrani detulerit qualiterque Karolus Calvus hec ad sanctum Dyonisium retulerit, in: Die Legende Karls des Großen im 11. und 12. Jahrhundert, hg. v. Gerhard Rauschen (Publikationen der Gesellschaft für Rheinische Geschichtskunde 7), Leipzig 1890, S. 97–125
Einhardi Translatio et miracula SS. Marcellini et Petri, ed. Georg Waitz, MGH SS 15, Hannover 1887, S. 239–264
Einhardi Vita Karoli Magni, ed. Georg Waitz, editio sexta curavit Oswald Holder-Egger, MGH SS rer. Germ. in usum schol. 25, Hannover, Leipzig 1911; Vita Karoli Magni. Das Leben Karls des Großen, bearb. v. Evelyn Scherabon-Firchow (reclam 1996) Stuttgart 1995
Ermoldi Nigelli Carmen in honorem Hludowici, ed. Ernst Dümmler, MGH Poet. Lat. 2, Berlin 1884, S. 5–79; Ermold le Noir, Poème sur Louis le Pieux et épitres au roi Pépin, ed. et trad. par Edmond Faral (Les Classiques de l'Histoire de France au moyen âge), Paris 1932
[Friedrich I. Barbarossa] Die Urkunden Friedrichs I. 1158–1167, ed. Heinrich Appelt, MGH Die Urkunden der deutschen Könige und Kaiser 10, 2, Hannover 1979
Giersiepen, Helga, s. [Aachener Quellen] Die Inschriften des Aachener Doms
[Goldene Bulle] Die Goldene Bulle Kaiser Karls IV. vom Jahre 1356, ed. Wolfgang Fritz, MGH Fontes Iuris Germanici Antiqui 11, Weimar 1972
[Goldene Bulle] Goldene Bulle nach König Wenzels Prachthandschrift (Cod. Vindob. 338), mit deutscher Übersetzung von Konrad Müller und einem Nachwort von Ferdinand Seibt (Bibliophile Taschenbücher 84), Dortmund ^{3}1989
[Gottfried von Viterbo] Gotifredi Viterbiensis, Pantheon, ed. Georg Heinrich Pertz, MGH SS 22, Hannover 1872, S. 107–307
Herder, Johann Gottfried von: Ideen zur Geschichte der Menschheit, hg. v. Johann von Müller (Sämtliche Werke 4), Tübingen 1807
Hillenbrand Eugen, s. Vita Caroli Quarti. Die Autobiographie Karls IV.
Hitlers Tischgespräche im Führerhauptquartier 1941–1942, hg. v. Henry Picker, Stuttgart 1963

[Jans Enikel] Jansen Enikels Weltchronik, ed. Philipp Strauch, MGH Deutsche Chroniken 3,1, Berlin 1891
[Karl der Große] Die Urkunden Pippins, Karlmanns und Karls des Großen, bearb. Engelbert Mühlbacher, MGH DD Kar. 1, Hannover 1906
Karolus Magnus et Leo Papa, ed. Ernst Dümmler, MGH Poet. lat. 1, Berlin 1881, S. 366–379, dt.: Karolus Magnus et Leo Papa. Ein Paderborner Epos vom Jahre 799, hrsg. u. übersetzt v. Franz Brunhölzl (Studien und Quellen zur Westfälischen Geschichte 8) Paderborn 1966, S. 55–97
Klein, Hans-Wilhelm, s. Pseudo-Turpin u. Rolandslied
Knittel, Hermann, s. Walahfrid Strabo, Visio Wettini
Liber Historiae Francorum, ed. Bruno Krusch, MGH SS rer. Merov. 2, Hannover 1888, S. 215–328
Liber Pontificalis, ed. Louis Duchesne, 3 Bde., Paris [2]1955
Liber Sancti Jacobi. Codex Calixtinus, ed. Klaus Herbers u. Manuel Santos Noia, Santiago de Compostela 1999
[Libri Carolini] Opus Caroli regis contra synodum (Libri Carolini), ed. Ann Freeman, MGH Conc., 2,1 Supplement, Hannover 1996
Löns, Hermann: Mein braunes Buch. Haidbilder, Hannover 1912
[Lothar I.] Die Urkunden Lothars I. und Lothars II., ed. Theodor Schieffer, MGH DD Kar. 3, Berlin 1966
[Modoin] Nasos (Modoins) Gedichte an Karl den Großen, ed. Ernst Dümmler, NA 11 (1886) S. 75–91
Napoleon. Die Memoiren seines Lebens, hg. in Verbindung mit Friedrich M. Kircheisen v. Friedrich Wencker-Wildberg, Wien, Hamburg, Zürich, o.J.
Nithardi Historiarum libri IIII., ed. Ernst Müller, MGH SS rer. Germ. in usum schol. 44, Hannover 1907
Notkeri Balbuli Gesta Karoli magni imperatoris, ed. Hans F. Haefele, MGH SS rer. Germ. N.S. 12, Berlin 1960; Notker, Die Taten Karls, bearb. v. Reinhold Rau, in: Quellen zur Karolingischen Reichsgeschichte, Teil 3 (Freiherr vom Stein Gedächtnisausgabe), Darmstadt 1975, S. 321–428
[Otto I.] Die Urkunden Konrads I, Heinrichs I. und Ottos I., ed. Theodor Sickel, MGH Die Urkunden der deutschen Könige und Kaiser 1, Berlin 1879–84
[Otto III.] Die Urkunden Ottos III., ed. Theodor Sickel, MGH Die Urkunden der deutschen Könige und Kaiser 2,2, Berlin 1893
[Parteitagsreden Adolf Hitlers] Die Reden Hitlers am Parteitag der Freiheit 1935, hg. v. Zentralverlag der NSDAP, München 1935
Petrarca, Francesco, Le Familiari, Libri I-IV, traduzione, note e saggio introduttivo di Ugo Dotti, Urbino 1933; Briefe des Francesco Petrarca. Eine Auswahl. Übersetzt von Hans Nachod u. Paul Stern. Berlin 1931
Picker, Henry, s. Hitlers Tischgespräche
Poeta Saxo, ed. Paul von Winterfeld, MGH Poet. Lat. 4,1, Berlin 1899, S. 1–71
[Pseudo-Turpin] The Pseudo Turpin, hg. v. Hamilton M. Smyser, Cambridge Mass. 1937
[Pseudo-Turpin] Der Pseudo-Turpin von Compostela, hg. v. Adalbert Hämel. Aus dem Nachlaß hg. v. André de Mandach, München 1965
[Pseudo-Turpin] Die Chronik von Karl dem Großen und Roland. Der lateinische Pseudo-Turpin in den Handschriften aus Aachen und Andernach, hg. v.

Hans-Wilhelm Klein (Beiträge zur romanischen Philologie des Mittelalters 13), München 1986
[Pseudo-Turpin] Karolellus atque Pseudo-Turpini Historia Karoli Magni et Rotholandi, ed. Paul Gerhard Schmidt (Bibliotheca Teubneriana), Stuttgart, Leipzig 1996
Rauschen, Gerhard, s. Descriptio
Regesten der Reichsstadt Aachen. Einschließlich des Aachener Reiches und der Reichsabtei Burtscheid, hg. v. Wilhelm Mummenhoff, Bd. 1: 1251–1300 (Publikationen der Gesellschaft für Rheinische Geschichtskunde 47,1), Bonn 1961; ders., Bd. 2: 1301–1350 (Publikationen der Gesellschaft für Rheinische Geschichtskunde 47,2), Köln 1937 u. Thomas Kraus, Bd. 3: 1351–1365 (Publikationen der Gesellschaft für Rheinische Geschichtskunde 47,3), Düsseldorf 1999
[Reiner von Lüttich] Reineri Annales S. Jacobi Leodiensis, ed. Georg Heinrich Pertz, MGH SS 16, Hannover 1859, S. 651–680
[Rethel, Alfred] Alfred Rethels Briefe, hg. v. Josef Ponten, Berlin 1912
[Rethel, Alfred] Briefe und Akten zur Geschichte der Aachener Fresken Alfred Rethels, hg. v. Josef Ponten, Kunst und Künstler 11 (1913) S. 610–618
Rheinische Urkunden. Ältere Urkunden bis 1100, 1. Lfg.: Aachen-Deutz, bearb. v. Erich Wisplinghoff (Publikationen der Gesellschaft für Rheinische Geschichtskunde 57), Bonn 1972
[Rolandslied] La Chanson de Roland, hg. v. Hans-Wilhelm Klein, München 1963
[Rolandslied] Das altfranzösische Rolandslied nach der Oxforder Handschrift, hg. v. Alfons Hilka u. Max Pfister, Tübingen ^{8}1997
[Rolandslied] Das altfranzösische Rolandslied. Zweisprachig, hg. v. Wolf Steinsieck. Mit einem Nachwort von Egbert Kaiser (reclam 2746), Stuttgart 1999
Rolandslied des Pfaffen Konrad, hg., übersetzt u. kommentiert v. Dieter Kartschoke (reclam 2745), Stuttgart ^{2}1996
Staël, Madame de Germaine, De l'Allemagne, Paris 1809/14; über Deutschland, nach der dt. Erstausgabe 1814 übers. v. Friedrich Buchholz, Samuel H. Cartel u. Julius E. Hitzig, hg. v. Monika Bosse (Insel TB 623) Frankfurt 1985
Tafelgüterverzeichnis des römischen Königs (Bonner Handschrift MS. S 1559), ed. Carlrichard Brühl u. Thomas Kölzer, Köln, Wien 1979
Thegan, Die Taten Kaiser Ludwigs (Gesta Hludowici imperatoris). Astronomus, Das Leben Kaiser Ludwigs (Vita Hludowici imperatoris), hg. u. übersetzt v. Ernst Tremp, MGH SS rer. Germ. in usum schol. 64, Hannover 1995
Thenen, Heinrich, Das Leben des Heiligen Caroli Magni, hg. v. Dieter Breuer, Aachen 2000
Theodulf von Orléans, Opera poetica, ed. Ernst Dümmler, MGH Poet. Lat. 1, Berlin 1881, S. 437–581
[Thietmar von Merseburg] Die Chronik des Bischofs Thietmar von Merseburg und ihre Korveier Überarbeitung, hg. v. Robert Holtzmann, MGH SS rer. Germ. N.S. 9, Berlin 1935
Vita Caroli Quarti. Die Autobiographie Karls IV. Einführung, Übersetzung u. Kommentar v. Eugen Hillenbrand, Stuttgart 1979
Vita des Abtes Sturmi des Eigil von Fulda. Literarkritisch-historische Untersuchung und Edition (Veröffentlichungen der Historischen Kommission für Hessen u. Waldeck 29) hg. v. Pius Engelbert, Marburg 1968

Vita Caroli Magni, in: Die Legende Karls des Großen im 11. und 12. Jahrhundert, hg. v. Gerhard Rauschen (Publikationen der Gesellschaft für Rheinische Geschichtskunde 7), Leipzig 1890, S. 17–93

[Walahfrid Strabo] Visio Wettini, ed. Ernst Dümmler, MGH Poet. Lat. 2, Berlin 1884, S. 259–422; Visio Wettini, Die Vision Wettis, übersetzt, eingeführt u. erläutert v. Hermann Knittel, Sigmaringen 1986

Wiponis Gesta Chuonradi imperatoris, ed. Harry Bresslau, MGH SS rer. Germ. in usum schol. 61, Hannover, Leipzig 1915, S. 1–62

Literaturverzeichnis

Abel, Sigurd: Jahrbücher des fränkischen Reiches unter Karl dem Grossen, Leipzig 1888

Althoff, Gerd: Der Sachsenherzog Widukind als Mönch auf der Reichenau. Ein Beitrag zur Kritik des Widukind-Mythos, FMSt 17 (1983) S. 251–279

Althoff, Gerd (Hg.): Die Deutschen und ihr Mittelalter, Darmstadt 1992

Althoff, Gerd: Sinnstiftung und Instrumentalisierung: Zugriff auf das Mittelalter – Eine Einleitung, in: ders. (Hg.): Die Deutschen und ihr Mittelalter, Darmstadt 1992, S. 1–6

Althoff, Gerd: Die Beurteilung der mittelalterlichen Ostpolitik als Paradigma für zeitgebundene Geschichtsbewertung, in: ders. (Hg.): Die Deutschen und ihr Mittelalter, Darmstadt 1992, S. 147–164

Althoff, Gerd: Otto III., Darmstadt 1996

Andernahr, Bernhard: Zwischen Himmel und Erde. Die Bodenplatten des Barbarossaleuchters im Aachener Dom. Ein Beitrag zur staufischen Goldschmiedekunst im Rhein-Maas-Gebiet, ms. Diss. Aachen 1994

Angenendt, Arnold: Das geistliche Bündnis der Päpste mit den Karolingern (754–796), HJb 100 (1980) S. 1–94

Angenendt, Arnold: Kaiserherrschaft und Königstaufe. Kaiser, Könige und Päpste als geistliche Patrone in der abendländischen Missionsgeschichte (Arbeiten zur Frühmittelalterforschung 15), Berlin, New York 1984

Angenendt, Arnold: Corpus incorruptum. Eine Leitidee der mittelalterlichen Reliquienverehrung, Saeculum 42 (1991) S. 320–348

Angenendt, Arnold: Das Frühmittelalter. Die abendländische Christenheit von 400 bis 900, Stuttgart ^{2}1995

Anton, Hans Hubert: Fürstenspiegel und Herrscherethos in der Karolingerzeit, Bonn 1968

Anton, Hans Hubert: Beobachtungen zum fränkisch-byzantinischen Verhältnis in karolingischer Zeit, in: Rudolf Schieffer (Hg.): Beiträge zur Geschichte des Regnum Francorum (Beihefte Francia 22), Sigmaringen 1990, S. 97–119

Appuhn, Horst: Zum Thron Karls des Großen, AKB 24/25 (1962/63) S. 127–136

Arens, Eduard: Die Inschriften am Karlsschrein, ZAGV 43 (1921) S. 159–194

Assmann, Jan: Das kulturelle Gedächtnis. Schrift, Erinnerung und politische Identität in frühen Hochkulturen, München 1997

Assmann, Jan: Moses der Ägypter. Entzifferung einer Gedächtnisspur, München, Wien 1998

Bandmann, Günter: Die Vorbilder der Aachener Pfalzkapelle, KdG 3 (1965) S. 424–462

Barbe, Dominique: Irène de Byzance, la femme empereur, Paris 1990

Barlow, Frank: Thomas Becket, London 1997

Bayer, Clemens: Die großen Inschriften des Barbarossaleuchters, in: ders., Theo

Jülich u. Manfred Kuhl (Hg.): Celica Iherusalem. Festschrift für Erich Stephany, Köln, Siegburg 1986, S. 213–240
Bayer, Clemens: Versuch über die Gestaltung epigraphischer Schriften mit besonderem Bezug auf Materialien und Herstellungstechniken, in: Walter Koch u. Christine Steiniger (Hg.): Inschrift und Material. Inschrift und Buchschrift (Abh. München 117), München 1999, S. 95–125
Becher, Matthias: Neue Überlegungen zum Geburtsdatum Karls des Großen, Francia 19,1 (1992) S. 37–60
Becher, Matthias: Eid und Herrschaft. Untersuchungen zum Herrschaftsethos Karls des Großen (Vorträge und Forschungen, Sonderband 39), Sigmaringen 1993
Becher, Matthias: Karl der Große, München 1999
Beckwith, John: Byzantine Influence on Art of the Court of Charlemagne, KdG 3 (1965) S. 288–300
Bédier, Joseph: Les légendes épiques. Recherches sur la formation des Chansons de geste, 4 Bde., Paris 1908–13
Beissel, Stephan: Der Aachener Königsstuhl, ZAGV 9 (1886) S. 14–41
Berndt, Rainer (Hg.): Das Frankfurter Konzil von 794. Kristallisationspunkt karolingischer Kultur (Quellen und Abhandlungen zur mittelrheinischen Kirchengeschichte 80, 1 u. 2), Mainz 1997
Berschin, Walter: Biographie und Epochenstil im lateinischen Mittelalter, Bd. 3: Karolingische Biographie 750–920 n. Chr. (Quellen und Untersuchungen zur lateinischen Philologie des Mittelalters 10), Berlin 1991
Beumann, Helmut: Nomen imperatoris. Studien zur Kaiseridee Karls des Großen, HZ 185 (1958) S. 515–549
Beumann, Helmut: Ideengeschichtliche Studien zu Einhard und anderen Geschichtsschreibern des früheren Mittelalters, Darmstadt 1962
Beumann, Helmut: Grab und Thron Karls des Großen zu Aachen, KdG 4 (1967) S. 9–38; wieder abgedruckt in: ders.: Wissenschaft vom Mittelalter. Ausgewählte Aufsätze, Köln, Wien 1972, S. 347–376
Billiard, Claude u. Guibbert, Pierre: Histoire mythologique des Français, Paris 1976
Binding, Günther: Deutsche Kaiserpfalzen von Karl dem Großen bis Friedrich II., Darmstadt 1996
Binding, Günther: Die Aachener Pfalz Karls des Großen als archäologisch-baugeschichtliches Problem, Zeitschrift für Archäologie des Mittelalters 25/6 (1997/98) S. 63–85
Binding, Günther: Zur Ikonologie der Aachener Pfalzkapelle nach den Schriftquellen, in: Dieter Bauer u.a. (Hg.): Mönchtum – Kirche – Herrschaft 750–1000, Sigmaringen 1998, S. 187–211
Bischoff, Bernhard: Die südostdeutschen Schreibschulen und Bibliotheken in der Karolingerzeit, Leipzig 1940
Bischoff, Bernhard: Die Hofbibliothek Karls des Großen, KdG 2 (1965) S. 42–62
Bischoff, Bernhard: Panorama der Handschriftenüberlieferungen aus der Zeit Karls des Großen, KdG 2 (1965) S. 233–254
Bláhová, Marie: Nachleben Karls des Großen in der Propaganda Karls IV., Das Ma. 4 (1999) S. 11–25

Bloch, Marc: Les rois thaumaturges. Étude sur le caractère surnaturel attribué à la puissance royale particulièrement en France et en Angleterre, Straßburg 1924 u. Paris 1983 (dt., München 1998)

Bloch, Peter: Das Apsismosaik von Germigny-des-Prés, Karl der Große und der alte Bund, KdG 3 (1965) S. 234–161

Bock, Cornelius Peter: Die Reiterstatue des Ostgotenkönigs Theoderich vor dem Pallaste Karls des Großen zu Aachen, Jahrbücher des Vereins von Alterthumsfreunden im Rheinland 5–6 (1844) S. 1–170

Bollmus, Reinhard: Das Amt Rosenberg und seine Gegner, Stuttgart 1970

Boockmann, Hartmut: Aachen, in: Uwe Schultz (Hg.): Die Hauptstädte der Deutschen von der Kaiserpfalz zu Aachen zum Regierungssitz Berlin, München 1993, S. 11–21

Borgolte, Michael: Historie und Mythos, in: Könige in Aachen 2 (2000) S. 839–846

Borst, Arno: Das Karlsbild in der Geschichtswissenschaft vom Humanismus bis heute, KdG 4 (1967) S. 364–402

Borst, Arno: Alkuin und die Enzyklopädie von 809, in: Paul Leo Butzer u. Dietrich Lohrmann (Hg.): Science in Western and Eastern Civilization in Carolingian Times, Basel, Boston, Berlin 1993, S. 53–78

Borst, Arno: Die karolingische Kalenderreform (MGH Schriften 46), Hannover 1998

Boshof, Egon: Aachen und die Thronerhebungen des deutschen Königs in salisch-staufischer Zeit, ZAGV 97 (1991) S. 5–32

Boshof, Egon: Ludwig der Fromme, Darmstadt 1996

Boutet, Dominique: Les chansons de geste et l'affermissement du pouvoir royal (1100–1250), in: Annales E.S.C., 37, 1982, S. 3–14

Brakensiek, Stefan (Hg.): Widukind. Forschungen zu einem Mythos, Bielefeld 1997

Braunfels, Werner (Hg.): Karl der Große. Lebenswerk und Nachleben, 4 Bde., Düsseldorf 1965–1967

Brecher, August: Die kirchliche Verehrung Karls des Großen, in: Hans Müllejans (Hg.): Karl der Große und sein Schrein in Aachen. Eine Festschrift, Aachen, Mönchengladbach 1988, S. 151–166

Brecher, August: Kirche und Pfarre St. Jakob. Der Weg einer Aachener Pfarrgemeinde in neun Jahrhunderten, Aachen 1995

Bredow, Gabriel Gottfried: Karl der Große wie Einhart ihn beschrieben, die Legende ihn dargestellt, Neuere ihn beurtheilt haben, Altona 1814

Brown, Elizabeth: Saint-Denis and the Turpin Legend, in: John William and Alison Stones (eds.): The Codex Calixtinus and the Shrine of St. James (Jakobus-Studien 3), Tübingen 1992, S. 51–88

Brühl, Carlrichard: Fodrum, Gistum, Servitium regis. Studien zu den wirtschaftlichen Grundlagen des Königtums im Frankenreich und in den fränkischen Nachfolgestaaten Deutschland, Frankreich und Italien vom 6. bis zum 14. Jahrhundert, Köln, Graz 1968

Brühl, Carlrichard: Palatium und civitas. Studien zur Profantopographie spätantiker Civitates vom 3. bis 13. Jahrhundert, 2 Bde., Köln 1975

Brühl, Carlrichard: Deutschland–Frankreich. Die Geburt zweier Völker, Köln, Wien 1990

Buchholz, Christopher: Französischer Staatskult 1792–1813 im linksrheinischen Deutschland (Europäische Hochschulschriften 3: Geschichte und ihre Hilfswissenschaften 749), Frankfurt a.M. 1997

Buchkremer, Josef: Der Königsstuhl der Aachener Pfalzkapelle und seine Umgebung, ZAGV 21 (1899) S. 135–194

Buchkremer, Josef: Das Grab Karls des Großen, ZAGV 29 (1907) S. 68–210

Buchner, Max: Das gefälschte Karlsprivileg für St. Denis B.-M. I[2] Nr. 482 und seine Entstehung. Zugleich ein Beitrag zur Geschichte Frankreichs im 12. Jahrhundert, HJb 42 (1922) S. 12–28 u. 250–265

Buchner, Max: Das fingierte Privileg Karls des Großen für Aachen – eine Fälschung Reinalds von Dassel – die Entstehung der Aachener »Vita Karoli Magni«, ZAGV 47 (1925) S. 179–254

Bühler, Arnold: Capitularia Relecta. Studien zur Entstehung und Überlieferung der Kapitularien Karls des Großen und Ludwig des Frommen, AfD 32 (1986) S. 305–501

Bullough, Donald A.: Europae Pater: Charlemagne and his achievement in the light of recent scholarship, EHR 85 (1970) S. 59–105

Bullough, Donald A.: The Age of Charlemagne, London 1965 (dt. Ausg.: Karl der Große und seine Zeit, Wiesbaden 1966 und TB München 1979)

Bumke, Joachim: Geschichte der deutschen Literatur im hohen Mittelalter, München 1990

Bur, Michel: Suger, abbé de Saint-Denis, régent de France, Paris 1991

Burger, André: Turold, poète de la fidélité. Essai d'explication de la Chanson de Roland, Genf 1977

Busch, Jörg W.: Vom Attentat zur Haft. Die Behandlung von Konkurrenten und Opponenten der frühen Karolinger, HZ 263 (1996) S. 561–588

Büttner, Frank: Geschichte für die Gegenwart? – Der Streit um die Karlsfresken Alfred Rethels, in: Gerd Althoff (Hg.): Die Deutschen und ihr Mittelalter, Darmstadt 1992, S. 101–126

Büttner, Heinrich: Mission und Kirchenorganisation des Frankenreiches bis zum Tode Karls des Großen, KdG 1 (1965) S. 454–487

Butzer, Paul Leo / Kerner, Max / Oberschelp, Walter (Hg.): Karl der Große und sein Nachwirken. 1200 Jahre Kultur und Wissenschaft in Europa, Bd. 1: Wissen und Weltbild, Turnhout 1997

Chamberlain, Houston Steward: Die Grundlagen des 19. Jahrhunderts, 2 Bde., München 1899

Chapeaurouge, Donat de: Die deutsche Geschichtsmalerei von 1800–1850 und ihre politische Signifikanz, Zeitschrift des deutschen Verein für Kunstwissenschaft 1 (1977) S. 136–139

Classen, Peter: Karl der Große, das Papsttum und Byzanz, KdG 1 (1965) S. 537–608

Classen, Peter: Karl der Große und die Thronfolge im Frankenreich, in: Festschrift für Hermann Heimpel, Bd. 3, Göttingen 1972, S. 205–229

Classen, Peter: Bayern und die politischen Mächte im Zeitalter Karls des Großen und Tassilos III. (zunächst Linz 1978), wieder abgedruckt in: ders.: Ausgewählte Aufsätze (Vorträge und Forschungen 28), Sigmaringen 1983, S. 231–248

Classen, Peter: Karl der Große, das Papsttum und Byzanz. Die Begründung des karolingischen Kaisertums, hg. v. Horst Fuhrmann (Beiträge zur Geschichte- u. Quellenkunde des Mittelalters 9), Sigmaringen ²1988
Clemen, Paul: Porträtdarstellungen Karls des Großen, ZAGV 11 (1889) S. 185–271
Clemen, Paul: Porträtdarstellungen Karls des Großen, ZAGV 12 (1890) S. 1–147
Clemen, Paul: Die Kunst im staufischen Zeitalter, in: Aloys Schulte (Hg.), Tausend Jahre deutscher Geschichte und deutscher Kultur am Rhein, Düsseldorf 1925, S. 287–293
Collins, Roger: Charlemagne, London 1998
Cortjaens, Wolfgang u.a.: Der Modelle Tugend. 3D CAD-Rekonstruktion und -Simulation der Kaiserpfalz zu Aachen, in: Könige in Aachen 2 (2000) S. 888–894
Cramer, Charlotte: Die Aachener Karlsfälschung und die Heiligsprechungsurkunde Friedrichs I. in ihren Beziehungen zu Kaiserhof und Reichskanzlei, ms. Diss. Marburg 1944

Dann, Otto (Hg.): Religion, Kunst, Vaterland – der Kölner Dom im 19. Jahrhundert, Köln 1983
De Clercq, Charles: La Législation religieuse franque Clovis à Charlemagne, Löwen, Paris 1936
Decker-Hauff, Hans-Martin u. Schramm, Percy Ernst: »Die Reichskrone«, angefertigt für Otto I., in: Herrschaftszeichen und Staatssymbolik. Beiträge zu ihrer Geschichte vom dritten bis sechzehnten Jahrhundert (MGH Schriften 13, 2), Stuttgart 1954–1956, S. 560–638
Deér, Josef: Die Vorrechte des Kaisers in Rom (772–800), in: Schweizer Beiträge zur allgemeinen Geschichte 15 (1957) S. 5–63, wieder abgedruckt in: Gunther Wolf (Hg.): Zum Kaisertum Karls des Großen. Beiträge und Aufsätze (Wege der Forschung 38), Darmstadt 1972, S. 30–115
Deér, Josef: Karl der Große und der Untergang des Awarenreiches, KdG 1 (1965) S. 719–791; wieder abgedruckt in: Peter Classen (Hg.): Byzanz und das abendländische Herrschertum. Ausgewählte Aufsätze v. Josef Deér (Vorträge und Forschungen 21), Sigmaringen 1977, S. 285–371
Depreux, Philipe: Tassilon III et le roi des Francs: examen d'une vassalité controversée, RH 293 (1995) S. 23–73
Diederich, Toni: Rheinische Städtesiegel, Neuss 1984
Dierkens, Alain: Autour de la tombe de Charlemagne. Considérations sur les sépultures et les funérailles des souverains carolingiens et des membres de leur famille, Byzantion 61 (1991) S. 156–180
Dippoldt, Hans Karl: Leben Kaiser Karls des Großen, Tübingen 1910
Disselnkötter, Heinrich: Die mittelalterlichen Zeugnisse über die großen Heiligtümer zu Aachen, AHVN 121 (1932) S. 1–60
Dopsch, Alfons: Die Wirtschaftsentwicklung der Karolingerzeit vornehmlich in Deutschland, Köln, Graz ³1962
Dorn, Erhard: Der sündige Heilige in der Legende des Mittelalters, Medium Aevum 10, München 1967
Drabek, Anna M.: Die Verträge der fränkischen und deutschen Herrscher mit

dem Papsttum von 754 bis 1020 (Veröffentlichungen des Instituts für Österreichische Geschichtsforschung 22), Wien, Köln, Graz 1976
Drechsler, Heike: Überlegungen zur Grablege Karls des Großen und Ottos III. im Aachener Münster, RHM 41 (1999) S. 129–153
Dresemann, Otto: Die Jakobskirche zu Aachen. Geschichtliche Nachrichten und Urkunden, Aachen 1888

Ehlers, Joachim: Kontinuität und Tradition als Grundlage mittelalterlicher Nationsbildung in Frankreich (zunächst in: Nationes 4, 1983), wieder abgedruckt in: Martin Kintzinger u. Bernd Schneidmüller (Hg.): Joachim Ehlers, Ausgewählte Aufsätze (Berliner Historische Studien 21), Berlin 1996, S. 288–324
Ehlers, Joachim: Magdeburg, Rom, Aachen, Bamberg, Grablege des Königs und Herrschaftsverständnis in ottonischer Zeit, in: Bernd Schneidmüller u. Stefan Weinfurter (Hg.): Otto III. – Heinrich II. Eine Wende? (Mittelalter-Forschungen 1), Sigmaringen 1997, S. 47–76
Einem, Herbert von: Die Tragödie der Karlsfresken Alfred Rethels, KdG 4 (1967) S. 306–325
Eisenlohr, Elisabeth: Paläographische Untersuchungen zum Tafelgüterverzeichnis des römischen Königs (Hs. Bonn UB S 1559), ZAGV 92 (1985) S. 5–70
Eisenlohr, Elisabeth: Die älteste Niederschrift der Sequenz Urbs Aquensis Urbs Regalis im letzten Viertel des 12. Jahrhunderts und ihre mögliche Verbindung zum Karlskult Barbarossas, ZAGV 96 (1989) S. 35–67
Engel, Evamaria: Karl IV. Politik und Ideologie im 14. Jahrhundert, Weimar 1982
Engels, Odilo: Des Reiches heiliger Gründer. Die Kanonisation Karls des Großen und ihre Beweggründe, in: Hans Müllejans (Hg.): Karl der Große und sein Schrein in Aachen. Eine Festschrift, Aachen, Mönchengladbach 1988, S. 37–46
Engels, Odilo: Stauferstudien, s. E. Meuthen u. St. Weinfurter (Hg.), Stauferstudien
Engels, Odilo: Zum päpstlich-fränkischen Bündnis im 8. Jahrhundert, in: Dieter Berg u. Hans-Werner Goetz (Hg.): Ecclesia et regnum. Beiträge zur Geschichte von Kirche, Recht und Staat im Mittelalter. Festschrift für Franz-Josef Schmale zu seinem 65. Geburtstag, Bochum 1989, S. 21–38
Engels, Odilo: Zum Rombesuch Karls des Großen im Jahre 774, in: Jürgen Schneider u. Gerhard Rechter (Hg.): Festschrift für Alfred Wendehorst zum 65. Geburtstag (Jahrbuch für fränkische Landesforschung 52, 1), Neustadt a.d. Aisch 1992, S. 15–24
Engels, Odilo: Karl der Große und Aachen im 12. Jahrhundert, in: Könige in Aachen 1 (2000) S. 348–356
Ennen, Edith: Aachen im Mittelalter. Sitz des Reiches – Ziel der Wallfahrt – Werk der Bürger, ZAGV 86/87 (1979/80) S. 457–487
Epperlein, Siegfried: Karl der Große in der deutschen bürgerlichen Geschichtsschreibung, ZfG 13 (1965) S. 235–261
Epperlein, Siegfried: Karl der Große. Eine Biographie, Berlin ^{5}1975
Epperlein, Siegfried: Leben am Hofe Karls des Großen, Regensburg 2000
Erdmann, Carl: Forschungen zur politischen Ideenwelt des Frühmittelalters, Berlin 1951
Erkens, Franz-Reiner: Divisio legitima und unitas imperii. Teilungspraxis und Einheitsstreben bei der Thronfolge im Frankenreich, DA 52 (1996) S. 423–485

Esch, Arnold: Über Hermann Heimpel, in: Winfried Schulze und Otto G. Oexle (Hg.): Deutsche Historiker im Nationalsozialismus, Frankfurt a. M. 1999, S. 159–160
Ewig, Eugen: Frühes Mittelalter (Rheinische Geschichte 1,2), Düsseldorf 1980
Exner, Matthias: Ottonische Herrscher als Auftraggeber im Bereich der Wandmalerei, in: Gerd Althoff u. Ernst Schubert (Hg.): Herrschaftsrepräsentation im ottonischen Sachsen (Vorträge und Forschungen 46), Sigmaringen 1998, S. 103–135

Fajt, Jiri (Hg.): Magister Theodericus, court painter to Emperor Charles IV: the pictorial decoration of the shrines at Karlstein castle, Prag 1998
Fajt, Jiri: Karl IV. – Herrscher zwischen Prag und Aachen. Der Kult Karls des Großen und die karolingische Kunst, in: Könige in Aachen 2 (2000) S. 489–500
Falkenstein, Ludwig: Der ›Lateran‹ der karolingischen Pfalz zu Aachen (Kölner Historische Abhandlungen 13), Köln, Graz 1966
Falkenstein, Ludwig: Zwischenbilanz zur Aachener Pfalzenforschung. Kritische Bemerkungen zu Forschungsberichten über die Aachener Pfalz im Sammelwerk »Karl der Große – Lebenswerk und Nachleben«, ZAGV 80 (1970) S. 7–71
Falkenstein, Ludwig: Bemerkungen zur Ausgabe der älteren Aachener Urkunden, ZAGV 83 (1973) S. 159–168
Falkenstein, Ludwig u. Nolden, Reiner: Von der königlichen villa zur Stadtgemeinde Aachen, ZAGV 84/85 (1977/78) S. 947–959
Falkenstein, Ludwig: Karl der Große und die Entstehung des Aachener Marienstiftes, Paderborn, München, Wien, Zürich 1981
Falkenstein, Ludwig: Die Kirche der Heiligen Maria zu Aachen und Saint-Corneille zu Compiègne, in: Clemens Bayer, Theo Jülich u. Manfred Kuhl (Hg.): Celica Iherusalem. Festschrift für Erich Stephany, Köln, Siegburg 1986, S. 13–70
Falkenstein, Ludwig: Charlemagne et Aix-la-Chapelle, in: Le souverain à Byzance et en Occident du VIIIe au Xe siècle, Byzantion 61 (1991) S. 231–289
Falkenstein, Ludwig: Die Abtei Prüm als Beispiel für klösterliche Kirchengründungen. Karl der Kahle und die Gründung des Kollegiatstiftes in Compiègne, in: Reiner Nolden (Hg.): Das »Goldene Buch von Prüm«, Prüm 1997, S. 407–426
Falkenstein, Ludwig: Otto III. und Aachen (MGH Studien und Texte 22), Hannover 1998
Farrier, Susan E.: The Medieval Charlemagne Legend. An annotated Bibliography, New York, London 1993
Favier, Jean: Charlemagne, Paris 1999
Felten, Franz Josef: Äbte und Laienäbte im Frankenreich, Stuttgart 1980
Fichtenau, Heinrich: Das karolingische Imperium. Soziale und geistige Probleme eines Großreiches, Zürich 1949
Fichtenau, Heinrich: Byzanz und die Pfalz zu Aachen, MIÖG 59 (1951) S. 1–54
Fichtenau, Heinrich: Lebensordnungen des 10. Jahrhunderts. Studien über Denkart und Existenz im einstigen Karolingerreich, München 1992
Fillitz, Hermann: Studien zur römischen Reichskrone, Jahrbuch der Kunsthistorischen Sammlung in Wien 50 (1953) S. 23–53

Fischer, Bonifatius: Bibeltext und Bibelreform unter Karl dem Großen, KdG 2 (1965) S. 156–216
Flach, Dietmar: Untersuchungen zur Verfassung und Verwaltung des Aachener Reichsgutes von der Karlingerzeit bis zur Mitte des 14. Jahrhunderts (Veröffentlichungen des Max-Planck-Instituts für Geschichte 46), Göttingen 1976
Flach, Dietmar: Das Reichsgut im Aachener Raum. Versuch einer vergleichenden Übersicht, RhVjbl 51 (1987) S. 22–51
Flach, Dietmar: Pfalz, Fiskus und Stadt Aachen im Lichte des neuesten Pfalzenforschung, ZAGV 98/99 (1992/93) S. 31–56
Fleckenstein, Josef: Die Bildungsreform Karls des Großen als Verwirklichung der Norma rectitudinis, Freiburg i.Br. 1953
Fleckenstein, Josef: Karl der Große und sein Hof, KdG 1 (1965) S. 24–50
Fleckenstein, Josef: Die Hofkapelle der deutschen Könige, Teil II: Die Hofkapelle im Rahmen der ottonisch-salischen Reichskirche (MGH Schriften 16,2), Stuttgart 1966
Fleckenstein, Josef: Über das Aachener Marienstift als Pfalzkapelle Karls des Großen. Zugleich als Besprechung einer neuen Untersuchung über die Entstehung des Marienstifts, in: Helmut Maurer u. Hans Patze (Hg.): Festschrift für Berent Schwineköper zu seinem 70. Geburtstag, Sigmaringen 1982, S. 21–28
Fleckenstein, Josef: Grundlagen und Beginn der deutschen Geschichte, Göttingen 1988
Fleckenstein, Josef: Karl der Große, Göttingen ^{3}1990
Fleckenstein, Josef: Karl der Große 768–814, in: Helmut Beumann (Hg.): Kaisergestalten des Mittelalters, München ^{3}1991, S. 9–27
Fleury, Michel u. France-Lanord, Albert: Les Trésors mérovingiens de la basilique de Saint-Denis, Luxemburg 1998
Folz, Robert: Le souvenir et la Légende de Charlemagne dans l'Empire germanique médiéval, Paris 1950
Folz, Robert: Études sur le culte liturgique de Charlemagne dans les églises de l'Empire, Paris 1951
Folz, Robert: La chancellierie de Frédéric Ier et la canonisation de Charlemange, Moyen Age 70 (1964) S. 13–31
Folz, Robert: Aspects du culte liturgique de Saint Charlemagne en France, KdG 4 (1967) S. 77–99
Folz, Robert: L'Idée d'Empire en Occident du Ve au XIVe siècle, Paris 1972
Fößel, Amalie: »Karl der Fiktive, genannt Karl der Große.« Zur Diskussion um die Eliminierung der Jahre 614 bis 911 aus der Geschichte, Das Ma. 4 (1999) S. 65–74
Fried, Johannes: Otto III. und Boleslaw Chrobry. Das Widmungsbild des Aachener Evangeliars, der »Akt von Gnesen« und das frühe polnische und ungarische Königtum (Frankfurter Historische Abhandlungen 30), Stuttgart 1989
Fried, Johannes: Der Weg in die Geschichte. Die Ursprünge Deutschlands bis 1024, Berlin 1994
Fried, Johannes: Zum Prozeß gegen Tassilo, in: ders. u.a. (Hg.): 794 – Karl der Große in Frankfurt am Main. Ein König bei der Arbeit, Sigmaringen 1994, S. 114f.

Fried, Johannes: Wissenschaft und Phantasie. Das Beispiel der Geschichte, HZ 263 (1996) S. 291–316
Fried, Johannes: Der heilige Adalbert und Gnesen, AmrhKG 50 (1998) S. 41–70
Fried, Johannes: Elite und Ideologie oder die Nachfolgeordnung Karls des Großen vom Jahre 813, in: Régine LeJan (Ed.): La Royauté et les élites dans l'Europe carolingienne (Centre d'Histoire de l'Europe du Nord-Ouest 17), Villeneuve d'Ascq 1998, S. 71–109
Friedrich, Klaus: Marc Antoine Berdolet (1740 bis 1809). Bischof von Colmar. Erster Bischof von Aachen (Veröffentlichungen des Bischöflichen Diözesanarchivs Aachen 32), Aachen 1973
Fuhrmann, Horst: Einladung ins Mittelalter, München [4]1989
Fuhrmann, Horst: Deutsche Geschichte im hohen Mittelalter, von der Mitte des 11. bis zum Ende des 12. Jahrhunderts (Deutsche Geschichte 2), Göttingen [3]1993
Fuhrmann, Horst: Überall ist Mittelalter. Von der Gegenwart einer vergangenen Zeit, München 1996
Fusenig, Annette: »Denn diese Malerei bedarf des geweihten Auges ...« – Die Karlsfresken im Aachener Rathaus, in: Könige in Aachen 2 (2000) S. 751–764

Galsterer, Hartmut: Das römische Aachen – Anmerkungen eines Althistorikers, ZAGV 98/99 (1992) S. 21–27
Ganshof, François Louis: L'échec de Charlemagne, in: Comptes endus de l'Académie des Inscriptions et Belles-Lettres, 1947, S. 248–254 (engl. Übers. in: ders.: Frankish Monarchy 1971, S. 256–260)
Ganshof, François Louis: La fin du règne de Charlemagne. Une décomposition, Zeitschrift für Schweizerische Geschichte 28 (1948) S. 553–552 (engl. Übers. in: ders: Frankish Monarchy, 1971, S. 240–255)
Ganshof, François Louis: The Imperial Corronation of Charlemagne. The Sixteenth Lecture on the David Murray Foundation in the University of Glasgow, Glasgow 1949
Ganshof, François Louis: Charlemagne, Speculum 24 (1949) S. 520–527 (engl. Übers. in: ders.: Frankish Monarchy, 1971, S. 17–27)
Ganshof, François Louis: Was waren die Kapitularien?, Darmstadt 1961 (frz. Paris 1958)
Ganshof, François Louis: Charlemagne et l'administration de la justice dans la monarchie franque, KdG 1 (1965) S. 394–419
Ganshof, François Louis: Frankish Institutions under Charlemagne, Providence 1968
Ganshof, François Louis: Karl der Große (742–814), in: Rheinische Lebensbilder, Bd. 3, Düsseldorf 1968, S. 7–19
Ganshof, François Louis: The Carolingians and the Frankish Monarchy. Studies in Carolingian History. Translated by Janet Soundheimer, Aberdeen 1971
Gasten, Elmar: Aachen in der Zeit des Nationalsozialismus 1933–1944, Frankfurt a.M. 1993
Gatzweiler, Odilo: Die liturgischen Handschriften des Aachener Münsterstifts, ZAGV 46 (1924) S. 1–222
Gaubert, Henri: Le Sacre de Napoléon Ier, Paris 1964
Gauert, Adolf: Zum Itinerar Karls des Großen, KdG 1 (1965) S. 307–321

Geith, Karl-Ernst: Carolus Magnus. Studien zur Darstellung Karls des Großen in der deutschen Literatur des 12. und 13. Jahrhunderts (Bibliotheca Germanica 19), München 1977

Geith, Karl-Ernst: Karl der Große, in: Ulrich Müller u. Werner Wunderlich (Hg.): Herrscher, Helden, Heilige, St. Gallen 1996, S. 87–100

Georgi, Wolfgang: Friedrich Barbarossa und die auswärtigen Mächte. Studien zur Außenpolitik 1159–1180 (Europäische Hochschulschriften, Reihe 3, Geschichte und Hilfswissenschaften 442) Frankfurt a.M., Bern, New York, Paris 1990

Gildea, Robert: The past in French history, New Haven 1994

Godman, Peter: Poetry of the Carolingian Renaissance, London 1985

Godman, Peter: The Poetic Hunt. From Saint Martin to Charlemagne's Heir, in: ders. u. Roger Collins (Hg.): Charlemagne's Heir, Oxford 1990, S. 565–589

Goerlitz, Uta: Karl der Große, lateinisch und deutsch, Lateinische Karls-Rezeption und ihre Umsetzung in den volkssprachlichen Diskurs bei Johannes Aventinus, Johannes Cuspinianus und Caspar Heido, Das Ma. 4 (1999) S. 39–54

Gollwitzer, Heinz: Zum politischen Germanismus des 19. Jahrhunderts, in: Festschrift für Hermann Heimpel zum 70. Geburtstag, Bd. 1, hg. v. Mitarbeitern des Max-Planck-Instituts für Geschichte, Göttingen 1971, S. 282–356

Görich, Knut: Otto III. Romanus Saxonicus et Italicus. Kaiserliche Rompolitik und sächsische Historiographie, Sigmaringen 1993

Görich, Knut: Vor tausend Jahren: Kaiser Otto III., Geschichte im Bistum Aachen 4 (1998) S. 95–134

Görich, Knut: Otto III. öffnet das Karlsgrab in Aachen. Überlegungen zu Heiligenverehrung, Heiligsprechung und Traditionsbildung, in: Gerd Althoff u. Ernst Schubert (Hg.): Herrschaftsrepräsentation im ottonischen Sachsen (Vorträge und Forschungen 46), Sigmaringen 1998, S. 381–430

Görich, Knut: Kaiser Otto III. und Aachen, in: Könige in Aachen 1 (2000) S. 275–282

Grabois, A: Le souvenir et la légende de Charlemagne dans les textes hébraiques médiévaux, Le Moyen Age 72 (1966) S. 5–41

Grauert, Hermann: Gerhard Rauschen, Die Legende Karls des Großen im 11. und 12. Jahrhundert, HJb 12 (1891) S. 172–182

Grauert, Hermann: Das gefälschte Aachener Karlsdiplom und der Königsparagraph der Papstwahl-Forderung von 1059, HJb 13 (1892) S. 172–191

Graus, Frantisek: Geschichtsschreibung und Nationalsozialismus, VjhZG 17 (1969) S. 87–95

Graus, Frantisek: Lebendige Vergangenheit. Überlieferung im Mittelalter und in den Vorstellungen vom Mittelalter, Köln, Wien 1975

Grierson, Philip: Money and coinage under Charlemagne, KdG 1 (1965) S. 501–536

Grimm, Hans: »Volk ohne Raum«, München [101–105]1932

Grimme, Ernst Günther: Aachener Goldschmiedekunst im Mittelalter, Köln 1957

Grimme, Ernst Günther: Karl der Große in seiner Stadt, KdG 4 (1967) S. 229–273

Grimme, Ernst Günther: Der Aachener Domschatz (Aachener Kunstblätter 42), Düsseldorf 1972

Grimme, Ernst Günther: Das Bildprogramm des Aachener Karlsschreins, in: Hans Müllejans (Hg.): Karl der Große und sein Schrein in Aachen. Eine Festschrift, Aachen, Mönchengladbach 1988, S. 124–135.

Grimme, Ernst Günther: Die ideengeschichtliche Bedeutung des Aachener Domschatzes im Mittelalter, ZAGV 98/99 (1992/93) S. 57–67

Grimme, Ernst Günther: Der Dom zu Aachen. Architektur und Ausstattung, Aachen 1994

Grimme, Ernst Günther: Das Rathaus zu Aachen, Aachen 1996

Grimme, Ernst Günther: Der Dom zu Aachen, Aachen 2000

Groten, Manfred: Studien zum Aachener Karlssiegel und zum gefälschten Dekret Karls des Großen, ZAGV 93 (1986) S. 5–30

Groten, Manfred: Die Urkunde Karls des Großen für St.-Denis von 813 (D 286), eine Fälschung Abt Sugers?, HJb 108 (1988) S. 1–36

Gussone, Nikolaus: »Deutscher Bildersaal«. Ein Versuch über Bildprägung im kulturellen Gedächtnis der Deutschen, in: Wilhelm Gössmann u. Klaus-Hinrich Roth (Hg.): Poetisierung – Politisierung. Deutschlandbilder in der Literatur bis 1848, Paderborn 1994, S. 243–269

Gussone, Nikolaus: Ritus, Recht und Geschichtsbewußtsein. Thron und Krone in der Tradition Karls des Großen, in: Könige in Aachen 1 (2000) S. 35–47

Hägermann, Dieter: Die Urkundenfälschungen auf Karl den Großen. Eine Übersicht (MGH Schriften 33,3), Hannover 1988, S. 433–444

Hägermann, Dieter: Karl der Große. Herrscher des Abendlandes, München 2000

Halphen, Louis: Charlemagne et l'emipre carolingien, Paris 1947

Hämel, Adalbert: Überlieferung und Bedeutung des Liber Sancti Jacobi und des Pseudo-Turpin (SB München 2), München 1950

Hämel, Adalbert: Die Entstehungszeit der Aachener Vita Karoli Magni und der Ps. Turpin, QF 32 (1942) S. 243–253.

Hampe, Karl (Hg.): Karl der Große oder Charlemagne? Acht Antworten deutscher Geschichtsforscher, Berlin 1935

Hampe, Karl: Herrschergestalten des deutschen Mittelalters, durchgesehen und um einen Literaturanhang erweitert von Hellmut Kaempf, Heidelberg ^{6}1955

Hartmann, Wilfried: Karl der Große und das Recht, in: Paul Leo Butzer, Max Kerner, Walter Oberschelp (Hg.): Karl der Große und sein Nachwirken. 1200 Jahre Kultur und Wissenschaft in Europa, Bd. 1: Wissen und Weltbild, Turnhout 1997, S. 173–192

Hashagen, Justus: Das Rheinland und die französische Herrschaft. Beiträge zur Charakteristik ihres Gegensatzes, Bonn 1908

Hauck, Karl: Die Ottonen und Aachen 876 bis 936, KdG 4 (1967) S. 39–53

Hauck, Karl: Karl der Große in seinem Jahrhundert, FMSt 9 (1979) S. 202–214

Haude, Rüdiger: »Kaiseridee« oder »Schicksalsgemeinschaft«. Geschichtspolitik beim Projekt »Aachener Krönungsausstellung 1915« und bei der »Jahrtausendausstellung Aachen 1925« (Beihefte der ZAGV 6), Aachen 2000

Hausmann, Frank-Rutger: »Deutsche Geschichtswissenschaft« im Zweiten Weltkrieg. Die »Aktion Ritterbusch« (1940–1945), Dresden 1998

Hausmann, Frank-Rutger: Der Kriegseinsatz der Deutschen Geisteswissenschaften im Zweiten Weltkrieg (1940–1945), in: Winfried Schulze u. Otto G.

Oexle (Hg.): Deutsche Historiker im Nationalsozialismus, Frankfurt a. M. 1999, S. 63–86
Hehl, Ernst-Dieter: Herrscher, Kirche und Kirchenrecht im spätottonischen Reich, in: Bernd Schneidmüller u. Stefan Weinfurter (Hg.): Otto III. – Heinrich II. Eine Wende?, (Mittelalter-Forschungen 1), Sigmaringen 1997, S. 169–203
Heil, Wilhelm: Der Adoptianismus, Alkuin und Spanien, KdG 2 (1965) S. 95–155
Hellmann, Manfred: Karl und die slawische Welt zwischen Ostsee und Böhmerwald, KdG 1 (1965) S. 708–718
Herbers, Klaus: Der Jakobskult des 12. Jahrhunderts und der »Liber Sancti Jacobi«. Studien über das Verhältnis zwischen Religion und Gesellschaft im Hohen Mittelalter (Historische Forschungen 7), Wiesbaden 1984
Herbers, Klaus: Karl der Große und Spanien – Realität und Fiktion, in: Hans Müllejans (Hg.): Karl der Große und sein Schrein in Aachen. Eine Festschrift, Aachen, Mönchengladbach 1988, S.47–55
Herbers, Klaus: Politik und Heiligenverehrung auf der Iberischen Halbinsel. Die Entwicklung des »politischen Jakobus«, in: Jürgen Petersohn (Hg.): Politik und Heiligenverehrung im Hochmittelalter (Vorträge und Forschungen 42), Sigmaringen 1994, S. 177–275
Herbers, Klaus: Die Aachener Marienschrein-Reliquien und ihre karolingische Tradition, in: Dieter Wynands (Hg.): Der Aachener Marienschrein. Eine Festschrift, Aachen 2000, S. 129–134
Hergenröther, Bernd-Ulrich: Die Goldene Bulle, in: Ferdinand Seibt (Hg.): Karl IV. 1316–1378 in Nürnberg: Staatsmann und Mäzen, München 1978, S. 143–145
Hiestand, Rudolf: Eirene Basileus. Die Frau als Herrscherin im Mittelalter, in: Hans Hecker (Hg.): Der Herrscher. Leitbild und Abbild in Mittelalter und Renaissance (Studia humaniora 13), Düsseldorf 1990, S. 253–283
Hilden, Hartmut: Mit digitaler Fototechnik stellt Agfa drei Karlsfresken des Aachener Krönungssaales wieder her, in: Könige in Aachen 2 (2000) S. 883–886
Hilger, Hans-Peter: Der Weg nach Aachen, in: Ferdinand Seibt (Hg.): Karl IV. 1316–1378 in Nürnberg. Staatsmann und Mäzen, München 1978, S. 344–333
Hilsch, Peter: Krönung Karls IV., in: Ferdinand Seibt (Hg.): Karl IV. 1316–1378 in Nürnberg. Staatsmann und Mäzen, München 1978, S. 108–114
Hlawitschka, Eduard: Franken, Alemannen, Bayern und Burgunder in Oberitalien (774–962). Zum Verständnis der fränkischen Königsherrschaft in Italien (Forschungen zur oberrheinischen Landesgeschichte 8), Freiburg i.Br. 1960
Hlawitschka, Eduard: Die Vorfahren Karls des Großen, KdG 1 (1965) S. 51–82
Hoffmann, Detlef: Die Karlsfresken Alfred Rethels, Diss. Freiburg i.Br. 1968
Hoffmann, Hartmut: Untersuchungen zur karolingischen Annalistik, Bonn 1958
Hoffmann, Hartmut: Die Aachener Theoderich-Statue, in: Victor H. Elbern (Hg.): Das erste Jahrtausend. Kultur und Kunst im werdenden Abendland an Rhein und Ruhr. Textband 1, Düsseldorf 1962, S. 318–335
Hoffmann, Hartmut: Ottonische Fragen, DA 51 (1995) S. 53–82
Hoffmann, Jürgen: Der junge Kaiser und der Heilige – Otto III. und die Anfänge des Adalbertskultes in Aachen, in: Könige in Aachen 1 (2000) S. 295–302
Hofmann, Albert von: Politische Geschichte der Deutschen, Bd. 1, Stuttgart 1921
Hofmann, Hanns Hubert: Fossa Carolina. Versuch einer Zusammenschau, KdG 1 (1965) S. 437–453

Hofmann, Hanns Hubert: Kaiser Karls Kanalbau, Sigmaringen ^{2}1976
Holtzmann, Robert: Geschichte der sächsischen Kaiserzeit, 2 Bde., München ^{5}1967
Homeyer, Helene: Zu Walahfrid Strabos Gedicht über das Aachener Theoderich-Denkmal, Studi Medievali 12,2 (1971) S. 899–913
Homeyer, Helene: Walahfrids Gedicht über das Theoderich-Denkmal in Aachen, in: Horst-Dieter Blume u. Friedhelm Mann (Hg.): Platonismus und Christentum. Festschrift für Heinrich Dörrie, Jahrbuch für Antike und Christentum Ergbd. 10 (1983) S. 106–117
Honselmann, Klemens: Paderborn 777 – »Urbs Karoli«: Karlsburg, Westfälische Zeitschrift 130 (1980) S. 398–402
Honselmann, Klemens: Die Bistumsgründungen in Sachsen unter Karl dem Großen mit einem Ausblick auf spätere Bistumsgründungen und einem Exkurs zur Übernahme der christlichen Zeitrechnung im frühmittelalterlichen Sachsen, AfD 30 (1984) S. 1–50
Hoppe, Willy: Karl der Große – ein Wegbereiter der europäischer Idee, in: Berlin, Rom, Tokyo, Zeitschrift des Auswärtigen Amtes 4 (1942) S. 6f.
Horrent, Jules: La bataille des Pyrénées de 778, Moyen Age 78 (1972) S. 197–227
Hucker, Bernd-Ulrich: Sachsen, Franken und die christliche Mission, in: ders. (Hg.): Niedersächsische Geschichte, Göttingen 1997, S. 17–39
Hugot, Leo: Der Westbau des Aachener Doms, AKB 24/25 (1962/63) S. 108–126
Hugot, Leo: Die Pfalz Karls des Großen in Aachen, KdG 3 (1965) S. 534–572
Hugot, Leo: Der Königsthron im Aachener Dom, in: Bericht über die 29. Tagung für Ausgrabungswissenschaft u. Bauforschung, Köln 1976, S. 36–42
Hugot, Leo: Baugeschichtliches zum Grab Karls des Großen, AKB 52 (1984) S. 13–28
Hugot, Leo: Der Dom zu Aachen. Ein Wegweiser, Aachen 1986
Huyskens, Albert: Die Aachener Krone der Goldenen Bulle, das Symbol des alten deutschen Reiches, DA 2 (1938) S. 401–497
Huyskens, Albert: Die Aachener Krone der Goldenen Bulle, das Symbol des alten deutschen Reiches, Weimar 1938

Ideler, Julius Ludwig: Leben und Wandel Karls des Großen, beschrieben von Einhard, 2 Bde., Hamburg-Gotha 1839
Illig, Heribert: Hat Karl der Große je gelebt? Bauten, Funde und Schriften im Widerstreit (Fiktion dunkles Mittelalter 1), Gräfeling 1994
Illig, Heribert: Das erfundene Mittelalter. Die größte Zeitfälschung der Geschichte, Düsseldorf 1996

Jacobs, Hans-Joachim: Das Bild Karls des Großen in der Stadt Frankfurt im 14. Jahrhundert, in: Lieselotte E. Saurma-Jeltsch (Hg.): Karl der Große als vielberufener Vorfahr. Sein Bild in der Kunst der Fürsten, Kirchen und Städte, Sigmaringen 1994, S. 23–48
Jacobsen, Werner: Die Pfalzkonzeptionen Karls des Großen, in: Lieselotte E. Saurma-Jeltsch (Hg.): Karl der Große als vielberufener Vorfahr. Sein Bild in der Kunst der Fürsten, Kirchen und Städte, Sigmaringen 1994, S. 23–48
Jahn, Joachim: Ducatus Baiuvariorum. Das bairische Herzogtum der Agilolfinger (Monographien zur Geschichte des Mittelalters 35), Stuttgart 1991

Jankuhn, Herbert: Karl der Große und der Norden, KdG 1 (1965) S. 699–707
Jarnut, Jörg: Quierzy und Rom. Bemerkungen zu den »Promissiones Donationis« Pippins und Karls, HZ 220 (1975) S. 265–297
Jarnut, Jörg: Genealogie und politische Bedeutung der agilolfingischen Herzöge, MIÖG 99 (1991) S. 1–22
Jarnut, Jörg: Ein Bruderkampf und seine Folgen: Die Krise des Frankenreiches 768–771, in: Beiträge zur Geschichte des Mittelalters. Festschrift für Friedrich Prinz zum 65. Geburtstag, Stuttgart 1994, S. 165–176
Jordan, Karl: Friedrich Barbarossa. Kaiser des christlichen Abendlandes, Berlin, Frankfurt ^{2}1967
Jordan, Karl: Friedrich Barbarossa (1152–1190), Wien, Köln, Graz 1978
Jordan, Karl: Aspekte der Mittelalterforschung in Deutschland in den letzten fünfzig Jahren, in: ders.: Ausgewählte Aufsätze zur Geschichte des Mittelalters (Kieler Historische Studien 29), Stuttgart 1980, S. 329–344

Kaemmerer, Walter: Die Aachener Pfalz Karls des Großen in Anlage und Überlieferung, KdG 1 (1965) S. 322–348
Kästner, Harald (Hg.): Die Karlspreisträger und ihre europäischen Reden, Bonn 1982
Kahl, Hans-Dietrich: Karl der Große und die Sachsen. Stufen und Motive einer historischen »Eskalation«, in: Herbert Laudat u. Christoph Schwinges (Hg.): Politik, Gesellschaft, Geschichtsschreibung. Giessener Festgabe für Frantisek Graus zum 60. Geburtstag, Köln, Wien 1982, S. 49–130
Kampfhammer, Günther: Sagenhafte Geschichte. Das Bild Karls des Großen durch die Jahrhunderte, München 1993
Kantorowicz, Ernst H.: Laudes Regiae. A Study in liturgical acclamation and medieval ruler worship (University of California publications in history 33), Berkeley 1946
Kartschoke, Dieter: Geschichte der deutschen Literatur im frühen Mittelalter, München 1990
Kasten, Brigitte: Königssöhne und Königsherrschaft. Untersuchungen zur Teilhabe am Reich in Merowinger- und Karolingerzeit, Hannover 1997
[Katalog Aachen] Karl der Große – Werk und Wirkung. Katalog der Ausstellung des Europarates, Aachen 1965
[Katalog Aachen] Auf dem Weg in die Aachener Moderne. Aachen in französischer Zeit 1792/93, Aachen 1994
[Katalog Aachen] Krönungen. Könige in Aachen. Geschichte und Mythos, hg. v. Mario Kramp, 2 Bde., Mainz 2000
[Katalog Braunschweig] Heinrich der Löwe und seine Zeit. Herrschaft und Repräsentation der Welfen 1125–1235, hg. v. Jochen Luckhardt u. Franz Niehoff, 4 Bde., München 1995
[Katalog Düsseldorf] Angesichts der Ereignisse. Facetten der Historienmalerei zwischen 1800 und 1900. Aus dem Bestand des Kunstmuseums Düsseldorf im Ehrenhof mit Sammlung der Kunstakademie (NRW), hg. v. Martina Sitt unter Mitarbeit v. Bernd Kortländer u. Sylvia Martin, Köln 1999
[Katalog Frankfurt] 794, Karl der Große in Frankfurt am Main. Ein König bei der Arbeit. Ausstellung zum 1200-Jahre-Jubiläum der Stadt Frankfurt am Main, hg. v. Johannes Fried, Sigmaringen 1994

[Katalog Nürnberg] Seibt, Ferdinand (Hg.): Karl IV. 1316–1378 in Nürnberg: Staatsmann und Mäzen, München 1978
[Katalog Paderborn] 799 – Kunst und Kultur der Karolingerzeit. Karl der Große und Papst Leo III. in Paderborn, 3 Bde., Mainz 1999
[Katalog Paris] Le trésor de Saint-Denis, Paris 1991
Kavka, Frantisek: Karl IV. (1349–1378) und Aachen, in: Könige in Aachen 2 (2000) S. 477–484
Keller, Hagen: Widukinds Bericht über die Aachener Wahl und Krönung Ottos I., FMSt 29 (1995) S. 390–453
Kerner, Max: Die frühen Karolinger und das Papsttum, ZAGV 88/89 (1981/82) S. 5–41
Kerner, Max: Karl der Große – Persönlichkeit und Lebenswerk, in: Hans Müllejans (Hg.): Karl der Große und sein Schrein in Aachen. Eine Festschrift, Aachen, Mönchengladbach 1988, S. 13–36
Kerner, Max: Karl der Große und Spanien. Geschichte einer Legende, in: Manfred Sicking u. Olaf Müller (Hg.): Die Säule am Rande des Kontinents. Die europäische Bedeutung spanischer Geschichte, Kultur und Politik, Aachen 1993, S. 56–83
Kerner, Max (Hg.): Der verschleierte Karl. Karl der Große zwischen Mythos und Wirklichkeit. (Werkbuch des Historischen Institut der RWTH Aachen, unter Mitwirkung v. Heike Nelsen), Aachen 1999 [begrenzte Auflage, im Handel nicht erhältlich]
Kleinclausz, Arthur: Éginhard, Paris 1942
Kleinclausz, Arthur: Alcuin, Lyon 1948
Kloft, Matthias Th.: Karlsverehrung in Frankfurt am Main, Geschichte im Bistum Aachen 4 (1997/98) S. 23–60
Kneer, Martin: Die Urkunde über die Heiligsprechung Karls des Großen vom 8. Januar 1166 und ihr Verfasser in der Kanzlei Kaiser Friedrichs I., Erlangen 1930
Knowles, David: Thomas Becket, London 1970
Koch, Gottfried: Sacrum Imperium. Bemerkungen zur Herausbildung der staufischen Herrschaftsideologie, ZfG 16 (1968) S. 596–614
Koch, Gottfried: Auf dem Weg zum Sacrum Imperium. Studien zur ideologischen Herrschaftsbegründung der deutschen Zentralgewalt im 11. und 12. Jahrhundert, Wien, Köln, Graz 1972
Koetschau, Karl: Alfred Rethels Kunst vor dem Hintergrund der Historienmalerei seiner Zeit (Schriften des Städtischen Kunstmuseums Düsseldorf 4), Düsseldorf 1929
Kohl, Wilhelm: Liudgar – Wandlungen einer Biographie, Jahrbuch für Westfälische Kirchengeschichte 84 (1990) S. 17–29
Köhn, Rolf: Kirchenfeindliche und antichristliche Mittelalter-Rezeption im völkisch-nationalsozialistischen Geschichtsbild: Die Beispiele Widukind und Stedinger, in: Peter Wapnewski (Hg.): Mittelalter-Rezeption (Germanistische Symposien, Berichtsband 6), Stuttgart 1986
Kolmer, Lothar: Zu Kommendation und Absetzung Tassilos III., ZBLG 43 (1980) S. 291–327
Kolmer, Lothar: Machtspiele. Bayern im frühen Mittelalter, Regensburg 1990
Kötzsche, Dietrich: Darstellungen Karls des Großen in der lokalen Verehrung des Mittelalters, KdG 4 (1967) S. 157–214

Kraus, Andreas: Tassilo und Karl der Große in der bayerischen Geschichtsschreibung des 17. Jahrhunderts, in: Festschrift für Max Spindler zum 75. Geburtstag, hrsg. v. Dieter Albrecht u.a., München 1969, S. 451–471
Kraus, Thomas: Napoleon – Aachen – Karl der Große. Betrachtungen zur napoleonischen Herrschaftslegitimation, in: Könige in Aachen 2 (2000) S. 699–708
Kreusch, Felix: Dom zu Aachen. Beiträge zur Baugeschichte IV: über Pfalzkapelle und Atrium zur Zeit Karls des Großen, Aachen 1958
Kreusch, Felix: Zur Planung des Aachener Barbarossaleuchters, AKB 22 (1961) S. 21–36
Kreusch, Felix: Die Archäologie am Aachener Dom, in: Kirche und Burg in der Archäologie des Rheinlandes, Düsseldorf 1962, S. 27–44
Kreusch, Felix: Kirche, atrium und porticus der Aachener Pfalz, KdG 3 (1965) S. 463–533
Kroos, Renate: Zum Aachener Karlsschrein. »Abbild staufischen Kaisertums« oder »fundatores ac dotatores«?, in: Lieselotte E. Saurma-Jeltsch (Hg.): Karl der Große als vielberufener Vorfahr. Sein Bild in der Kunst der Fürsten, Kirchen und Städte, Sigmaringen 1994, S. 49–61
Krüger, Karl H.: Neue Beobachtungen zur Datierung von Einhards Karlsvita, FMSt 32 (1998) S. 124–145
Kubin, Ernst: Die Reichskleinodien. Ihr tausendjähriger Weg, Wien, München 1991
Kuetgens, Felix: Die Karlsfresken von Alfred Rethel: farbige Wiedergabe der acht Wandgemälde im Kaisersaal des Rathauses zu Aachen, Leipzig 1941
Kuttner, Stephan G.: La réserve papale du droit de canonisation, Révue historique de droit francais et étranger 17 (1938) S. 172–228

Ladner, Gerhart B.: L' immagine dell' imperatore Ottone III., Roma 1988
Lammers, Walther (Hg.): Entstehung und Verfassung des Sachsenstammes (Wege der Forschung 50), Darmstadt 1967
Landes, Richard: Relics, Apocalypse and the Deceits of History. Ademar of Chabannes 989–1034, London 1995
Last, Martin: Niedersachsen in der Merowinger- und Karolingerzeit, in: Hans Patze (Hg.): Geschichte Niedersachsens, Bd. 1: Grundlagen und frühes Mittelalter, Hildesheim [2]1985, S. 543–652
Laudage, Johannes: Die Entstehung des Bistums Verden an der Aller, in: Stader Jahrbuch 79 (1989) S. 22–44
Laudage, Johannes: Alexander III. und Friedrich Barbarossa, Köln, Weimar, Wien 1997
Le Bras, Gabriel und Fournier, Paul: Historie des collections canoniques en Occident depuis les Fausses Décret de Gratien, Paris 1931
Lebecq, Stéphane: Les origines franques V^{e} – IXe (Nouvelle histoire de la France médiévale 1), Paris 1990
Le Gentil, Pierre: La chanson de Roland, Paris 1955
Le Goff, Jaques: Saint Louis, Paris 1996 (dt. Stuttgart 2000)
Lehmann, Edgar: Die Architektur zur Zeit Karls des Großen, KdG 3 (1965) S. 374–383
Lehmann, Paul: Das literarische Bild Karls des Großen vornehmlich im lateinischen Schrifttum des Mittelalters (SB München 9), München 1934; wiederum

abgedruckt in: ders.: Erforschung des Mittelalters. Ausgewählte Abhandlungen und Aufsätze 1, Stuttgart 1941, S. 154–207

LeJan, Régine: La Royauté et les élites dans l'Europe carolingienne (Centre d Histoire de l'Europe du Nord-Ouest 17) Villeneuve d'Ascq 1998

Lejeune, Rita: Le péché de Charlemagne et la Chanson de Roland, in: Studia Philologica. Homenaje ofrecido a Damaso Alonso. Por sus amigos y discipulos con ocasion de su 60. aniversario, Bd. 2, Madrid 1960, S. 339–371

Lejeune, Rita u. Stiennon, Jaques: Le légende épique de Roland dans l'art du moyen âge, 2 vol., Brüssel 1966

Lepie, Herta: Die Geschichte der Sicherung und Konservierung des Karlsschreins, in: Hans Müllejans (Hg.): Karl der Große und sein Schrein in Aachen. Eine Festschrift, Aachen, Mönchengladbach 1988, S. 144–150

Lepie, Herta u. Schmitt, Lothar: Der Barbarossaleuchter im Dom zu Aachen, Aachen 1998

Lermen, Birgit J.: »Urbs Aquensis, urbs regalis ...« – Versuch einer Deutung der Karlssequenz, in: Hans Müllejans (Hg.): Karl der Große und sein Schrein in Aachen. Eine Festschrift, Aachen, Mönchengladbach 1988, S. 167–186

Levillain, Léon: Essai sur les origines du lendit, RH 155 (1927) S. 241–276

Levison, Wilhelm: Die Bonner Handschrift S. 1559, NA 41 (1919) S. 559–571

Lilie, Ralph-Johannes: Byzanz unter Eirene und Konstantin VI. (780–802). Mit einem Kapitel über Leon IV. (775–780) v. Ilse Rochow (Berliner Byzantinische Studien 2), Frankfurt a. M. 1996

Lindner, Thomas: Die Fabel von der Bestattung Karls des Großen, ZAGV 14 (1892) S. 131–212

Lintzel, Martin: Die Zeit der Entstehung von Einhards Vita Karoli, in: ders. u. Walter Möllenberg (Hg.): Kritische Beiträge zur Geschichte des Mittelalters. Festschrift für Robert Holtzmann zum 60. Geburtstag, Berlin 1933, S. 22–42, wieder abgedruckt, in: ders.: Ausgewählte Schriften 2, Berlin 1961, S. 27–41

Lintzel, Martin: Die Sachsenkriege, in: Karl Hampe (Hg.): Karl der Große oder Charlemagne? Acht Antworten deutscher Geschichtsforscher, Berlin 1935, S. 49–65

Loersch, Hugo: Zur Datierung von St. 4061, HJb 12 (1891) S. 111–113

Lohse, Gerhart: Das Nachleben Karls des Großen in der deutschen Literatur des Mittelalters, KdG 4 (1967) S. 337–347

Lombard-Jourdan, Anne: Les foires de l'abbaye de Saint-Denis. Revue des données et révision des opinions admises, BECh 145 (1987) S. 273–338

Lounghis, Telemachos C.: Les Ambassades byzantines en Occident. Depuis la fondation des états barbares jusqu'aux Croisades (407–1096), Athen 1980

Löwe, Heinz: Eine Kölner Notiz zum Kaisertum Karls des Großen, RhVjbl 14 (1949) S. 7–34

Löwe, Heinz: Deutschland im fränkischen Reich, in: Bruno Gebhardt: Handbuch der deutschen Geschichte, hg. v. Herbert Grundmann, Bd. 1, Stuttgart 1970, S. 90–215

Löwe, Heinz: Von Theoderich dem Großen zu Karl dem Großen – Das Werden des Abendlandes im Geschichtsbild des frühen Mittelalters, DA 9 (1952) S. 353–401; ergänzte Neufassung in: ders.: Von Cassiodor zu Dante – Ausgewählte Aufsätze zur Geschichtsschreibung und politischen Ideenwelt des Mittelalters, Berlin, New York 1973, S. 33–74

Lucas-Dubreton, Jean: Le Culte de Napoléon, Paris 1959
Luden, Heinrich: Geschichte des teutschen Volkes, Bd. 4 u. 5, Gotha 1828/30
Lührs, Margot: Napoleons Stellung zu Religion und Kirche (Historische Studien 359), Berlin 1939
Lugge, Margarete: »Gallia« und »Francia« im Mittelalter. Untersuchung über den Zusammenhang zwischen geographisch-historischer Terminologie und politischem Denken vom 6.–15. Jahrhundert (Bonner Historische Forschungen 15), Bonn 1960

Machilek, Franz: Privatvermögen und Staatsfrömmigkeit, in: Seibt, Ferdinand (Hg.): Karl IV. 1316–1378 in Nürnberg: Staatsmann und Mäzen, München 1978, S. 87–94
Manitius, Max: Das Epos ›Karolus Magnus et Leo papa‹, NA 8 (1883) S. 9–45
Manitius, Max: Zu dem Epos ›Karolus Magnus et Leo papa‹, NA 9 (1884) S. 614–619
Masson, Frédéric: Le sacre et le couronnement de Napoléon, Paris 1908
Mathieu, Thomas: Kunstauffassung und Kulturpolitik im Nationalsozialismus. Studien zu Adolf Hitler, Joseph Goebbels, Alfred Rosenberg, Baldur von Schirach, Heinrich Himmler, Albert Speer und Wilhelm Frick, Saarbrücken 1997
Maurice, Jean: La Chanson de Roland, Paris 1992
Mayer, Theodor: Mittelalterliche Studien: Gesammelte Aufsätze, Lindau 1959
McKitterick, Rosamond: The Frankish Church and the carolingian reforms, 789–895, London 1977
McKitterick, Rosamond: Zur Herstellung von Kapitularien. Die Arbeit des Leges-Skriptoriums, MIÖG 101 (1993) S. 3–16
McKitterick, Rosamond (Hg.): The New Cambridge Medieval History, vol. II: c. 700–900, Cambridge 1995
Metz, Wolfgang: Die Agrarwirtschaft im karolingischen Reiche, KdG 1 (1965) S. 489–500
Meuthen, Erich: Aachen in der Geschichtsschreibung, in: Clemens Bauer u.a. (Hg.): Speculum Historiale. Geschichte im Spiegel von Geschichtsschreibung. Festschrift für Johannes Spörl zum 60. Geburtstag, Freiburg i.Br., München 1965, S. 375–392
Meuthen, Erich: Zu Datierung und Bedeutung des älteren Karlssiegels, ZAGV 77 (1965) S. 5–16
Meuthen, Erich: Karl der Große – Barbarossa – Aachen. Zur Interpretation des Karlsprivilegs für Aachen, KdG 4 (1967) S. 54–76
Meuthen, Erich: Barbarossa und Aachen, RhVjbl 39 (1975) S. 28–59
Meuthen, Erich u. Weinfurter, Stefan (Hg.): Stauferstudien. Beiträge zur Geschichte der Staufer im 12. Jahrhundert. Festgabe für Odilo Engels zum 60. Geburtstag, Sigmaringen ^{2}1996
Meyer, Karl-Franz: Aachensche Geschichte, Aachen 1781
Minkenberg, Georg: Der Barbarossaleuchter im Dom zu Aachen, ZAGV 96 (1989) S. 69–102
Minkenberg, Georg: Führer durch den Dom zu Aachen. In memoriam Erich Stephany, Aachen 1995

Minkenberg, Georg: Der Aachener Domschatz und die sog. Krönungsgeschenke, in: Könige in Aachen 1 (2000) S. 59–68

Mohr, Wolfgang: Karl der Große, Leo III. und der römische Aufstand von 799, ALMA 30 (1960) S. 39–98

Monfrin, Jaques: La figure de Charlemagne dans l'historiographie du XVe siècle, in: Annuaire-bulletin de la Société de l'histoire de France (1964/65) S. 67–78

Moraw, Peter: Kaiser Karl IV. 1378–1978. Ertrag und Konsequenzen eines Gedenkjahres, in: Herbert Ludat u. Reiner Christoph Schwinges (Hg.): Politik, Gesellschaft, Geschichtsschreibung. Festschrift für Frantisek Graus zum 60. Geburtstag, Köln, Wien 1982, S. 224–318

Morrissey, Robert: Charlemagne, in: Pierre Nora (Ed.): Les lieux de mémoire, t. 3, Les France, vol. 3: De l'archive à l'emblème, Paris 1992, p. 630–673

Morrissey, Robert: L'empereur à la barbe fleurie. Charlemagne dans la mythologie et l'histoire de France, Paris 1997

Mühlbacher, Engelbert: Deutsche Geschichte unter den Karolingern, Stuttgart 1896

Müllejans, Hans (Hg.): Karl der Große und sein Schrein in Aachen. Eine Festschrift, Aachen, Mönchengladbach 1988

Müller, Harald: Karolingisches Aachen, in: Könige in Aachen 1 (2000) S. 223–232

Müller, Heribert: Der bewunderte Erbfeind. Johannes Haller, Frankreich und das französische Mittelalter, HZ 252 (1991) S. 265–317

Müller-Mertens, Eckhard: Karl der Große, Ludwig der Fromme und die Freien. Wer waren die Libri Homines der karolingischen Kapitularien (742/43–832)? Ein Beitrag zur Sozialgeschichte und Sozialpolitik des Frankenreiches, Berlin 1963

Münstermann, Rainer: Karl der Große. Seine Darstellung und Bewertung durch den Nationalsozialismus und die Antwort der Historiker und der katholischen Wissenschaftler darauf unter Berücksichtigung der Auseinandersetzungen im Bistum Aachen von 1933 bis 1936, ms. Diplomarbeit, Aachen 1987

Mütherich, Florentine u. Kötzsche, Dietrich: Der Schrein Karls des Großen. Bestand und Sicherung 1982–1988, hg. v. Domkapitel Aachen, Aachen 1998

Munz, Peter: Frederick Barbarossa. A Study in Medieval Politics, London 1969

Neyses, Mechthild: Dendrochonologische Untersuchungen, in: Florentine Mütherich u. Dietrich Kötzsche: Der Schrein Karls des Großen: Bestand und Sicherung 1982–1988, hg. v. Domkapitel, Aachen 1988, S. 111–113

Nilgen, Ursula: Amtsgenealogie und Amtsheiligkeit, Königs- und Bischofsreihen in der Kunstpropaganda des Hochmittelalters, in: Festschrift für Florentine Mütherich, München 1985, S. 217–234

Nipperdey, Thomas: Der Kölner Dom als Nationaldenkmal, in: Otto Dann (Hg.): Religion – Kunst – Vaterland. Der Kölner Dom im 19. Jahrhundert, Köln 1983, S. 109–120

Nipperdey, Thomas: Deutsche Geschichte 1800–1866. Bürgerwelt und starker Staat, München 1984

Nora, Pierre: Zwischen Geschichte und Gedächtnis, aus dem Französichen v. Wolfgang Kaiser, Frankurt a. M. 1998

Oellers, Adam C.: Alfred Rethel. Ölstudien und Karlsfresken, Aachen 1985
Oellers, Adam C.: Alfred Rethel, in: Bert Kasties u. Manfred Sicking (Hg.): Aachener machen Geschichte, Aachen 1997, S. 74–83
Oexle, Otto G.: Fama und Memoria. Legitimationen fürstlicher Herrschaft im 12. Jahrhundert, in: Heinrich der Löwe und seine Zeit. Herrschaft und Repräsentation der Welfen 1125–1235, hg. v. Jochen Luckhardt u. Franz Niehoff, Bd. 2, München 1995, S. 62–86
Oexle, Otto G.: Die Moderne und ihr Mittelalter. Eine folgenreiche Problemgeschichte, in: Peter Segl (Hg.): Mittelalter und Moderne. Entdeckung und Rekonstruktion der mittelalterlichen Welt, Sigmaringen 1997, S. 304–364
Ohnsorge, Werner: Das Zweikaiserproblem im frühen Mittelalter, Hildesheim 1947
Opll, Ferdinand: Das Itinerar Kaiser Friedrich Barbarossas (1152–1190), Wien, Köln, Graz 1978
Opll, Ferdinand: Stadt und Reich im 12. Jahrhundert (1125–1190), in: Forschungen zur Kaiser- und Papstgeschichte des Mittelalters. Beihefte zu Johann F. Böhmer, Regesta Imperii, Bd. 6, Wien, Köln, Graz 1986
Opll, Ferdinand: Friedrich Barbarossa, Darmstadt 1990
Otto, Eberhard: Friedrich Barbarossa, Potsdam 1944

Pabst, Klaus: Die »Arbeitsgemeinschaft der Rheinischen Geschichtsvereine« im Dritten Reich, in: Wolfgang Isenberg (Hg.): Auf der Suche nach regionaler Identität. Rheinische Geschichtskultur zwischen Kaiserreich und Nationalsozialismus, Bensberg 1997, S. 109–134
Pape, Matthias: Der Karlskult an Wendepunkten der neueren deutschen Geschichte, in: HJb 120 (2000) S. 138–181
Pape, Matthias: Ungleiche Brüder. Österreich und Deutschland 1945–1965, Köln 2000
Paret, Peter: Art as history: episodes in the culture and politics of nineteenth-century Germany, Princeton 1988 (dt. München 1990)
Paris, Gaston: Histoire poétique de Charlemagne, Paris 1865
Pauls, August: Der Ring der Fastrada, ZAGV 17 (1895) S. 1–73
Pauls, Emil: Die Heiligsprechung Karls des Großen und seine kirchliche Verehrung in Aachen bis zum Schluss des 13. Jahrhunderts, ZAGV 25 (1903) S. 335–354
Pauls, Emil: Zur Bestattung Karls des Großen, ZAGV 16 (1894) S. 86–111
Pawelec, Katharina: Aachener Bronzegitter. Studien zur karolingischen Ornamentik um 800, Köln, Bonn 1990
Peltzer, Arthur: Die Beziehungen Aachens zu den französischen Königen, ZAGV 25 (1903) S. 133–268
Penndorf, Ursula: Einhard, in: Theo Stammen u.a. (Hg.): Hauptwerke der politischen Theorie, Stuttgart 1997, S. 135–137
Petersohn, Jürgen: Saint Denis – Westminster – Aachen. Die Karlstranslation von 1165 und ihre Vorbilder, DA 31 (1975) S. 420–454
Petersohn, Jürgen: Die päpstliche Kanonisationsdelegation des 11. und 12. Jahrhunderts und die Heiligsprechung Karls des Großen, in: Stephan G. Kuttner (Hg.): Proceedings of Medieval Canon Law 1972 (Monumenta Iuris Canonici, Subsidia 5), Vatikanstadt 1976, S. 163–206

Petersohn, Jürgen: Kaisertum und Kultakte in der Stauferzeit, in: ders. (Hg.): Politik und Heiligenverehrung im Hochmittelalter (Vorträge und Forschungen 42), Sigmaringen 1994, S. 101–146

Petersohn, Jürgen: Über monarchische Insignien und ihre Funktion im mittelalterlichen Reich, HZ 266 (1998) S. 47–96

Petzold, Joachim: Die Auseinandersetzung zwischen den Lampes und den Hampes. Zum Konflikt zwischen Parteidoktrinitären und Geschichtswissenschaftlern, ZfG 42 (1994) S. 101–117

Peyer, Hans Conrad: Friedrich Barbarossa, Monza und Aachen, DA 9 (1951) S. 438–460

Pfeil, Sigurd Graf von: Karl der Große in der deutschen Sage, KdG 4 (1967) S. 326–336

Pirenne, Henri: Mahomet et Charlemagne, Paris [3]1937

Pohl, Walter: Die Awaren. Ein Steppenvolk in Mitteleuropa 567–822 n. Chr., München 1988

Pohl, Walter: Ergebnisse und Probleme der Awarenforschung, MIÖG 96 (1988) S. 247–274

Poissenot, J.B.: Coup d'oeil historique et statistique sur la ville d'Aix-la-Chapelle, Aachen 1808

Ponten, Josef: Alfred Rethel. Des Meisters Werke, Stuttgart 1911

Pouget, Marc du: Recherches sur les chroniques latines de Saint-Denis. Édition critique et commentaire de la *descriptio clavi et corone domini* et de deux séries de textes relatifs à la légende carolingienne, in: École nationale des chartes. Position des thèses (1978) S. 41–46

Pouget, Marc du: La légende carolingienne à Saint-Denis: La donation de Charlemagne au retour de Roncevaux, Bulletin de la Société des siences, lettres et arts de Bayonne 135 (1979) S. 53–60

Pratt, Karen: Roland and Charlemagne in Europe, London 1996

Preising, Dagmar: Ausstellung Alfred Rethel (1816–1856) – Zeichnungen und Ölstudien, Aachen 1991

Prinz, Friedrich: Schenkungen und Privilegien Karls des Großen, KdG 1 (1965) S. 488 (mit Karte)

Prinz, Friedrich: Bayerns agilolfingische Kloster- und Adelsgeschichte und die Gründung Kremsmünsters, in: Die Anfänge des Klosters Kremsmünster, red. v. Siegfried Haider (Mitteilungen des Oberösterreichischen Landesarchivs, Ergänzungsband 2), Linz 1978, S. 25–50

Prinz, Friedrich: Karl der Große, Paderborn und die Kirche, Westfälische Zeitschrift 136 (1986) S. 235–247

Prinz, J.: Marklo, in: Westfalen 58 (1980) S. 3–23

Quix, Christian: Geschichte der Stadt Aachen. Mit einem Codex Diplomaticus Aquensis, Aachen 1840

Raab, Heribert: Karl Theodor von Dalberg. Das Ende der Reichskirche und das Ringen um den Wiederaufbau des kirchlichen Lebens 1803–1815, AmrhKG 18 (1966) S. 27–39

Rädle, Fidel: Karl IV. als lateinischer Autor, in: Ferdinand Seibt (Hg.): Karl IV. 1316–1378 in Nürnberg: Staatsmann und Mäzen, München 1978, S. 253–254

Ramackers, Johannes: Das Grab Karls des Großen und die Frage nach dem Ursprung des Aachener Oktogons, HJb 75 (1956) S. 123–153
Ranke, Leopold von: Zur Kritik fränkisch-deutscher Reichsannalisten, Sämmtliche Werke 51/52, Leipzig 1888, S. 95–149
Rapp, Francis: Les origines médiévales de l'Allemagne moderne. De Charles IV à Charles Quint (1346–1519), Aubier 1989
Rassow, Peter: Honor Imperii. Die Neue Politik Friedrich Barbarossas (1152–1159), München, Berlin 1940
Ratkowitsch, Christine: Karolus Magnus – alter Aeneas, alter Martinus, alter Iustinus. Zur Intention und Datierung des »Aachener Karlsepos« (Wiener Studien, Beiheft 24), Wien 1997
Ratkowitsch, Christine: Das ›Aachener Karlsepos‹ und die ›Calias‹ des Ugolino Verino, Das Ma. 4 (1999) S. 27–38
Ratkowitsch, Christine: Karoli vestigia magna secutus. Die Rezeption des ›Aachener Karlsepos‹ in der Carlias des Ugolino Verino (Wiener Studien, Beiheft 25), Wien 1999
Rauschen, Gerhard: Neue Untersuchungen über die *Descriptio* und ihre Bedeutung für die großen Reliquien zu Aachen und St. Denis, HJb 15 (1894) S. 257–278
Reuschel, Karl: Die Sage vom Liebeszauber Karls des Großen in dichterischen Behandlungen der Neuzeit, in: ders. (Hg.): Philologische und volkskundliche Arbeiten. Festschrift für Karl Vollmöller, Erlangen 1908, S. 371–389
Reuther, Helmut (Hg.): Der Internationale Karlspreis zu Aachen. Zeugnis europäischer Geschichte. Symbol europäischer Einigung, Aachen 1993
Riché, Pierre: La vie quotidienne dans l'empire Carolingien, Paris 1973 (dt.: Die Welt der Karolinger, Stuttgart 1981)
Riché, Pierre: Les Carolingiens. Une famille qui fit l'Europe, Paris 1983 (dt.: Die Karolinger. Eine Familie formt Europa, Stuttgart 1987 u. 1991)
Richter, Michael: Die »lange Machtergreifung« der Karolinger. Der Staatsstreich gegen die Merowinger in den Jahren 747–751, in: Uwe Schulz (Hg.): Große Verschwörungen. Staatsstreiche und Tyrannensturz von der Antike bis zur Gegenwart, München 1998, S. 48–59
Ries, Markus: Heiligenverehrung und Heiligsprechung in der Alten Kirche und im Mittelalter. Zur Entwicklung des Kanonisationsverfahrens, in: Bischof Ulrich von Augsburg 890–973. Seine Zeit – sein Leben – seine Verehrung. Festschrift aus Anlaß des tausendjährigen Jubiläums seiner Kanonisation im Jahre 993, hg. v. Manfred Weitlauff, Weißenhorn 1993, S. 143–167
Röcke, Werner: Literatur und kulturelles Gedächtnis. Zur Rezeptionsgeschichte Karls des Großen im Spätmittelalter und in der Frühen Neuzeit, Das Ma. 4 (1999) S. 5–11
Rosenberg, Alfred: Mythus des 20. Jahrhunderts. Eine Wertung der seelisch-geistigen Gestaltenkämpfe unserer Zeit, München 1930, ^{5}1942
Rosenberg, Alfred: Gestaltung der Idee: Reden u. Aufsätze von 1933–1935, München 1936
Rotter, Ekkehard: Abendland und Sarazenen. Das okzidentale Araberbild und seine Entstehung im Frühmittelalter (Studien zu Sprache, Geschichte und Kultur des islam. Orients, N.F. 11), Berlin, New York 1986

Saurma-Jeltsch, Lieselotte E. (Hg.): Karl der Große als vielberufener Vorfahr. Sein Bild in der Kunst der Fürsten, Kirchen und Städte, Sigmaringen 1994
Schaller, Dieter: Das Aachener Epos für Karl den Kaiser, FMSt 10 (1976) S. 134–168; wiederabgedruckt in: ders.: Studien zur lateinischen Dichtung des Frühmittelalters, Stuttgart 1995, S. 129–163; Nachträge S. 419–422
Schaller, Dieter: Interpretationsprobleme im Aachener Karlsepos, RhVjbl41 (1977) S. 160–179; wiederabgedruckt, in: ders.: Studien zur lateinischen Dichtung des Frühmittelalters, Stuttgart 1995, S. 164–183; Nachträge S. 422
Schaller, Dieter: De Karolo rege et Leone papa (›Aachener Karlsepos‹), in: Verfasserlexikon 4, Berlin, New York 1983, Sp. 1041–1045
Schaller, Dieter: Studien zur lateinischen Dichtung des Frühmittelalters (Quellen und Untersuchungen zur lateinischen Philologie des Mittelalters 11), Stuttgart 1995
Schaller, Hans-Martin: Die Wiener Reichskrone – entstanden unter König Konrad III., in: Hans-Jürgen Becker u. Karl-Heinz Rueß (Hg.), Die Reichskleinodien. Herrschaftszeichen des Heiligen Römischen Reiches (Schriften zur staufischen Geschichte und Kunst 16), Göppingen 1997, S. 58–106
Schefers, Hermann (Hg.): Einhard. Studien zu Leben und Werk (Arbeiten der Hessischen Historischen Kommission N.F. 12), Darmstadt 1997
Scheffer-Boichorst, Paul: Zu den Anfängen des Kirchenstreites unter Heinrich IV., HJb 13 (1892) S. 107–137
Schieffer, Rudolf: Hofkapelle und Aachener Marienstift bis in die staufische Zeit, RhVjbl 51 (1987) S. 1–21
Schieffer, Rudolf: Die Karolinger, Stuttgart 1992, ^{2}1997
Schieffer, Rudolf: Ein Mittelalter ohne Karl dem Großen: Die Antworten sind einfach, GWU 10 (1997) S. 611– 617
Schieffer, Rudolf: Ein politischer Prozeß des 8. Jahrhunderts im Vexierspiegel der Quellen, in: Rainer Berndt (Hg.): Das Frankfurter Konzil von 794 Überblick (Quellen und Abhandlungen zur mittelrheinischen Kirchengeschichte 80,1 u. 2), Mainz 1997, S. 167–182
Schieffer, Rudolf: Vor 1200 Jahren: Karl der Große läßt sich in Aachen nieder, in: Paul Leo Butzer u.a. (Hg.): Karl der Große und sein Nachwirken. 1200 Jahre Kultur und Wissenschaft in Europa, Turnhout 1997, S. 3–21
Schieffer, Theodor (Hg.): Europa im Wandel von der Antike zum Mittelalter (Handbuch für Europäische Geschichte 1), Stuttgart 1976
Schiffers, Heinrich: Der Reliquienschatz Karls des Großen und die Anfänge der Aachenfahrt (Veröffentlichungen des Bischöflichen Diözesanarchivs Aachen 10), Aachen 1951
Schlesinger, Walter: Kaisertum und Reichsteilung. Zur Devisio regnorum von 806, in: Richard Dietrich (Hg.): Forschungen zu Staat und Verfassung, Festgabe für Fritz Hartung, Berlin 1958, S. 9–52; wiederabgedruckt in: Gunther Wolf (Hg.): Zum Kaisertum Karls des Großen. Beiträge und Aufsätze (WdF 38), Darmstadt 1972, S. 116–173
Schlesinger, Walter: Die Auflösung des Karlsreiches, KdG 1 (1965) S. 792–858
Schlesinger, Walter: Beobachtungen zur Geschichte und Gestalt der Aachener Pfalz in der Zeit Karls des Großen, in: Martin Klaue u.a. (Hg.): Studien zur europäischen Vor- und Frühgeschichte, Neumünster 1968, S. 258–281; wiederab-

gedruckt in: Gunther Wolf (Hg.): Zum Kaisertum Karls des Großen. Beiträge und Aufsätze (WdF 38), Darmstadt 1972, S. 384–441

Schmid, Karl: Zur Ablösung der Langobardenherrschaft durch die Franken, QFIAB 52 (1972) S. 1–36; wiederabgedruckt in: ders.: Gebetsgedenken und adliges Selbstverständnis im Mittelalter. Ausgewählte Beiträge. Festgabe zu seinem sechzigsten Geburtstag, Sigmaringen 1983, S. 268–304

Schmidt, Roderich: Zur Geschichte des fränkischen Krönungsthrons, FMSt 2 (1968) S. 45–66

Schmitz, Gerhard: Die Reformkonzilien von 813 und die Sammlung des Benedictus Levita, DA 56 (2000) S. 1–31

Schmitz, Maria: Die Beziehungen Friedrich Barbarossas zu Aachen, ZAGV 24 (1902) S. 1–64

Schmugge, Ludwig: Kurie und Kirche in der Politik Karls IV., in: Ferdinand Seibt (Hg.): Kaiser Karl IV. 1316–1378 in Nürnberg: Staatsmann und Mäzen, München 1978, S. 73–76

Schneider, Reinhard: Karolus, qui et Wenceslaus, in: Kurt-Ulrich Jäschke u. Reinhard Wenskus (Hg.): Festschrift für Helmut Beumann zum 65. Geburtstag, Sigmaringen 1977, S. 365–387

Schneider, Reinhard: Das Frankenreich (Oldenburg Grundriß der Geschichte 5), München 1982, ²1990

Schneidmüller, Bernd: Sehnsucht nach Karl dem Großen. Vom Nutzen eines toten Kaisers für die Nachgeborenen, GWU 51 (2000) S. 284–301

Schnelbögl, Julia: Die Reichskleinodien in Nürnberg 1424–1525, MVG Nürnberg 51 (1962) S. 78–159

Schoenen, Paul: Das Karlsbild der Neuzeit, KdG 4 (1967), S. 274–305

Schönwälder, Karen: Historiker und Politik. Geschichtswissenschaft im Nationalsozialismus, Frankfurt, New York 1992

Schramm, Percy Ernst: Die Deutschen Kaiser und Könige in Bildern ihrer Zeit, 2 Bde., Leipzig, Berlin 1928

Schramm, Percy Ernst: Herrschaftszeichen und Staatssymbolik. Beiträge zu ihrer Geschichte vom 3. bis zum 16. Jahrhundert (MGH Schriften 13, 1–3), Stuttgart 1954

Schramm, Percy Ernst: Der König von Frankreich. Das Wesen der Monarchie vom 9. bis zum 16. Jahrhundert, 2 Bde., Darmstadt ²1960

Schramm, Percy Ernst: Karls der Große im Lichte seiner Siegel und Bullen sowie der Bild- und Wortzeugnisse über sein Aussehen, KdG 1 (1965) S. 15–23

Schramm, Percy Ernst: Die Anerkennung Karls des Großen als Kaiser (bis 800). Ein Kapitel aus der Geschichte der mittelalterlichen »Staatssymbolik«, in: ders.: Kaiser, Könige und Päpste. Gesammelte Aufsätze zur Geschichte des Mittelalters, Bd. 1, Stuttgart 1968, S. 215–263

Schramm, Percy Ernst: Die zeitgenössischen Bildnisse Karls des Großen. Mit einem Anhang über die Metallbullen der Karolinger, Hildesheim 1973

Schramm, Percy Ernst u.a.: Denkmale der deutschen Könige und Kaiser, 2 Bde. (Veröffentlichungen des Zentralinstituts für Kunstgeschichte in München 2), München 1978

Schreiner, Klaus: Führertum, Rasse und Reich. Wissenschaft von der Geschichte nach der nationalsozialistischen Machtergreifung, in: Peter Lundgreen (Hg.): Wissenschaft im Dritten Reich, Frankfurt a. M. 1985, S. 163–253

Schreiner, Klaus: Wissenschaft von der Geschichte des Mittelalters nach 1945. Kontinuitäten und Diskontinuitäten der Mittelalterforschung im geteilten Deutschland, in: Ernst Schulin (Hg.), Deutsche Geschichtswissenschaft nach dem Zweiten Weltkrieg (1945–1965), München 1989, S. 87–146

Schubert, Ernst: Die Capitulatio de partibus Saxoniae, in: Dieter Brosius u.a. (Hg.): Geschichte in der Region. Zum 65. Geburtstag von Heinrich Schmidt (Veröffentlichungen der Historischen Kommission für Niedersachsen u. Bremen, Sonderband), Hannover 1993, S. 3–28

Schué, Karl: Karl der Große und seine Franken, von neuem gewürdigt in ihrer volksgeschichtlichen Bedeutung aus Anlaß der Angriffe von Wilhelm Teudt, ZAGV 55 (1933/34) S. 142–200

Schulin, Ernst: Hermann Heimpel und die deutsche Nationalgeschichtsschreibung (Schriften Heidelberg 9), Heidelberg 1998

Schulte, Aloys: Das Verzeichnis der königlichen Tafelgüter und Servitien von 1064/65, NA 41 (1919) S. 571–577

Schultheiß, Franz G.: Die Karl-Friedrich-Urkunde für Aachen und die Karlslegende, HJb 13 (1892) S. 724–736

Schulz, Sabine: Der Aachener Karlspreis, Aachen 1988

Schulze, Hans K.: Vom Reich der Franken zum Land der Deutschen. Merowinger und Karolinger, Berlin 1987

Schulze, Winfried u. Otto G. Oexle (Hg.): Deutsche Historiker im Nationalsozialismus, Frankfurt a. M. 1999

Schulze-Dörrlamm, Mechtild: Die Kaiserkrone Konrads II. (1024–1039). Eine archäologische Untersuchung zu Alter und Herkunft der Reichskrone (Römisch Germanisches Zentralmuseum, Monographien 23), Sigmaringen 1991

Schütte, Sven: Der Aachener Thron, in: Könige in Aachen 1 (2000) S. 213–222

Schütte, Sven: Überlegungen zu den architektonischen Vorbildern der Pfalzen Ingelheim und Aachen, in: Könige in Aachen 1 (2000) S. 203–211

Schwarz, Marianne: Heiligsprechung im 12. Jahrhundert und die Beweggründe ihrer Urheber, AKG 39 (1957) S. 43–62

Segl, Peter: Karl der Große im Deutschen Bundestag, Das Ma. 4 (1999) S. 75–94

Seibt, Ferdinand: Karlstein, in: Hartmut Richter (Hg.): Burg- und Schloßkapellen (Veröffentlichen der deutschen Burgenvereinigung 3), Stuttgart 1995, S. 3–8

Seibt, Ferdinand: Karl IV. Ein Kaiser in Europa 1346 bis 1378, München 1978, ^{7}1995

Seibt, Ferdinand: Karl IV. Römischer König und Kaiser (Bonner Akademische Reden 79), Bonn 1998, S. 26–38

Selmeier, Franz: Das nationalsozialistische Geschichtsbild und der Geschichtsunterricht: 1933–1945, Diss. München 1969

Semmler, Josef: Der vorbildliche Herrscher in seinem Jahrhundert: Karl der Große, in: Hans Hecker (Hg.): Der Herrscher. Leitbild und Abbild in Mittelalter und Renaissance (Studia humaniora 13), Düsseldorf 1990, S. 43–58

Siebigs, Hans K.: Neue Untersuchungen zur Pfalzkapelle zu Aachen, in: Hermann Schefers (Hg.): Einhard. Studien zu Leben und Werk (Arbeiten der Hessischen Historischen Kommission N.F. 12), Darmstadt 1997, S. 95–137

Sieger, Marcus: Die Heiligsprechung. Geschichte und heutige Rechtslage, Würzburg 1992

Simonde de Sismondi, Jean Ch. L.: Histoire des Français, Bd. 2, Paris 1821
Simonsfeld, Henry: Jahrbücher des Deutschen Reiches unter Friedrich I., Bd. 1: 1152–1158, Leipzig 1908
Specht-Kreusel, Ute: Widukind. Rezeptionsgeschichtliche Denkansätze zu einer historischen und unhistorischen Gestalt, in: dies. u. Olaf Schirmeister (Hg.): Widukind und Enger. Rezeptionsgeschichte und Bibliographie (Stadt Enger – Beiträge zur Stadtgeschichte 8), Bielefeld 1992, S. 6–22
Speck, Paul: Kaiser Konstantin VI., 2 Bde., München 1978
Spiegel, Gabrielle M.: The Reditus Regni ad stirpem Karoli Magni, French Historical Studies 1972
Spörl, Johannes: Grundformen hochmittelalterlicher Geschichtsanschauung. Studien zum Weltbild der Geschichtsschreiber des 12. Jahrhunderts, Darmstadt 1968
Springsfeld, Kerstin: Alkuins Einfluß auf die Komputistik zur Zeit Karls des Große, ms. Diss. Aachen 2000
Stadler, Peter: Geschichtsschreibung und historisches Denken in Frankreich 1798–1871, Zürich 1958
Steinen, Wolfram von den: Notker der Dichter und seine geistige Welt, Bern 1948
Steinen, Wolfram von den: Der Neubeginn, KdG 2 (1965) S. 9–27
Steinen, Wolfram von den: Karl und die Dichter, KdG 2 (1965) S. 63–94
Stephany, Erich: Der Karlsschrein, Mönchengladbach 1965
Sterzl, Anton: Des Königs Vermächtnis an Europa, Die politische Meinung. Monatsschrift zu Fragen der Zeit 45 (2000) S. 89–92
Stoob, Heinz: Kaiser Karl IV. und seine Zeit, Graz, Köln, Wien 1990

Tanz, Sabine: Aspekte der Karlsrezeption im Frankreich des 19. Jahrhunderts, Das Ma. 4 (1999) S. 55–64
Teichmann, Eduard: Aachen in Philipp Mouskets Reimchronik, ZAGV 24 (1902) S. 65–164
Teichmann, Eduard: Die geschichtliche Bedeutung der Aachener großen Heiligtümer, ZAGV 32 (1910) S. 169–221
Teichmann, Eduard: Zur Lage und Geschichte des Grabes Karls des Großen, ZAGV 37 (1915) S. 141–202
Teichmann, Eduard: Zur Datierung des ältesten vollständigen Aachener Totenbuches des Aachener Münsters, ZAGV 47 (1935) S. 293–295
Tellenbach, Gerd: Aus Erinnerter Zeitgeschichte, Freiburg i.Br. 1981
Tellenbach, Gerd: Karls des Großen Bedeutung für das Werden Europas, in: ders.: Ausgewählte Abhandlungen und Aufsätze, Bd. 5, Stuttgart 1996, S. 16–29
Teudt, Wilhelm: Germanische Heiligtümer. Beiträge zur Aufdeckung der Vorgeschichte ausgehend von den Externsteinen, den Lippequellen und der Teutoburg, Jena ³1934
Thamer, Hans-Ulrich: Mittelalterliche Reichs- und Königstraditionen in den Geschichtsbildern der NS-Zeit, in: Könige in Aachen 2 (2000) S. 829–838
Thoma, G.: Papst Hadrian I. und Karl der Große. Beobachtungen zur Kommunikation zwischen Papst und König nach den Briefen des Codex Carolinus, in: Karl R. Schnith u. Roland Pauler (Hg.): Festschrift für Eduard Hlawitschka

zum 65. Geburtstag (Münchener Historische Studien, Abteilung Mittelalterliche Geschichte 5), Kallmünz 1993, S. 37–58
Thompson, James Westfall: The Dissolution of the Carolingian fisc in the ninth century, Berkeley 1935
Thürlemann, Felix: Die Bedeutung der Aachener Theoderich-Statue für Karl den Großen (801) und bei Walahfrid Strabo (829), AKG 59 (1977) S. 25–65
Tischler, Matthias M.: Einhards Vita Karoli. Studien zur Entstehung, Überlieferung und Rezeption, MGH Schriften 48, im Druck
Topper, Uwe: Erfundene Geschichte. Unsere Zeitrechnung ist falsch – leben wir im Jahre 1702?, München 1999
Torsy, Jakob: Geschichte des Bistums Aachen während der französischen Zeit (1802–1814), Bonn 1940
Tulard, Jean: Le Mythe de Napoléon, Paris 1971

Ullmann, Walter: The Carolingian Renaissance and the Idea of Kingship, London 1964
Untermann, Matthias: »... opere miribili constructa«. Die Aachener Residenz Karls des Großen, in: 799 – Kunst und Kultur der Karolingerzeit, Bd. 3, Mainz 1999, S. 152–154

Valentin, Berthold: Napoleon, Berlin 1923
Verbeek, Albert: Die architektonische Nachfolge der Pfalzkapelle zu Aachen, KdG 4 (1967) S. 157–214
Vogel, Cyrille: La réforme liturgique sous Charlemagne, KdG 2 (1965) S. 217–232
Vones, Ludwig: Geschichte der Iberischen Halbinsel im Mittelalter (711–1480). Reiche – Kronen – Regionen, Sigmaringen 1993
Voss, Jürgen: Das Mittelalter im historischen Denken Frankreichs. Untersuchungen zur Geschichte des Mittelalterbegriffs und der Mittelalterbewertung von der zweiten Hälfte des 16. bis zur Mitte des 19. Jahrhunderts (Veröffentlichungen des Historischen Instituts der Universität Mannheim 3), München 1972

Warren, Wilfred L.: Henry II., London 1973
Wattenbach – Levison – Löwe, Deutschlands Geschichtsquellen im Mittelalter, 2. Heft, Die Karolinger vom Anfang des 8. Jahrhunderts bis zum Tode Karls des Großen, Weimar 1953
Wehling, Ulrike: Die Mosaiken im Aachener Münster und ihre Vor-Stufen (Arbeitsheft der Rheinschen Denkmalpflege 46), Aachen 1995
Wenskus, Reinhard: Die deutschen Stämme im Reiche Karls des Großen, KdG 1 (1965) S. 178–219
Wenskus, Reinhard: Sächsischer Stammesadel und fränkischer Reichsadel (Abh. Göttingen 93), Göttingen 1976
Werner, Karl Ferdinand: Ademar von Chabannes und die Historia pontificum et comitum Engolismensium, DA 19 (1963) S. 297–326
Werner, Karl Ferdinand: Bedeutende Adelsfamilien im Reiche Karls des Großen, KdG 1 (1965) S. 83–142

Werner, Karl Ferdinand: Das NS-Geschichtsbild und die deutsche Geschichtswissenschaft, Stuttgart, Köln, Berlin Mainz 1967
Werner, Karl Ferdinand: Die Nachkommen Karls des Großen, KdG 4 (1967) S. 403–482
Werner, Karl Ferdinand: Das Geburtsdatum Karls des Großen, Francia 1 (1973) S. 115–157
Werner, Karl Ferdinand: Structures politiques du monde franc (VIe–XIIe siècle), London 1979
Werner, Karl Ferdinand: Les origines (Histoire de la France 1) Paris 1984 (dt.: Die Ursprünge Frankreichs bis zum Jahr 1000, Stuttgart 1989)
Werner, Karl Ferdinand: Karl der Große oder Charlemagne? Von der Aktualität einer überholten Fragestellung (SB München 4), München 1995
Werner, Karl Ferdinand: Aachen – Aix-la-Chapelle, in: Horst Müller u. Jaques Morizet (Hg.): Franzosen und Deutsche. Orte der gemeinsamen Geschichte, München 1996, S. 29–58
Werner, Karl Ferdinand: Karl den Großen in der Ideologie des Nationalsozialismus, ZAGV 101 (1997/98) S. 9–64
Werner, Karl Ferdinand: Naissance de la noblesse. L'essor des élites politiques en Europe, Paris 1998
Werner, Karl Ferdinand: Charlemagne – Karl der Große. Eine französisch-deutsche Tradition, in: Könige in Aachen 1 (2000) S. 25–35
Werunsky, Emil: Geschichte Kaiser Karls IV. und seiner Zeit, Innsbruck 1880/86
Westphal, Otto: Das Reich: Aufgang und Vollendung, Stuttgart 1941
Wies, Ernst W.: Capitulare de villis et curtis imperialibus. Verordnung über die Krongüter und Reichshöfe und die Geheimnisse des Kräutergartens Karls des Großen, Aachen 1992
Wismann, Heinrich: Grab und Grabmal Karls des Großen. Eine Untersuchung über Wesen und Herkunft des Westbaues des Münsters zu Aachen und der karolingischen Westwerke, Heidelberg 1933
Wippermann, Wolfgang: Der ›deutsche Drang nach Osten‹. Ideologie und Wirklichkeit eines politischen Schlagworts, Darmstadt 1981
Wolf, Gunther: Die Königssöhne Karl und Karlmann und ihr Thronfolgerecht nach Pippins Königserhebung 750/51, ZRG Germ 108 (1991) S. 282–296
Wolf, Gunther: Bemerkungen zur Geschichte Herzog Tassilos III. von Bayern (748–788), ZRG Germ 109 (1992) S. 353–373
Wolf, Gunther: Die Qualität der fränkisch-langobardischen Verbindung 770/71 und die sonstigen Verbindungen Karls des Großen, ZRG Germ 113 (1996) S. 397–411
Wolf, Günther: Einige Beispiele für Einhards hofhistoriographischen Euphemismus, in: Hermann Schefers (Hg.): Einhard. Studien zu Leben und Werk (Arbeiten der Hessischen Historischen Kommission N.F. 12), Darmstadt 1997, S. 310–321
Wolf, Ursula: Litteris et Patriae. Das Janusgesicht der Historie (Frankfurter historische Abhandlungen 37), Stuttgart 1996
Wolfram, Herwig: Die Geburt Mitteleuropas. Geschichte Österreichs von seiner Entstehung 378 bis 907, Wien, Berlin 1987
Wolfzettel, Friedrich: Karl der Große, in: Enzyklopädie des Märchens. Hand-

wörterbuch zur historischen und vergleichenden Erzählforschung 7 (1993) S. 981–1002
Wunderli, Peter: Speculatio Carolina. Variationen des Karlsbildes in der altfranzösischen Epik, Vox Romanica 55 (1996) S. 38–87
Wynands, Dieter: Die Aachenfahrt während der französischen Herrschaft im Rheinland (1792/94–1814), AHVN 197 (1994) S. 127–145
Wynands, Dieter: »...aus einem Charlemagne ist ein Charlatan geworden«. Ein Beitrag zum Karlskult in Aachen und benachbarten Gebieten vorwiegend im 19. Jahrhundert, Rheinisch-westfählische Zeitschrift für Volkskunde 40 (1995) S. 139–161
Zeillinger, Kurt: Zwei Diplome Barbarossas für seine römischen Parteigänger (1159), DA 20 (1964) S. 568–581
Zeillinger, Kurt: Friedrich Barbarossa, Wibald von Stablo und Eberhard von Bamberg, MIÖG 78 (1970) S. 210–223
Zender, Matthias: Die Verehrung des heiligen Karl im Gebiet des mittelalterlichen Reiches, KdG 4 (1967) S. 100–112
Zettel, Horst: Das Bild der Normannen und der Normanneneinfälle in westfränkischen, ostfränkischen und angelsächsischen Quellen des 8. bis 11. Jahrhunderts, München 1977
Zielinski, Herbert: Zur Aachener Königserhebung von 936, DA 28 (1972) S. 210–222
Zoege Manteuffel, Kurt von: Zur Geschichte der Karlsfresken Alfred Rethels im Aachener Rathaus, ZAGV 61 (1941) S. 64–130
Zwierlein, Otto.: Karolus Magnus – alter Aeneas, in: Literatur und Sprache im europäischen Mittelalter. Festschrift für Karl Langosch, hg. v. Alf Önnerfors u.a., Darmstadt 1973, S. 44–52

Ortsverzeichnis

Namenverzeichnis

Autorenverzeichnis